KB022885

부정적인 것과 함께 머물기

Tarrying with the Negative: Kant, Hegel, and the Critique of Ideology
by Slavoj Žižek

부정적인 것과 함께 머물기

—칸트, 헤겔, 그리고 이데올로기 비판

슬라보예 지젝

이성민 옮김

도서출판 b

차 례

2부 에르고: 변증법적 부당도출

3부 숨: 향유의 원환고리

아무 힘이 없는 아름다움은 지성을 증오하는데, 왜냐하면 지성은 아름다움이 행할 수 없는 그것을 아름다움에게 요구하기 때문이다. 그러나 죽음을 무서워하고 파괴되는 것을 철저히 막는 생이 아니라, 죽음을 감내하고 그 속에서 자신을 유지하는 생이야말로 정신의 생인 것이다. 정신은 오직 절대적으로 찢겨져 있는 가운데서 자기 자신을 발견함으로써만 자신의 진리를 획득한다. 정신은, 어떤 것에 대해 우리가 "이것은 아무것도 아니거나 거짓이다. 이제 이로써 이것에 대해서는 다 마쳤다"라고 말하고서 그로부터 다른 어떤 것으로 넘어갈 때처럼, 부정적인 것을 외면하는 긍정적인 것으로서의 이런 권능이 아니다. 오히려 정신은 오직 부정적인 것을 대면하고 부정적인 것과 함께 머물기를 통해서만 이러한 권능인 것이다. 이 머무름은 부정적인 것을 존재로 바꿔놓는 마력이다—이 마력이란 앞에서 주체라고 일컬어졌던 것과 동일한 것이다.

— G. W. F. 헤겔, 『정신현상학』 서설

서 론

지난 몇 년의 정치적 봉기들 속에서 출현한 가장 숭고한 이미지는—여기서 "숭고한"이라는 용어는 가장 엄밀한 칸트적 의미로 파악되어야 한다—의심의 여지없이 루마니아에서 차우세스쿠를 폭력적으로 타도했던 시기에 찍은 유일무이한 사진이었다. 반란자들은 공산주의의 상징인 붉은 별이 잘려 나간 국기를 흔들고 있으며, 그리하여 국가적 삶을 조직화하는 원칙을 나타내는 상징은 오간 데 없고 국기 중앙에 단지 구멍만 뚫려 있을 뿐이었다. 키르케고르적 표현으로 "생성 중인" 역사적 상황의, 즉 이전의 주인기표가 이미 그 헤게모니적 권력을 상실했으나 아직 새로운 것으로 대체되지 않은 저 중간적 국면의 "열린" 특성에 대한 이보다 더 현저한 표지를 상상하기는 어려울 것이다. 이 사진이 증언하는 그 숭고한 열광은, 그 사건들이 실제로 어떻게 조작되었던 것인가(궁극적으로 그것은 공산당 비밀경찰 세쿠리타테가 스스로에 반대하여, 즉 자기 자신의 기표에 반대하여 꾸민 쿠데타와 관련이 있었다. 즉 그 옛 기구는 자신의 상징적 의복을 벗어던짐으로써 살아남을 수 있었다)를 이제 우리가 알고 있다는 사실에 의해 결코 영향받지 않는다. 참여자 자신들뿐 아니라 우리에게도 이 모든 것은 되돌아보니까 보이게 된 것이다. 실제로 중요한 것은 부쿠레슈티의 거리로 몰려든 대중들이 그 상황을 "열린" 것으로서 "경험했다"는 것이며, 그들이 하나의 담화(사회적 결속)에서 또 다른 담화로 이행하는 그 유일무이한 중간적 상황에 참여했다는 것이다. 지나가는 짧은 순간 동안 큰타자인 상징적 질서 안의 구멍이 가시화되었던 상황에 말이다. 그들을 지탱한 그 열광은 말 그대로 이 구멍에 대한, 아직 그 어떤 실정적 이데올로기적 기획에 의해서도 헤게모니화되지 않은 이 구멍에 대한 열광이었다. (민족주의적인 것에서 자유민주주의적인 것에 이르기까지) 모든 이데올로기적 전유들은 나중에 가서 무대에 진입했으며, 원래는 자신들의 것이 아니었던 그 과정을 "가로채려" 했다. 아마도 이 지점에서 대중들의 열광과 비판적 지식인의 태도는 잠시 동안 겹쳐질 것이다. 그리고 비판적 지식인의 의무는—오늘날의 "후근대적" 우주에서 여하간 그 표현에 무슨 의미가 남아 있다면—새로운 질서("새로운 헤게모니")가 확립되어 그 구멍 자체를 다시금 비가시적으로 만드는 때조차도 바로 이 구멍의 자리를 시종일관 점유하는 것이며, 다시 말해서 모든 지배적 주인기표에 대해 일정한 거리를 유지하는 것이다. 정확히 이와 같은 의미에서 라캉은, 하나의 담화

(사회적 결속)에서 또 다른 담화로의 이행에서 "분석가 담화"가 짧은 순간 동안 언제나 출현한다고 지적한다. 이 담화의 목적은 바로 주인기표를 "생산하는" 것이며, 다시 말해서, 그것이 "생산된" 것이라는, 인공적이고 우연적인 것이라는 성격을 가시화하는 것이다.[1)]

주인기표에 대한 이러한 거리 유지는 철학의 기본적 태도를 특징짓는다. 라캉이 전이에 대한 세미나에서 "최초의 철학자" 소크라테스를 분석가의 범례로서 참조하고 있는 것은 결코 우연이 아니다. 플라톤의 『향연』에서 소크라테스는 아갈마와, 자신 안에 있는 숨겨진 보물과, 주인의 카리스마를 책임지는 그 미지의 성분과 동일화하기를 거부하며, 아갈마가 메우고 있는 공백을 끝까지 고집한다.[2)] 바로 이와 같은 것을 배경으로 우리는 철학의 기원들을 표식하고 있는 "놀라움"을 위치시켜야 한다. 철학은 존재하는 것을 단순히 주어진 것으로서 받아들이지("그건 그렇다!", "법은 법이다!" 등등) 않고, 우리가 현실적인 것으로서 조우하는 무언가가 또한 어떻게 가능한 것인지에 대한 물음을 제기하는 순간 시작된다. 철학을 특징짓는 것은 현실성에서 가능성으로의 이와 같은 "물러섬"이다. 이와 같은 태도는 프레드릭 제임슨이 인용하는 아

1) 주인기표의 지배를 침식하는 반대 방법도 있다. 기념물들은 통상 "남근적"이다. 탑, 첨탑, 머리를 내밀고 "튀어나온" 어떤 것. 바로 그 때문에 멕시코시티 대학교 캠퍼스에 있는 기념물은 유일무이하다. 거대한 톱니 모양의 콘크리트 고리가 무형의 시커먼 물결 표면의 용암을 둘러싼다. 바로 이것은 사물에 대한, 응고된 향유에 대한, 향유의 실체에 대한 진정한 기념물이다—우리의 숭고한 열광을 작동시키는 깃발 속의 구멍의 역전. 깃발에 난 구멍을 통해 우리가 지각하는 것이 텅 빈 하늘인 한에서, 우리는 깃발의 구멍과 응고된 용암의 관계가 대지와 하늘이라는 하이데거적 적대를 가리키고 있다고 말할 수 있을 것이다.

2) Jacques Lacan, *Le séminaire*, book 8: *Le transfert* (Paris: Editions du Seuil, 1991) 제11장 참조.

도르노와 호르크하이머의 표어를 통해 가장 잘 표현되고 있다. "여기 주어진 것은 이탈리아 자체가 아니라 이탈리아가 존재한다는 증명이다."[3] 견유학파 디오게네스에 관한 유명한 일화보다 더 반철학적인 것도 없을 것이다. 운동의 비존재와 내속적 불가능성에 대한 엘레아학파의 증명에 대해 그는 단지 일어서서 걸어가는 것으로 답했다는 일화 말이다. (헤겔의 지적처럼, 이 일화의 표준적 판본은 이야기의 대단원을 은연중에 간과하고 있다. 디오게네스는 스승의 제스처에 갈채를 보낸 제자를 호되게 두들겨 주었으며, 선이론적 날 사실*factum brutum*을 하나의 증명으로서 참조하는 것을 받아들인 데 대해 벌했다.) 이론은 출발점으로부터 추상할 수 있는 힘을 내포하며, 뒤이어서 그것의 전제들, 그것의 초월적인 "가능성의 조건들"을 토대로 그것을 재구성할 수 있는 힘을 내포한다. 이론 자체는, 정의상, 주인기표의 중지를 요구한다.

바로 이러한 의미에서, 데리다는 철저하게 "초월적 철학자"로 남아 있다고 한 로돌프 가셰의 주장은 전적으로 정당하다. 그는 차연*différance*이나 보충 등의 개념을 통해 철학적 담화의 "가능성의 조건들"에 대한 물음에 답하려고 하는 것이다.[4] 다시 말해서 데리다적 "탈구축"[5] 전략은 철학적 엄격성을 "글쓰기"의 무제약적 유희 속에서 희석하는 것이 아니라, 철학적 절차를 그 절차의 가장 엄밀한 자기적용을 통해 침식하는 것이다. 그것의 목적은

---

3) Fredric Jameson, "The Existence of Italy", in *Signatures of the Visible* (New York: Routledge, 1990) 참조. [국역본: 프레드릭 제임슨, 「이탈리아의 존재」, 『보이는 것의 날인』, 남인영 옮김, 2003.]

4) Rodolphe Gasché, *The Tain of the Mirror* (Cambridge: Harvard University Press, 1986) 참조.

5) [일반적으로 "해체"로 번역되는 "deconstruction"을 역자는 "탈구축"으로 번역했다.]

철학적 체계의 "불가능성의 조건"(즉 이 체계의 지평 속에서, 극복되어야 할 방해물로, 억제되어야 할 부차적 계기로 보이는 것)이 사실상 그것의 내속적 가능성의 조건으로 기능한다(글쓰기 없는 그 어떤 순수한 로고스도 없다, 보충 없는 그 어떤 기원도 없다, 등등)는 것을 입증하는 것이다. 그리고 왜 또한 라캉에게 "초월적 철학자"라는 명칭을 부여할 수 없겠는가? 그의 전 작업은 어떻게 욕망이 가능한가라는 물음에 답하기 위한 시도이지 않은가? 그는 일종의 "순수 욕망 비판"을, 욕망의 순수한 능력에 대한 비판을 제공하고 있지 않은가?[6] 그의 모든 기본 개념들은 욕망의 수수께끼에 대한 동일한 수의 열쇠이지 않은가? 욕망은 "상징적 거세"에 의해서, 사물의 기원적 상실에 의해서 구성된다. 이 상실의 공백은 환상-대상인 대상 *a*에 의해 채워진다. 이 상실은 우리가 우리의 필요들의 "자연적" 순환을 탈선시키는 상징적 우주 속에 "삽입되어" 있기 때문에 발생하는 것이다. 기타 등등.

그럼에도 불구하고 라캉이 본질적으로 철학자라는 이 테제는 너무 위험한데, 왜냐하면 철학을 "주인 담화"의 한 판본으로 명시적으로 처리해 버리는 라캉의 반복된 진술들과 노골적으로 모순되기 때문이다.[7] 라캉은 자신의 가르침이 지닌 근본적으로 반철학적인 성격을 몇 번이고 강조하지 않았던가? 말년에 감상적으로 던진 "나는 철학에 항거한다"라는 말에 이르기까지 말이다. 그렇지만 헤겔 이후의 철학 그 자체가 이미 주요한 세 가지 지류들(분석철학, 현상학, 마르크스주의)에서 스스로를 "반철학"으로, "더

---

6) Bernard Bass, "Le désir pur", in *Ornicar?* 38 (Paris 1985) 참조.

7) Jacques Lacan, *Le séminaire*, book 17: *L'envers de la psychanalyse* (Paris: Editions du Seuil, 1991) 참조.

이상 철학이 아닌 것"으로 간주한다는 사실을 상기하는 순간 문제는 복잡해진다. 마르크스는 『독일 이데올로기』에서 철학과 "현실적 삶"의 관계는 자위와 성행위의 관계와 같다고 조롱하듯 진술하고 있다. 그리고 실증주의 전통은 철학(형이상학)을 과학적 개념 분석으로 대체할 것이라고 주장한다. 그리고 하이데거적 현상학자들은 "철학을 통과하여" 후철학적 "사유"로 나아가려고 한다. 요컨대 오늘날 "철학"으로서 실행되고 있는 것은, 정확히, 고전적인 철학적 집성체("형이상학", "로고스중심주의" 등등)로서 지칭되는 어떤 것을 "탈구축"하려는 상이한 시도들이다. 그러므로 우리는 라캉의 "반철학"이 반대하는 것은 바로 이 반철학으로서의 철학이라는 가설을 위험을 무릅쓰고라도 제안하고 싶은 것이다. 라캉 자신의 이론적 실천이 일종의 철학으로의 복귀를 내포한다면 어찌할 것인가?

알랭 바디우에 따르면 오늘날 우리는 "새로운 소피스트들"의 시대에 살고 있다.[8] 철학사에서의 두 결정적 단절인 플라톤 철학과 칸트 철학은 전통적 지식 집성체를 파괴하겠다고 을러댔던 새로운 상대주의적 태도들에 대한 반작용으로 발생했다. 플라톤의 경우 소피스트들의 논리적 논변은 전통적 습속의 신화적 토대를 침식했다. 칸트의 경우 (흄 같은) 경험주의자들은 라이프니츠-볼프적 합리주의 형이상학의 토대를 침식했다. 두 경우 모두 제안되는 해결책은 전통적 태도로의 복귀가 아니라 "소피스트들을 그들 자신의 게임에서 패배시키는", 즉 소피스트들의 상대주의를

8) Alain Badiou, *Manifeste pour la philosophie* (Paris: Editions du Seuil, 1989) 참조. [국역본: 알랭 바디우, 『철학을 위한 선언』, 이종영 옮김, 백의, 1995.]

그것 자체의 근본화를 통해 극복하는 새로운 정초적 제스처이다(플라톤은 소피스트들의 논변 절차를 받아들인다. 칸트는 흄이 전통 형이상학을 매장시킨 것을 받아들인다). 그리고 우리의 가설은, 라캉이 동일한 제스처의 또 다른 반복의 가능성을 열어놓는다는 것이다. 다시 말해서, 오늘날 지배적인 "후근대적 이론"은 로티나 료타르 같은 이름으로 가장 잘 요약되는 신실용주의와 탈구축의 혼합물이다. 그들의 작업은 보편적 토대에 대한 "반본질주의적" 거부를 강조하며, "진리"를 복수적 언어게임들의 효과로 해체시키는 것을 강조하며, 그것의 범위를 역사적으로 특화된 상호주체적 공동체로 상대화하는 것을 강조하며, 기타 등등이다. 신성한 것으로의 "후근대적" 복귀를 위한 고립적인 필사의 시도들은 한낱 또 다른 언어 게임으로, 우리가 "우리 자신에 관한 이야기를 말하는" 또 다른 방식으로 재빨리 환원되고 만다. 그렇지만 라캉은 이러한 "후근대적 이론"의 일부가 아니다. 이러한 측면에서 그의 입장은 플라톤이나 칸트의 입장과 일치한다. 라캉을 "반본질주의자"나 "탈구축주의자"로 보는 것은 플라톤을 한낱 소피스트의 한 명으로 보는 것과 동일한 환영에 사로잡히는 것이다. 플라톤은 소피스트들에게서 그들의 담화적 논변의 논리를 받아들인다. 하지만 그는 그것을 진리에 대한 언약을 긍정하는 데 이용한다. 칸트는 전통 형이상학의 붕괴를 받아들이다. 하지만 그는 그것을 자신의 초월적 전회를 수행하는 데 이용한다. 동일한 노선을 따라서 라캉은 근본적 우연성이라는 "탈구축주의적" 모티브를 받아들인다. 하지만 그는 이 모티브를 그것 자체에 반하여 돌려놓으며, 우연적인 것으로서의 진리에 대한 언약을 단언하는 데 이를 이용한다. 바로 그렇기 때문에 탈구축주의자들과 신실용주의자들은 라캉을 취급하면서 그들이 ("남근중심주의" 등의 모습을 띤) "본질주의"의 어떤 잔여물로서 지각하는 어떤 것 때문에 언제나 골치를 썩는다. 라캉은 그들에게 섬뜩할 정도로 가깝지만 여하간 "그들 가운데 한 명"은 아닌 것 같은 것이다.

"라캉은 후근대적인 새로운 소피스트들 가운데 한 명인가?"라고 묻는 것은 전문적인 학술적 논의의 따분함과는 거리가 먼 어떤 물음을 제기하는 것이다. 과장법의 위험을 무릅쓰고라도 이렇게 주장하고 싶다. 어떤 의미에서, (이른바 "서구문명"의 운명에서 시작해서 생태위기 속에서의 인류의 생존에 이르기까지) 모든 것은 다음과 같은 연관된 물음에 대한 답에 달려 있다. "오늘날 새로운 소피스트들의 후근대적 시대와 관련하여, 필요한 변경을 가하여 칸트적 제스처를 반복하는 것은 가능한가?"

1부

코기토: 주체라 불리는 공백

1. "사고하는 '나', 또는 '그', 또는 '그것'(사물)"

누아르 주체

1980년대를 1950년대와 구별하는 역사적 간극에 주목할 수 있는 한 가지 방법은 고전적 필름 누아르를 1980년대의 누아르 뉴웨이브와 비교해 보는 것이다. 여기서 내가 우선적으로 염두에 두고 있는 것은 (두 편의 <디오에이>, <과거로부터>의 리메이크인 <어게인스트>, <이중배상>의 리메이크인 <보디 히트>, <빅 클락>의 리메이크인 <노 웨이 아웃> 등등에서 <현기증>의 리메이크인 <원초적 본능>에 이르는) 직간접적인 리메이크들이 아니다.[1] 오히려 나는 오늘날의 누아르가 생존을 위해 다른 원천에서 신선한 피를 빨아들여야 할 필요가 있는 흡혈귀 같은 존재라도

되는 것인 양 누아르 우주를 또 다른 장르와 결합하여 소생시키려 하는 저 영화들을 염두에 두고 있는 것이다. 두 사례가 여기서 본보기가 된다. 누아르를 오컬트적-초자연적인 것과 결합하는 알란 파커의 <엔젤 하트>와 누아르를 공상과학과 결합하는 리들리 스콧의 <블레이드 러너>.

오랫동안 영화 이론은 "누아르는 그 자체로 하나의 장르인가, 아니면 다양한 장르들에 영향을 미치는 일종의 왜상적 왜곡인가?"라는 물음에 시달려왔다. 애초부터 누아르는 하드보일드 탐정 이야기에만 국한되지 않았다. 누아르적 모티브의 반향들은 코미디(<아세닉 앤 올드 레이스>), 서부극(<추적>), 정치·사회극(<모두가 왕의 부하들>, <잃어버린 주말>) 등에서 손쉽게 찾아볼 수 있다. 여기서 우리는 원래 그 자체만의 장르(누아르 범죄 세계)를 구성하는 어떤 것의 이차 충격을 보고 있는 것인가, 아니면 범죄 영화라는 것은 누아르 논리의 가능한 적용 영역들 가운데 하나에 불과하다고 해야 하는 것인가? 다시 말해서, 누아르는 코미디나 서부극에 대한 관계와 동일한 관계를 범죄 세계에 대해서

---

1) <원초적 본능> 또한, 아주 독특한 방식으로, 내러티브 프레임의 논리와 기능에서 어떤 근본적 변화를 증언한다. 일이십년 전이라면 마지막 숏에서의 급작스러운 전환(침대에서 사랑을 나누는 커플에서 침대 밑에 있는 살인 도구인 얼음 깨는 송곳 클로즈업으로의 트래킹)이 가져오는 효과는 파열적이었을 것이다. 그것은 현기증 나는 선회를 야기하고, 이전까지의 전 내용을 재해석하도록 강제했을 것이다. 그렇지만 오늘날 그것은 극적인 충격 효과를 상실했으며, 기본적으로 우리를 무관심한 상태로 남겨놓는다. 요컨대 "히치콕적 대상", 즉 강렬한 상호주체적 관계를 응축하고 있는 "실재의 작은 조각"은 오늘날 더 이상 가능하지 않다. (이 "히치콕적 대상"에 대해서는 Mladen Dolar, "Hitchcock's Object", in Slavoj Žižek, *Everything You Always Wanted to Know about Lacan (But Were Afraid to Ask Hitchcock)*, London: Verso, 1992 참조. [국역본: 믈라덴 돌라르, 「히치콕의 대상들」, 지젝 편, 『항상 라캉에 대해 알고 싶었지만 감히 히치콕에게 물어보지 못한 모든 것』, 김소연 옮김, 새물결, 2001.])

도 맺고 있는 하나의 술어述語인 것인가? 즉 적용되는 모든 장르에서 동일한 왜상적 왜곡을 도입하는 일종의 논리적 연산자인 것이어서, 범죄 영화에서 가장 강력하게 적용된다는 사실은 단지 역사적 우연에 불과한 것인가? 이러한 물음들을 제기하는 것은 사소한 것을 시시콜콜 따지는 궤변에 탐닉함을 뜻하는 것이 결코 아니다. 우리의 테제는, 이를테면 "본연의" 탐정 누아르라는 것이 또 다른 장르, 특히 공상과학이나 오컬트와의 융합을 통해서만 그것의 진리에 도달한다—헤겔식으로 하면, 그것의 개념을 실현한다—는 것이다.

그렇다면 <블레이드 러너>와 <엔젤 하트>의 공통점은 무엇인가? 두 영화 모두 기억을 다루며, 전복된 개인 정체성을 다룬다. 비정한 수사관인 주인공은 누군가를 추적하는 일을 맡게 되는데, 추적의 최종 결과 처음부터 그 자신도 그가 추적하는 대상과 관련되어 있었음이 밝혀진다. <엔젤 하트>에서 주인공은 찾고 있던 죽은 가수가 바로 그 자신이라는 것을 확인하게 된다(오래 전에 행해진 신비 의식을 통해 그는 예전에 군인이었던 어떤 사람과 심장과 영혼을 교환했으며, 지금은 자기가 그 사람이라고 생각하고 있는 것이다). <블레이드 러너>에서 주인공은 2019년 LA에서 도주 중인 일단의 리플리컨트를 추적한다. 임무를 완수했을 때 그는 자기 역시 리플리컨트라는 이야기를 듣게 된다. 따라서 두 경우 모두 추적의 결과는 불가사의한 전능한 작인에 의해 주도된 자기정체성의 근본적 침식인데, 첫째 경우 그 작인은 악마 자신("루이스 사이퍼")이며, 둘째 경우에는 리플리컨트임을 알지 못하는 리플리컨트, 즉 스스로를 인간으로 오지각하는 리플리컨트를 만들어내는 데 성공한 타이렐사이다.[2] 두 영화 모두에서 묘사되고 있는 세계는 법인적 자본이 우리 존재의 바로 그 환상–중핵을 침투하고 지배하는 데 성공하게 된 세계이다. 우리의 특질 가운데 그 어떤 것도 실제로는 "우리의 것"이 아니다. 심지어 우리의 기억과 환상조차도 인공적으로 주입된 것이다. 후근대주의는 자본의 회로에서 지금까지 배제되었던 최후의 심급마저도 자본에 의해 식민화되는 시대라는 프레드릭 제임슨의 테제는 마치 여기서 그것의 과장법적 결론에 이르게 된 것처럼 보인다. 자본과 지식의 융합은 새로운 유형의 프롤레타리아트를 낳는다. 말하자면, 사적인 저항의 마지막 한 구석마저도 빼앗긴 절대적 프롤레타리아트. 모든 것은, 즉 가장 내밀한 기억까지도, 주입된 것이며, 따라서 이제 남아 있는 것은 말 그대로 순수한 실체 없는 주체성(*substanzlose Subjektivität*—이는 프롤레타리아트에 대한 마르크스의 정의다)의 공백이다. 아이러니하게도 우리는 <블레이드 러너>를 계급의식

---

2) <블레이드 러너>와 <엔젤 하트> 모두에서 이 "외래적alien" 요소는 눈 안에 있는 오점을 통해 탐지될 수 있다(인조인간들은 그들의 부자연스럽게 팽창된 홍채를 통해 정체가 확인된다. 그리고 악마가 자신의 진정한 본성을 드러낼 때 그의 눈은 섬뜩한 푸른빛을 낸다.) 이 눈 안의 오점은 우리가 "현실"로 경험하는 것이 일관성을 획득하기 위해서 배제되어야만 했던 어떤 것의 잔여물을 가리킨다. 따라서 그것의 재출현은 "현실"의 좌표 그 자체를 흔들어놓는다. 이미 『프랑켄슈타인』에서 "깊이 없는 눈"의 침투불가능한 응시는 괴물을 변별시켜주는 특징이다. 메리 셸리 자신의 "소름끼치는 환영"을 인용하는 것으로 충분하다. 그것은 그녀의 책이 태어난 기원에 있었다. "그는 잠든다. 그러나 누군가가 그를 깨운다. 그는 눈을 뜬다. 침대 옆에서, 커튼을 젖히고 노랗고 축축하면서 멍한 눈을 한, 소름끼치는 그것을 본다"(Mary Shelley, *Frankenstein* [Harmondsworth: Penguin, 1992], p. 9 [국역본: 메리 셸리, 『프랑켄슈타인』, 오숙은 옮김, 미래사, 2002, 16쪽]). 불투명한 "깊이 없는" 눈은 우리가 "영혼"에 접근하는 것을, "인격체"의 무한한 심연에 접근하는 것을 가로막으며, 그리하여 그것을 영혼 없는 괴물로 변화시킨다. 한낱 비주체적 기계인 것이 아니라 오히려 그것에 "인격성"의 깊이를 부여하는 "주체화" 과정에 아직 종속된 적이 없는 섬뜩한 주체로 말이다.

의 출현에 관한 영화라고 말할 수도 있을 것이다.

이러한 진리는 한 영화에서는 은유적으로, 다른 한 영화에서는 환유적으로 은폐된다. <엔젤 하트>에서 법인적 자본은 악마라는 은유적 형상으로 대체된다. 반면에 <블레이드 러너>에서 환유적 방해는 영화가 그 내적 논리를 끌고 갈 수 없도록 가로막는다. 다시 말해서 <블레이드 러너>의 감독판은 1982년에 출시된 판본과 두 가지 핵심적인 특징에서 차이가 난다. 즉 보이스오버가 없으며, 영화 말미에서 데커드(해리슨 포드)는 자기 역시 리플리컨트임을 알게 된다.[3] 하지만 출시된 두 판본에서조차도, 그리고 특히 1992년에 출시된 판본에서, 일련의 특징들 일체가 데커드의 진정한 지위를 가리키고 있다. 데커드와 리온 코왈스키(영화가 시작할 때 타이렐 빌딩에서 심문을 받는 리플리컨트) 사이의 시각적 평행성에 특별한 강세가 찍힌다. 또한 데커드가 레이첼(숀 영)에게 그녀가 다른 누구와도 공유하고 있지 않은 가장 내밀한 어린 시절의 회상들을 예로 들면서 그녀가 리플리컨트임을 증명한 뒤에 카메라는 그의 개인적 신화들(피아노 위에 놓인 오래된 어린 시절의 사진들, 그의 유니콘 꿈-회상)을 짧게 관찰하는데, 이는 그것들 역시 "진정한" 기억이나 꿈이 아니라 꾸며낸 것임을 분명하게 함축하고 있으며, 따라서 레이첼이 그에게 리플리컨트 테스트를 받아보았냐고 조롱하듯 질문할 때 그 물음은 불길한 저음低音으로 울려퍼진다. 또한 데커드와 경찰 서장의 접선책 역할을 하는 경찰

3) 1992년에 "감독판"으로 출시된 판본은 타협물이며, 아직 진정한 감독판이 아니다. 그것은 보이스오버와 우둔한 해피엔딩은 없앴지만 데커드 자신의 리플리컨트 지위를 폭로하지 못하고 있다.

관의 생색내는 냉소적 태도와 그가 종이접기로 조그만 유니콘을 만든다는 사실은 데커드가 리플리컨트라는 것을 그가 알고 있음을 분명하게 가리키고 있다(그리고 우리는 진정한 감독판에서 그가 데커드에게 이 사실을 악의적으로 알려준다고 안전하게 추측할 수 있을 것이다). 역설적이게도, 전복적 효과(인간과 인조인간의 구분선을 흐려놓는 효과)는 내러티브의 닫힘에, 즉 시작이 은유적으로 끝의 전조가 되는(영화의 도입부에서 데커드가 코왈스키 심문 테이프를 재생할 때, 아직 그는 결말부에서 자신이 코왈스키의 자리를 차지하게 될 것임을 깨닫지 못한다) 그 원환고리에 달려 있으며, 반면에 내러티브의 닫힘에 대한 기피(1982년 판본에서 데커드가 리플리컨트라는 힌트는 간신히 알아볼 수 있을 뿐이다)는 전복적 모서리를 잘라내는 순응주의적 타협으로서 기능한다.

그렇다면 추적이 끝났을 때, 즉 기억의 회복이 다름 아닌 자기정체성의 박탈을 가져온 이후에 주인공의 위치를 어떻게 진단할 것인가? 고전적 누아르를 1980년대 누아르와 분리시키는 틈새가 가장 순수한 형태로 출현하는 것은 바로 여기서다. 오늘날 대중매체조차도 우리의 가장 내밀한 자기체험의 현실을 포함한 현실에 대한 지각이 상징적 허구에 의존하고 있다는 것을 알고 있다. 『타임』지 최근호를 인용하는 것으로 충분하다. "이야기는 귀중한 것이며, 없어서는 안 될 것이다. 모든 사람은 자신의 역사를, 자신의 내러티브를 가지고 있어야만 한다. 여러분은 자신에 대한 상상적 판본을 소유할 때까지 여러분이 누구인지를 알지 못한다. 그것이 없다면 여러분은 존재하지 않는 것이나 마찬가지다." 고전적 누아르는 이와 같은 제약 내에 머물러 있다. 고전적 누아르는 주인공이 자신이 누구인지를 알지 못하는, 혹은 블랙아웃[4)]의 시간 동안 무엇을 했는지를 알지 못하는 기억상실의 사례들로 가득하다. 하지만 여기서 기억상실은 상호주체성의 영역, 즉 상징적 공동체의 영역 속으로의 통합이라는 것을 기준으로 해서 측정되는 결함이다. 성공적 회상이란, 주인공이 삶의 경험을 일관된 내러티브로 조직화함으로써 과거의 어두운 악마들을 몰아낸다는 것을 의미한다. 하지만 <블레이드 러너>나 <엔젤 하트>에서 회상은 비할 데 없이 더 근본적인 어떤 것을, 즉 주인공의 상징적 정체성의 전적인 상실을 가리킨다. 그는 자신이라고 생각했던 그 누군가가 아니라 다른 어떤 사람/것이라고 가정하지 않을 수 없게 된다. 그리고 그렇기 때문에 <블레이드 러너>의 "감독판"에서 (데카르트Descartes와 이형동음어인) 데커드Deckard의 보이스오프를 없어도 되게 한 것은 전적으로 정당하다. 즉 누아르 우주에서 보이스오프 내러티브는 주체의 경험이 큰타자 속으로, 상호주체적 상징적 전통의 장 속으로 통합됨을 실현하는 것이다.

고전적 누아르에 관한 통념들 중 하나는 그것의 철학적 배경을 프랑스 실존주의에 두는 것이다. 그렇지만 1980년대 누아르에서 작동하는 근본적 변화의 함축들을 포착하기 위해서는 좀더 뒤로, 즉 순수하고 실체 없는 "나는 생각한다"로서의 주체라는 데카르트-칸트적 문제틀로 돌아가야만 한다.

4) [일시적 기억 상실.]

탈구된5)

데카르트는 존재론적으로 일관적인 우주 속에 최초로 균열을 도입했다. 절대적 확실성을 "나는 생각한다"라는 점點으로까지 단축시킬 때, 잠깐 동안, 내 등 뒤에서 나를 지배하고 내가 "현실"로 경험하는 것을 조종하는 사악한 천재*le malin genie*의 가설이 열리게 된다. 프랑켄슈타인 박사에서 <블레이드 러너>의 타이렐에 이르기까지 인조인간을 창조하는 과학자-조물주의 원형. 그렇지만 데카르트는 코기토(나는 생각한다)를 레스 코기탄스(생각하는 사물)로 환원함으로써, 말하자면 현실이라는 직물에 그가 낸 상처를 꿰맨다. 칸트만이 자기의식에 내재한 역설들을 완전하게 표명한다. 칸트의 "초월적 전회"가 분명하게 드러내는 것은 주체를 "존재의 대사슬" 속에, 즉 우주라는 전체—모든 요소가 그 자신의 자리를 가지고 있는 조화로운 전체로서의 우주에 관한 저 일체의 개념들(오늘날 이는 생태론적 이데올로기 속에 넘쳐난다)—속에 위치시키는 것의 불가능성이다. 오히려 주체는 가장 근본적인 의미에서 "탈구되어" 있다. 주체는 그 자신의 자리를 구성적으로 결여하고 있으며, 바로 그 때문에 라캉은 주체를 수학소 $로, "빗금쳐진" S로 지칭한다.

데카르트에게 이 "탈구된" 상태는 아직 은폐되어 있다. 데카르트적 우주는 푸코가 『말과 사물』에서 "고전적 에피스테메"라고 불렀던 것의 제약 속에, 즉 표상의 문제틀에 의해 규제되는 인식론

5) [이 제목과 앞 절의 제목을 연결하여 "탈구된 누아르 주체"를 읽을 수 있다.]

적 장의 제약 속에 머물러 있다—표상들의 인과적 사슬관계, 표상들의 명석함과 명증함, 표상과 표상된 내용의 관계 등등.[6] 코기토에르고 숨에서 절대적 확실성의 지점에 도달할 때 데카르트는 아직 코기토를 현실 전체에 상관적인 것으로서 파악하지 않는다. 즉 (비트겐슈타인의 『논리철학논고』에 나오는, 결코 보여진 현실의 일부일 수 없는 눈에 대한 유명한 은유가 뜻하는 것처럼) 현실의 외부이고 현실에서 제외되어 있으면서 현실의 지평을 윤곽짓는 지점으로서 파악하지 않는다. 데카르트적 코기토는, 자신에게 대립된 객관적 세계를 "자발적으로" 구성하는 자율적 행위자라기보다는, 내속적인 개념적 사슬관계를 따름으로써 우리를 상위의 다른 표상들로 인도하는 표상이다. 처음에 주체는 코기토가 어떤 내속적으로 결함이 있는 존재에게 속하는 표상이라는 것을 확인한다(의심은 불완전성의 표시이다). 그러한 것으로서 그것은 불확실한 것이 없는 자유로운 완전한 존재에 대한 표상을 함축한다. 결함이 있는 하위의 존재자나 표상은 상위의 존재자나 표상의 원인일 수 없다는 것이 명백하므로, 완전한 존재(신)는 있어야만 했다. 더 나아가 신의 진실한 본성은 외부 현실에 대한 우리의 표상이 믿을 만하다는 것을 보장해준다. 기타 등등. 따라서 우주에 대한 데카르트의 최종적 관점에서 코기토는 복잡하게 얽힌 총체 속에 있는 수많은 표상들 가운데 하나에 불과하며, 현실의 일부이며 아직은 현실 전체에 상관적이지 않다(혹은 헤겔식으로 하자면, 오로지 "즉자적으로"만 상관적이다).

6) Michel Foucault, *The Order of Things* (New York: Vintage, 1973) 참조. [국역본: 미셸 푸코, 『말과 사물』, 민음사, 1986.]

그렇다면 데카르트의 코기토와 칸트의 초월적 통각의 "나" 사이의 단절을 표시하는 것은 무엇인가? 이에 대한 열쇠를 제공하는 것은 데카르트를 겨냥한 칸트의 비트겐슈타인적 언급이다. 즉 "나는 생각한다"를 완전한 구문으로서 사용하는 것은 적법하지 않다. 그 구문은 아직 완성될 필요가 있다[7]—"나는 (비가 올 것이라고, 네가 옳다고, 우리가 이길 것이라고,……) 생각한다." 칸트에 따르면 데카르트는 "실체화된 의식의 절취"[8]의 먹잇감이 된 것이다. 즉 데카르트는 모든 대상 표상에 수반하는 텅 빈 "나는 생각한다"에서 우리가 (사고하는, 그리고 사고하는 그 능력에서 스스로에게 투명한) 어떤 실정적 현상적 실체, *코기탄스*(후설이 말하는 "세계의 작은 조각")를 붙잡는 것이라고 잘못된 결론을 내린다. 다시 말해서, 자기의식은 내 안에 있는 사고하는 "사물"을 자기현시적이며 자기투명하게 만든다는 것이다. 이로써 우리는 "나는 생각한다"라는 형식과 생각하는 실체 사이의 위상학적 불일치를, 즉 "나는 생각한다" 속에 포함된 사고의 논리적 주체의 동일성에 관한 분석 명제와 생각하는 사물-실체로서의 어떤 인격의 동일성에 관한 종합 명제 사이의 차이를 잃게 된다. 칸트는 이 구분을 표명함으로써 논리적으로 데카르트에 선행한다. 즉 그는 일종의 "사라지는 매개자"를, 데카르트적 레스 *코기탄스*가 출현하기 위해서는 사라져야만 하는 계기를 드러내 보여주고 있는 것이다(*CPR*, A354-356).[9]

7) [원문은 "it calls for a continuation"이다. 즉 "I think"에서 구문이 아직 끝나지 않은 것이고 뒤에 내용이 더 이어져야 한다는 뜻이다. 한국어에서는 그 보충적 내용은 "나는"과 "생각한다" 사이에 온다.]

8) [『순수이성비판』, A402.]

9) 『순수이성비판』의 인용 일체는 노먼 켐프 스미스의 번역(London: Macmillan, 1992)이다. [국역본:

이러한 칸트적 구분은 라캉에 의해 언표행위의 주체와 언표된 것의 주체라는 구분으로 소생된다. 라캉의 언표행위 주체($) 또한 텅 빈 비실체적인 논리적 변항(함수가 아니라)이며, 반면에 언표된 것의 주체("인격")는 $의 공백을 메우는 환상적 "재료"로 이루어진다.

경험적인 "나"의 자기경험을 초월적 통각의 "나"로부터 분리시키는 이 틈새는 경험적 현실로서의 존재와 논리적 구성물로서의 존재, 즉 수학적 의미에서의 존재("……한 X가 존재한다")의 구분과 일치한다. 칸트가 말하는 초월적 통각의 "나"의 지위는 **필수적**인 동시에 **불가능한**(그것의 개념이 직관된 경험적 현실로 결코 메워질 수 없다는 바로 그 의미에서 "불가능한") 논리적 구성물의 지위이다. 요컨대 라캉적 **실재**의 지위이다. 데카르트의 잘못은 바로 경험적 현실을 실재적인-불가능한 것으로서의 논리적 구성물과 혼동한 것이었다.10)

여기서 칸트의 추론은 겉보기보다 훨씬 더 정교하다. 그 정교함을 온전히 이해하기 위해서 우리는 라캉의 환상 공식($◇*a*)을 이용해야만 한다: 생각하는 예지적 사물로서의 나 자신에 내가 접근할

칸트, 『순수이성비판』, 백종현 옮김, 아카넷, 2006.]

10) 동일한 역설을 또한 다음과 같이 정식화할 수도 있을 것이다. 즉 현실성에 대립되는 바로서의 "한낱 가능성"이라는 바로 그 능력 속에서 그 자체의 현실성을 소유하고 있는 가능성의 애매한 존재론적 지위를 통해서 정식화할 수도 있을 것이다. 칸트적인 초월적 통각은 자기의식의 순수 가능성을 지칭하는데, 이는 가능성으로서 현실적 효과를 산출한다, 즉 주체의 현실적 지위를 결정한다. 일단 이러한 가능성이 현실화되면, 우리는 더 이상 순수한 나의 자기의식을 다루고 있는 것이 아니라 현상으로서의, 현실의 일부로서의 자기에 대한 경험적 의식을 다루는 것이다. 이러한 차이를 정식화할 또 다른 방식은 "I"를 "me"와 분리시키는 간극을 통하는 것이다. 칸트적인 초월적 통각은 "I think"의 "I"를 지칭하는 반면에 데카르트는 "je pense"(I think)를 "moi qui pense"(me who thinks)로 실체화하는 절취를 저지른다.

수 없는 한에서, "나는 생각한다". 사물은 원래 상실된 것이고, 환상-대상(*a*)이 그것의 공백을 메운다(바로 이와 같은 칸트적 의미에서 라캉은 *a*를 "'나'의 재료"라고 한다).[11] "나는 생각한다"라는 행위는 초-현상적이며, 내적 경험이나 직관의 대상이 아니다. 하지만 이 모든 것에도 불구하고 그것은 예지적 사물이 아니라 그것이 결여된 공백이다. 초월적 통각의 "나"에 대해서 "그것만 따로 떼어서는[그것의 술어들인 사고들을 떠나서는] 그것에 관해서 우리는 최소한의 개념도 가질 수가 없다"(*CPR*, A346)고 말하는 것으로는 충분치 않다. 우리는 직관된 내용의 이와 같은 결여가 "나"에 대해 구성적이다는 것을, "나"에게 자신의 "존재의 중핵"이 접근불가능하다는 것이 그것을 하나의 "나"로 만든다는 것을 덧붙여야만 한다.[12] 칸트에게 분명하지 않는 것은 바로 이것이며, 바로 그 때문에 그는 순수 통각의 "나"와 자기경험의 "나"의 관계를 사물 자체와 경험적 현상의 관계로 파악하려는 유혹에 자꾸만 굴복하는 것이다.[13]

따라서 칸트가 "나는…… 통각의 종합적 근원적 통일에서 나를

---

11) Jacques Lacan, *Écrits: A Selection* (New York: Norton, 1977), p. 314.

12) 바로 그렇기 때문에 칸트의 몇몇 해석가들(예컨대 핀들레이J. N. Findlay—그의 저서 *Kant and the Transcendental Object* [Oxford: Clarendon Press, 1981] 참조)이 사용하는 "자기 그 자체"라는 표현은 내속적으로 말이 되지 않아 보이는 것이다. 우리가 자기를 지성적 사물로 파악하는 한 그것은 그것을 규정하는 바로 그 특질을 상실한다. 즉 유한성의 지평, 지성적인 것과 직관적인 것의 분열의 지평 내부에서만 그것에 속하는 초월적 "자발성"과 자율성을 상실한다. (이는 궁극적으로 칸트 자신에 의해 확언된다. 칸트는 헤아릴 길 없는 어떤 계획을 실현하기 위해 우리를 이용하는 어떤 접근불가능한 지성적 자연—예컨대 신의 섭리—에 의해 자유로운 인간 활동이 사실상 규제될 가능성을 열어놓아야 한다고 언제나 주장했다.)

13) 최고의 반어적 비틀기로, 칸트가 현상체도 아니고 예지체도 아닌 순수 통각의 "나"의 이 유일무이한 지위를 표명하는 부분의 제목은 "대상 일반을 현상체와 예지체로 구별하는 근거에 대하여"이다.

의식하는데, 내가 나에게 현상하는 대로도 아니고, 나 자체인 대로도 아니며, 오직 내가 있다는 것을 의식한다"(*CPR*, B157)고 말할 때, 여기서 첫째로 주목해야 할 것은 이러한 정식화의 근본적 역설이다. 즉 극도의 추상을 통해 내가 나의 모든 표상에 수반하는 사고의 텅 빈 형식에 나 자신을 국한하는 바로 그 순간, 나는 일체의 사고-규정들이 결여된 존재와 조우한다. 그리하여 사고의 텅 빈 형식은 그 어떤 형식적 사고-규정도 결여된 존재와 일치한다. 그렇지만 칸트가 데카르트와 가장 가까운 것처럼 보이는 이곳에서 그들을 분리시키는 거리는 무한하다. 칸트에게서 자기의식 행위 속에서의 사고와 존재의 일치는 결코 사고하는 실체로서의 나 자신에 대한 접근을 함축하지 않는다. "사고하는 이 '나', 또는 '그', 또는 '그것'(사물)에 의해서는 다름 아니라 사고들의 초월적 주체=X가 표상되는데, 이것은 단지 그것의 술어들인 그 사고들에 의해서만 인식되며, 그것만 따로 떼어서는 그것에 관하여 우리는 최소한의 개념도 가질 수가 없다"(*CPR*, A346). 요컨대: 우리는 "생각하는 사물은 어떻게 구성되는가?"라는 질문에 대한 어떠한 가능한 대답도 제공할 수 없다. 자기의식의 역설은, 그것은 그것 자체의 불가능성을 배경으로 해서만 가능하다는 것이다. 나는 내 존재의 실재적 중핵("사고하는 '나', 또는 '그', 또는 '그것'(사물)")으로서의 나 자신에 내가 이를 수 없는 한에서만 나 자신을 의식한다. 나는 "생각하는 사물"로서의 나의 능력 속에서 나 자신에 대한 의식을 획득할 수 없다.[14] <블레이드 러너>에서 데커드는 레이

14) 그리고 여기서 나의—헤겔적—요점은 "나는 생각한다"가 사물 자체에 대해 정확히 동일한 관계에 있다는 것이다. 그것은 그 안에 난 구멍을, 틈새를 가리키며, 그러한 것으로서 유일하게

첼이 자신을 인간으로 (오)지각하는 리플리컨트라는 것을 알고 나서 놀라서 묻는다: "어떻게 그것은 자신이 무엇인지를 알지 못하는가?" 이제 우리는 2백년도 더 이전에 칸트의 철학이 이 수수께끼에 대한 한 가지 답을 개괄해 놓았음을 볼 수 있다. 자기의식이라는 바로 그 개념은 주체의 탈-중심화를 함축하는데, 이는 주체와 대상의 대립보다 훨씬 더 근본적인 것이다. 칸트의 형이상학 이론은 궁극적으로 이에 관한 것이다. 형이상학은 "원초적 억압"("생각하는 사물"의 접근불가능성)의 상처를, "존재의 대사슬" 속에 한 자리를 주체에게 할당하여 치료하려고 노력한다. 형이상학이 주목하지 못하는 것은, 이러한 할당을 위해 지불해야 하는 대가, 즉 그것이 설명하고자 했던 바로 그 능력—즉, 인간 자유—의 상실이다. 『실천이성비판』에서 자유(실천 이성의 요청)를 예지적 사물로 파악할 때 칸트 스스로 잘못을 저지른다. 그로써 그의 근본적인 통찰, 즉 정확히 사물로서의 나 자신에 접근할 수 없는 한에서 자발적-자율적 행위자로서의 능력을 보유할 수 있다는 통찰이 흐려지고 만다.

좀더 자세히 검토해 볼 때, 순수 통각의 "나"가 예지적 자기("생각하는 사물")와 동일화될 때 출현하는 비일관성들을 구성하는 것은 무엇인가? 헨리 앨리슨이 스트로슨의 칸트 비판을 명쾌하게

"참되게 존재하는"(즉 한낱 현상적 존재에 대립되는바 그 자체로 존재하는) 사물들의 영역 내부에 현상들이 출현할 수 있는 공간을, 우리의 현상적 경험의 공간을 열어놓는다. 다시 말해서, "나는 생각한다"를 통해서 사물 자체는 말하자면 분열되며, 현상이라는 모습으로 자기 자신에게 접근불가능해진다. 칸트가 하지 않는 질문이 바로 이것이다: 순수 통각의 초월적 사실인 "나는 생각한다"는 어떻게 사물 자체들과 관계하는가? 진정으로 헤겔적인 문제는 현상적 표면에서 사물 자체들로 꿰뚫고 들어가는 것이 아니라, 어떻게 사물들 안에서 현상에 가까운 어떤 것이 출현할 수 있었는가를 설명하는 것이다.

요약하면서 이야기하고 있듯이,15) 이러한 동일화의 경우 현상적 "나"(경험적 주체)는 예지적 주체에게 (경험의 대상이라는 모습으로) 외양하는 어떤 것으로 파악되는 동시에 예지적 주체의 외양으로 파악되어야만 한다. 다시 말해서, 구성된 현실의 일부로서 외양하는 모든 것은 (예지적 주체와 동일한 것으로서 여기서 파악되고 있는) 초월적 주체에게 외양하며, 다른 한편으로 경험적 주체는, 모든 직관된 현실의 경우가 그렇듯이, 어떤 예지적 존재자—이 경우에는 예지적 주체—의 현상적 외양이다. 그렇지만 이와 같은 이중화는 터무니없는 것이며, 자기말소적 단락이다. 예지적 주체가 그 자신에게 외양한다면, 외양을 예지체와 분리시키는 거리는 사라지고 만다. 어떤 것을 외양으로서 파악하는 작인은 그 자체가 외양일 수 없다. 그와 같은 경우에 우리는 알퐁스 알레가 묘사한 터무니없는 악순환에 빠지게 된다. 즉 두 외양이 서로 자기 자신을 외양으로서 인식하게 된다(라울과 마거리트는 가면무도회에서 만날 약속을 한다. 은밀한 구석에서 둘 다 가면을 벗고 놀라서 소리를 지른다. 라울은 자기 파트너가 마거리트가 아니기 때문에 놀란 것이고, 마거리트는 자기 파트너가 라울이 아니기 때문에 놀란 것이다). 그리하여 이러한 곤궁에서 빠져나갈 유일한 길은 순수 통각의 "나"와 생각하는 사물을 구분하는 것이다. 물론 내가 경험하는 것은, 내 직관 속에서 내게 현상적으로 주어진 것은, 내 인격의 내용(경험적 심리학의 대상)은 물론 모든 현상에서 그렇듯 어떤 사물(이 경우에는 생각하는 사물)의 외양함이다. 하지만

15) Henry E. Allison, *Kant's Transcendental Idealism* (New Haven: Yale University Press, 1986), p. 289.

이 사물은 순수 통각의 "나"일 수 없다. 즉 "생각하는 사물"이 경험적인 "나"로서 초월적 주체에게 외양한다고 할 때의 그 초월적 주체일 수 없다.

이와 같은 핵심을 염두에 두면서 우리는 예지적 자기의 접근불가능성과 여하한 지각 대상의 접근불가능성의 차이를 정확히 설명할 수 있다. 초월적 주체는 "그것의 술어들인 그 사고들에 의해서만 인식되며, 그것만 따로 떼어서는 그것에 관하여 우리는 최소한의 개념도 가질 수 없다"(*CPR*, A346)고 칸트가 말할 때, 이와 동일한 것이 또한, 예컨대, 내 앞에 있는 탁자에도 적용되는 것 아닌가? 탁자 또한 그것의 술어들인 사고들에 의해서만 인식되며, 그것만 따로 떼어서는 그것에 관하여 우리는 최소한의 개념도 가질 수 없다. 하지만 "나"의 경우 앞서 이야기된 외양의 자기지칭적 이중화 때문에, "나는 생각한다"는 현상적 층위에서도 텅 빈 것으로서 남아 있어야만 한다. "나"의 통각에는 정의상 어떠한 직관적 내용도 없다. 그것은 표상들의 장에 구멍을 새기는 텅 빈 표상이다. 요컨대, 칸트는 초월적 통각의 "나"를 현상적인 것으로도 예지적인 것으로도 정의하지 못하도록 강요당하는데 이는 자기촉발의 역설 때문이다. 내가 현상적으로, 경험의 대상으로서 나 자신에게 주어진다면, 나는 동시에 예지적으로도 나 자신에게 주어져야만 할 것이다.

논변적 지성과 직관적 지성의 이중성을 경유해서도 동일한 결과에 도달할 수 있다. 자신의 유한성 때문에 주체는 오로지 논변적 지성만을 다룰 수 있다. 그는 사물 자체들에 의해 촉발되며, 무형적 촉발들의 다양을 객관적 현실로 구조화하기 위해 논변적 지성

(형식적 초월적 범주들의 그물망)을 이용한다. 이 구조화는 주체 자신의 "자발적", 자율적 행위이다. 만약 주체가 직관적 지성을 소유하고 있다면 주체는 지성을 직관으로부터 분리시키는 심연을 메울 것이며, 그리하여 그 자체로의 사물들에 접근하게 될 것이다. 그렇지만 "내가 논변적 지성 대신 직관적 지성을 가지고 있다면 다른 사물들(대상들)을 그 자체로 인식할 수 있을 것이라고 공허하기는 해도 조리가 있는 주장을 할 수 있다. 하지만 이와 유사하게, 자발적인 사고하는 주체로서의 내 능력 안에서 나 자신을 대상으로서 인식할 수 있다고 주장할 수는 없다."[16] 왜인가? 만일 내가 "생각하는 사물"로서의 나 자신에 대한 직관을 소유한다면, 즉 만일 내가 나의 예지적 자기에 도달할 수 있다면, 그로써 나는 나를 순수 통각의 "나"로 만드는 바로 그 특질을 잃게 될 것이다. 나는 현실을 구성하는 자발적 초월적 행위자이기를 멈추게 될 것이다.[17]

순수 통각의 "나"에 대한 상관물로서의 초월적 대상과 관련하여 동일한 역설이 반복된다. 다시 말해서, 칸트는 어떻게 초월적 대상이라는 개념에 도달하는가? 왜 칸트는 한편으로 초월적 범주를 가지고서 그리고 다른 한편으로는 사물 자체에 의해 작용을 받는 우리의 존재를 증언하는 촉발들을 가지고서 그럭저럭 일을

16) 같은 책, pp. 289-290.

17) 『실천이성비판』 제1편 말미에서 동일한 논리가 윤리적 층위에서 재등장한다. 내가 신의 본성에 대한 직접적 통찰을 얻게 된다면, 이는 윤리적 활동이라는 바로 그 개념을 파기하게 될 것이리라. Immanuel Kant, *Critique of Practical Reason* (New York: Macmillan, 1956), pp. 151-153: "Of the Wise Adaptation of Man's Cognitive Faculties to His Practical Vocation" 참조. [국역본: 칸트, 『실천이성비판』, 백종현 옮김, 아카넷, 2002, 301-304쪽.]

해치울 수 없는 것인가? "초월적 대상, 다시 말해 어떤 것 일반이라는 전적으로 무규정적인 사유물"[18]은 "우리의 모든 경험적 개념들에서 도대체가 하나의 대상과의 관계맺음, 즉 객관적 실재성"을 제공하는 기능을 갖는다(*CPR*, A109). 다시 말해서, "오로지 어떤 것 일반=X로서만 생각될 수"(*CPR*, A104)[19] 있는 이 역설적 대상이 없다면, 형식논리학과 초월논리학의 차이는 무너질 것이다. 다시 말해서 선험적 범주표는 "객관적 실재성"을 구성하는 초월적 힘을 빼앗긴 한낱 형식논리적 그물망에 불과한 것으로서 머물게 될 것이다. 초월적 대상은 대상 일반의 형식이며, 이를 참조함으로써 선험적 범주들은 감성적 직관들의 다양을 통일된 대상의 표상으로 종합한다. 그것은 모든 가능한 대상의 일반 형식이 "대상 일반"의 텅 빈 표상으로 되돌아가는 지점을 표시한다. 바로 그렇기 때문에 초월적 대상이라는 개념은 초월적 사물로부터 내려오는 무형적 재료(주체가 어떻게 어떤 예지적 존재자들에 의해 수동적으로 촉발되는가를 증언하는 감성적 촉발들)와 주체가 이 직관된 재료를 "실재성"으로 주조할 수 있게 해주는 초월적 형식에 대한 표준적인 칸트적 구분을 침식한다. 그것은 전적으로 주체에 의해 "창조된" 대상이며, "사고가 그 자신 앞에 대상의 그림자로서 투사하는 통일성"[20]이며, 자기 자신의 재료인 지성적 형식이

---

18) [『순수이성비판』, A253.]

19) ["A109"라고 잘못 표기된 것을 "A104"로 수정했다.]

20) Beatrice Longuenesse, *Hegel et la critique de la métaphysique* (Paris: Vrin, 1981), p. 24. 바로 여기에 초월적 대상을 사물과 분리시키는 간극이 있다. 사물은 우리의 감관을 촉발하는 획득불가능한 기체基體이다. 즉 그것과 관련하여 우리는 한낱 수동적 수용자에 불과하다. 반면에 초월적 대상은 여하한 긍정적, 직관적 내용도 전적으로 결여된, 초월적 사물에서 기원하는 여하한 "재료"도 결여된 대상이다. 그것은 전적으로 주체에 의해 초월적으로 "정립된" 대상이다.

다. 그러한 것으로서 그것은 대상의 유사물이며, 다시 말해서 엄밀한 의미에서 환유적 대상이다. 즉 그것을 위한 공간은 우리 경험의 동시적인 (현실적) 유한성과 (잠재적) 무한성에 의해 열린다. 초월적 대상은 "텅 빈" 범주들의 보편적인 형식적-초월적 틀을 우리의 현실적 경험(우리의 직관에 실정적 내용을 제공하는 촉발들)의 유한한 범위로부터 영원히 분리시키는 틈새를 체현한다. 그리하여 그것의 기능은 탁월하게도 반-흄적이며, 반-회의론적이다. 그것은 초월적 범주들이 모든 가능한 미래의 경험 대상들을 지칭할 것임을 보증해 준다. 사물 자체*Ding-an-sich*와 초월적 대상의 이 구분은 사물로서의 실재와 대상 *a*에 대한 라캉적 구분에 완벽하게 조응한다. 후자는 실정적 대상들의 결여를 체현하는 바로 그와 같은 환유적 대상인 것이다.[21]

"초월적 대상, 다시 말해 어떤 것 일반이라는 전적으로 무규정적인 사유물"과 관련하여 칸트는 이렇게 말한다. "이 사유물은

따라서 사물과 초월적 대상을 분리시키는 축은 정립하기와 전제하기의 축이다. 사물은 순전한 전제인 반면에, 초월적 대상은 순전히 정립된 것이다. 그리고 사물과 초월적 대상의 궁극적 동일성은 순수 전제와 정립하기의 헤겔적 일치를 보여주는 또 다른 사례를 제공한다.

21) 대상 *a*, 즉 잉여향유와 마르크스의 잉여가치의 연관성을 어떻게 하면 분명하게 파악할 수 있을까? 아마도 애용되는 히치콕 일화들 가운데 (특히 트뤼포가 『히치콕』이라는 책에서 다시 들려주고 있는) 하나를 참조하는 것이 얼마간 도움이 될 것이다. 이야기는 이렇다. <북북서로 진로를 돌려라>를 위해서 히치콕은 실제로 촬영되지는 않은 다음과 같은 장면을 계획했다. 캐리 그랜트와 다른 동행자가 대화를 하면서 자동차 공장 조립 라인을 따라 걷는데, 그들의 걸음걸이는 배경에 있는 자동차 조립 과정과 보조를 맞춘다. 따라서 우리는 지속되는 하나의 숏에서 자동차 제작 과정 전체를 분명하게 볼 수 있다. 우리는 자동차 조립에 들어가는 모든 부분들을 본다. 조립 라인 끝에서 그랜트는 자동차를 향해 돌아서고, 자동차 문을 연다. 그러자 자동차 밖으로 송장이 떨어진다. 여기서 송장은 대상 *a*이다. 그것은 순수한 유사물, "아무 곳도 아닌 곳에서" 마법처럼 출현하는 잉여이며, 동시에 과정 속에 들어간 요소들을 초과하는 생산과정의 잉여이다.

예지체라고 일컬을 수 없다. 왜냐하면 나는 이것에 대해 이것이 그 자체로 무엇인지를 알지 못하며, 이것에 대해 단지 감성적 직관 일반의 대상(……)이라는 것 이외에는 전혀 아무런 개념도 가지고 있지 않기 때문이다"(*CPR*, A253). 언뜻 보기에 칸트는 그 자신의 기본적 전제와 모순되는 것처럼 보인다. 즉 그는 초월적 대상이 그 자체로 무엇인지를 우리가 전혀 알지 못한다는 사실을 초월적 대상의 비예지적 지위에 대한 증거로서 삼고 있다. 이와 같은 "알 수 없음"은 예지적 대상에 대한 바로 그 정의이지 않은가? 그렇지만 겉보기에 명백한 이와 같은 비일관성은 초월적 대상의 정확한 본성을 고려할 때 쉽게 물리칠 수 있다.[22] 그것이 대상 일반을 체현하는 한에서, 즉 그것이 대상성 전체의 환유적 자리-점유자로서 기능하는 한에서, 그것은 만일 직관 속에서 내게 주어진다고 한다면 그와 동시에 그 자체로 내게 주어져야만 할 대상인 것이다. (초월적 통각의 "나"의 근본적 특징 또한 여기에 있다는 것을 상기해 볼 수 있을 것이다. 그것의 표상은 텅 비어 있는데, 왜냐하면 만일 그것이 현상적으로 주어진다고 한다면 또한 예지적으로도 주어질 것이기 때문이다.)[23]

22) 이는 Allison, *Kant's Transcendental Idealism*, p. 245에서 입증되었다.

23) 그렇다면 초월적 대상과 주체의 정확한 관계는 무엇인가? 이에 대한 한 가지 답을 제공하기 위해서 우리는 칸트에게서 사물 자체의 이중적 성격을 염두에 두어야 한다. 사물은 (유한한 주체인 우리로서는 접근불가능한) 현상들의 총체를 지칭하기도 하고 또한 현상들의 예지적 지탱물을, 우리를 촉발하는 알 수 없는 X를 지칭하기도 한다. 따라서 초월적 대상은 환유적이다. 그것은 현상들의, 가능한 직관의 대상들의 무한한 계열을 나타낸다. 반면에 주체는 은유의 논리를 따른다. 즉 그것의 공백은 접근불가능한 예지적인 "생각하는 사물"의 자리를 점유한다.

칸트에서 헤겔로

초월적 대상과 관련된 칸트의 이러한 애매성(칸트는 그것을 사물로 파악하는 것과 현상적이지도 예지적이지도 않은 어떤 것으로 파악하는 것 사이에서 동요한다)은 초월적 주체와 관련된 애매성의 이면이다. 그리고 더 나아가 이것은 수정만 하면 "본연의" 칸트적 이론을 정식화할 수 있게 될 단순한 결함이 아니라, 가늠자hindsight를 통해서만, 즉 헤겔적 관점으로부터만 그 뿌리를 볼 수 있게 된 필연적 애매성이다. 즉 우리가 양자택일의 두 극 가운데 어느 하나를 선택한다면, 칸트의 체계 전체는 붕괴하고 만다. 다시 말해서, 한편으로 초월적인 "나"를 예지적 사물-자기와 동일화하는 것을 고수한다면, 예지적 자기는 나에게 현상적으로 외양한다. 그런데 이는 현상적인 것과 예지적인 것의 차이가 소멸하는 것을 의미한다. 즉 "나"는 "지성적 직관", "자신을 보는 눈"을 통해 그 자신에게 주어지는 단독적 주체-대상이 된다(피히테와 셸링에 의해 성취된, 하지만 칸트에게서는 무조건적으로 금지된 단계: 철학하기의 "절대적 출발점"으로서의 지성적 직관). 다른 한편으로 통각의 "나"—현실 구성의 이 자율적 행위자—가 예지적 사물이 아니라면, 현상적인 것과 예지적인 것의 차이는 다시금 소멸하게 되는데, 하지만 이번엔 전적으로 다른 방식으로 그러하다. 즉, 헤겔의 방식으로. 여기서 우리가 염두에 두고 있어야 하는 것은 헤겔이 "지성적 직관"이라는 바로 그 개념을 부적합한 "무매개적" 종합으로서 거부한다는 것이다. 즉 논변적 지성(개념Notion의 층위)을 직관과 분리시키는 환원불가능한 틈새를 고집한다는 점에서 그는 철저하게 칸트적으로 남아 있다. 칸트적 분열을 단순히 치료하는 것과는 거리가 멀게도 오히려 헤겔은 그것을 근본화한다. 어떻게?

이 지점에서 헤겔의 "절대적 관념론"에 대한 표준적 교과서적 설명들은 잊으라고 충고하겠다. 이에 따르면 절대적 관념론 속에서 개념의 자기운동은 그 자신으로부터 일체의 내용을 생성해내고 그리하여 사물 자체의 외적 촉발이 없어도 되게 되어 형식주의를 극복한다. 이러한 "근본적인 헤겔적 명제들" 속으로 곧바로 뛰어드는 대신에 칸트적 이원성으로, 즉 범주들의 초월적 그물망과 사물 자체의 이원성으로 돌아가보자. 초월적 범주들은 예지적 사물들에서 기원하는 촉발들을 "객관적 현실"로 주조한다. 그렇지만 이미 본 것처럼, 문제는 촉발들의 근본적 유한성에 있다. 촉발들의 총체는 결코 우리에게 주어지지 않으므로, 그것들은 결코 "전부"가 아니다. 이 총체가 만일 주어진다고 한다면 우리는 사물 자체들에 다다르게 될 것이다. 바로 이 지점에서 칸트의 "형식주의"에 대한 헤겔의 비판이 개입한다. 즉 헤겔은 불충분성의 현장을 촉발들의 유한한 본성과 동일시하지 않고 사고 자체의 추상적 성격과 동일시한다. 촉발들에 대한(즉, 우리의 지성에 내용을 제공할 이질적 질료에 대한) 바로 그 필요는 우리의 사고가 추상적-형식적이라는 사실을, 그것이 헤겔이 "절대적 형식"이라 부르는 것의 수준을 아직 이루지 못했다는 사실을 증언한다.

이와 같은 방식으로 초월적 대상은 그 기능을 근본적으로 바꾼다. 즉 직관 편에서의 결함—즉, 우리의 표상들이 우리의 유한성으로 영원히 낙인찍혀 있으며, 직관된 대상들의 세계는 그 총체에서 결코 주어지지 않는다는 사실—을 나타내는 표지에서 논변적 형식 그 자체의 결합에 대한 표지로 바뀐다. 바로 이와 같은 의미에서 헤겔의 "절대적 관념론"은 칸트적 "비판"을 그 극한의 결과로까지 끌고 간 것에 다름 아니다. "메타언어란 없다." 인식의 유사물을 진리 자체와 분리시키는 거리를 측량할 수 있는 중립적 자리를 우리는 결코 점유할 수 없다. 요컨대 헤겔은 칸트의 비판을 그가 절대적 "범논리주의"로까지 퇴행하는 것처럼 보이는 바로 그 지점에서 그 극단으로까지 가지고 간다. 개념과 현실 사이의 모든 긴장은, 개념이 감성적 · 개념-외적 경험에서 조우하는 그것의 환원불가능한 타자로서 나타나는 그 무엇과 맺는 관계는, 이미 개념-내적 긴장이며, 다시 말해서 이미 이 "타자성"에 대한 최소한의 개념적 규정을 내포한다고 주장함으로써 말이다.[24] 물론 이와 같은 개념적 규정의 가장 분명한 사례는 지각된 대상의 일차적 성질(모양)과 이차적 성질(색깔, 맛)이라는 경험주의적 대립이다. 주체는 한낱 그것의 "주관적 인상들"인 것과 "객관적으로 존재하는" 것을 구분할 수 있도록 해주는 척도를 그 자체로 가지고 있다. 하지만 칸트적인 사물 자체의 경우도 마찬가지다. 주체는 어떻게 그것에 도달하는가? 경험의 대상들에 속하는 모든 감성적 규정으로부터 추상할 때, 이제 남게 되는 것은 순수 추상의 대상, 순수한 "사고사물"*Gedankending*이다. 요컨대 주체의 자발적 행위에 영향을 받지 않는 순수한 전제에 대한 우리의 추구는 순수한 정립됨으로서의 존재자를 산출한다.

---

24) Robert Pippin, *Hegel's Idealism* (Cambridge: Cambridge University Press, 1988) 참조.

헤겔의 "관념론적" 내기는 여기에 걸려 있다: 우리의 경험 속에서, 그리고 우리의 경험에게, 개념-외적 잉여로 외양하는 것은, 즉 주체의 개념적 틀로 환원불가능하고 그 틀로써는 침투해 들어갈 수 없는 대상의 "타자성"으로서 외양하는 것은, 언제나-이미, 개념의 자기비일관성에 대한 물신주의적인 "물화된" (오)지각이다. 이런 의미에서 헤겔은, 『정신현상학』 서론에서 우리의 인식 주장들의 진리를 시험하기 위해 우리가 사용하는 척도 자체가 어떻게 시험 과정 속에 언제나 붙들려 있는 것인가를 지적한다. 우리의 인식이 부적합한 것으로서 판명난다면, 그것이 우리의 진리 척도에 부합하지 않는다면, 우리의 인식을 더 적합한 형식으로 교환해야 할 뿐 아니라 동시에 진리의, 즉 인식이 획득하지 못한 측자의 측정막대 자체를 교체해야 한다.[25] 헤겔의 논점은 정신착

---

25) 아도르노는 칸트에서 헤겔로의 이와 같은 움직임을 사회학과 심리학 사이의 실패한 매개와 관련하여 예시적 방식으로 설명한다(그의 "Zum Verhältnis von Soziologie und Psychologie", in *Gesellschaftstheorie und Kulturkritik* [Frankfurt: Suhrkamp, 1975] 참조). 칸트적 용어로, 그 둘의 관계는 엄밀히 이율배반적이다. 우리는 사회학을 심리학에서 이끌어내려는, 즉 "익명적인" 사회적 힘들의 투쟁을 "구체적인" 개인들 간의 관계나 개인적 실존적 "기획" 등의 "객관화"로 파악하려고 할 수 있다(이는 "실천타성태practico-inerte"라는 핵심 개념을 담은 사르트르의 『변증법적 이성 비판』에 이르기까지, 다양한 현상학적 접근들의 궁극적 목적이다). 다른 한편으로 우리는 심리학적 자기경험을 객관적인 사회적 구조나 과정의 한낱 상상적 효과-반영으로 파악할 수도 있다(이는 "계급투쟁"에 대한 참조가 이론 체계에서 핵심적 역할을 맡기 이전의 초기 알튀세르에 이르기까지, 기능주의-구조주의적 접근들의 궁극적 목적이다). 두 경우 모두 종합은 거짓이며, 간극을 ("사회적 성격" 같은 개념을 통해) 메우려는 시도들은 궁극적인 실패를 통해서 간극의 지속을 증언할 뿐이다. 그리하여 칸트적 지평 내부에 머무는 한, (사회적 공간에 관한 그 어떤 "이론"에서도 필수적인 성분이라고 여하간 우리가 느끼고 있는) 우리가 찾고 있는 심리학과 사회학의 통합은 획득불가능한 너머로 전치된다. 즉 그것은 사물 자체의 지위를 획득한다. 이와는 반대로 헤겔적인 변증법적 접근은, 심리학과 사회학의 일관된 이론적 종합을 발전시키려는 시도의 이와 같은 바로 그 실패 속에서 어떻게 우리가 "실재를 건드리는"지를 파악할 수 있게 해준다. 사회적 힘들의 "물화된" 장을 심리학적 자기경험과 영원히 분리시키는 이 심연은 근대 사회의 근본 특징이다. 따라서 우리의 바로 그 인식론적 실패는 우리를 "사물

란적 유아론이 아니다. 그것은 어떻게 우리—유한한 역사적 주체들—가 사물 자체와의 접촉을 보장할 측정막대를 영원히 결여하고 있는가에 대한 단순한 통찰이다. 영원한 진리들에 대한 교조적-합리주의적 직관, 경험주의적인 감성적 지각들, 초월적 반성의 선험적 범주들, 혹은 (현대 철학에서 여전히 주장되는 입장들을 가리키기 때문에 그 가치가 순전히 역사적이지만 않은 두 사례로서) 우리의 이성작용의 언제나-이미 전제된 토대로서의 생활세계라는 현상학적 개념과 상호주체적 언어 공동체—이 모두는 헤겔이 "경험"이라 부른 것의 악순환을 깨기 위한 거짓 시도들이다.[26)]

첫 접근에서는, 헤겔이 여기서 성취하는 것이 칸트의 역전에 불과한 것처럼 보일지도 모른다. 즉 주체를 실체적 사물로부터 영원히 분리시키는 틈새 대신에, 우리는 그것들의 동일성(실체로서의 절대자=주체)을 얻는다. 하지만 그럼에도 불구하고 헤겔은 칸트인들 가운데 가장 중요한 결론을 이끌어낸 인물이다. 헤겔적 주체—즉 헤겔이 절대적 자기관계적 부정성이라고 지칭하는 것—는 현상을 사물로부터 분리시키는 바로 그 틈새에 다름 아니며, 부정적 양태에서 파악된 현상 너머의 심연, 즉 현상을 한계짓지만 그 한계 너머의 공간을 메울 어떠한 실정적 내용도 제공하지 않은 채 그렇게 하는 순수하게 부정적인 제스처에 다름 아니다. 그렇기 때문에 헤겔이 절대자는 실체로서만이 아니라 주체로서도 파악

자체" 안으로 던져놓는데, 왜냐하면 그것은 대상 그 자체의 바로 그 중핵에 속하는 적대를 등록하기 때문이다.

26) 이 개념에 대해서는 G. W. F. Hegel, *Phenomenology of Spirit* (Oxford: Oxford University Press, 1977) "서론" 참조. [국역본: 헤겔, 『정신현상학1』, 임석진 옮김, 한길사, 2005.]

되어야 한다고 주장할 때 그가 염두에 두고 있는 것을 놓치지 않으려면 신중을 기해야 한다. 실체가 점진적으로 주체가 되어간다는("능동적" 주체가 실체에 "자국"을 남기고, 실체를 주조하고, 실체를 매개하고, 실체 안에서 자신의 주체적 내용을 표현한다는) 표준적 개념은 여기서 이중으로 오도적이다. 첫째로 우리는 헤겔에게서 이와 같은 대상의 주체화는 결코 "판명되지" 않는다는 점을 염두에 두어야 한다. "주체적 매개"의 장악에서 빠져나가는 실체의 "잔여"가 언제나 있다. 그리고 이 잔여물은 주체의 완전한 실현을 가로막는 단순한 장애물이 아니라, 엄밀한 의미에서 주체의 바로 그 존재와 상관적이다. 이로써 우리는 대상 *a*에 대한 가능한 정의들 가운데 하나에 도달한다. 주체화에 저항하는 실체의 저 잉여, 저 "뼈"인 대상 *a*는 주체와의 바로 그 근본적 통약불가능성 속에서 주체와 상관적이다. 둘째로, 주체는 바로 그 "아무것도 아닌 것"이며, 실체적 내용이 그것의 술어들-규정들로 완전히 "넘겨진" 이후에 남게 되는 순수하게 형식적인 공백이라는 대립되는 개념이 있다. 실체의 "주체화" 과정에서 그 안에 꽉 들어찬 즉자는 그것의 특수한 술어들-규정들의 다양으로, 즉 그것의 "대타존재"의 다양으로 분해되며, "주체"는 모든 내용물이 "주체화된" 이후에 남는 바로 그 X, "그릇"이라는 텅 빈 형식이다. 이 두 개념은 엄밀히 상관적이다. 즉 "주체"와 "대상"은 이 동일한 과정의 두 잔여물이며, 혹은 오히려, 형식의 양상으로 파악되거나(주체), 내용, "재료"의 양상으로 파악되는(대상) 동일한 잔여물의 두 측면이다. *a*는 텅 빈 형식으로서의 주체의 "재료"이다.

비등가교환

동일한 역설이 부정 판단과 대립되는 바로서의 무한 판단이라는 헤겔적 개념에도 들어 있다.[27] 그 악명높은 "규정적 부정"에 대한 논제에 준거하여 우리는 부정 판단이 변증법적인 차이-속의-통일이라는 "상위의" 보다 구체적 형식으로서 무한 판단을 뒤잇는다고 예상할 수 있을 것이리라. 즉 무한 판단은 부정적 술어를 긍정함으로써 단지 추상적이고 전적으로 비규정적인 텅 빈 너머를 정립할 따름인 반면에 부정 판단은 긍정 판단을 규정적 방식으로 부정한다(다시 말해서, 어떤 사물은 비감성적 직관의 대상이라고 말함으로써 우리는 그것의 술어 가운데 하나를 추상적으로 부정할 뿐 아니라, 추상적 부정을 긍정적 규정으로 전도시킨다. 즉 우리는 "비감성적 직관"의 영역을 문제의 그 사물이 속하는 영역으로서 윤곽짓는다). 그렇지만 헤겔에게서 부정 판단의 "진리"를 드러내는 것은 바로 추상적, 비규정적 부정으로서의 무한 판단이다. 왜인가? 이 수수께끼의 열쇠를 제공하는 것은 여기서 작동하는 교환의 논리일 것이다. 부정 판단은 "등가교환"의 한계에 머물러 있다. 적어도 암묵적으로 우리는 포기하는 어떤 것에 대한 교환으로 무언가를 얻는다(어떤 사물은 "비감성적 직관의 대상"이라고 말함으로써 우리는 감성적 직관의 영역을 잃는 교환으로 또 다른 긍정적으로 규정된 영역을, 비감성적 직관의 영역을 얻는다). 반면에 무한 판단의 경우 상실은 순수하며 우리는 교환으

---

27) 칸트와 헤겔에서의 이러한 대립에 대해서는 이 책의 3장 참조.

로 아무것도 얻지 못한다.

이와 같은 교환 논리의 전형적 사례를 좀더 자세히 검토해보자. 『정신현상학』에 나오는 정신에 관한 장에 나오는 *Bildung*(교양-교육)의 변증법이라는 사례를 말이다.[28] 이 변증법의 출발점은 극단적 소외의 상태, 즉 주체와 실체가 분열되어 있는 상태이다. 여기서 그 둘은 "고귀한 의식"과 국가라는 모습으로 대립되어 있다. 사실 이 대립 자체는 이미 암묵적 교환 행위에서 결과하는 것이다. 주체—자기의식—는 자신의 극단적 소외(모든 실체적 내용을 타자에게, 국가에게 양도하는 것)에 대한 교환으로 명예(국가 속에 체현된 공동선에 봉사하는 명예)를 얻는다. 이 두 극단 사이에서 교환/매개 과정이 일어난다. "고귀한 의식"은 자신의 순수한 대자(국가에 대한 말없는 명예로운 복무)를 사고의 보편성의 매개로서의 언어(국가의 수장인 군주에 대한 감언) 속에서 소외시킨다. 이와 같은 소외에 대한 교환으로 실체 그 자체는 자신의 "주체화"를 향한 첫 걸음을 성취한다. 즉 그것은 우리와 추상적으로 대립하는 다다를 수 없는 국가에서 이미 우리의 처분 하에 있는 실체적 내용으로서의 부(군주에 대한 감언의 대가로 우리가 얻는 돈)로 바뀐다. 다른 한편으로 실체 그 자체(국가)는 부로 변형되는 가운데 자기의식의 주체성에 종속되는 것으로 그치는 것이 아니다.

28) 이 장은, 나중에 마르크스가 접수하게 되는, 화폐의 모티브에서 절정에 달한다. 해체의 지배—대립물들(선-악, 참-거짓 등등)의 안정성과 확고함이 와해되고, 모든 대립물이 정반대가 되어 버리는(선이 악의 위선적 가면으로서 폭로되고, 기타 등등인) 사회—는 화폐의 지배로서 출현한다. 화폐는 "실존하는 개념"이며, 어떤 특수한 외적인 대상의 물화된 형식을 띤 부정성의 힘이다. 즉 화폐는 그 자체로 없어도 좋은 내 손 안에 있는 작은 금속이나 종잇조각에 불과하지만 그럼에도 불구하고 모든 확고한 규정을 전복할 힘을 가진, 발 없는 것에 이동성을 제공하고 추한 것에 아름다움을 제공하는 그 무엇의 역설이다.

이와 같은 종속에 대한 교환으로 그것은 스스로 주체성의 형식을 획득한다. 즉 비인격적 국가는 절대적 군주로 대체된다. 그것은 군주라는 인격과 동일화된다("국가, 그것은 나다*L'Etat, c'est moi.*"). 그리하여, *Bildung*의 변증법 전체에 걸쳐서, 주체(자기의식)와 실체 사이의 등가 교환의 외양이 유지된다. 점증하는 소외에 대한 교환으로, 자신의 실체의 더 많은 부분을 희생하는 것에 대한 교환으로, 주체는 명예를, 부를, 정신과 통찰의 언어를, 신념의 천국을, 계몽의 유용성을 얻는다. 그렇지만 우리가 이 변증법의 극점인 "절대적 자유"에, 특수한 의지와 보편적 의지 사이의 교환에 도달할 때, 주체는 "모든 것을 교환하는 대가로 아무것도 얻지 못한다." 그는 "텅 빈 무로 화한다". 그의 소외는 교환의 대가로 어떠한 긍정적, 규정적 내용도 제공하지 않는 추상적 부정이 된다. (물론, "절대적 자유"라는 이 계기를 나타내는 역사적 국면은 자코뱅당의 공포정치인데, 거기서 나는 어느 때건 반역자로 선고되거나 목이 잘릴 수 있었다: 정신에 대한 장은 중세 봉건 상태에서 프랑스 혁명으로 나아가는 유럽의 정신적 발달 전체를 포괄하고 있다.) 하지만 대칭적이고 균형을 이룬 교환의 외양이 바로 이처럼 파열됨으로써 사변적-변증법적 반전이 가능해진다. 자기의식은 특수한 의지에게 추상적이고 대립적이고 외적인 위협으로서 외양하는 이 무無가 어떻게 자기의식 자신의 부정성의 힘과 일치하는 것인가를 깨닫게 되기만 하면 되는 것이다. 그것은 이 부정성의 힘을 내재화하고 그 속에서 그 자신의 본질을, 그 자신의 존재의 바로 그 중핵을 인지해야만 한다. "주체"는 균형을 이룬 교환의 틀을 외파하는 부정성에 의해 야기된 전적으로 무의미한 바로 이 무화의 지점에서 출현한다. 다시 말해서, 절대적 부정성/매개의 무한한 힘이 아니라면 "주체"는 무엇이겠는가? 한낱 생물학적인 생명과는 대조적으로, 자기의식은 그 속에 자기 자신의 부정을 포함하고 있으며, 부정적 자기관계를 통해 스스로를 유지한다. 이와 같은 방식으로 우리는 (혁명적 시민*citoyen*의) 절대적 자유로부터 칸트의 도덕적 주체에서 축도되는 "자기 확신의 정신"으로 이행한다. 혁명적 공포의 외적 부정성은 도덕 법칙의 힘 속으로, 보편성으로서의 순수 인식과 의지 속으로 내면화된다. 그리고 그것은 주체에게 외적으로 대립되는 무언가가 아니라 주체의 자기 확신의 바로 그 축을 구성하는 어떤 것이다. "자유 의지"는 대상들의 세계에 그것을 예속시키는 특수한("정념적") 동기들에 따라서가 아니라 보편적 도덕 법칙에 따라서 행위하는 의지이다. 이와 같은 운동을 요약하고 있는 『정신현상학』에 나오는 구절이 여기 있다.

> 교양(*Bildung*) 그 자체의 세계 속에서 그것[자기의식]은 그것의 부정이나 소외를 이렇듯 순수한 추상의 형식에서 직관하는 데까지 이르지 않는다. 도리어 그것의 부정은 채워져 있는 어떤 것이다. 그것은 소외된 자기를 대신하여 얻은 명예나 부이거나, 아니면 분열된 의식이 획득한 정신과 통찰의 언어이다. 아니면 그것은 신념의 천국이거나 계몽의 유용성이다. 이 모든 규정들은 절대적 자유 속에서 자기가 겪는 상실 속에서 사라졌다. 그것의 부정은 무의미한 죽음이며, 긍정적인 그 무엇도, 채워주는 그 무엇도 포함하지 않는 부정성의 순수한 공포이다. 그러나 동시에 이 부정은 그것의 실상에

> 있어서 외래적인 어떤 것이 아니다. 그것은 인륜적 세계가 붕괴해 버린 저 너머의 보편적 필연성인 것도 아니며, 찢겨진 의식이 스스로 의존하고 있다고 보는 자기 소유물의 개별적 우발성이나 소유의 변덕스러움도 아니다. 반대로 그것은 이와 같은 그것의 궁극적 추상 속에서 긍정적인 그 무엇도 가지고 있지 않으며 그 때문에 희생의 대가로 아무것도 돌려 줄 수 없는 보편적 의지이다. 하지만 바로 그렇기 때문에 그것은 자기의식과 직접적으로 하나이며, 혹은 순수하게 부정적인 것이기 때문에 순수하게 긍정적인 것이다. 그리고 무의미한 죽음, 자기의 채워지지 않은 부정성은 그것의 내적 개념 속에서 절대적 긍정성으로 전화한다.[29]

부정성의 내면화의 논리는 통상 두 가지 유형의 비판을 당한다. 표준적인 마르크스주의적 접근은 헤겔의 "숨겨진 실증주의", 그의 "기존 질서*das Bestehende*에 대한 수용"을 보여주는 최고의 증거로 그것을 인용한다. 이러한 접근은 그 속에서, 현실적 사회생활의 모든 왜곡들은 건드리지 않은 채 현실적 사회적 자유를 "내적" 도덕적 자유로 탈구시키는 프로테스탄트적 제스처의 반복을 본다. 이러한 접근법에 따르면, 부정성의 내면화로서의 헤겔적 "화해"는 지울 수 없는 포기의 흔적을, "비합리적인" 전도된 사회적 조건들의 체념적 수용의 흔적을 증언한다. 프랑스의 사회적 혁명을 독일의 철학적 혁명으로 이처럼 내면화함으로써 이성은 스스로를 세계의 비-이성 속에서 재인식하도록 강제된다. 또 다른 방

29) Hegel, *Phenomenology of Spirit*, p. 362. [국역본: 헤겔, 『정신현상학2』, 임석진 옮김, 한길사, 2005, 166-167쪽.]

향에서 탈구축주의적 독해는, 외적인 혁명적 공포로부터 내부로부터 우리에게 공포를 주는 도덕적 양심의 압력으로의 이와 같은 이행이 어떻게, 공포의 근본적 외재성을 내면화할/길들일 수 있게 해주고 그것을 우리의 자기관계의 종속된 계기로 변형시킬 수 있게 해주는, "닫힌 경제"에 의존하고 있는 것인지를 강조한다.

이 두 번째 독해는 공포를 도덕 법칙으로 "내면화"하는 것이 그것의 외상적 충격을 "상류화"하기는커녕 주체의 존재의 바로 그 중핵 속에 일종의 기생적이고 악성인 외래적 신체를 낳는다는 것을 인식하는 데 실패한다. 여기서 헤겔의 암묵적 가르침은 이렇다. 즉 우리의 실존 그 자체를 이미 죄로 낙인찍혀 있는 것으로 보기 때문에 결코 그 요구를 만족시킬 수 없는 냉혹한 초자아-작인을 통해 이미 주체가 "내부로부터" 공포를 느끼지 않는다면, "외적인" 혁명적 공포라 해도 주체를 저지할 수 없을 것이다. 이러한 "내면화"의 결과는 칸트적 주체이다. 영원한 분열을 선고받은 주체, 즉 "정념적" 추동들과 영원히 싸울 수밖에 없는 운명인 주체. 처음에는 외부로부터 오는 것처럼 보였던 주체에게 가해지는 압력은 이제 주체의 자기동일성의 바로 그 중핵을 정의하는—혹은, 오히려, 전복하는—어떤 것으로서 경험된다. 자코뱅당의 공포정치 속에서 국가의 눈앞에서 자신의 무가치함을 받아들여야 했던 주체는 이제 도덕적 주체로서의 자신의 능력 속에서 자신이 가장 소중히 여기는 것을 내부에 있는 악마에게 희생해야만 한다. 헤겔적 "부정의 부정"은 바로 여기에 있다. 처음에 외적인 장애물로 보이는 것이 내적인 장애물로서 자신을 드러낸다. 즉 외적인 힘이 내적인 강압으로 화한다.30)

따라서 헤겔의 변증법적 과정은 모든 상실이 미리 재보상되고 자기매개의 계기 속으로 "승화"되는 "닫힌 경제"를 함축하고 있다는 비난은 오도적이다. 역설적이게도, 마르크스 자신에게 우리는 그와 같은 "닫힌 경제"를 적법하게 귀속시킬 수 있다. 물론 내가 여기서 염두에 두고 있는 것은 마르크스가 가장 헤겔적인 그 유일무이한 순간이다. 즉 『정치경제학 비판 요강』의 "전자본주의적 시기들"에 대한 그 유명한 수고-단편에 나와 있는 "실체 없는 주체성"으로서의 프롤레타리아트라는 그의 정식화 말이다.[31] "소외"의 역사적 과정, 즉 노동력을 생산과정의 "유기적" 실체적 조건들의 지배로부터 점차로 분리시키는 과정의 최고점으로서의 프롤레타리아트(프롤레타리아의 이중적 자유: 그는 모든 실체적-유기적 얽매임으로부터 자유로워진 추상적 주체성을 나타내는 동시에, 소유를 박탈당했기 때문에 생존을 위해서 자신의 노동력을 시장에서 팔지 않을 수 없다)라는 웅장한 개념을 배치한 이후에, 마르크스는 프롤레타리아 혁명을 주체와 실체의 헤겔적 화해에 대한 "유물론적" 판본으로서 파악한다. 즉 그것은 주체(노동력)와 생산과정의 객관적 조건들과의 통일을 재확립하지만, (개인들이 그들의 사회적 총체성의 한낱 종속된 계기들로 나타나는) 객관적 조건들의 헤게모니 하에서가 아니라, 이러한 통일을 매개하는 힘으로서의 집단적 주체성을 가지고서 그렇게 한다. 사회주의에

30) 그리고 칸트가 지워버리는 것은 여기서 작동하는 바로 이러한 "탈중심화"이다. 주체가 도덕적으로 행위하도록, 윤리적 명령("양심의 목소리")을 따르도록 강제하는 작인은 기생적인 대상, 그의 바로 그 중심에 있는 외래적 신체이다.

31) Karl Marx, *Pre-Capitalist Economic Formations* (London: Lawrence and Wishart, 1964) 참조. [국역본: 마르크스, 『정치경제학 비판 요강2』, 김호균 옮김, 백의, 2000.]

서 집단적 주체는 투명해질 수밖에 없으며, 생산 및 사회적 재생산 과정 전체를 통제하게 되어 있다.

물론 이런 마르크스주의적 관점에서 볼 때 헤겔적 "화해"는 사회적 현실을 흔들어놓지 않는 한낱 "사유의 매개 속에서의 화해"로서 출현한다. 그렇지만 어쩌면, 마르크스주의적인 "헤겔의 유물론적 역전"에 대해 한 세기 이상 논쟁한 지금, 마르크스에 대한 헤겔적 비판이라는 역가능성을 제기할 때가 된 것일지도 모른다. 헤겔은, 프롤레타리아트 혁명이라는 마르크스적 개념의 바로 그 토대 속에서, 정확히 변증법적 역전의 "닫힌 경제"에 종속되어 있는 일종의 투시-환영을 식별할 수 있도록 해주지 않는가? 마르크스가 "탈-소외"를 주체가 실체적 내용 전체를 재전유하는 수단으로서의 역전으로서 상상하는 것은 가능했다. 그렇지만 그와 같은 역전은 바로 헤겔이 배제하고 있는 그 무엇이다. 헤겔의 철학에서 "화해"는 "실체가 주체가 되는" 계기를, 즉 절대적 주체성이 모든 존재물들의 생산적 토대로 고양되는 계기를 지칭하지 않는다. 그것은 오히려 주체성의 차원이, 실체가 온전한 자기동일성을 획득하지 못하게 영원히 가로막는 환원불가능한 결여라는 모습으로 실체의 바로 그 중핵 속에 기입되어 있다는 것에 대한 인정을 가리킨다. "주체로서의 실체"가 궁극적으로 의미하는 바는, 일종의 존재론적 "균열"이 모든 "세계관"을, "존재의 대사슬"의 총체로서의 우주라는 개념 일체를 유사물로서 영원히 탄핵한다는 것이다. 따라서 우리는 마르크스 자신이, 헤겔과 싸운다는 가장 하에서, 자기매개적 개념을 우주의 근거와 실체로 고양시키는 철학자로서의 헤겔이라는 형상을 사후적으로 구성한다는 결론을 이끌어내야 한다. 마르크스가 싸우고 있는 것은 궁극적으로 마르크스 자신의 존재론적 전제들의 관념론적 그림자이다. 요컨대 "절대적 관념론자로서의 헤겔"은 마르크스 자신의 부인된 존재론의 전치이다. 헤겔에 대한 마르크스의 참조가 보여주는 근본적으로 애매한 성격이야말로 이와 같은 전치의 증상, 따라서 마르크스적 기획의 내재적 불가능성의 증상이지 않겠는가? 다시 말해서, 헤겔의 논리학의 범주들을 가지고서 자본-우주를 윤곽지으려 한 시도 속에서 마르크스는 다음의 두 가능성 사이에서 계속해서 체계적으로 동요하고 있다.

-자본을 원자화된 주체들 위에 군림하는 역사적 과정의 소외된 실체로서 규정하는 것(『정치경제학 비판 요강』에 나오는, 자본을 자기 자신의 비존재로서 정립하는 "실체 없는 주체성"으로서의 프롤레타리아트라는 유명한 정식화를 볼 것). 이러한 관점에서 혁명은 역사적 주체가 자신의 소외된 실체적 내용을 자신에게로 전유하는, 즉 그 속에서 자신의 산물을 인지하는 행위로서 필연적으로 나타난다. 이러한 모티브는 게오르그 루카치의 『역사와 계급의식』에서 그 궁극적 표현을 달성했다.[32]

-정반대로 자본을 이미 그 자체에 있어서 주체인 실체로서, 즉 더 이상 공허한-추상적인 보편성이 아니라 자기매개와 자기정립의 순환 과정을 통해 스스로를 재생산하는 보편성인 실체로서 규정하는 것(자본을 "더 많은 돈을 낳는 돈"으로서 정의하는 것: 화폐-상품-화폐). 요컨대 자본은 주체가-된-화폐이다. "자본 운

---

32) Georg Lukács, *History and Class Consciousness* (London: New Left Books, 1969) 참조. [국역본: 게오르그 루카치, 『역사와 계급의식』, 박정호 · 조만영 옮김, 거름, 1986.]

동의 개념적 구조로서의 헤겔의 논리학"이라는 이 논제는 1970년대 초 서독에서 번창한 "정치경제학 비판"에 대한 헤겔적 독해에서 그 궁극적 표현을 취한다.[33]

화폐와 주체성

그렇다면 이제 헤겔로 돌아가보자. 혁명적 공포는 등가 교환의 외양이 무너지는 전환점을, 즉 주체가 희생에 대한 교환으로 아무것도 얻지 못하는 지점을 가리킨다. 그렇지만 여기서, 부정이 "규정적"이기를 그치고 "추상적"이 되는 바로 이 지점에서, 주체는 그 자신과 조우한다. 왜냐하면 코기토로서의 주체는 모든 교환 행위 이전에 있는 바로 이 부정성이기 때문이다. 그리하여 혁명적 공포로부터 칸트적 주체로의 결정적 이행은 단순히 S에서 $로의 이행이다. 공포의 층위에서 주체는 아직 빗금쳐 있지 않으며, 공포의 추상적이고 임의적인 부정성의 외적 압력에 의해 위협받는 어떤 특수한 내용과 동일한, 온전하고 실체적인 존재자로서 남아 있다. 반면에 칸트적 주체는 바로 이 심연, 이 절대적 부정성의 공백인바, 그러한 주체에게 모든 "정념적"이고 특수한 실정적 내용은 "정립된" 것으로서, 외적으로 가정되어지고 그리하여 궁극적으로 우연적인 어떤 것으로서 나타난다. 따라서 S에서 $로의 이행은 주체의 자기동일성 개념 그 자체에서 궁극적인 변동을

33) Helmut Reichelt, *Zur logischen Struktur des Kapitalbegriffs bei Karl Marx* (Frankfurt: Suhrkamp Verlag, 1970) 참조.

함축한다. 거기서 나는 나 자신을 조금 전까지 내 존재의 가장 귀중한 특수한 중핵을 삼키려는 위협을 가했던 바로 그 공백과 동일화한다. 바로 이렇게 해서 $로서의 주체가 교환의 구조로부터 출현한다. 그것은 "어떤 것something이 아무것도 아닌 것nothing과 교환될" 때 출현한다. 다시 말해서 그것은 나의 "정념적" 특수성, 내 존재의 중핵을 희생하는 것에 대한 교환으로 상징적 구조로부터, **타자**로부터 내가 얻는 바로 그 "아무것도 아닌 것"이다. 내가 아무것도 되돌려 받지 못할 때 나는 $로서, 즉 자기관계의 텅 빈 지점으로서 나 자신을 얻는다.[34]

이 자기의식의 발생과 지폐라는 근대적 개념 사이의 개념적 연관을 확립하는 것은 이론적으로 매우 흥미로울 것이다. 중세 시대에 화폐는 말하자면 자기 자신의 가치만을 보장하는 상품이었다. 금화는—다른 모든 상품처럼—단지 그것의 "현실적" 가치만큼 가치가 있었다. 어떻게 우리는 그와 같은 가치에서 오늘날의 지폐, 즉 본래는 아무 가치도 없지만 상품을 구입할 때 일반적으로 사용되는 지폐에 이르게 되었는가? 브라이언 로트먼[35]은 이른바 "상상적 화폐"라고 하는 매개항의 필요성을 입증했다. 금 화폐의

---

34) 헤겔과 키르케고르는 여기서 겉보기보다 훨씬 더 가깝다. $로서의 주체가 출현하게 되는 "어떤 것이 아무것도 아닌 것과" 교환되는 계기는 키르케고르에게서 종교적 무대를 규정하는 바로 그 심연적/비경제적 희생의 행위이다. 즉 이러한 조치를 완수할 수 있는 능력은 "신념의 기사"를 변별시켜주는 그 무엇이다. "의무를 위해서 자기 자신을 부정하고 희생하는 사람은 무한한 것을 붙들기 위해서 유한한 것을 포기한다. 그는 충분히 안전하다. 비극적 영웅은 확실한 것을 한층 더 확실한 것을 위해 포기하며, 지켜보는 사람의 눈은 확신에 차서 그에게 의지한다. 하지만 보편적인 것을 보편적이지 않은 한층 더 고귀한 어떤 것을 붙잡기 위해 포기하는 사람, 그는 무엇을 하는 것인가?"(Søren Kierkegaard, *Fear and Trembling* (Harmondsworth: Penguin, 1985), p. 89).

35) Brian Rotman, *Signifying Nothing* (London: Macmillan, 1987) 참조.

문제는 물리적 가치하락이었다. "좋은" 화폐(순수하고 때 묻지 않은 국가 발행 화폐)와 "나쁜" 화폐(닳아빠지고 마모된 유통 주화들) 사이에 필연적으로 간극이 생기게 되었다. 좋은 표준 화폐와 마모된 통화 사이의 이 간극은 환전차액(*agio*)으로 알려졌다. "좋은" 화폐와 "나쁜" 화폐의 이 차이를 기반으로, 상업 국가들에서는 이른바 "은행-화폐"라고 하는 새로운 형태의 화폐가 출현했다. 그것은 정확히 조폐국 기준에 따르는 화폐를, 즉 사용에 의해 아직 가치가 저하되지 않은 한에서의 화폐를 표상했다. 하지만 바로 그렇기 때문에 그 화폐는 체화되지 않았으며, 오로지 상상적 참조점으로서만 존재했다. 좀더 정확히 말해서 그것은 은행과 개인 사이에서의 약정으로서, 즉 어떤 특정한 상인이 은행에 제시할 때 그에게 일정한 액수를 지불하기로 은행이 약속한 종이로서 존재했다. 이런 방식으로 상인은 그가 은행에 준 화폐가 그 "실재적" 가치를 보존할 것이라는 보장을 받았다.

여기서 주목해야 할 두 가지 핵심적 요점이 있다. 첫째로, 이러한 작용을 통해 "화폐는 그 자체와의 관계에 들어설 수 있었으며 하나의 상품이 되었다."[36] "좋은" 화폐이지만 단지 상상적일 뿐인 화폐와 마모되기 마련인 경험적으로 존재하는 "나쁜" 금 화폐로의 이원화는 "화폐 그 자체의 가격"을 측정할 수 있게 해주었다. 내 손에 쥐고 있는 이 금화는 마모될 수 있기 때문에 단지 그만큼만의 가치가 있으며, "좋은" 화폐의, 그 자신의 "진정한" 가치의 일정한 비율만큼만의 가치가 있다고 말하는 것이 가능했다. 둘째

36) 같은 책, p. 24.

로, 이 상상적 화폐는 "이름 있는 어떤 특정한 수취인의 서명에 직증直證적으로 근거하고" 있었다.[37] 즉 은행이 발행한 종이는 이름이 있는 개별 상인에게 은행이 보증하는 금융적 약속이었다. 오늘날 우리가 알고 있는 바로서의 지폐에 도달하기 위해서는 구체적인 날짜와 이름이 적힌 이 직증적 약속이 익명의 "지참자"에게 지폐에 적힌 액수의 금-등가물을 지불하겠다는 약속으로 비인격화되어야만 한다. 그리하여 구체적인 개인에 걸린 정박이, 연결고리가 끊기게 되었다. 그리고 스스로를 이 익명의 "지참자"로서 인식하게 된 주체는 바로 그 자기의식의 주체이다. 왜 그런가? 여기에 걸려 있는 것은 단순히 이 "지참자"가 여하한 개인에 의해서건 메워질 수 있는 어떤 중립적 보편적 기능을 지칭한다는 것이 아니다. 자기의식을 획득하려 한다면 "지참자"의 텅 빈 보편성은 현실적 실존을 취해야만 한며, 그 자체로서 정립되어야 한다. **즉 주체는 텅 빈 "지참자"(에게)처럼 그 자신에게 관계하고 그 자신을 파악해야만 하며, 그의 특수한 "인격"의 실정적 내용을 구성하는 경험적 특징들을 우연적 변항으로 지각해야만 한다.** 이러한 변화는 다시금 S로부터 $로의 변화이다. 즉 "정념적" 주체로부터, 그 자신의 실정적 경험적 내용을 "정립된" 어떤 것으로, 즉 우연적이고 궁극적으로 무관심한 어떤 것으로 경험하는 텅 빈 자기관계로서의 코기토로의 변화이다.[38]

37) 같은 책, p. 25.

38) 사회적 정체성의 층위에서 동일한 변동은 이른바 이민자들의 자연화를 지칭한다. 그들이 스스로를 미국에서 사는 그리스인, 이탈리아인 등으로 지각하는 한 그들의 정체성은 특수한 것으로 남는다, 즉 "미국인"이라는 말은 추상적-보편적 술어로서 남는다. 그들이 스스로를 그리스나 이탈리아라는 우연적인 종족적 뿌리를 지닌 미국인으로 지각하기 시작할 때 결정적

주체에서 실체로…… 그리고 거꾸로

마르크스를 헤겔과 분리시키는 간극은, 즉 헤겔이 (경험적 개인들에 대립되는 바로서의) "주체"라고 부르는 그 핵심적 차원은 "실체에서 주체로"의 경로를 반대 방향으로 횡단하는 순간 가시적이 된다. 여기서 우리가 염두에 두고 있는 것은, 포이어바흐와 청년 마르크스에서부터 계속되는 유명론적 적대자들이 헤겔에게 가하는 통상적 비난이다. 그들의 기본 전제는, "현실적으로 존재하는 개인들"은 자신들의 잠재성을 그들의 상호관계의 사회적 그물망 속에서 실현한다는 것이다(마르크스의 말대로, "인간의 본질은 그의 사회적 관계의 총체이다"). 이러한 비난에 따르면, 헤겔의 "관념론적 신비화"는 두 단계로 나아간다. 우선 헤겔은 구체적 개인들로서의 주체들 사이의 관계의 이 다양을 주체-개인이 실체와 맺는 관계로 이항-번역한다. 개인들 사이의 사회적 관계는 갑작스런 실체변환을 겪게 되며, 개인(*the* individual)이 실체로서의 사회(*the* Society)와 맺는 관계로 변화한다. 여기서 두 번째 조치로 헤겔은 개인-주체가 실체와 맺는 관계를 실체의 그 자신에 대한 관계로 이항한다. 이와 같은 "관념론적 신비화의 가면벗기기"의 전형적 사례를 제공하는 것은 포이어바흐와 청년 마르크스에 의해 세공된 종교적 의식에 대한 비판인데, 여기서 신은 현실적이고 능동적인 개인들 사이의 사회적 관계의 기본구조에 대한 소외된, 전도된, "실체화된" 표현으로서 파악된다. 이 비판에 따르면, 종교

인 반전이 일어난다.

적 신비화의 첫 단계는 개인이 사회환경과, 다른 개인들과 맺는 관계를 개인이 신과 맺는 관계에 "근거짓는" 것이다. 내가 신에게 관계할 때, 나는 나 자신의 본질에 전도된-소외된 형태로 관계하는 것이다. 즉 내가 "신"으로서 (오)지각하는 것은 내가 동료 피조물과 관계를 맺는 그 근본적 방식의 "물화된", 외화된 표현에 다름 아니다. 일단 이와 같은 단계가 이루어지면, 자동적으로 따르는 다음 단계는 한 명의 구체적 개인인 내가 나의 신에 대한 관계를 신의 자기관계와 동일화하는 것이다. 내가 신을 보는 눈이 어떻게 신이 그 자신을 보고 있는 바로 그 눈인가에 관한 신비적인 공식을 상기하는 것으로 족하다.

그렇지만 고유한 헤겔적 관점에서 볼 때, 여기서 우리는 주체성 특유의 차원을 상실하는, 즉 주체를 실체의 자기관계의 종속된 계기로 환원하는 것의 바로 그 반대 지점에 있는 것이다. 우리가 "개인"과는 구분되는 **주체**와 조우하는 것은, 정확히 그리고 오로지 바로 여기서다. 헤겔적 "주체"는, 궁극적으로, 실체의 그 자신에 대한 외재성을 나타내는 이름에 다름 아니다. 그것은 "균열"이며, 그 균열을 통해 실체는 자기 자신에게 "이질적인" 것이 되며, 인간의 눈을 통해서 그 자신을 접근불가능한-물화된 **타자성**으로 (오)지각한다. 다시 말해서, 주체의 실체에 대한 관계가 실체의 자기관계와 중첩되는 한에서, 실체가 주체에게 이질적인-외적인-접근불가능한 존재자로서 나타난다는 사실은 실체 그 자체의 자기분열을 증언한다.[39) 『에크리』에서 라캉은 정확히 헤겔 철학

39) 헤겔에 대한 표준적인 비난들 가운데 하나는 그가 유한한 주체의 사고로부터 절대자 그 자체의 사고로 불법적으로 비약한다는 것이다. 즉 칸트의 초월적 논리는 유한한 주체의 지평을

의 이 계기를 훌륭하게 참조함으로써 개인과 사회의 관계라는 진부한 문제를 해결한다. 정신분석 이론은 그 양자를 관통하는 바로 그 분열 속에서 그것들의 "화해"를—개인적인 것과 보편적인 것의 "매개"를—인지할 수 있게 해준다.[40] 다시 말해서, 개인이나 사회 둘 중 하나를 유기적이고 자기폐쇄적 전체로서 고집하는 한 문제는 해결될 수 없는 것으로서 남는다. 해결을 향한 첫 단계는 사회적 실체를 가로지르는 분열("사회적 적대")을 주체에 내해 구성적인 분열(라캉 이론에서 주체는 "개인in-dividual", 즉 분할불가능한 일자가 아니라, 구성적으로 분열된 $이다)과 연결시키는 것이다. 보편자와 특수자의 "화해"를 그것들을 가로지르고 그리하여 그것들을 통일시키는 바로 그 분열 속에 위치시키는 이와 같은 헤겔 독해는 또한 유아론과 소통가능성(주체들 간의, 혹은 좀더 일반적 층위에서, 상이한 문화들 간의 소통가능성)이라는 영원한 문제에 대한 답을 제공한다. 유아론적 가정은 개인이나 사회의 자기폐쇄를 부당하게 전제하고 있다. 다시 말해서, 소통은 소통의 가능성을 가장 근본적으로 침식하는 것처럼 보일 수도

개괄하는 선험적 형식들에 대한 반성적 통찰로 남아 있는 반면에 헤겔의 논리는 (유한한) 주체의 사고 속에서 자기 자신에게 현상하는 절대자 그 자체의 반성이다. 그렇지만 "모든 것은 결국 진리를 실체로서뿐만 아니라 주체로 파악하고 표현하는 데 달려 있다"(*Phenomenology of Spirit*, p. 10 [국역본: 『정신현상학1』, 51쪽]). 이는 절대자 그 자신이 우리 유한한 인간들과 함께 유희하는 하나의 주체라는 것을, 즉 절대적 반성의 운동 속에서 우리 유한한 인간들이 우리 자신을 도구로, 절대자가 스스로를 관조하는 매개로 만든다는 것을 의미하지 않는다. 이는 단순한 도착적 태도에 불과하다. 헤겔이 염두에 두고 있는 것은 우리와 절대자 사이의 분열(우리를 주체이게 하는 분열)이 동시에 절대자 자체의 자기분열이라는 것이다. 우리가 절대자에 참여하는 것은 그것에 대한 우리의 고양된 관조 때문이 아니라 우리를 그것과 영원히 분리시키는 바로 그 틈새 때문이다. 예컨대 카프카의 소설들에서, 주체의 매혹된 응시는 초재적이며 접근불가능한 법의 작인(법정, 성)의 작동 속에 이미 포함되어 있다.

40) Jacques Lacan, *Ecrits: A Selection*, p. 80 참조.

있는 바로 그 특징에 의해 가능해진다. 즉 정확히 내가 이미 나 자신 안에서 분열되어 있고 "억압"에 의해 낙인찍혀 있는 한에서만, 즉 (다소 소박한-감상적 방식으로 표현하자면) **내가 나 자신과 결코 진정으로 소통할 수 없는** 한에서만, 나는 **타자**와 소통할 수 있으며 그(혹은 그것)에게 "열려" 있다. **타자**는 본래 나 자신의 분열의 탈중심화된 **다른 자리**이다. 고전적인 프로이트적 용어로 하자면: "타자들"이 여기 있는 것은 오로지 내가 나 자신과 단순히 동일한 것이 아니라 무의식을 가지고 있기 때문이며, 즉 내가 나 자신의 존재의 진리에 직접 접근하는 것이 가로막히기 때문이며, 또한 그런 한에서이다. 내가 타자들 속에서 찾고 있는 것은 바로 이 진리이다. 그들과 "소통"하도록 나를 추진하는 것은 그들로부터 나 자신에 관한, 내 자신의 욕망에 관한 진리를 얻을 수 있다는 희망이다. 그리고 "상이한 문화들 간의 소통"이라는 좀 덜 진부한 문제에 있어서도 마찬가지다. 상이한 문화들이 서로에게 이야기할 수 있도록, 메시지를 교환할 수 있도록 해주는 공통의 근거는 어떤 전제된 보편적 가치들의 공유 집합 등등이 아니라, 그 정반대, 즉 어떤 공유된 **곤궁**이다. 문화들은 상대 문화 속에서 동일한 근본적 "적대", 곤궁, 실패지점에 대한 어떤 다른 답을 인지할 수 있는 한에서 "소통한다".41)

41) 이러한 측면에서, 피에르 리베Rierre Livet의 "Reflexivité et extériorité dans la Logique de Hegel" (*Archives de Philosophie*, books 47 and 48, Paris, 1984)은 헤겔의 변증법을 두 개의 궁극적으로 양립불가능한 논리—현대 형식 논리의 방향으로 앞쪽을 향하는 자기관계의 논리(논리적 연산자를 동일한 대상이나 자기 자신에게로 재적용하는 논리. 예컨대 "부정의 부정")와 칸트로부터 물려받은 문제틀(사고와 존재의 통일에 대한 보증자인 동시에 현실의 주체적 구성의 "자발성"의 장소로서의 "초월적 통각")의 방향으로 뒤쪽을 향하는 주관성의 논리(예컨대 "주체로서의 실체")—를 결합하려는 애매한 시도로서 파악하려 한다는 점에서 교훈적이다. 리베에 따르면

따라서 헤겔의 행위 개념에서 핵심적인 것은, 정의상 행위라는 것이 언제나 외화와 자기객체화의 계기를, 알려지지 않은 것 속으로의 도약의 계기를 내포한다는 것이다. "행위로의 이행"은, 내가 이제 막 행하려는 것이 내가 그 윤곽을 포착하고 있지 못한 어떤 틀구조 속에 기입되게 될 위험을, 그것이 예측할 수 없는 일련의 사건들을 작동시킬지도 모를 위험을, 그것이 내가 성취하고자 의도했던 것과 다르고 심지어는 전적으로 대립되기까지 한 어떤 의미를 획득하게 될 위험을 떠맡는다는 것을 의미한다. 요컨대 그것은 "이성의 간지"의 게임에서 자신의 역할을 떠맡는 것을 의미한다. (그리고 통과*la passe*, 즉 정신분석 과정을 결론짓는 계기에 걸려 있는 것은 바로 분석자가 이 근본적인 자기외화, 즉 "주체적 궁핍"을 온전히 떠맡을 준비가 되어 있는가 하는 것이다. 내가 나인 것은 오로지 타자들에 대해서 그러한 것이며, 바로 그렇기 때문에 나는 내 존재의 환상-지탱물을 포기해야만 하는 것이다, 즉 "나만의 사적인 아이다호"[42]에 대한, 타자들에게 접근불가능한 내 안의 어떤 숨겨진 보물에 대한 나의 애착을 포기해야만 하는 것이다.)[43] 따라서 헤겔에게 행위의 기본적 문제는 그것의

첫 번째 논리는 분열적인, 자기-탈중심적인 과정으로, 내속적인 논리적 구조가 그것의 외재성을 낳는 과정으로 나아가며, 반면에 두 번째 논리는 이 외재성이 "주체성의 외화"라는 전통적인 철학적 문제틀로 복귀하도록 강제한다. 리베가 고려하지 못하고 있는 것은 (그리고 라캉의 기표 논리가 개념화할 수 있도록 해주는 것은) 반성적 자기관계의 바로 그 과정 속에서 작동하는 주체 개념이다. 리베는 헤겔적 주체와 전통적 "주체" 개념의 동일성을 암묵적으로 가정하며, 이로써 단순히 거기 있지 않은 이중성을 헤겔에게 돌린다. 헤겔적 주체는 정확히 논리적 연산자의 반성적, 자기관계적 재적용을 통해서 출현한다. 부족의 마지막 식인자를 잡아먹은 식인자에 대한 진부한 농담에서처럼 말이다.

42) [구스 반 타스 감독의 영화 제목("My Own Private Idaho")이다.]

43) 여기서 헤겔은 키르케고르와 대립되는데, 키르케고르에 따르면 보편적 공적 법칙의 관점으로

필연적 궁극적 실패(의도된 모든 의미를 전복시키는 **타자**의 간섭으로 인해 우리는 우리의 내적 기획을 상호주체적 현실성의 양태로 결코 외화/이항할 수 없다)가 아니라 오히려 그 정반대이다. 전적으로 성공적인 행위("개념에 일치하는" 행위)라면 재앙을 초래할 것이다. 즉 자살(자기객체화의 성취, 주체의 사물로의 변형)을 초래하거나 아니면, 광기(내부와 외부 사이의 "단락", 그것들 사이의 등치의 직접적 표시, 즉 내 마음의 법칙을 세계의 법칙으로 (오)지각하기)로의 전락을 초래할 것이다. 다시 말해서 주체가 자신의 행위 이후에 살아남고자 한다면, 어쩔 수 없이 그 행위의 궁극적 실패를 조직해야만, "집게손가락에 가운뎃손가락을 포개어"[44] 그 행위를 성취해야만 하며, 그 행위와의 전적인 동일화를 피해야만 하며, 실패로서 나타나는 것이 실제로는 진정한 목적이 되도록 그 행위를 그것의 공언된 목표를 전복하는 총괄적 경제 속에 기입해야만 한다.

"이성의 간지"에 관한 통상적 개념은 그것을 기술적 조작의 관계로 환원시킨다. 대상에 직접 작용하는 대신에 우리는 우리 자신과 대상 사이에 또 다른 대상을 끼워 넣어서 그것들이 자유롭게 상호작용할 수 있도록 한다. 대상들의 마찰과 마모는 우리의 목적을 실현시키며, 그러는 동안 우리는 우리 자신을 그 혼전 밖에 둠으로써 안전한 거리를 유지한다. 우리는 단지 아담 스미스의 "시장의 보이지 않는 손"을 상기하기만 하면 된다. 모든 개인은

볼 때 윤리적인 것의 종교적 중지(예컨대 아담이 자기 아들을 죽이는 것)는 범죄로 남는다. 그것의 종교적 의미는 개인의 순수한 내면성의 관점에서만 드러난다.

44) [이 표현은 "액막이로 행운을 빌면서"를 뜻한다.]

자신의 자기중심적 이익을 추구하지만 그들의 상호작용은 국부를 증신시키는 공동선을 실현시킨다. 헤겔적 절대자는 역사적 투쟁에 참가하고 있는 구체적 개인들에 대해 동일한 관계를 유지한다는 것이 착안점이다.

> 그것은 대립과 전투에 연루되어 있는, 그리고 위험에 노출되어 있는 일반적 관념이 아니다. 그것은 손대어지지도 손상되지도 않은 채 배경에 남아 있다. 이것은 이성의 간지라 불릴 수 있다. 즉 그것은 열정들이 그 자신을 위해서 일을 하도록 하며, 반면에 그와 같은 충동을 통해 자신의 실존을 전개하는 것은 대가를 지불하고 상실을 겪는다. (……) 특수한 것은 일반적인 것에 비교할 때 대부분 너무 하찮은 가치만을 갖는다. 개인들은 희생되고 버려진다. 이념은 규정적 실존과 타락가능성의 대가를 그 자신에서가 아니라 개인들의 열정에서 지불한다.45)

헤겔의 『역사철학』에 나오는 이 인용문은 "이성의 간지"에 관한 통상적 개념에 완벽하게 들어맞는다. 자신들의 특수한 목적을 따르는 개인들은 부지불식간에 신성한 계획의 실현을 위한 도구가 된다. 하지만 어떤 요소들은 겉보기에 분명한 이와 같은 그림을 교란한다. "이성의 간지"와 관련한 헤겔의 논변의 주요한 논점 그 자체—즉, 그것의 궁극적 불가능성—는 보통 침묵 속에서 간과된다. 어떠한 특정한 주체라도 "이성의 간지"의 자리를 차지하

45) Hegel, *The Philosophy of History* (New York: Dover, 1956), p. 33.

여 다른 사람들의 열정을 이용하면서 그들의 노동에 연루되지 않는 것은, 즉 그 이용의 대가를 몸으로 지불하지 않는 것은 불가능하다. 바로 이러한 의미에서 "이성의 간지"는 언제나 이중화된다. 예컨대 직공은 자연의 힘들(물, 증기……)을 이용하고, 그 힘들이 그것들에 외부적인 목적을 위해 상호작용하도록 하며, 원료를 인간 소비에 적합한 형식으로 주조한다. 그에게 생산 과정의 목적은 인간 필요의 만족이다. 그렇지만 그가 이를테면 그 자신의 계략의 희생양이 되는 것은 바로 여기서다. 사회적 생산 과정의 진정한 목적은 개인적 필요의 만족이 아니라 생산력의 발전 그 자체, 즉 헤겔이 "정신의 객체화"라고 칭하는 것이다. 그러므로 헤겔의 테제는 조종자 그 자신이 언제나 이미 조종당한다는 것이다. "이성의 간지"를 통해 자연을 이용하는 직공은, 이번에는, "객관적 정신"에 의해 이용당한다. 그리고 헤겔에 따르면, "이성의 간지"의 위치를 차지하는 것의 이와 같은 불가능성에 대한 최고의 증거를 제공하는 것은 신 그 자신이다. 십자가에 매달린 예수의 고통은 배경에 머물면서 안전한 거리에서 역사라는 극장의 끈을 조종하는 신성의 논리학을 파열시킨다. 십자가형은 신성한 이념이 "손대어지지도 손상되지도 않은 채 배경에 남아 있는" 것이 더 이상 가능하지 않은 지점을 가리킨다. "인간이 됨"을 경유하여 십자가 위에서 죽음으로써 "대가를 치르는" 것은 바로 신 그 자신이다.

"사라지는 매개자"로서의 주체

주체가 보편적 실체 속의 균열로서 출현하는 주체와 실체의 이 역설적 관계는 프로이트-라캉적 실재라는 정확한 의미에서의 "사라지는 매개자"—즉, 비록 어디에도 실제로 존재하지 않고 그 자체로서 우리 경험으로 접근할 수 없지만 그럼에도 불구하고 다른 모든 요소들이 일관성을 유지하기 위해서는 사후적으로 구성되고 전제되어야만 하는 어떤 요소의 구조—로서의 주체 개념에 달려 있다. 헤겔의 『정신현상학』에서 우리는 "사라지는 매개자"의 이 구조와 한 번 이상 조우한다. 그러한 장소를 두 군데 언급하는 것으로 족하다. 하나는 주인과 노예의 변증법에서의 이행이고, 다른 하나는 "관찰하는 이성"의 최후 형태인 "골상학"에서 "활동적 이성"으로의 이행이다.

—주인과 노예의 변증법에서 앎은 처음에 "할 줄 앎savoir-faire", 즉 군주-주인에게 만족을 제공하기 위해 사물들을 다루는 것과 관련된 실용적 기술들이라는 형태로 노예에게 속한다. 이 기술적 "할 줄 앎"에서 사고로의 이행(따라서, 사고하는 하인/노예의 위치로서의 스토아주의로의 이행—헤겔의 서술에서, "노동의 개념"을 통해 "개념의 노동"에 도달하는 것이 주인이 아니라 노예라는 것은 분명하다)은 직접적이며, 애매하지 않다: 외적 합목적성을 자기-합목적성으로, 즉 외적 형식을 절대적 형식으로 역전시키는 전형적인 헤겔적 방식을 통해서 현실성의 형식으로서의 사고의 보편성에 도달한다. 외적 대상들을 주인의 필요를 만족시키려는 목적에 맞게 주조하고 형성하려는 노력을 통해 노예는 어떻

게 사고 그 자체가 이미 모든 가능한 객체성의 형식인지를 깨닫게 된다. 그렇지만 이러한 설명에서 빠져 있는 것은 라캉이 철학의 시초적 계기로서 드러내고 분리해내는 바로 그 계기, "주인에 의한 앎의 전유"라는 계기이다. 라캉에 따르면 주인이 노예의 "할 줄 앎"을 자신에게로 전유하고 그것을 실용적 이해에서 벗어난 보편적 에피스테메로, 즉 철학적 존재론으로 변형시킬 때 철학은 출현하는 것이다.[46] 철학의 역사에서 이 계기는 대강 플라톤과 아리스토텔레스에 일치하며, 반면에 그들을 뒤따르는 스토아주의는 주인의 무관심적 지식에 참여하려는 노예의 시도를 나타낸다(스토아주의는 자신의 "내적 자유"를 주인과 동등해지는 유일한 층위로서 정립하는 노예의 철학이다). 그렇다면 왜 이 중간항은, 즉 철학적 담화의 이 개시적 제스처는 헤겔의 설명에서 빠져 있는가? 아마도 그 이유는 "사고하는 (지식을 소유하는) 주인"으로서의 철학자의 위치가 내재적으로 불가능하며 또한 그 자체로서 결코 실현될 수 없는 한낱 철학의 환상이다는 사실에서 찾아볼 수 있을 것이다. 알고 있는 주인("철학자–왕")에 대한 꿈을 고집하면서 번번이 새롭게 실망하지 않을 수 없었고 그리하여 무지한 주인의 귀에 충고의 말을 속삭이는 궁정의 어릿광대 역할로 반복해서 환원되었던 자가 이미 플라톤 아니었던가?[47]

–골상학은 "정신은 뼈다"라는 무한 판단과 더불어 끝난다.[48]

46) Jacques Lacan, *Le séminaire*, book 17: *L'envers de la psychanalyse* (Paris: Editions du Seuil, 1991) 참조.

47) 문제를 더 복잡하게 만드는 것은 다음과 같은 사실이다. 즉 라캉에 따르면 플라톤에게서 철학적 담화들의 바로 그 출현은 히스테리적 위치에서 주인의 위치로의 변화에서 결과하는 것이다. 플라톤의 "주인"인 소크라테스는 아직 주인이 아니다. 그의 위치는 히스테리자와 분석가 사이에 있다.

그것의 사변적 내용은 주체와 대상의 동일성—즉 불활성 사물이 "될", 그것을 "매개할" 정신의 힘—이다. 그러고 나서 뒤따르는 것은 이 관찰적 이성의 진리를 달성하고 이행하고 "실현"하려는, 즉 그것을 즉자에서 대자로 이항하려는 활동적 이성으로의 이행이다. 대상을 주조하는 활동을 통해서 주체는 스스로를 현실화하며, "대상으로 변화한다". 그는 주변 대상들의 인간적 형태라는 가장 속에서 그의 주체적 내면성으로부터 독립된 실존을 획득한다. 그렇지만 다시금, 이러한 이행의 순조로운 진행을 틀어지게 만들고, 다르게라면 히스테리화의 매트릭스를 따르는 변증법적 과정 속에 강박신경증의 어조를 끌어들이는 어떤 추돌이 있다. 주체는 활동 속으로 도피하며, 그가 이미 소유하고 있는 것을 그의 지속적 노력을 통해 점진적으로 실현되어야 할 무한한 과제로 치환한다. 다시 말해서 우리는 여기서 정신분석 이론이 행동화라 부르는 것의 사례를 만난다. 골상학에서 "활동적 이성"으로 이동함으로써 주체는 이미 여기 있는 것과의, 실재와의 불편한 조우를 사실상 지연시킨다. 그는 죽은 불활성 대상과의 동일성(골상학적 경험의 끝에서 이미 실현되어 있는 동일성)을 그의 무한한 활동의 목표로 치환한다. 궁정식 사랑에서도 마찬가지다. 기사는 귀부인과의 성적 조우라는 궁극의 순간을 지연시키기 위해서 계속 되풀이해서 새로운 과제를 떠맡는다. 두 경우 모두 도피의 목적은 동일하다. 그 목적은 견딜 수 없는 외상과의 대면을 피하는 것이다. 그 외상은, 첫 번째 경우 $로서의 주체의 섬뜩한 심연이며, 절대적

48) "무한 판단" 개념에 대해서는 이 책의 제3장 참조.

자기단축의 공백이다. 두 번째 경우는, "성적 관계는 없다"는 외상적 사실이다. 그렇지만 사태가 이와 같은 것이라고 한다면, (정신의 비밀에 이르는 열쇠가 두개골의 볼록한 부위들에 포함되어 있다고 "진짜로 믿으며", 그리하여 "정신은 뼈다"라는 등식의 사변적 내용에 대해 알지 못하는 태도) 골상학적 태도의 직접적 소박성과 (정신적 목적에 부합하는 형식을 대상들에 부여함으로써 이 사변적 내용을 실현하려 하는) "활동적 이성"의 태도 사이에 짧고도 덧없지만 구조적 이유로 인해 필연적인 어떤 계기를 삽입해야 한다. 즉 그 순간 의식은 골상학의 사변적 진리에 대한 예감을 가지고 있으나 그것을 견뎌낼 수가 없으며 따라서 활동 속으로 도망쳐 들어간다.[49]

49) 헤겔이 "정신은 뼈다"라는 명제에 대한 "소박한" 독해와 사변적 독해의 차이를 동일 기관(음경)의 배뇨 기능과 생식 기능의 차이에 비교하는 구절은 보기보다 훨씬 더 애매하다. 다시 말해서 헤겔의 요점은 "소박한" 독해(골상학이 스스로를 파악하는 방식. 정신은 이 불활성 대상, 두개골이다. 정신의 특징들은 두개골의 오목하거나 볼록한 부위들로부터 연역될 수 있다)를 거부하고 사변적 의미(정신은 가장 불활성적인 객체성을 포함해서 현실성 전체를 포용하고 매개할 정도로 충분히 강하다)만 고려하려는 것이 결코 아니다. 이 사변적 의미는 우리가 "소박한" 독해를 유보 없이 따를 때에만, 그리하여 그것의 내속적 무의미를, 그것의 터무니없는 자기모순을 경험할 때에만 출현한다. 그 두 항(정신과 뼈) 사이의 이 근본적 불일치, 양립불가능성, 이 절대적인 "부정적 관련성"은 부정성의 권능으로서의 정신이다. 다시 말해서, "소박한" 독해와 사변적 독해 사이에서의 선택에서 우리는 사변적 진리에 도달하려면 우선은 잘못된 선택을 해야만 한다. 이 사례는 헤겔을 어떻게 읽어서는 안 되는가를—즉 비변증법적 "지성"과 변증법적 "이성"의 직접적 대립 그 자체가 어떻게 지성에 속하는 것인가를—경고해 주는 좀더 일반적인 목적에 이바지할 수 있을 것이다. 헤겔의 남근 비유와 관련해서 우리는 음경을 그 생식적 기능에서 곧바로 이해하려고 하는 바로 그 때 "배뇨"의 층위에 사로잡히게 된다. 칸트와 헤겔의 관계도 마찬가지다. (헤겔적 관점에서 볼 때) 비반성적 형식으로 사변적 진리를 생산하는, 즉 "계속해서 배뇨를 지칭하지만 이미 생식에 대해 이야기하는" 철학자가 한 명 있다면 그것은 칸트이다. 칸트는, 자신의 체계의 모든 결정적 구절들에서, 자신이 발견한 사변적 차원을 오인하며, 이를 그 대립물의 모습으로 제시한다. 예컨대 칸트의 철학에서 절대적 부정성의 추상적 권능은, "자연적으로 한 데 속하는 것을 찢어" 놓으며, 즉 실체적인 "존재의 사슬"을 파열시키고 비존재(외양)를 존재론적 무게를 소유한 것처럼 취급하는 권능은 그것의

한계는 초월에 앞선다

순수 통각의 "나"로서의 칸트적 주체에서 보편적 실체 속의 균열로서의 헤겔적 주체로의 이와 같은 이동을 배경으로 해서, 실재와 대상 *a*의 관계의 정확한 성격을 규정하는 것이 가능하다. 물론 명백한 해결책은 실재를 상징적 질서에 근본적으로 외적인 향유의 실체로서 파악하고 대상 *a*의 지위를 유사물—존재의 유사물—의 지위로 파악하는 것이다. 칸트적 용어로 번역하는 것 역시 못지않게 명백하다. 실재는 *Ding-an-sich*, 접근불가능한 실체이며, *a*는 초월적 대상이다. 이러한 번역은 칸트가 초월적 대상과 *Ding-an-sich*를 구분하는 방식에 의해 부과되는 것처럼 보인다. 즉 그것들은 동일한 본성의 것이지만, 사물의 경우 주체의 지각—사물에 의해 주체가 촉발됨—으로부터 독립되어 있다(사물은 우리와 무관하게 "즉자"로 있는 그 무엇이다)는 점에 방점이 찍히는 반면에 초월적 대상의 경우 방점은 알아차릴 수는 없지만 결정적인 방식으로 이동한다. 즉 초월적 대상은 외양의, 우리가 경험의 대상으로 지각하는 것의 기저에 놓인 미지의 근거이다. 그렇지만 그것은 우리의 사고 양태 속에서 파악되는 한에서 그러한 근거이다. 즉 그것은 우리의 경험이 그 일관성을 유지하려면 하나의 X(감성적으로 채워지지 않은 사고물)로서 사고되어야 하는 미지의 X이다. 요컨대

불능으로서, 초재적 사물 자체를 획득할 수 없는 그것의 무능력으로서 오지각된다. 그렇지만 바로 이 지점에서 우리는 칸트의 "엄격한" 차이들을 그 차이들의 헤겔적인 사변적 매개와 대립시키려는 유혹에 굴복하지 말아야 한다. 그렇게 하는 순간 우리는 칸트 이전의 지점으로, 선비판적인 "교조적" 태도로 퇴행한다. 오히려 우리가 해야만 하는 일은 "칸트 자신보다 더 칸트적"이기를 고집하는 것이며, 칸트적 입장의 비일관성들을 완전하게 떠맡는 것이다.

그것은 사고되어야 한다. 다시 말해서, 초월적 대상은 사고사물 *Gedankending*이다. 그것은 우리에 대해서인 한에서, 의식에 대해서인 한에서 이를테면 "즉자"이다. 그것은 즉자가 사고 속에서 현전하는 방식을 지칭한다.[50]

겉보기에 명백한 이와 같은 해결책의 문제는 그것이 결국 사물의 "실체화"로 귀결된다는 데 있다. 이 해결책은 사물을 즉자의 충만성으로 파악하고 초월적 대상을 이 충만성이 우리 경험 속에—그 대립물의 모습으로, 어떠한 직관적 내용도 없는 텅 빈 사고라는 모습으로—현전하는 방식으로 파악하도록 강제한다. 이러한 관점에서 초월적 대상의 지위는 엄밀히 말해서 이차적이다. 그것은 사물이 우리 경험의 장 속에서—기저에 있는 접근불가능한 X에 대한 텅 빈 사고로서—현전하는 부정적 방식을 지칭한다. 그리고, 향유의 실체로서의 라캉적 사물과 잉여향유로서의 대상 *a*의 관계 역시 이와 유사하지 않은가? 실재적 사물은 상징적인 것에 의해 "교화"되고 "상류화"되는 일종의 선재하는 실체이지 않은가? *a*는 잃어버린 향유의 유사물, 즉 잃어버린 실재 중에서 상징계 속에 남아 있는 그 무엇이지 않은가? 바로 여기서 라캉과 칸트에 대한 우리의 이해의 운명이 결정된다. 다시 말해서, 라캉의 실재 개념에는 어떤 근본적인 애매성이 들어 있다. 실재는 상징화에 선행하고 저항하는 딱딱한 실체적 중핵을 지칭하는 동시에 상징화 그 자체에 의해 정립되거나 "산출되는" 잔여물을 지칭한다.[51] 그렇지만 어떤 일이 있어도 피해야만 하는 것은 이 잔여물을

50) 자크-알랭 밀레 역시 1985-1986년의 미출간 세미나 「외밀성」("extimité")에서 대상 *a*를 바로 이렇게, 즉 "우리에 대해서인 즉자In-itself which is for us"로 정의한다.

단순히 부차적인 것으로서 파악하는 것이다. 처음에 실재의 실체적 충만성이 있으며, 그러고 나서 향유를 "비워내는", 하지만 전적으로 비워내는 것은 아니어서 고립된 잔여물을, 향유의 섬들을, 대상 *a*를 남겨 놓는 상징화 과정이 있는 것인 양 말이다. 이러한 개념에 굴복할 때 우리는 라캉적 실재의 역설을 잃게 된다. 향유의 잉여 없이는, 향유의 잉여에 선행하는 그 어떤 향유의 실체도 없다는 역설 말이다. 실체는 잉여에 의해 사후적으로 불러내어진 신기루다. 따라서 잉여향유로서의 *a*에 내재하는 환영은, 그것 배후에 향유의 잃어버린 실체가 있다는 환영이다. 다시 말해서, 유사물로서의 *a*는 라캉적 방식으로 기만한다. 즉 실재의 기만적 대체물이라서가 아니라, 그것 배후에 어떤 실체적 실재가 있다는 인상을 불러일으키기 때문에. 그것은 기저에 놓인 실재의 그림자인 척함으로써 속인다.[52] 그리고 칸트 역시 마찬가지다. 칸트가 주목하지 못하고 있는 것은, *das Ding*이라는 것이 초월적 대상에 의해 불러내어진 신기루라는 사실이다. 한계는 초월에 앞선다. "현실적으로 존재하는" 전부는 현상의 영역과 그것의 한계이며, 반면에 *das Ding*은 뒤이어서 초월적 대상의 공백을 메우는 환영에 불과하다.

칸트에 대한 독해에서 라캉의 궁극적 요점은 현상과 사물의 구분이 기표의 개입을 통해 구조화되는 바로서의 욕망의 공간 내부에서만 유지될 수 있다는 것이다. 상징적으로 구조화된 접근가능한

---

51) 이 애매성에 대해서는 Slavoj Žižek, *The Sublime Object of Ideology* (London: Verso, 1990) 참조. [국역본: 지젝, 『이데올로기라는 숭고한 대상』, 이수련 옮김, 인간사랑, 2002.]

52) 이러한 의미에서 라캉은 원초적 아버지, *Père-jouissance*(아버지-향유)를 금지 이전에 무제약적 향유가 가능했던 아버지가 실제로 있었다는 믿음에 의해 지탱되는 신경증자의 신화로서 해석한다.

현실을 실재의 공백과, 잃어버린 사물의 표지와 분리시키는 분열을 초래하는 것은 바로 이 개입이다. 우리가 "현실"로서 경험하는 것은 사물의 결여, 사물의 부재, 즉 그것과 만나기만 하면 충동의 완전한 만족을 얻게 될 신비한 대상의 부재를 배경으로 해서 스스로를 드러낸다. 그러므로 "현실"에 대해 구성적인 이와 같은 사물의 결여는, 그 근본적 차원에 있어서, 인식론적이지 않고 오히려 욕망의 역설적 논리에 속한다. 그리고 이때 역설이라는 것은, 이 사물이 바로 그 상징화의 과정에 의해 사후적으로 생산된다는 것이며, 다시 말해서 그것이 그것의 상실이라는 바로 그 제스처 속에서 출현한다는 것이다. 다른 (헤겔의) 말로 하자면, 현상적 장막 배후에는 아무것도—그 어떤 실정적 실체적 존재물도—없다. 오로지 응시만이 있는바, 그 응시의 주마등같은 환영들은 사물의 상이한 형태들을 띠고 있는 것이다. 바로 그렇기 때문에 라캉은 욕망의 획득불가능한 잃어버린 대상이라는 정신분석적 문제틀과 인식의 대상이라는, 그 대상의 인식불가능한 성격이라는 인식론적 문제틀 사이에서 결코 이론적으로 위법적인 단락에 빠지지 않는다.[53] 반대로 그가 하고자 하는 것은 정확히 어떻게 이 단락이 사물의 (구조적으로 필연적이라고 해도) 위법적인 "실체화"를 낳는 일종의 투시적 환영으로부터 결과하는 것인지를 입증하는 것이다. 사물-향유의 지위는 인식론적이 된다. 그것의 획득불가능함이라는 성격은 우리가 그것을 "실체화"하고 그것이 그것의 상실에 존재론적으로 선행한다고 가정하는 순간, 즉 "(현상의) 장막

53) 모니크 다비드-메나르Monique David Menard의 비판. 그녀의 *La folie dans la raison pure* (Paris: Vrin, 1991) 참조.

배후에" 무언가 볼 것이 있다고 가정하는 순간, 인식불가능한 것으로 지각된다.

초월에 대한 한계의 이와 같은 우선성은 또한 칸트의 숭고에 새로운 (헤겔적) 빛을 비추어준다. 우리가 실정적인 숭고한 내용(우리 자신 안에 있는 도덕 법칙, 자유 의지의 존엄)으로 경험하는 것은 엄밀히 이차적인 성격의 것이다. 그것은 단지 표상들의 장이 와해되어 열리게 된 기원적 공백을 메우는 어떤 것이다. 다시 말해서 숭고는 현상계의 와해를 내포하지 않는다. 즉 숭고는 그 어떤 현상도, 심지어 가장 강력한 현상조차도 초감성적 이념을 적합하게 표현할 수 없다는 경험을 내포하지 않는다. 이러한 관념—숭고의 경험 속에서 현상들은 이념을 표현하기에 적합하지 않음이 판명된다는 관념—은 일종의 투시-환영으로부터 결과하는 것이다. 숭고의 경험에서 실제로 와해되는 것은, 현상계 배후에 어떤 접근불가능한 실정적 실체적 사물이 놓여 있다는 바로 그 관념이다. 다시 말해서 이 경험은 현상적인 것과 예지적인 것이 어떤 경계에 의해 분리된 두 개의 실정적 영역으로 간주될 수 없음을 입증한다. 현상계 자체는 한계지어져 있지만, 이 한계는 그것의 내속적 규정이며, 따라서 이 한계 "너머"에는 아무것도 없다. 한계는 존재론적으로 그것의 너머에 앞선다. 우리가 "숭고한" 것으로 경험하는 대상은, 그것의 고양된 광채*Schein*는 한계 너머에 있는 그 "아무것도 아닌 것", 그 공백의 한낱 이차적 실정화이다. 그리고—정신분석의 윤리에 대한 세미나에서 라캉이 보여주는 것처럼—숭고라는 이 칸트적 개념은 프로이트의 승화 개념과 전적으로 양립가능하다. 프로이트 이론에서 "숭고한" 것은 "사물의 존엄으로까지 고양"되어 "원초적으로 억압된" 사물의 공백, 빈자리를 차지하고 메우는 경험적 대상을 지칭한다. 바로 그런 의미에서 숭고한 대상은 표면의 *Schein*이나 "찡그림", 그 어떤 실체적 지탱물도 결여한 순수한 유사물인 동시에 "현실 그 자체보다 더 실재적인" 어떤 것이다. 순수한 유사물로서의 바로 그 능력에서 그것은 현실(로서 우리가 경험하는 것)의 한계들을 고정하는 경계를 "체현한다". 즉 그것은 "현실"이 그 일관성을 유지하려면 배제되고 배척되어야만 하는 것의 자리를 차지하며 그것을 대신한다.[54)]

칸트에 대한 헤겔의 비판과 관련하여 핵심적인 것은 칸트가 뒷걸음치면서 접근불가능한 것으로 칭하는 그 무엇을 헤겔이 "구해낸다"는, 그 안으로 침입해 들어간다는 겉보기에 명백한 결론을 피하는 것이다. 다시 말해서, 칸트에 따르면 우리 유한한 존재들은 직관을 개념과 분리시키는 간극에서 벗어날 수 없는 운명이다. 우리의 유한성을 규정하는 것은 바로 이 간극이다. 칸트의 요점은 초월적 구성(즉, 주체의 "자발성")이 오로지 이와 같은 유한성의 지평 내부에서만 발생할 수 있다는 것이다. 무한한 존재(신) 속에서 직관과 지성은 일치하게 될 것인데, 바로 그 때문에 그와 같은 존재는 이론적 이성과 실천적 이성의 대립을(그리고 그에 따라서, "판단력" 속에서 그것들을 매개할 필요성을) 극복할 것이다. 그와

54) (불규칙한 진자운동을 통해 지구 자체가 회전한다는 사실을 증명하는) 푸코의 진자가 그토록 매혹을 발휘하는 것은 그것이 숭고의 이러한 논리를 사실상 체현하기 때문이다. 그것의 장엄한 효과는 그것이 말 그대로 (지면 자체가, 우리의 운동 경험의 현상적 토대이자 안정적인 척도인 것이 이동하고 있음을 증명하므로) 우리의 발판을 앗아간다는 사실에만 기인하는 것이 아니다. 한층 더 경외로운 것은 그것이 어떤 제3의 상상적인 절대적 정지점을 함축한다는 것이다. 숭고한 지점은 운동의 자기지칭을 통해 산출된 이 가설적인 절대적 정지점, 즉 진자와 지구 표면 모두가 그것과 관련하여 움직이고 있는 그 지점이다.

같은 존재는 "지성적 직관"의 능력이 있을 것이며, 혹은 다른 방식으로 표현하자면, 산출적 지각의 능력이 있을 것이다. 즉 지각의 바로 그 행위가 지각되는 대상들을 (초월적 의미에서 단지 "구성"할 뿐만 아니라) 창조할 것이다. 헤겔은 이러한 분열에 어떻게 반응하는가? 그는 칸트가 접근불가능한 신성한 너머에 설정해 놓은 이 지성적 직관, 개념과 직관의 통일이 이미 순순한 자기의식 속에서 현실적으로 현존한다고 결코 단언하지 않는다. 만일 그렇다고 한다면 우리는, 대상들을 직접적으로 창조하는 자아라는 개념과 더불어, 말도 안 되는 유아론적 창조주의와 관계하게 되었을 것이다. 여기서 헤겔의 요점은 훨씬 더 정제된 것이다. 헤겔에 따르면, "지성적 종합"이라는 바로 그 개념은 (변증법적 이성에 대립되는 바로서의) 추상적 지성의 층위에 속한다. 즉 그것은 감성적인 것과 지성적인 것의 종합을 그 둘의 분열 너머에 있는 별도의 영역에서 발생하는 어떤 것으로서 제시한다. 감성적인 것과 지성적인 것의 현실적 종합은 칸트에게서는 그것들의 분열이었던 그 무엇 속에서 이미 실행되어 있다. 왜냐하면 초감성적 이념은 직관된 현상의 내속적 한계에 다름 아닌 것이기 때문이다. 그리하여 헤겔은 직관과 지성을 영원히 분리시키는 칸트적 간극을 재단언한다고 말할 수 있다. 우리가 현실로서 경험하는 것의 장 속에서 어떤 "대상"이 출현하기 위해서는, 그것의 내용을 제공하는 감성적 직관들의 다양이 사고사물로서의 X인 "감성적으로 채워지지 않은 사고물"에 의해—즉 주체의 종합적 통각 행위의 상관물이며 "물화된" 효과이기 때문에 그 어떤 경험적 실정적 자질로도 채울 수 없는 공백에 의해—보충되어야만 한다.55)

그리하여 칸트-피히테-셸링-헤겔이라는 바로 그 사항조는 새롭게 조명된다. 칸트가 초월적 구성이라는, 순수 통각으로서의 "나"라는 문제틀을 정식화했을 때, 그는 새로운 영역을 열어놓았지만 그 영역 안으로 반쯤만 전진했으며 그리하여 비일관성에 사로잡히게 되었다. 피히테와 셸링 모두는 이러한 칸트적 비일관성을 극복하고자 했으며, 그리하여 지성과 (감성적) 직관 사이의 칸트적 분열을 어떤 근원적 통일로부터의 빗나감으로, 철학의 진정한 출발점—이는 물론 다름 아닌 지성적 직관이며, 직관과 지성, 대상과 주체, 이론과 실천 등등의 통일이다—으로부터의 빗나감으로 파악했다. 그렇지만 헤겔은 역설적이게도 칸트에게로 복귀한다. 즉 그는 이 앞지르는 촉박한 "직접적" 종합의 후-칸트적 시도들을 거부하고, 칸트의 비일관성을 어떤 다른 "헤겔적" 방식으로 극복할 것을 제안한다. 즉 헤겔은 칸트가 분열만을 본 곳에서

55) 한계와 그 너머와 관련한 칸트와 헤겔의 대립은 보통은 전적으로 다른 방식으로 파악된다. 이 표준적 판본에 따르면 칸트는 현상계를 한계짓지만 동시에 그것의 너머에 대한 접근을 금지했다(즉 예지체에 대한 유일하게 적법한 정의는 순전히 부정적인 것이다). 그리고 이 칸트적 역설에 대한 헤겔의 응답은, 우리가 어떤 것을 한계지어진 것으로 파악하는 순간 적어도 암묵적으로 우리는 그것 너머에 이미 도달한다, 즉 경계의 이면에 놓여 있는 그 무엇에 대한 암묵적 개념을 소유하고 있어야만 한다는 것이다. 즉 이런 식으로 헤겔은 전통적인 합리주의적 형이상학으로의 복귀를 위한 문을 활짝 열어놓는다는 것이다. 그렇지만 이러한 독해는 헤겔의 칸트 비판에 대한 결정적인 오해를 내포한다. 헤겔에 따르면, 여하한 실정적 내용도 없는 것이라 해도 어떤 너머에 대한 참조를 유지하는 것은 바로 칸트이다. 칸트에게 이 공백의 지위는 순전히 인식론적인 것이다. 즉 우리의 유한성 때문에 우리는 사물 자체들이 어떻게 구성되어 있는지 알지 못한다는 것이다. 여기서 헤겔이 성취하는 것은 이 공백을 "채우는" 것이 아니라, 오히려 인식론적 공백을 존재론적 공백으로 단순히 반전시키는 것이다. 사물에 대한 부정적 정의는 사물 그 자체와 관련이 있는 것인데, 왜냐하면 이 사물은 절대적 부정성의 공백에 다름 아니기 때문이다. 다시 말해서 헤겔은 현상 너머에 놓여 있는 그 무엇 속으로 발을 내딛지 못했다고 칸트를 비판하는 것이 아니라, 현상 너머의 공백은 어떤 실정적인 접근불가능한 즉자가 우리 유한한 정신 속에 부정적으로 반영된 것에 불과하다는 "표상적" 관념을 고수한다고 비판하는 것이다.

어떻게 종합이 이미 실현되어 있는지를 보여주며, 그리하여 "지성적 직관" 속에서의 종합이라는 별도의 추가적 행위를 요청해야 할 그 어떤 필요도 없음을 보여준다. 우리는 사물의 텅 빈 자리, 즉 마그리트의 「망원경」[56]에 나오는 반쯤 열린 창문의 균열 속에서 지각가능한 검은 공백을 메움으로써가 아니라, 공백을 메우려고 하는 여하한 실정적 존재물에도 선행하는 것으로서 이 공백을 그 자체로 긍정함으로써 칸트에서 헤겔로 이행하는 것이다.

"토탈 리콜": 실재 속의 지식

그리고—누아르로 돌아가서—통각의 "나"와 예지적인 "생각하는 사물" 사이의 환원불가능한 간극을 나타내는 이 공백은 어떤 "편집증적" 태도의 가능성을 열어놓는데, 이러한 태도에 따르면 예지적으로—"생각하는 사물"로서—나는 인공물이며 미지의 제작자의 손 안에 있는 장난감인 것이다. 이러한 형상의 마지막 인격화는 1980년대의 누아르 부활에서 새로운 유형의 아버지라는 모습으로 발생한다. "탈산업화된" 협조적 후기자본주의를 특징짓는 이러한 아버지는 <블레이드 러너>의 타이렐에 의해 축도되는 아버지이며, 성적 파트너 없는 섬뜩하고 영묘하고 연약한 실체성의 고독한 형상이다. 이 아버지는 데카르트적인 사악한 천재를 분명하게 구현한다. 즉 나의 상징적 동일성의 층위에서가 아니라

56) 마그리트에 대한 라캉적 독해는 이 책의 제3장 참조.

"생각하는 사물"로서의 나의 층위에서 나에게 지배력을 행사하는 아버지.[57] 다시 말해서 더 이상 S_1—즉 그 이름이 나의 상징적 동일성을, 상징적 전통의 직조물 속에서의 나의 자리를 보증해주는 주인기표—가 아니고 오히려 S_2인 아버지, 즉 나를 자신의 인공물로서 창조한 지식으로서의 아버지. 아버지가 S_1의 지위에서 S_2의 지위로, 텅 빈 주인기표에서 지식으로 변하는 순간, 아들인 나는 괴물이 된다.[58] 이제부터 괴물-아들은 히스테리화된다. 프랑켄슈타인 박사의 피조물에서 <블레이드 러너>에 나오는 룻거 하우어 분의 리플리컨트에 이르기까지, 괴물들이 창조주에게 던지는 질문은 궁극적으로 한 가지 동일한 모티브의 변주이다. "당신은 왜 나를 이따위로 만들었나요? 당신은 왜 나를 이처럼 불완전하고 불구이게 창조했나요?" 혹은 『프랑켄슈타인』 제1판의 표어로 사용된 밀턴의 『실락원』에 나오는 구절을 인용하자면: "창조주여, 제가 부탁했습니까, 진흙에서 저를 빚어 사람으로 만들어 달라고?

57) <블레이드 러너>의 원작인 『안드로이드는 전기 양의 꿈을 꾸는가?』의 저자 필립 딕의 초기 단편 가운데 하나는 1954년의 「아버지-사물」이다. 10살 난 소년 찰스 월튼은 아버지 테드가 살해당하고 외계의 사악한 생명 형체에 의해 대체되었음을 깨닫는다. "아버지 안에 있는 아버지 자신보다 더한" 이 사물, 초자아의 사악한 체현물은 아버지의 얼굴 표정이 갑자기 돌변하는 저 드문 순간에 식별될 수 있다. 그 순간 아버지는 평범하고 지루한 중산층 미국인의 특징들을 상실하고 일종의 냉담하고 비인격적인 악을 발산한다.

58) 이러한 측면에서, 친모에게 돌아가지 않고 양부모와 함께 살기를 원한 10살 난 소년의 요구에 응해준 1992년 9월 플로리다 올란도 법원 판결의 결과는 겉보기보다 근본적인 것이데, 왜냐하면 그 결과는 S_1과 S_2의 바로 그 관계와 관련되어 있기 때문이다. 신문에서 보도하고 있는 것처럼 아이가 부모와의 결별을 얻어낼 수 있을 때, 그 아이는 궁극적으로 부모의 실정적 속성들(보살핌의 정도 등등)과 관련하여 누가 자신의 부모인지를 선택할 수 있는 것이다. 이렇게 하여 어머니와 아버지의 자격 모두가 궁극적으로 실정적 특질과 무관한 상징적 기능이기를 멈추게 된다. 즉 "당신이 무슨 행동을 하던 당신은 여전히 나의 어머니/아버지이고, 나는 당신을 사랑할 것이다……"의 바로 그 논리는, 단순한 속성들의 다발이 아니라 상징적 위임을 지칭하는 주인기표로서의 S_1의 논리는 와해된다.

제가 애원했습니까, 어둠에서 저를 끌어내 달라고?"[59]

"자신이 리플리컨트임을 알고 있는 주체"의 이 역설은 "주체의 비실체적 지위"라는 것이 무엇에 해당하는 것인지를 분명히 해준다. 내 존재의 모든 실체적, 실정적 내용과 관련하여 나는 리플리컨트 이외에 다른 그 무엇도 아닌 것"이다". 즉 나를 리플리컨트가 아닌 "인간"으로 만드는 차이를 "현실" 속 그 어디에서도 식별할 수 없다. <블레이드 러너>의 암묵적인 철학적 교훈은 바로 여기 있는 것인데, 이는 데카르트적 코기토에 대한 수많은 암시를 통해 증언되고 있다(예컨대, 달리 한나 분의 리플리컨트가 "나는 생각한다. 그러므로 나는 존재한다"고 비꼬면서 이야기할 때). 나의 현실적 존재의 모든 것이—나의 몸과 눈뿐만이 아니라 심지어 나의 가장 내밀한 기억들과 환상들마저도—인공물인데, 코기토는, 나의 자기의식의 장소는 어디 있는 것인가? 바로 여기서 우리는 다시금 언표행위의 주체와 언표된 것의 주체에 대한 라캉적 구분과 조우한다. 실정적 존재로서의 나의 모든 것은, 내가 손가락으로 가리키면서 "저것이 나다"라고 말할 수 있는 모든 언표된 내용은 "나"가 아니다. 나는 단지 남아 있는 공백이며, 모든 내용과의 텅 빈 간격이다.

그리하여 <블레이드 러너>는 인간과 인조인간의 통념적 구분을 이중으로 뒤튼다. 인간은 리플리컨트임을 알지 못하는 리플리컨트이다. 하지만 이것이 전부라면, 그 영화는 자유로운 "인간"

59) 아버지가 이처럼 비남근적 지식으로 환원되는 것의 상관물은 물론 남근의 매개 없이 자손을 낳는 자기재생적 괴물로서의 어머니라는 환상-개념이다. 이미 마르크스는 『자본3』의 한 수수께끼 같은 은유에서 자본을 자기재생적 어머니-사물로 규정했다.

행위자로서의 우리의 자기경험이 우리의 삶을 규제하는 인과적 연계에 대한 우리의 무지에 기초하고 있는 환영이라는 극도로 단순한 환원주의적 개념을 내포하게 될 것이리라. 그렇기 때문에 우리는 앞의 진술을 다음과 같이 보충해야만 한다: 언표된 내용의 층위에서 내가 나의 리플리컨트-지위를 떠맡을 때에만 나는 언표행위의 층위에서 진정으로 인간적인 주체가 된다. "나는 리플리컨트이다"는 가장 순수한 차원에서의 주체의 진술이다. 알튀세르의 이데올로기 이론에서도 마찬가지인데, 거기서 "나는 이데올로기 속에 있다"라는 진술은 이데올로기의 악순환을 진정으로 피할 수 있는 유일한 길이다(혹은 스피노자식 판본으로: 어떤 것도 필연의 손아귀에서 결코 벗어날 수 없다는 깨달음은 진정으로 자유로울 수 있는 유일한 길이다).[60] 요컨대 <블레이드 러너>의 암묵적 테제는 다음과 같다: 리플리컨트들은, 가장 내밀한 환상들을 포함해서 모든 실정적 실체적 내용이 "그들 자신의 것"이 아니라 이미 주입된 것임을 증언하고 있는 한, 순수한 주체이다. 바로 이러한 의미에서 주체는 정의상 회향적이며, 상실의 주체이다. <블레이드 러너>에서 데커드가 레이첼이 리플리컨트임을 입증할 때 어떻게 레이첼이 말없이 울기 시작하는지를 상기해 보라. "인간성"의 상실에 대한 침묵의 비탄, 결코 그럴 수 없다는 것을 알면서도 다시 인간이고자, 인간이 되고자 하는 무한한 갈망, 혹은 역으로,

60) 물론 이 모든 사례들은 거짓말쟁이-역설("내가 지금 말하고 있는 것은 거짓말이다")의 구조를 재생한다. 라캉에 따르면 이 역설은, 언표행위의 주체와 언표된 것의 주체의 분열을 고려하는 순간 가시화되는, 진정한 주체적 자인을 표명할 수 있다. "나는 거짓말하고 있다!"라고 말함으로써 나는 나의 존재의, 나의 주체적인 언표행위 자리의 비진정성을 자인하는 것이며, 이런 의미에서 나는 진리를 말하고 있는 것이다.

내가 진정으로 인간인지 아니면 한낱 인조인간인지에 대한 영원토록 괴롭히는 의심—바로 이와 같은 결정되지 않은 직접적 상태들이야말로 나를 인간으로 만드는 것이다.[61)]

여기서 결정적으로 중요한 것은 리플리컨트를 특징짓는 이러한 근본적 "탈중심화"를 큰타자인 상징적 질서와 관련하여 기표의 주체를 특징짓는 탈중심화와 혼동하지 않는 것이다. 물론 우리는 <블레이드 러너>를 리플리컨트의 주체화 과정에 관한 영화로 읽을 수 있다. 가장 내밀한 기억들이 "진짜"가 아니라 단지 주입된 것에 불과하다는 사실에도 불구하고 리플리컨트들은 이 기억들을 개인적 신화 속에, 즉 상징적 우주 안에서 그들의 자리를 구성할 수 있게 해주는 내러티브 속에 결합함으로써 스스로를 주체화한다. 게다가, 우리 모두가 우리의 개인적 신화의 요소들을 큰타자의 보고寶庫에서 빌려온다는 의미에서, "인간의" 기억들 역시 "주입된" 것 아니겠는가? 우리는, 우리의 말하기에 앞서서, 타자의 담화에 의해 말하여지는 것 아닌가? 우리 기억들의 진리와 관련해서 말해보자면, 라캉의 말처럼 진리는 허구의 구조를 가지고 있지 않은가? 그 성분들이 "진짜로 우리의 것"이 아니라 발명되거나

---

61) 그리고 동일한 제스처를 키르케고르가 믿음과 관련하여 성취하지 않았는가? 우리 유한자들은 "우리가 믿는다는 것을 믿도록" 운명지어져 있다. 우리는 우리가 실제로 믿는다는 것을 결코 확신할 수 없다. 이 외적인 의심의 위치는, 우리의 믿음은 영원히 위태로운 내기로 머물도록 운명지어져 있다는 자각은 진정한 기독교 신자가 될 수 있는 유일한 길이다. 어리석게도 자신들이 정말로 믿는다고 가정하면서 불확실성의 문턱을 넘어가는 자들은 전혀 신자들이 아니며 오만한 죄인들이다. 라캉의 말처럼 강박신경증자를 고무하는 물음이 "나는 죽었는가 살아 있는가?"라면, 그리고 그것의 종교적 판본이 "나는 정말로 신자인가 아니면 단지 믿는다고 믿는 것인가?"라면, 여기서 물음은, 우리가 볼 수 있듯이, "나는 리플리컨트인가 아니면 인간인가?"로 변형된다.

주입된 것이라고 해도, 여전히 "우리의 것"으로 남는 그 무엇은 우리가 그것들을 주체화하는, 그것들을 우리의 상징적 우주 속에 통합하는 그 유일무이한 방식이다. 이러한 관점에서 볼 때, <블레이드 러너>의 교훈은 조작이 궁극적으로 실패할 수밖에 없다는 것이다. 물론 타이렐은 우리 기억의 모든 요소를 인공적으로 주입했다. 하지만 그는 리플리컨트들이 이 요소들을 히스테리적 물음을 야기할 신화적 내러티브로 조직화할 방식을 예견할 수 없었다.[62] 하지만 라캉이 코기토에서 염두에 두고 있는 것은 이러한 주체화의 제스처의 정반대이다. $로서의 "주체"는 주체화-내러티브를 통해서, 즉 전통의 탈중심화된 조각들로부터 구성된 "개인적 신화"를 통해서 출현하는 것이 아니다. 오히려 주체는 개인이 전통의 그물망 속에서 그 지탱물을 상실하는 순간 출현한다. 그것은 상징적 기억의 틀구조가 중단된 이후에 남는 공백과 일치한다. 그리하여 코기토의 출현은—[한편으로] 의미의 지평, 내러티브적 전통의 지평과 [다른 한편으로] 모든 내러티브화와 모든 상징화/역사화 너머에 있는 실재 속의 나인 그 사물에 내가 접근할 수 있게 해줄 불가능한 지식 사이의 환원불가능한 간극을 열어놓음으로써—주체가 상징적 전통 속에 뿌리내린 상태를 와해시킨다. 따라서 완전한 회상("토탈 리콜")은 나를 $로서, 자기의식의 주체로서 구성하는 공백을 메우는 것에 해당할 것이다. 즉 나 자신을 "사고하는 그, 또는 그것(사물)"으로서 동일화-인지하는 것에 해당할 것이다. 라캉적 용어로, "토탈 리콜"은 "실재 속의 지식"에 해당할

62) 이러한 독해는 Kaja Silverman, "Back to the Future", *Camera obscura* 27 (1991): 109-132 참조.

것이다.[63]

리플리컨트들은 자신들의 수명이 4년으로 제한되어 있는 것을 알고 있다. 이러한 확실성은 그들의 "죽음을 향한 존재"의 개방성을 침식한다. 그것은 그들이 불가능한 지점에, 즉 자신들이 어떻게 "생각하는 사물-기계"로서 구조화되어 있는가를 인식하는 지점에 도달했음을 증언한다. 그렇기 때문에 궁극적으로 리플리컨트들은 우리 인간 유한자들의 불가능한 환상-형성물이다. 그 자신을 사물로서 의식하는 어떤 존재자—자기의식에 접근한 대가를 $로써, 실체적 지탱물의 상실로써 지불할 필요가 없는 어떤 존재자라는 환상. 따라서 이 환상 속에 있는 균열은 "인공지능"에 관한 물음을 꺼낼 수 있게 해준다: 컴퓨터는 사고하는가?

인공지능 논쟁에서 핵심적인 것은 역전이 일어났다는 것인데, 이는 모든 성공적 은유의 운명이다. 처음에는 인간 사고를 컴퓨터

---

63) 이러한 혼동에 궁극적으로 책임이 있는 것은 라캉 자신이다. 초기 세미나들에서 무의식의 "기계적" 성격이라는 모티브를 표명하면서 그가 상징적 전통으로서의 지식과 실재 자체 속에 기입된 지식을 아직 구분하지 않는 한에서 말이다. 그렇지만 기표와 쓰기-기입(*écrit*)의 구분을 명확히 설정하는 세미나 20(『앙코르』)부터 모든 혼동은 배제된다. 바로 이러한 것을 배경으로 우리는 레이먼드 챈들러의 소설을 영화화한 로버트 몽고메리의 <호수의 연인>의 실패를 설명할 수 있다. 이 영화는 짧은 프롤로그와 에필로그를 제외하면 전적으로 주관적 숏으로 이루어져 있으며, 우리의 시야를 형사의 것으로 환원시킨다. 다시 말해서 왜 이 실험은, 우리를 주인공의 주관적 경험 속으로 실제로 옮겨놓는 듯한 환영을 만들어내지 못하고, 인위적으로 꾸민 것 같은 느낌을 필연적으로 주는 것인가? 주관적 숏은 그것의 맥락을 제공하는 객관적 숏들에 의해 틀지어지는 단편으로 남아 있는 한에서 유효하다. 주관적 관점이 "넘치는" 순간, 그 효과는 전적인 주관화가 아니라 오히려 섬뜩한 기계화이다. 즉 순수한 주관적 응시라고 추정되는 것이 정반대의 것과, 카메라의 기계적 흡입과 일치한다. 그리고 그렇기 때문에 <호수의 연인>에서 주인공의 얼굴을 우리가 잠시 보게 되는 저 순간들(예컨대, 주인공에 의해 지각되는 것으로 추정되는바, 거울 속에 그 얼굴이 비치는 순간)은 근본적 불일치의 효과를 산출한다. 이 얼굴, 우리가 지금 보는 이 눈은 우리가 영화에서 시종일관 그것을 통해서 현실을 지각하는 그 눈이 결코 아니다. 우리는 명백히 거북한 기계의 응시인 어떤 응시와 동일화된다. 관람자인 우리는 "보는 사물"로 환원된다.

를 가지고서 시뮬레이션하려고 하며, 가급적이면 모형을 인간 "원본"에 가깝게 하려고 한다. 그러다가 어떤 지점에 이르면 문제는 역전되며 다음과 같은 물음이 출현한다: 이 "모형"이 이미 "원본" 그 자체의 모형이라면 어찌할 것인가?, 인간 지능 그 자체가 컴퓨터처럼 작동하는 것이며 "프로그램된" 것이라면 어찌할 것인가? (컴퓨터로 생성된 "가상현실"의 흥미로운 함축 또한 여기에 있다. 즉 우리의 "진짜" 현실 자체가 가상화되어야 한다면, 인공물로서 간주되어야 한다면 어찌할 것인가?) 컴퓨터는 유사물의 문제를, 유사물의 담화가 아닐 어떤 담화의 문제를 순수한 형태로 제기한다. 즉 컴퓨터가 어떤 의미에서 사고를 "시뮬레이션"할 뿐이라는 것은 분명하다, 하지만 사고의 총체적 시뮬레이션이 어떻게 "실재적" 사고와 다른가? 따라서 "인공지능"의 유령이 금지된 존재자인 동시에 불가능한 것으로 간주되는 존재자로서 나타난다는 것은 결코 놀랄 일이 아니다. 우리는 기계가 사고하는 것은 가능하지 않다고 단언한다. 하지만 동시에 우리는 이러한 방향으로의 연구를 금지하려고 한다. 그것은 위험하고 윤리적으로 수상쩍다는 등의 근거를 대면서 말이다.

그렇다면 "컴퓨터는 사고한다"는 것인가 그렇지 않다는 것인가? 답은 정확히 이 역전된 은유의 논리에 달려 있다. 컴퓨터를 인간 두뇌의 모형으로 생각하는 대신 두뇌 자체를 "피와 살로 이루어진 컴퓨터"로 생각하고, 로봇을 인조인간으로 생각하는 대신 인간 자체를 "자연적 로봇"으로 규정하는 등의 역전된 은유의 논리에 말이다. 더 나아가 이 역전은 성의 영역에서 예시될 수도 있을 것이다. 우리는 보통 자위를 "상상적 성행위"로, 즉 파트너와의 육체적 접촉을 상상만 하는 행위로 생각한다. 이를 역전시켜서 "온전한" 성행위를, "현실적" 파트너와의 행위를 "(상상에 불과하지 않은) 실제 파트너와의 자위"로 생각하는 것이 가능하지 않겠는가? "성관계의 불가능성"에 대한 라캉의 주장이 지닌 일체의 요점은, 바로 이것이 "현실적" 성행위라는 것이다. 남자의 파트너는 존재의 실재적 중핵에서 여자인 것이 아니라, 환상-대상으로 환원된 *a*로서의 여자이다(라캉이 남근적 향유를 본질적으로 자위적인 것으로 정의한다는 점을 상기해보는 것으로 족하다)!

바로 이와 같은 것을 배경으로 우리는 라캉적 실재에 대한 가능한 정의 가운데 하나를 제공할 수 있다. 즉 실재는 이 역전(인간 두뇌 모형으로서의 컴퓨터에서 피와 살이 있는 컴퓨터로서의 두뇌 자체로의 역전, 상상적 성행위로서의 자위에서 실제 파트너와의 자위로서의 현실적 성행위로의 역전)에 저항하는 바로 그 잔여를 지칭한다. 실재는 이 "원을 네모로 만들기"가 궁극적으로 실패할 수밖에 없게 하는 X이다. 이 역전은 일종의 은유의 실현에 의존한다. 즉 처음에 진짜 현실의 한낱 은유적 시뮬레이션, 창백한 모방에 불과한 것처럼 보이는 것(진정한 두뇌의 은유로서의 컴퓨터, 등등)이 피와 살이 있는 현실에 의해 모방되는 원형이 된다(두뇌는 컴퓨터의 작동을 언제나 불완전한 방식으로 모방한다, 등등). 우리가 "현실"로 경험하는 것은 이와 같은 역전을 통해 구성된다. 라캉의 말처럼, "현실"은 언제나 환상에 의해 틀지어진다. 즉 실재적인 어떤 것이 "현실"의 일부로서 경험되기 위해서 그것은 우리의 환상-공간의 예정된 좌표에 합치해야 한다(성행위는 우리의 상상된 환상-각본의 좌표에 합치해야 하고, 두뇌는 컴퓨터의 작동에 합치해야 하고, 등등이다). 이런 방식으로 우리는 실재에 대한 두 번째 정의를 제안할 수 있다: 모델링이나 시뮬레이션이나 은유화의 그 어떤 과정에도 저항하는 잉여, 견고한 중핵.

<에일리언3>과 관련하여 몇몇 논평가들은 "에일리언"을 에이즈의 은유로서 파악하기 위한 논거로 일련의 특징들(액션의 무대는 리플리조차도 그 일원이 되기 위해서는 삭발을 해야 하는 폐쇄적인 남성 공동체이다. 인간은 "에일리언"의 위협 앞에서 전적인 무방비 상태에 있다. 기타 등등)을 인용했다. 라캉적 관점에서 덧붙이자면, 에이즈의 은유로서의 "에일리언"에 대한, 괴물에 대한 일체의 이야기는 다음과 같은 핵심적 사실에 이르지 못한다. 즉 에이즈 자체의 그 무시무시한 충격은, 아무리 끔찍하다 해도 질병의 적나라한 현실, 질병의 직접적인 신체적 충격에 기인하는 것이 아니며, 그 안에 투여된 비정상적 리비도 에너지에 기인하는 것이다(에이즈는 저항불가능한 것으로 지각된다. 그것은 난데없이 나타나 타격을 가한다. 그것은 우리의 문란한 생활 방식에 대한 신의 처벌로서 완벽하게 기능하는 것처럼 보인다……). 요컨대 에이즈는 우리의 이데올로기적 환상-공간 속에서 어떤 예정된 자리를 차지한다. 그리고 궁극적으로 그 기괴한 "에일리언"은, 에이즈-현상 속에서 처음부터 작동하고 있었던 이 환상-차원을 물질화하고 체현할 뿐이다.

따라서 우리의 요점은 아주 기본적인 것이다. 물론 컴퓨터가 생성한 "가상현실"은 유사물이며, 참으로 실재를 배척한다. 하지만 우리가 "진정한, 견고한 외적 현실"로 경험하는 그 어떤 것도 정확히 동일한 배제에 근거하고 있다. "가상현실"의 궁극적 교훈

은 "진정한" 현실 그 자체의 가상화이다. "가상현실"이라는 신기루에 의해서 "진정한" 현실 그 자체가 자신의 유사물로서, 순수한 상징적 건축물로서 정립된다. "컴퓨터는 사고하지 않는다"는 사실은 "현실"에 대한 접근의 대가로 무언가가 사고되지 않은 채 남아 있어야만 한다는 것을 의미한다.

2. 코기토와 성적 차이

보편자 속의 칸트적 균열

칸트와 관련하여 "보편자 속의 균열"을 꺼내 드는 것은 역설적일지도 모른다. 칸트는 보편적인 것에 강박적으로 사로잡혀 있지 않았는가? 그의 근본 목적은 인식의(혹은 인식에 대해 구성적인) 보편형식을 확립하는 것 아니었는가? 그의 윤리학은 도덕성의 유일한 기준으로서 우리의 행동을 규율하는 규칙의 보편형식을 제안하지 않는가? 하지만 사물 자체가 획득불가능한 것으로서 정립되는 순간, 모든 보편자는 잠재적으로 중지된다. 모든 보편자는 그것의 타당성과 장악력이 취소되는 예외의 지점을 함축한다. 혹은 현대물리학의 언어로 표현하자면, 그것은 특이성의 지점을 함축한다. 이 "특이성"은 궁극적으로 칸트적 주체 그 자체, 즉 초월적 통각이라는 텅 빈 주체다. 이 특이성으로 인해, 칸트의 세 비판들 모두는 각기 보편화에 거스르게도 "발부리가 걸린다." "순수 이성"에서는, 우리가 범주들을 사용하면서 우리의 유한한 경험을 넘어 그것들을 우주의 총체에 적용하려고 시도할 때, 이율배반들이 출현한다. 다시 말해, 우리가 우주를 하나의 전체로서 파악하려고 시도한다면 우주는 유한한 동시에 무한한 것으로서 나타나며, 모든 것을 포괄하는 하나의 인과적 연계인 동시에, 자유로운 존재들을 포함하는 것으로 나타나는 것이다. "실천 이성"에서 "균열"은 "근본악", 즉 그 형식에 있어서 선과 일치하는 악의 가능성을 통해 도입된다(보편적인 자기 정립된 규칙들을 따르는 의지로서의 자유의지는 "정념적인" 경험적 추동들 때문이 아니라 원칙상 "악"을 선택할 수 있다). 순수이성과 실천이성의 "종합"으로서의 "판단력"에서, 분열은 두 번 발생한다. 첫째로 미학과 목적론의 대립이 있는데, 그 양 극은 한데 모여 조화로운 전체를 형성하지 않는다. 미는 "목적 없는 합목적성"이다. 인간의 의식적 활동의 산물로서 그것은 합목적성의 표식을 지니지만, 어떤 대상이 "아름다운" 것으로서 보이는 것은 오로지 그것이 어떠한 특정한 목적에도 봉사하지 않는 한에서, 어떠한 이유도 목적도 없이 여기 있는 어떤 것으로서 경험되는 한에서다. 다시 말해서, 미라는 것은 (다른 경우라면 도구적이며, 의식적 목적들의 실현으로 향하는) 인간 활동이 자생적인 자연적 힘으로서 기능하기 시작하는 역설적 지점을 지칭한다. 진정한 예술작품은 결코 의식적 계획에서 나오지 않으며, 반드시 "자생적으로 자라나와야" 한다. 다른 한편으로 목적론은 맹목적인 기계적 법칙들에 종속된 자연, 즉 합목적성이 들어설 여지가 없는 초월적 범주들에 의해 "객관적 현실"로서 존재론적으로 구성된 자연 속에서 작동하는 숨겨진 목적들을 식별하는 일을 다룬다.[1)]

숭고는 바로 미와 목적의 실패한 "종합"에 대한 표지로서 파악할 수 있다. 혹은 기초적인 수학적 언어를 사용하자면, 그것은 "아름다운" 것의 집합과 "합목적적인" 것의 집합이라는 두 집합의 교집합으로 파악할 수 있다. 물론 부정적 교집합, 즉 아름답지도 합목적적이지도 않은 원소들을 포함하는 교집합. 숭고한 현상들(좀더 정확하게는, 주체 안에 숭고의 감정을 불러일으키는 현상들)은 결코 아름답지 않다. 그것들은 혼돈스러우며, 아무 형식도 없으며, 조화로운 형식의 정반대다. 그것들은 또한 아무런 목적에도 봉사하지 않는다. 즉 그것들은 자연 속의 숨겨진 합목적성을 증언하는 저 특징들의 정반대인 것이다(그것들은, 어떤 기관이나 대상의 불편할 정도로 과도한 부풀려진 특성을 가리킨다는 의미에서, 기괴하다). 그와 같은 것으로서 숭고는 순수한 주체성이 기입되는 장소이며, 미와 목적론은 조화의 외양을 통해 그것의 심연을 은폐하려고 한다.

그렇다면 미의 집합과 목적론의 집합의 교집합인 숭고는, 좀더 면밀하게 보았을 때, 그 두 집합과 어떻게 관련이 있는 것인가? 미와 숭고의 관계와 관련하여 칸트는, 주지하듯 미를 선의 상징으로 파악한다. 동시에 그는 진정으로 숭고한 것은 숭고함의 느낌을

---

1) Immanuel Kant, *The Critique of Judgement* (Oxford: Clarendon Press, 1991) 참조. [국역본: 칸트, 『판단력비판』, 이석윤 옮김, 박영사, 2003.]

불러일으키는 대상이 아니라 우리 안의 도덕 법칙, 우리의 초감성적 본성을 불러일으키는 대상이라는 것을 지적한다. 그렇다면 미와 숭고는 단지 선의 서로 다른 두 가지 상징들로서 파악될 것인가? 혹은 반대로, 이 이중성은 도덕 법칙 그 자체에 귀속되어야만 하는 어떤 균열을 가리키는 것 아닌가? 라캉은 법의 두 가지 얼굴 사이에 경계선을 긋는다. 한편으로 상징적 자아이상으로서의 법이 있는데, 이는 진정시키는 기능을 하는 법이며, 사회적 약정의 보증자로서의 법, 상상적 공격성의 곤궁을 해결하는 중재적 제3자로서의 법이다. 다른 한편으로, 초자아 차원에서의 법이 있는데, 이는 "비합리적" 압력으로서의 법, 우리의 현실적 책임과 전적으로 통약 불가능하게 죄를 부과하는 힘으로서의 법이며, 그 두 눈 앞에서는 우리가 선험적으로 죄가 있는 것이 되는, 그리고 즐기라는 불가능한 명령을 체화하고 있는 심급으로서의 법이다. 미와 숭고가 윤리의 영역에 어떻게 서로 달리 관계하는가를 명기할 수 있도록 해 주는 것은 바로 이와 같은 자아이상과 초자아의 구분이다. 미는 선의 상징이다. 즉 미는 우리의 이기주의를 제어하고 조화로운 사회적 공존을 가능하게 하는, 진정시키는 작인으로서 도덕 법칙의 상징이다. 반면에 역학적 숭고—화산폭발, 폭풍의 바다, 산악의 절벽 등등—는 초감성적 도덕 법칙을 상징화(상징적으로 재현)하는 데서의 바로 그 실패를 통해 그것의 초자아 차원을 불러낸다. 따라서 역학적 숭고의 경험에서 작동하는 논리는 이렇다. 그래, 나는 격노한 자연의 힘 앞에서 무기력한 채 바람과 바다에 휩쓸려 내동댕이쳐지는 조그마한 티끌일지도 모른다, 하지만 자연의 이 모든 광포함은 초자아가 나에게 가하는 절대적 압력에 비하면 허약한 것이니, 초자아는 나에게 굴욕감을 주며 나로 하여금 나의 근본적 이해에 반하여 행위하도록 강제하는 것이다! (여기서 우리가 조우하는 것은 칸트적 이율배반의 기본 역설이다. 정확히 나의 자존심이 도덕 법칙의 굴욕적 압력에 의해 분쇄되는 한에서, 나는 나의 정념적 본성의 제약에서 해방된 자유롭고 자율적인 주체다.) 라신의 『아달랴』에서 대제사장 아브넬이 불러내는 유대교 신의 초자아 차원 역시 거기에 있다. "나는 신을 두려워합니다. 그리고 다른 두려움은 전혀 없습니다*Je crains Dieu et n'ai point d'autre crainte*." 격노한 자연과 타인이 나에게 가할 수 있는 고통에 대한 두려움은 단순히 내가 자연의 힘이 미치는 곳 너머에 있는 내 안의 초감성적 본성을 깨닫게 됨으로써가 아니라, 도덕 법칙의 압력이 어떻게 자연적 힘 가운데 가장 강력한 것보다도 더 강력한 것인가를 깨닫게 됨으로써, 숭고한 평화로 전환되는 것이다.

이 모든 것으로부터 이끌어낼 불가피한 결론은 이렇다. 미가 선의 상징이라면, 숭고는 무엇의 상징인가? 여기서 이미 상동성은 곤경에 빠진다. 숭고한 대상(보다 정확히는, 우리에게서 숭고의 감정을 불러일으키는 대상)에서 문제는 그것이 상징으로서 실패한다는 것이다. 그것은 그것의 너머를 불러낸다. 다름 아닌 그것의 상징적 재현의 실패를 통해서 말이다. 따라서 미가 선의 상징이라면, 숭고는 무언가를 불러낸다. 무엇을? 가능한 답은 하나뿐이다. 그것이 불러내는 것은 분명 비정념적, 윤리적, 초감성적 차원이다. 하지만 그것은 선의 영역을 피해 가는 한에서의 초감성적·윤리적 자세다. 요컨대 그것은 근본악, 즉 윤리적 태도로서의 악이다.[2)]

오늘날의 대중적 이데올로기 속에서, 칸트적 숭고의 이와 같은 역설은 아마도 토머스 해리스의 소설에 나오는 식인 연쇄살인범 한니발 렉터 같은 형상에게 느끼는 대중들의 매혹의 뿌리를 간파할 수 있게 해 주는 그 무엇일 것이다. 이러한 매혹이 궁극적으로 증언하고 있는 것은 라캉적 정신분석가에 대한 깊은 갈망이다. 다시 말해서, 한니발 렉터는 엄밀히 칸트적인 의미에서의 숭고한 형상이다. 즉 스스로에게 라캉적 정신분석가의 관념을 재현하려는 대중적 상상력의 필사적이면서도 궁극적으로 실패한 시도. 렉터와 라캉적 정신분석가의 상관관계는 칸트에 따라 "역학적 숭고"의 경험을 정의하는 관계—거칠고 혼돈스럽고 길들여지지 않은 격노하는 자연과 여하한 자연적 제약들 너머의 이성의 초감성적 이념 사이의 관계—에 완벽하게 조응한다. 실로 렉터의 악—

2) 이러한 숭고 개념은 라캉의 「칸트를 사드와 더불어」에 대한, 즉 칸트의 진리로서의 사드라는 라캉의 테제에 대한 새로운 접근법을 제공한다. 일상적 물음에서 시작해 보자. 섹스 교본의 매혹(이라고 주장되는 것)을 설명해 주는 것은 무엇인가? 즉, 무언가를 배우기 위해 교본을 읽는 것은 분명 아니다. 우리를 매혹시키는 것은, 모든 규칙("그것"에 열중할 때 우리는 생각을 하지 말고 그저 감정에 몸을 내맡겨야 한다, 등등)의 위반을 응축하는 행위가 정반대 형식을 취해 학교수업 같은 훈련의 대상이 된다는 것이다. (사실 흔한 충고는—적어도, 전희 과정에서—냉정하고 무성적인 도구적 활동의 절차를 모방함으로써 성적 흥분에 다다르는 방법에 관한 것이다. 나는 파트너와, 우리 둘이 앞으로 취할 행동의 단계들을 상세하게 논의한다. 우리는 정교한 기술적 작업을 다루고 있는 것인 양 매 지점을 평가하면서 다양한 가능성들—구강성교로 시작할까 말까?—의 득실을 숙고한다. 때때로 이것이 우리를 "흥분시킨다.") 여기서 우리가 조우하는 것은 일종의 역설적으로 역전된 숭고다. 칸트적 숭고에서 감성적 경험의 한계 없는 혼돈(사나운 폭풍우, 숨 막히는 심연)은 이성의 순수 이념에 대한 예감을 불러오는데, 그 이념의 척도는 너무나도 큰 것이어서 경험의 그 어떤 대상도, 심지어 가장 거칠고도 막강한 힘을 보여 주는 자연조차도 그것에 근접할 수가 없다(즉 여기서 척도, 즉 이념적 질서는 획득 불가능한 이념의 편에 있으며 형식 없는 혼돈은 감각적 경험의 편에 있다). 반면에 "관료화된 성"의 경우, 관계는 역전된다. 도구적 편제를 벗어나는 상태의 예시적 사례인 성적 흥분이 그 대립물을 통해, 즉 관료주의적 의무로서 취급됨을 통해 야기된다. 아마도 바로 이러한 의미에서(도) 사드는 칸트의 진리일 것이다. 도구화된 관료주의적 의무로서의 섹스 수행을 즐기는 사디스트는, 우리 경험의 혼돈스럽고 한계 없는 특성을 통해 초감성적 척도를 깨닫게 되는 칸트적 숭고를 역전시키고 그로써 칸트적 숭고가 그 진리에 이르게 한다.

그는 희생자들을 단지 살해하는 것만이 아니라, 살해한 후에 그들의 내장 일부를 먹기까지 한다—은 동료 인간들에게 우리가 가할 수 있는 공포를 상상할 수 있는 우리의 능력을 그 극한으로까지 잡아당긴다. 하지만 렉터의 잔인성을 우리 자신에게 재현하려는 극한의 시도조차도 분석가의 행위의 진정한 차원을 포착하는 데 실패한다. 분석가는 *la traversée de fantasme*(우리의 근본적 환상의 횡단)을 초래함으로써 말 그대로 "우리 존재의 중핵을 훔친다." 즉 대상 *a*, 비밀의 보물, 아갈마를, 우리가 우리 자신 안에서 가장 소중하게 여기는 그 무엇을 훔친다. 그것을 한낱 유사물에 불과한 것이라고 선언하면서 말이다. 라캉은 대상 *a*를 환상적인 "나의 재료"로 정의한다. 즉 $에, 상징적 질서 속의 균열에, 우리가 "주체"라 부르는 존재론적 공백에 "인격"이라는 존재론적 일관성을, 존재의 충만함의 유사물을 부여하는 것으로서 정의한다. 그리고 분석가가 분쇄하고 "집어 삼키는" 것은 바로 이 "재료"다. 그렇기 때문에 분석가에 대한 라캉의 정의에는 예기치 않은 "성체성사적" 요소가 작동한다. 즉 그는 반복해서 하이데거를 반어적으로 암시하고 있다. "Mange ton *Dasein*!"—"너의 현존재를 먹어라!" 한니발 렉터라는 형상에 귀속되는 매혹의 힘은 바로 거기에 있다. 이 형상은 라캉이 "주체의 궁핍"이라고 부르는 것의 절대적 한계를 획득하는 데서의 바로 그 실패를 통해 분석가라는 이념을 예감할 수 있게 해 준다. 따라서 『양들의 침묵』에서 렉터는 그의 희생양들과의 관계에서만이 아니라 클라리스 스털링과의 관계에서도 진실로 식인적이다. 그들의 관계는 분석적 상황에 대한 조롱하는 듯한 모방이 아니다. 왜냐하면 그녀가 "버팔로 빌"을 붙잡는 것을 도와주는 대가로 그는 그녀가 그를 믿고 털어놓기를 원하기 때문이다. 무엇을? 정확히, 분석자가 분석가에게 털어놓는 것을, 그녀의 존재의 중핵을, 그녀의 근본적 환상(양들의 울음)을. 따라서 렉터가 클라리스에게 제안하는 거래quid pro quo는 이렇다.[3] "내가 당신의 현존재를 먹도록 허락한다면 당신을 도울 것이오!" "버팔로 빌"을 추적하는 일을 도와줌으로써 렉터가 클라리스에게 보상을 한다는 사실에서, 고유한 분석적 관계는 전도되어 있다. 그리하여 그는 라캉적 분석가가 될 수 있을 만큼 충분히 잔인하지 못하다. 왜냐하면 정신분석에서는, 우리가 분석가에게 우리의 현존재를 접시 위에 올려 바치는 걸 허락받으려고 그에게 지불을 해야만 하니까 말이다.

따라서 만일 도덕 법칙의 두 측면(진정 작용을 하는 자아이상 대 흉포한 초자아)과 관련하여 숭고가 미에 대립하는 것이라면, 그것을 『판단력비판』에 나오는 그것의 대극對極과는, 자연 속의 목적성과는 어떻게 구분할 것인가? 숭고는 목적 없이 격노하는 자연을, 어떤 것에도 이바지하는 바 없이(『앙코르』의 서두에 나오는 향유에 대한 라캉의 정의) 힘을 지출하는 자연을 지칭하는 반면, 목적론적 관찰은 자연 속에서 어떤 전제된(구성적이지 않고 단지 반성적인) 앎을 발견한다. 즉 목적론의 규제적 가설은 "자연은 안다"(사건들의 흐름은 "맹목적인" 기계적 인과관계를 따르지 않는다. 그것은 어떤 의식적 합목적성에 의해 인도된다)는 것이

3) [렉터는 클라리스에게 상원의원의 딸을 납치한 "버팔로 빌"을 잡는 일을 도와주면 그녀 자신에 대한 이야기를 들려주어야 한다는 거래를 제안한다. "거래"를 뜻하는 "quid pro quo"는 이때 렉터 자신이 사용한 표현이기도 하다.]

다.[4] 숭고 속에서 자연은 알지 못한다—그리고 앎이 없는 곳에서 그것은 즐긴다(이로써 우리는 다시금 즐기는 법으로서의 초자아, 외설적 향유가 배어든 법의 심급으로서의 초자아에 있게 되는 것이다). "자연의 향유"의 이와 같은 분출과 초자아의 은밀한 연계는 존 포드의 <허리케인>(1937)의 열쇠다. <허리케인>은 한때 프랑스 총독 드라주(레이먼드 머시)[5]가 관리하는 낙원의 섬이었던 어떤 모래톱에 관한 이야기다. 드라주는 프랑스인을 등 뒤에서 때려 형을 살게 된 원주민 테랑기에게 자비를 베풀지 않는다. 테랑기가 아내와 재결합하기 위해 감옥에서 탈출할 때, 드라주는 그를 무자비하게 추적한다. 허리케인이 모든 것을 파괴할 때까지 말이다. 물론 드라주는 근시안적 오만함으로 가득한 불합리한 법과 질서의 극단주의자다. 한마디로 그는 전형적인 초자아 형상이다. 이러한 관점에서 허리케인의 기능은 드라주에게 형법보다 더 중요한 것들이 있다는 것을 가르쳐 주는 것이 되겠다. 드라주는 허리케인이 야기한 파괴에 직면하고는 겸허하게 테랑기에게 자유를 허용한다. 하지만 역설은 허리케인은 원주민의 거주지와 낙원의 섬을 파괴하는 반면 드라주는 구제된다는 것이다. 따라서 허리케인은 오히려 드라주의 가부장적-초자아적 분노의 현시로 간주되

4) 바로 이러한 의미에서, 구성적 차원과 규제적 차원에 대한 칸트적 구분은 앎과 가정된 앎에 대한 라캉적 구분에 상응한다. 목적론적 규제적 이념은 "실재 속의 앎"이라는 지위를 갖는다. 즉 그것은 이론적으로 증명 불가능하지만, (구성적 범주들을 통해 구조화되는) 우리의 실정적 앎이 가능하려면 전제되어야 하는, 자연에 내속된 합리적 질서라는 지위를 갖는다.

5) 레이먼드 머시가 초자아에 사로잡힌 총독 역할을 하기로 선택한 것은 그의 스크린 페르소나를 염두에 둘 때 의미심장하다. 즉 그는 또한 존 브라운 역할을 맡기도 했던 것이다. 존 브라운이라는 이름은 (지배적 이데올로기의 눈으로 볼 때) 정의에 대한 강박을, 즉 그 열성이 지나친 특성으로 인해 격노하는 악으로 화하는 강박을 축약하고 있는 이름이다.

어야만 한다! 다시 말해서 드라주가 정신을 차리게 되는 것은 자기 자신 안에 있는 격노의 파괴적 본성과 대면하기 때문이다. 그는 허리케인을 통해 법에 대한 그의 광적인 헌신에 들어 있는 거칠고 길들여지지 않은 향유를 깨닫는다. 그가 테랑기에게 사면을 허락할 수 있게 되는 것은, 인간의 법이 허리케인에서 현시되는 자연의 힘의 막대함에 비교할 때 아무것도 아니라는 통찰을 얻었기 때문이 아니라 그가 자신의 도덕적 올곧음이라고 보았던 것의 숨겨진 이면이 허리케인의 광포함조차도 무색하게 하는 파괴적 힘을 가진 근본악이라는 것을 깨닫게 되었기 때문이다.

기독교적 숭고, 혹은 "아래로의 종합"

기독교는 숭고의 경계 내에 머물기는 하지만 칸트의 것과 정반대 방식으로 숭고한 효과를 낳는다. 즉 우리의 표상 능력의 극한적 행사(그럼에도 그것은 초감성적 이념을 묘사하는 데 실패하며, 그리하여 역설적이게도 그것의 공간을 윤곽짓는 데 성공한다)를 통해서가 아니라, 말하자면 반대로, 즉 표상적 내용을 상상할 수 있는 가장 낮은 수준으로까지 환원함으로써. 표상의 층위에서 예수는 "사람의 아들"이며, 두 명의 평범한 도적들 사이에서 십자가형을 당한 초라하고 불쌍한 피조물이다. 그리고 그의 속세적 외양의 바로 이와 같은 전적으로 비참한 성격을 배경으로 해서 그의 신성한 본질은 더더욱 강력하게 빛을 발하는 것이다. 빅토리아 시대 말기에 "코끼리 인간"이라는 비극적 형상이 가져 온 이데올로기적 충격 또한 이와 동일한 메커니즘에 따른 것이었다. 그에 관한 책들 중 한 권의 부제("인간의 존엄에 대한 연구")가 암시하듯 말이다. 그의 내적인 영적 삶의 순수한 존엄을 가시화한 것은 그의 육체의 매우 기괴하고도 혐오스러운 왜곡이었다. 동일한 논리가 스티븐 호킹의 『시간의 역사』의 엄청난 성공의 본질적 성분이지 않은가? 우주의 운명에 관한 그의 생각들은, 손가락 하나의 연약한 움직임을 통해서만 세상과 소통하고 기계가 생성하는 비인격적 목소리로 말을 하는 불구의 마비된 육체에 귀속되는 생각들이 아니라면, 대중에게 그토록 매력적이겠는가? "기독교적 숭고"는 바로 거기에 있는 것이다. 이 비참한 "실재의 작은 조각" 속에 순수한 영성의 필수적 대응물(외양 형태)이 있는 것이다. 다시 말해서 우리는 헤겔의 요점을 놓치지 않도록 매우 유의해야만 한다. 헤겔이 의도하고 있는 것은, 초감성적인 것은 감성적 표상들의 영역에 무관심한 까닭에 심지어 가장 저열한 표상들의 모습으로도 나타날 수 있다는 단순한 사실이 아니다. 헤겔은 우리의 감성적 경험의 우주 너머에 혹은 그 우주와 별도로 그 어떤 특별한 "초감성적 영역"도 없다고 거듭 주장한다. 따라서 메스꺼운 "실재의 작은 조각"으로의 환원은 엄밀한 의미에서 수행적이며, 영적 차원을 산출한다. 영적 "깊이"는 표면의 기괴한 왜곡에 의해 생성된다. 다시 말하면 누더기를 걸친 피조물 속에서의 신의 체현이 신과 인간 실존의 가장 저열한 형태 사이의 대조를 통해서, 그 둘의 우스꽝스럽고 극단적인 불일치를 통해서 우리 사멸하는 인간에게 신의 참된 본성을 볼 수 있게 해 준다는 것이 요점의 전부가 아니다. 오히려 요점은 이 극단적 불일치, 이 절대적 틈새가

"절대적 부정성"의 신성한 힘이다는 것이다. 유대교와 기독교 모두는 신(성령)과 (감각적) 표상 영역의 절대적 불일치를 주장한다. 그 둘의 차이는 순전히 형식적인 성격의 것이다. 유대교의 신은 건널 수 없는 틈새에 의해 우리와 분리된 채, 표상을 통해 도달할 수 없는 너머에 거주한다. 반면 기독교의 신은 이 틈새 자체다. 그리고 바로 이러한 변동으로 인해 숭고의 논리에 변화가 생기며, 표상의 금지에서 가장 공허한 표상의 허용으로 나아간다.6)

이 "기독교적 숭고"는 "아래로의 종합"이라 불릴 수 있는 변증법적 운동의 한 특별한 양태를 내포한다. 여기서 결론을 맺는 계기는 승리에 찬 "종합"이 아니라 정립과 부정의 공통의 토대 그 자체가 닳아 없어지는 가장 낮은 지점이다. 우리에게 들러붙게 되는 것은 상징적 질서에서 떨어져 나가는 잔여물이다. 보편적인 상징적 매개의 질서는 말하자면 불활성 잔여물로 붕괴하고 만다. 기독

---

6) 기독교적 숭고의 이 역설을 놓치지 않기 위해서는, 헤겔적 이론에서 판단에 내재하는 뫼비우스 띠구조를 염두에 두는 것이 결정적으로 중요하다. 예컨대 반성 판단—"소크라테스는 죽는다"—은 두 계기의 동일성을 언도한다. 그 하나는 (논리적) 주어의 계기인데, 그것은 (무매개적이고 비규정적인, 한 존재자의 자기와의 합일성을 나타내는) 이름에 의해 지시되고 지칭되는 어떤 비개념적인 "이것"이다. 그리고 다른 하나는 이와 동일한 합일성이지만 소외의 양태에서 그러한, 즉 자기로부터 분리되고 찢겨진, 무매개적인 "이것"을 포섭하는 보편적 "반성적 규정"이라는 가장 속에서 자기와 대립하고 있는, 술어의 계기다(어떤 존재자의 "반성적 규정"은 그것의 바로 그 본질이며 그것의 동일성의 가장 깊숙한 중핵이되, 정반대의 가장 속에서, 즉 전적으로 무관심하고 외적인 보편적 규정이라는 가장 속에서 파악된 것이다). 따라서 두 개의 요소가 판단이라는 공통 공간 속에서 합일되고 묶이는 것이 아니라, 하나의 동일한 요소가 처음에는 무매개적-비반성적인 자기와의 합일성이라는 양태에서 나타나고("이것", 논리적 주어), 그 다음에는 정반대의, 자기외화의 양태에서, 즉 추상적 반성적 규정으로서 나타나는 것이다. 어쩌면 뫼비우스 띠의 두 표면이라는 이 은유보다 한층 더 적합한 것은 시간여행의 원환이라고 하는 공상과학의 역설일 것인데, 여기서 주체는 자기 자신의 어떤 다른 판본과 조우하게 된다. 즉 주체는 미래의 그 자신과 만나게 된다. 바로 여기에 헤겔의 요점이 있다. 주어[주체]와 술어는 동일하며, 같은 것이며, 그것들의 차이는 순전히 위상학적인 것이다.

교적 숭고 이외에 그것의 추가적 사례들로는 긍정–부정–무한 판단이라는 삼항조와 골상학의 변증법("정신은 뼈다")이 있으며, 또한 물론 헤겔의 『정신현상학』에 나오는 이성에 관한 장을 결론짓고 정신과 역사로의 이행을 배치하는 법의 삼항조가 있다. 법 제정자로서의 이성, 법을 검증하는 이성, 단지 그것이 법이라는 사실에 따른 법의 수용. 처음에 이성은 곧바로 법을 보편적인 윤리적 계율들("모든 사람은 진리를 말해야 한다" 등등)로서 정립한다. 일단 이성이 이 법칙들의 우연적 내용에 대한, 그것들의 상충 가능성(상이한 윤리 규범들이 우리에게 상호 배타적인 행동의 형태를 부과할 수도 있다는 것)에 대한 통찰을 얻게 되면, 이성은 일종의 반성적 거리를 취하여 법칙들을 검증하고 그것들이 어떻게 보편성과 일관성이라는 형식적 기준에 부합하는지를 평가하는 일에 스스로를 국한한다. 끝으로 이성은 이러한 절차의 공허하고 순전히 형식적인 성격에 대해 알게 되고, 구체적이고 실정적인 내용으로 채워진 현실적인 정신적 실체를 손에 넣을 수 없는 자신의 무능력에 대해 알게 된다. 그리하여 이성은, 우리가 어떤 구체적이고 규정된 윤리적 실체 속에—즉 단지 그것이 법이기 때문에, 단지 그것이 우리의 공동체의 역사적 전통을 구성하는 일부로서 받아들여지기 때문에 효력을 갖는 법속에—뿌리박혀 있다는 것을 전제하지 않고서는 법을 정립할 수도, 법에 대해 반성할 수도 없다는 사실과 화해하지 않을 수게 된다. 우리는 어떤 역사적으로 특정한 "정신적 실체" 속에 삽입되어 있다는 것을 받아들인다는 기반 위에서만 엄밀한 의미에서의 역사로, 즉 정신의 현실적인 역사적 형상들의 연속으로 이행한다.[7] 이 세 단계 논리는 정립하기, 외적·규정적 반성, 그리고 헤겔에 정통하지 못한 사람에게 다소 의외의 것일 수도 있는, 주어진 윤리적 실체에 대한 즉각적 수용으로 이루어지는 셋째의 결론적 계기라는 삼항조를 따른다. 사람들은 오히려 그 셋째 계기가 "가장 낮은" 계기를, 무매개적 출발점을 구성하고 그로부터 우리가 반성적 매개를 경유하여 "전진하는" 것이라고 기대할 테지만 말이다. 그리하여 법의 삼항조 전체는 반성의 붕괴를 예시한다. 즉 그것은 반성하는 주체가 그의 바로 그 반성적 매개의 노력을 매개하는 보편적인 전제된 매개체로서의 윤리적 실체에 길드는 것으로 끝을 맺는다. 매개의 총체성 그 자체의 무매개적 성격에 대한 이와 같은 체념적 수용은 헤겔이 "규정적 반성"이라는 것으로 염두에 두고 있는 것이다. 반성적 총체성은 "단순히 거기에" 있는 우연적이고 반성되지 않은 잔여물에 의해 "함께 묶인다."[8]

7) 동일한 역설이 정신에 관한 장의 바로 그 종결부에서 반복된다. 거기서 우리는, 아름다운 영혼의 곤궁에 대한 해결을 경유해서, 객관적 정신으로부터 절대적인 것(종교, 철학)의 영역으로 이행한다. 의미심장하게도 헤겔은 여기서 처음으로 "화해"(*Versöhnung*)라는 용어를 사용한다. 아름다운 영혼은 그것이 개탄하는 세계의 사악한 방식들과 자신이 공모하고 있음을 깨달아야 하며, 자신 주변의 날 사실*factum brutum*을 "자기 자신의 것"으로 받아들여야 한다.

8) 현대 영화의 역사에서 "병리적인" 리비도 경제(히스테리 등등)를 제시하는 방식에서의 진보적 양태들은 이 "아래로의 종합"의 매트릭스를 완벽하게 따른다. 어느 정도까지는 형식적 절차들은—비록 과다하게 보일지라도—디에게시스적 현실 속에 "정박된" 채로 남아 있다. 즉 그것은 디에게시스적 인물의 "병리성"을 표현한다. 예컨대 알렝 레네의 영화에서 형식적 회선回旋(시간의 원환고리 등등)은 디에게시스적 인물의 기억의 역설을 묘사한다. 존 카사베츠의 작품에서 디에게시스적 내용—일상적인 미국적 결혼생활의 히스테리—은 영화적 형식 그 자체를 오염시킨다(카메라는 얼굴에 "너무 가까이" 접근하며, 불쾌한 안면 경련을 상세하게 묘사한다. 그리고 들고찍기용 카메라로 찍은 숏들은 영화 프레임 그 자체에 히스테리 경제를 특징짓는 촉박한 떨림을 부여한다. 기타 등등). 그렇지만 어떤 지점에서 디에게시스적 버팀목은 "폭발"해 버리고 영화는 디에게시스적 내용을 전적으로 무시한 채 히스테리 경제를 곧바로 묘사한다. 따라서 다음 세 국면을 구분하는 것은 불가능하다.

—"리얼리즘": 형식은 아직 히스테리적 내용이나 여타의 내용으로 오염되어 있지 않다.

형식적 구조에서 볼 때 기독교적 숭고의 이러한 효과는 어떤 시간적 전도에 달려 있다. 즉 "정상적인" 선형적 순서로 제시될 때는 숭고에 대한 우리의 감수성에 전혀 영향을 미치지 않는 재료라고 하더라도 순전히 시간적인 조작을 가하는 순간 "숭고"의 아우라를 획득하게 된다. 예시적 사례는 폴 뉴먼의 멜로드라마 <감마선은 금잔화에 어떤 영향을 미쳤나?>이다. 이 드라마는 마틸다에 대한 이야기다. 마틸다는 10대 초반의 소녀이며, 가난한 가정에서 언니와 함께 산다. 언니는 간질병 환자이며 간질병을 통해 그녀의 좌절을 행동화한다. 그리고 어머니는 체념적이고 냉소적인 괴팍한 인물이며 "세상을 증오한다." 마틸다는 방사선에 노출된 씨앗에 대한 생물학적 실험에 에너지를 투여함으로써 가정적 비참에서 도피한다. 마틸다는 실험 결과를 학교 경연에 제출하는데, 예기치 않게 우승을 한다. 집으로 돌아왔을 때 그녀는 생물 교사가 그녀에게 준 애완용 토끼가 그녀의 침대 위에 죽어 있는 것을 발견한다. 어머니가 딸의 공적인 성공에 대한 앙갚음으로 토끼를 죽인 것이다. 마틸다는 토끼를 베개 위에 올려놓고 그것을 들어

디에게시스적 내용이 아무리 병리적이라 하더라도, 그것은 "객관적" 내러티브의 중립적 거리에서 묘사된다.

—그것의 첫 번째 부정: 히스테리적 내용은 형식 자체를 "오염시킨다." 수많은 모더니즘 영화에서, 형식은 그 자신의 이야기를 서술하고 있는 것처럼 보이는데, 이는 영화의 "공식적" 디에게시스적 내용을 침식한다. 디에게시스적 내용과 형식 간의 이 적대는, 전자에 대한 후자의 잉여는, "쓰기"라는 말의 표준적 용법이 가리키고 있는 그 무엇이다. 존 포드의 <젊은 날의 링컨>에 대한 카이에 뒤 시네마의 유명한 분석을 떠올리는 것으로 충분하다. 즉 여기서 형식은 주연 캐릭터의 불길하고 초자아적이고 기괴한-비인간적인 측면을 기록하며, 그리하여 영화의 "공식" 주체인 링컨의 애국적 고양과는 반대로 나아간다.

—"부정의 부정": 일관된 디에게시스적 현실을 통한 우회를 포기하고, "병리적" 내용을 직접적으로 묘사하는 모더니즘적 "추상영화".

층계를 내려가 정원으로 가서 묻어 준다. 그러는 동안 어머니는 계속해서 냉소적인 말들을 내뱉는다. 자신의 증오심으로 딸을 물들이려는 시도에 실패한 체념한 어머니에 대한 딸의 도덕적 승리를 그린 표준적인 교육적 멜로드라마: 딸은 우주의 신비를 깨닫게 해 준 생물학적 실험을 통해 퇴락한 가정상황을 초월한다. 이 영화를 돋보이게 하는 것은 마지막 삼십분에 나오는 단순한 시간 조작이다. 학교 경연 장면은 가장 긴장된 순간 중단되며, 마틸다는 연설을 더듬는다. 우리는 즉각 그 직후로 이행하는데, 그때 술 취한 그녀 어머니는 홀 안으로 들어와 지나가는 사람에게 누가 우승했는지를 묻는다. 우리는 영화의 바로 그 종결부에서, 우주의 신비한 매력에 대한 믿음을 표현하고 있는, 마틸다의 연설의 누락된 부분을 듣는다. 그리고 이와 더불어 우리는 스크린에서 그 고통스러운 사건들(마틸다가 술 취한 어머니를 지나 죽은 토끼를 옮기는 장면)을 본다. 그리고 바로 이 단순한 대치, 시각적 층위(죽은 동물을 옮기는 굴욕당한 아이)와 사운드트랙("별이 총총한 머리 위의 하늘"의 신비에 대한 진정으로 칸트적인 승리에 찬 연설)의 이 대조야말로 숭고한 효과를 낳는 것이다.

필립 카우프만의 <프라하의 봄>[9] 역시 유사한 시간적 전치에 의존하고 있는데, 이는 쿤데라 소설의 종결부를 성공적으로 응축한다. 늦은 밤, 체코의 시골로 좌천된 반체제 의사인 주인공은 근처 읍내의 무도회에서 집으로 아내와 함께 돌아온다. 그들의 마지막 장면은 그들이 탄 트럭 전조등이 비추는 어두운 마까담

9) [영화의 원 제목은 쿤데라의 소설 원작과 동일한 "참을 수 없는 존재의 가벼움"이다. 국내에서는 "프라하의 봄"이라는 제목으로 개봉되었다.]

도로를 보여 주는 시점 숏이다. 그리고는 몇 주 후 캘리포니아로 바뀌는 갑작스러운 컷. 그곳에서 조각가로 사는 그들의 친구 사비나는 편지 한 통을 받는다. 그 편지에는 그들이 무도회에서 집으로 돌아가던 중 교통사고로 사망했다고 씌어 있으며, 죽음의 순간 그들이 틀림없이 행복했을 것이라고 덧붙여져 있다. 뒤이어 나오는 컷에서 우리는 다시금 이전의 장면으로 돌아간다. 즉 우리의 응시가 관통하고 있는 도로를 보여주는 운전석 시점 숏이 단순히 계속되는 것이다. <감마선>에서와 마찬가지로 여기서도 영화를 종결짓는 이 마지막 숏의 숭고한 효과는 시간적 전치에서 비롯되는 것이다. 즉 그 효과는 주인공과 그의 아내가 이미 죽었다는 것에 대한 우리 관객의 앎이, 이상하게 조명된 도로에 대한 그들의 전방향 응시와 공존하는 데 달려 있는 것이다. 요점은 단지 이 이상한 조명의 유인이 죽음의 의미를 획득한다는 것이 아니다. 오히려 요점은 이 마지막 시점 숏이, 이미 죽어 있음을 우리가 알고 있지만 아직 살아 있는 누군가에게 속한다는 것이다. 그들의 죽음을 알려 주는 캘리포니아로의 플래시포워드 이후에 주인공과 아내는 "두 죽음 사이의" 영역에 거주한다. 즉 플래시포워드 이전에는 살아 있는 주체의 단순한 시점 숏이었던 것이 이제 "산 주검"의 응시가 되는 것이다.

"성 구분 공식"

그렇지만 이러한 설명이 안고 있는 문제는, 숭고의 한 가지 양태(광포한 자연 속에서, 즉 우리를 압도하는 강력하고 집중된 힘의 발휘 속에서 현시되는 "역학적" 초자아-숭고)를 특권화함으로써 숭고의 두 번째 양태인 "수학적" 숭고(우리가 그 총체를 파악할 수 없는 무한한 계열과 대면할 때 우리를 사로잡는 현기증)를 손상시킨다는 것이다. 숭고 자체의 이러한 분열은, 즉 미와 목적론의 교차점이 이처럼 "수학적" 숭고와 "역학적" 숭고로 분열되는 것은 결코 무시할 수 없는 것이다. 그 분열은 곧바로 성적 차이와 관련이 있으니까 말이다. 칸트만이 아니라 칸트의 선구자이며 원전인 버크에 의해 이미 지지된 바 있는 "공식적" 숭고 이론은 남성적/여성적의 대립을 숭고/미의 대립에 연계시킨다.10) 반면에 우리의 목적은 다음을 입증하는 것이다. 숭고/미의 대립에 앞서서, 성적 차이는 수학적 숭고와 역학적 숭고로 갈라지는 숭고의 내속적 분열 속에 기입되어 있다.

잘 알려진 것처럼, 숭고의 두 양태의 대립 기저에 놓인 개념적 매트릭스는 이미 『순수이성비판』에서, 순수이성의 이율배반의 두 유형 간의 차이라는 형태로 설정되었다(*CPR*, B454-488). 초월적 범주들을 사용할 때 이성은 그 범주들을 가능한 경험의 대상이 결코 될 수 없는 존재자들(전체로서의 우주, 신, 영혼)에 적용함으로써 가능한 경험의 장 너머로 나아간다. 그때 이성은 이율배반에

---

10) Immanuel Kant, *Observations on the Feeling of the Beautiful and Sublime* (Berkeley: University of California, 1991) 제3절 참조. 여기서 특별히 관심을 끄는 것은 칸트가 아름다운 여자와 숭고한 남자의 상호작용을 명확히 하려고 할 때 빠지게 되는 도착적인 역설들이다. 여자에게 보내는 남자의 궁극적 메시지는 "당신이 나를 사랑하지 않더라도 나는 나의 숭고한 위엄의 힘으로 당신이 나를 존경하도록 만들 것이다"이며, 반면에 이에 대응하는 여자의 주장은 "당신이 나를 존경하지 않더라도 나는 당신이 내 아름다움 때문에 나를 사랑하도록 만들 것이다"이다.

얽혀들게 된다. 즉 그때 이성은 필연적으로 다음과 같은 두 개의 모순적 결론에 도달한다. 우주는 유한하고 무한하다, 신은 존재하고 존재하지 않는다. 칸트는 이 이율배반들을 두 그룹으로 정리한다. 범주들이 전체로서의 우주(우리의 유한한 직관에 결코 주어지지 않는, 현상들의 총체)에 적용될 때 수학적 이율배반이 생겨난다. 반면 범주들을 현상계에 전혀 속하지 않는 대상들(신, 영혼)에 적용할 때 역학적 이율배반이 생겨난다. 여기서 핵심적으로 중요한 것은 이 두 유형의 이율배반의 상이한 논리다. 무엇보다도 먼저 이 차이는, 종합되었을 때 이율배반을 낳는 계열의 요소들이 연계되는 양상에 연관되어 있다. 수학적 이율배반의 경우 우리는 감성적 직관으로 접근가능한 다양*das Mannigfaltige*을, 즉 직관에 주어지는 요소들의 단순한 **공존**을 다루고 있는 것이다(여기 걸려 있는 것은, 그 요소들의 분할가능성과 무한성이다). 역학적 이율배반의 경우 우리는 지성을 다루고 있는 것이며, 한낱 감성적 직관 너머에 이르는 종합적 힘을 다루고 있는 것이다. 즉 요소들(원인 개념과 결과 개념)의 필연적인 논리적 **상호연관***Verknuepfung*을 다루고 있는 것이다.

이율배반의 두 유형의 이러한 차이는 동질성/이질성이라는 대립을 참조함으로써 또 한 번 설명해 볼 수 있다. 수학적 이율배반의 경우 모든 요소들은 동일한 시공간적 계열에 속한다. 반대로 역학적 이율배반의 경우는 결과에서 원인 혹은 근거로 나아가는데, 이 원인은 (적어도 원칙적으로) 상이한 (비감성적, 지성적인) 존재론적 질서에 속할 수 있다. 원인이 계열 내부에 있는 원인이지 않을 수(도) 있다는 사실은 그 이율배반의 양 극 모두가 참일 가능성을 허용한다. 현상적으로 파악할 때 사건 X—예컨대, 내가 물에 빠진 사람에게 손을 내미는 사건—는 보편적인 인과관계에 의해 결정된다(물리적 사건으로서 그것은 물리적 인과성에 종속된다). 예지적으로 파악할 때 이 동일한 사건은 이종적인 지성적 원인에 의해 초래된다(윤리적 행위로서 그것은 자율적 주체의 자유의지에 달려 있다). 동일한 대립의 또 다른 측면은 다음과 같다. 수학적 이율배반은 그 대상(전체로서의 우주)의 실제 존재에 관계한다. 즉 수학적 이율배반은 현실의 영역을 가능한 경험의 한계 너머로 확장시킨다. 반면에 역학적 이율배반은 가능한 경험의 영역으로서 파악되는 "현실"에 속하지 않는 대상(신, 자유의지 등을 부여받은 영혼)에 관계한다.

수학적 이율배반과 역학적 이율배반의 구조에서의 이러한 차이는 현상들의 지위를 규정하는 이중적 부정—예지체는 비-현상, 현상의 한계이며, 더 나아가 현상들의 영역 자체는 결코 완결적이거나 전체적이지 않다—에 달려 있다. 수학적 이율배반은 현상적 영역의 "비-전체"의 이율배반이다. 수학적 이율배반은, 직관 속에서 우리에게 주어지는 대상들 가운데 현상적 영역에 속하지 않는 대상은 결코 없지만 그렇다고 이 영역이 "전체"인 것은 결코 아니라는 역설로부터 나온다. 반면에 역학적 이율배반은 보편성의 이율배반이다. 보편적 인과관계 내에서 현상들의 논리적 연계는 필연적으로 하나의 예외—인과관계를 중지시키고 새로운 인과 계열을 자기 자신으로부터 "자발적으로" 시작하는, "돌출하는" 예지적 자유행위—를 내포한다. 그러므로 논란이 되는 대상의 지위는 근본적으로 다르다. 즉 "전체로서의 우주"는 현상들의 총체인 반면에, "신"이나 "영혼"은 현상들 너머의 예지적 존재자들이다. 따라서 두 경우 각각에서 이율배반의 해결 또한 다르다. 첫째 경우 정립과 반정립 모두는 거짓인데, 왜냐하면 정립에 의해 유한성이 귀속되고 반정립에 의해 무한성이 귀속되는 바로 그 대상은 존재하지 않기 때문이다(현상적 현실의 전체로서의 우주는 자기 모순적인 존재자다. 그것은 "현실"에 대해서 말한다, 다시 말해서 그것은 가능한 경험의 장에 대해 구성적인 초월적 범주들을 사용한다. 하지만 동시에 그것은 가능한 경험 너머로 나아가는데, 왜냐하면 그 전체에 있어서의 우주는 결코 유한한 경험의 대상일 수 없기 때문이다). 논란이 되는 대상(영혼, 신)이 가능한 경험의 대상으로서, 즉 현실의 일부로서 파악되지 않는 둘째 경우, 정립과 반정립 모두가 참일 수 있다. 수학적 이율배반과 역학적 이율배반이라는 이 이중성은 대상과 주체의 이중성을, 이론이성과 실천이성의 이중성을 재생한다. 이론이성은 인과적 사슬을 완결하는 것을 목표로 한다. 즉 이론이성은 설명되어야 할 사건을 이끈 인과관계 전체를 제공하는 것을 목표로 한다(순수이성의 규제적 이념). 반면 실천이성은, "자기 자신으로부터" 시작하며 따라서 선행하는 인과사슬에 의해 설명될 수 없는 자유행위를 통해 인과관계를 중지시키는 것을 목표로 한다.

이 모두는 성적 차이와 무슨 관계가 있는가?[11) "성 구분 공식"

---

11) 나는 라캉의 "성 구분 공식"과 칸트의 수학적 숭고와 역학적 숭고의 대립 사이에 있는 구조적 상동성의 핵심 개념을 조운 콥젝 덕분에 알게 되었다. 이 책 전체는 그녀에 대한 나의 이론적 빚을 증거한다. Joan Copjec, *Read My Desire* (Cambridge: MIT Press, 1993) 참조. [지젝은 특히 콥젝의 책 제8장("성과 이성의 안락사")을 참조하고 있다. 그것은 지젝 외, 『성관계는 없다』, 김영찬 외 옮김, 도서출판b, 2005에 번역되어 실려 있다.]

을 통해서 라캉은 성적 차이를 담화적 사실로서 정식화하려고 했다. 이 공식에서, "남성"편에서 보편적 함수(∀x.Fx: 모든 x는 함수 F에 종속된다)는 하나의 예외의 존재를 함축한다(Ex.notFx: 함수 F에서 면제된 적어도 하나의 x가 있다). 반면에 여성편에서 어떤 특수한 부정(not∀x.Fx: 모든 x가 함수 F에 종속되어 있지는 않다)은 그 어떤 예외도 없다는 것을 함축한다(notEx.notFx: 함수 F에서 면제된 그 어떤 x도 없다).

$$\exists x\ \overline{\Phi x} \qquad \overline{\exists x}\ \overline{\Phi x}$$
$$\forall x\ \Phi x \qquad \overline{\forall x}\ \Phi x$$

이 성 구분 공식들과 관련해서 우리가 유의해야만 하는 것은, 이 공식들이 반대극으로 구성되어 있는 것이 아니라 칸트적 의미에서 이율배반으로 구성되어 있다는 것이다. 여기서 반대 관계는 배제된다. (예를 들어 "남성적" 이율배반의 경우 "모든 X는 함수 F에 종속되어 있다"의 반대는 "함수 F에서 면제된 적어도 하나의 x가 있다"가 아니라 "그 어떤 x도 함수 F에 종속되어 있지 않다"이다.) 따라서 상식적으로 말하자면 위의 공식들은, 대각의 쌍으로 연결될 경우, 등치일 것이다. "모든 x는 함수 F에 종속되어 있다"는 엄밀히 "함수 F에서 면제될 수 있는 그 어떤 x도 없다"와 등치이지 않은가? 그리고 다른 한편으로, "모든 x가 함수 F에 종속되어 있지는 않다"는 엄밀히 "함수 F에서 면제된 (적어도) 하나의 x가 있다"와 등치이지 않은가?[12] 하지만 라캉의 목적은 이 두 등치기호를

12) 물론 라캉의 F는 (상징적) 거세의 함수를 의미한다. "인간은 거세에 종속된다"는 "적어도

의문시하는 것이다. 보편적 함수는 구성적 예외를 함축한다. 함수 F에 대한 예외의 결여는 그것의 보편적 범위를 가로막는다.[13)]

정확히 어떠한 성sexuality 개념이 "성 구분 공식"의 기저에 놓여 있는가? 라캉의 대답은 이렇다. 성은 살아 있는 존재가 상징적 질서 속에 얽혀들게 될 때 출현하는 궁지들이 그 존재에 가하는 작용의 결과이며, 다시 말해서 보편성의 질서로서의 상징적 질서에 속하는 궁지와 비일관성이 살아 있는 신체에 가하는 작용의 결과다. 칸트는 "보편자 속의 균열"을 정식화한 최초의 인물이었다. 그리고 바로 그 때문에 그가 말하는 순수이성의 이율배반들—정확히, 보편화의 이율배반들—은 라캉의 성 구분 공식을 직접적으로 예고하는 것이다. 역설적이게 들릴지 모르겠지만, 칸트의 이

하나"의 예외를, 즉 『토템과 타부』에 나오는 프로이트적 신화의 원초적 아버지를, 모든 여자들을 소유했으며 또한 완전한 만족을 성취할 수 있었던 신화적 존재를 함축한다. 이 "성 구분 공식"에 대한 해명은 Jacques Lacan, *Le séminaire*, book 20: *Encore* (Paris: Editions du Seuil, 1975) 참조. 두 핵심적 장은 Jacques Lacan and Ecole freudienne, *Feminine Sexuality* (London: Macmillan, 1982)에 번역되어 있다. 이에 대한 압축된 설명은 *For They Know Not What They Do* (London and New York: Verso, 1991)의 제3장 참조. [국역본: 지젝, 『그들은 자기가 하는 일을 알지 못하나이다』, 박정수 옮김, 인간사랑, 2004. 참고로, 라캉의 세미나 20 『앙코르』는 1998년 브루스 핑크에 의해 영어로 완역되어 출간되었다.]

13) 남성 공식들과 여성 공식들의 라캉적 대립이 어떻게 "실천적 유용성"을 가질 수 있는가를 보여줄 수 있는 기회를 제공하는 것은 최근 "인권" 문제의 부활이다. 인권에 대한 "남성적" 접근은 보편화—"모든 인간 존재는 (자유, 소유, 건강 등등에 대한) 권리를 향유해야만 한다"—에 기반하고 있으며, 이때 어떤 예외가 언제나 배경에 잠복하고 있다. 예컨대 모든 x가 "인간 존재"라는 이름에(즉 이에 대한 우리의 이상화된 이데올로기적인 개념에) 온전히 합당한 한에서 이러한 권리를 향유해야 한다고 단순히 주장하는 것은 손쉬운 일이다. 이는 우리의 기준에 합당하지 않은 자들(정신이상자, 범죄자, 어린이, 여자, 다른 인종……)을 암암리에 배제할 수 있도록 해 주는 조치다. 반면에 "여성적" 접근은 우리의 "후근대적" 태도에 훨씬 더 적합한 것처럼 보인다: "자신의 특별한 권리를 인정받지 못하는 그 어떤 사람도 있어서는 안 된다". 이는 그 특별한 권리들, 실제로 문제가 되는 그 유일한 권리들이 겉보기에 중립적이고 포괄적인 보편성이라는 가장 속에서 배제되지 않을 것임을 보증하는 조치다. Renata Salecl, *The Spoils of Freedom* (London: Routledge, 1993) 참조.

율배반은 성적 차이가 모든 이율배반의 모순적인 양극의 대립(우주는 유한하다/우주는 무한하다, 등등)이라는 형태가 아니라 두 유형의 이율배반에 있는 차이라는 형태로 철학적 담화 속에 처음으로 기입되는 순간을 가리킨다.[14] 처음 두 가지 ("수학적") 이율배반들은 "여성적"이며, "비-전체"라는 라캉적 논리의 역설들을 재생한다. 반면 나중의 두 ("역학적") 이율배반들은 "남성적"이며, 예외를 통해 구성된 보편성의 역설들을 재생한다. 다시 말해서, 수학적 이율배반에 대한 라캉식 번역은 성 구분의 "여성"편의 두 공식을 낳는다. 우주의 무한성에 대한 정립은, 보편적 긍정이 아니라 이중 부정으로 읽혀야 한다. 즉 (함수 F를 "시간상 다른 현상에 의해 선행되는"으로 읽는 경우) 그것은 "모든 x는 함수 F에 종속된다"가 아니라 "다른 현상에 의해 선행되지 않는 그 어떠한 현상도 없다"(함수 F에서 면제된 그 어떤 x도 없다)로 읽어야 한다. 우주의 유한성에 대한 정립은 "함수 F에서 면제된 하나의 x가 있다"로서가 아니라 "모든 x가 함수 F에 종속되는 것은 아니다"(즉, 모든 현상들이 무한하게 분할가능하며/하거나 다른 현상들에 의해 선행되는 것은 아니다)로 읽어야 한다. 반면에 역학적 이율배반들은 성 구분의 "남성적" 역설들의 구조를 드러낸다. "함수 F에서 면제된 하나의 x가 있다"(즉 자유는 가능하다. 보편적 인과사슬을 벗어나며 자율적으로, 자기 자신에게서 새로운 인과사슬을 시작할 수 있는 하나의 요소가 있다)는 조건에서 "모든 x는 함수 F에 종속된다"(우

14) 혹은, 이를 라캉식으로 표현하자면, 남자와 여자는 "서로 다르게 분열되어 있으며, 이 분열에서의 차이는 성적 차이를 설명한다"(Bruce Fink, "There's No Such Thing as a Sexual Relationship", *Newsletter of the Freudian Field*, vol. 5, nos. 1-2 [1992]: p. 78). [국역본: 브루스 핑크, 「성적 관계 같은 그런 것은 없다」, 지젝 외, 『성관계는 없다』, 72쪽.]

주 안에 있는 모든 것은 보편적 인과그물망에 붙잡혀 있다).15)

통상 여성주의자들은 여성적인 "비-전체"에 대한 라캉의 주장을 혐오한다. 그러한 주장은 여자들이 여하간 상징적 질서에 완전히 참여하는 것에서 배제되어 있다는 것을, 여자들이 상징적 질서에 스스로를 완전히 통합할 수 없다는 것을, 기생적 실존을 꾸려갈 수밖에 없다는 것을 함의하지 않는가? 그리고 참으로 이러한 명제들은 가부장적 이데올로기의 최선의 논지이지 않은가? 그것들은 여자에게 손상을 입히면서 숨겨진 규범성을 증언하고 있지 않은가? 남자는 상징계 내에서 자신의 정체성을 발견할 수 있고 자신의 상징적 위임을 온전히 떠맡을 수 있는 반면 여자에게는 히스테리적 분열, 가면 쓰기, 그리고 자신이 원하는 척하는 것을 원하지 않기라는 선고가 내려졌다는 것이다. 상징적 동일화에 대한 이러한 여성적 저항을 우리는 어떻게 파악할 것인가? 마치 여자는 그녀의 진정한 자연본성과 부과된 상징적 가면 사이에서 분열되어 있는 것인 양, 이러한 저항을 상징화에 대립하는 선재하는 여성적 실체의 결과로 읽는다면 우리는 치명적인 잘못을 범하는 것이

15) 이와 상반되는 독해, 즉 역학적 이율배반을 성 구분 공식의 여성편과 연계시키고 수학적 이율배반을 남성편과 연계시키는 독해를 위한 근거가 있는 것처럼 보인다. 자크 알랭 밀레가 지적했듯이, 여성적 이율배반은 비일관성의 이율배반인 반면에 남성적 이율배반은 불완전성의 이율배반이다. 그리고 역학적 이율배반은 보편적 인과관계와 자유의 사실 사이의 비일관성에 관한 것 아닌가? 다른 한편 수학적 이율배반은 우리의 현상적 경험의 유한성, 즉 불완전성에 달려 있지 않은가? (Jacques-Alain Miller, "Extimité" [미출간 세미나], Paris, 1985, p. 86 참조.) 그렇지만 칸트에게 현상적 영역의 "비-전체", 불완전한 성격은 이 영역 너머나 외부에 무언가가 있다는 것을 함축하지 않는다. 대신 그것은 그 영역의 내속적 비일관성을 함축한다. 현상들은 결코 "전체"이지 않으며, 하지만 그럼에도 불구하고 그 어떤 예외도, 그것들 외부의 그 어떤 것도 없다. 현상들과 현상들의 예지적 너머의 대립을 다루는 것은 바로 역학적 이율배반이다.

될 것이다. 라캉의 "성 구분 공식"을 대충만 보더라도 여자의 배제가 뜻하는 것이 어떤 실정적 존재자가 상징적 질서에 통합되지 못하도록 가로막혀 있다는 것이 아님을 알 수 있다. "여자의 전부가 남근적 기표에 종속되는 것은 아니다"로부터 여자에게는 그것에 종속되지 않은 무언가가 있다는 결론을 내리는 것은 잘못일 것이다. 그 어떤 예외도 없다. 그리고 "여자"란 존재하지 않는, 하지만 그럼에도 불구하고 존재하는 요소들을 "비-전체"로 만드는, 바로 이 "아무것도 아닌 것"이다.[16] 그리고 $로서의 주체, 실체 없는 자기관계의 순수한 "나는 생각한다"로서의 주체는, 정확히 그 어떠한 자기 자신의 실정적인 존재론적 일관성도 없지만 그럼에도 불구하고 존재의 충만 속에 틈새를 도입하는 그와 같은 "아무것도 아님"이다.

이로써 우리는 한계와 그 너머의 역설적 변증법에 와 있다.[17] 라캉의 요점은, 전체보다는 비-전체, 너머에 있는 것보다는 한계가 논리적으로 우선한다는 것이다. 오로지 추후에야, 두 번째에서야, 한계에 의해 열린 공백은 실정적 너머에 의해 채워지는 것이다. 바로 여기에 (덜 완전한 것은 더 완전한 것의 원인으로서 작용할 수 없다는 데카르트의 전제, 그가 신의 존재를 증명하기 위한 토대로서 이용하는 전제에 반대되는) "비-전체"라는 라캉적 논리

16) 오히려 다름 아닌 남자에 대해서 "그의 일부는 남근 함수를 벗어난다"라고 말할 수 있다—보편자에 대해 구성적인 예외. 그러므로 역설은 남자가 남근 함수를 벗어나는 어떤 것이 남자 안에 있는 한에서만 남근 함수에 지배되는 반면에 여자는 남근 함수에 종속되지 않은 그 어떤 것도 여자 안에 없는 한에서만 남근 함수의 장악력을 벗어난다는 것이다. 이 역설에 대한 해결은, "남근 함수"는 그 근본적 차원에 있어서 배제의 작동소라고 하는 것이다.

17) 이에 대한 좀더 상세한 설명은 이 책의 제3장 참조.

의 반데카르트적 가시가 놓여 있는 것이다. 불완전한 것은 완전한 것의 "원인"이며, 미완은 완벽의 신기루에 의해 추후에 채워지게 되는 자리를 열어 놓는다. 이러한 관점에서 볼 때, 여자는 끝이 잘린 남자라고 하는 겉보기에 여성 차별적인 정의는 여자의 존재론적 우선성을 단언한다. 여자의 "자리"는 틈새의, 심연의 자리이며, 그 자리는 "남자"가 그것을 채울 때 비가시적이 되는 것이다. 남자는 역학적 이율배반에 의해 정의된다. 자신의 현상적 신체적 실존 너머에서 그는 예지적 정신을 소유한다. 이와 반대로 "여자는 그 어떤 정신도 가지고 있지 않다"고 한다면 이는 그녀가 한낱 정신이 결여된 대상에 불과하다는 것을 함축하는 것이 결코 아니다. 오히려 요점은 이러한 부정성이, 이러한 결여 자체가 그녀를 정의한다는 것이다. 그녀는 한계이며, 심연인바, 정신의 신기루에 의해 소급적으로 채워지는 것이다.

"나는 내가 생각하는 곳에 있지 않다"

그러므로 "여성적" 자리와 "남성적" 자리 모두는 근본적인 이율배반에 의해 정의된다. "남성적" 우주는 예외(자신의 대상을, 즉 뉴튼 물리학의 인과적 우주를 이론적으로 파악하는 "자유로운" 주체)에 기초한 원인과 결과의 보편적 그물망을 내포한다. 그리고 "여성적" 우주는 경계가 없는 분산과 분할가능성의 우주이며, 바로 그렇기 때문에 보편적 전체로 결코 마무리될 수 없는 우주다. 칸트는 수학적 이율배반의 해결책을 바로 그 대상(가능한 경험의 대상들의 총체로서의 우주)의 비존재에서 찾는다. 그렇다면 라캉에게서도 "**여자**는 존재하지 않는다"는 것은 결코 놀랄 일이 아니다. 성적 차이에 대한 이러한 개념은 데카르트적 코기토와 이에 대한 칸트의 비판에 어떻게 영향을 주는가? 탈구축주의적 여성주의 상투어는 데카르트적 코기토의 중립성은 거짓이며 (그것의 추상적-보편적 특성 등등으로 인해) 남성의 우선성을 은폐하고 있다는 것이다. 이러한 비판이 고려하지 못하고 있는 것은 "사라지는 매개자"의 계기, 즉 데카르트의 레스 코기탄스에 논리적으로 선행하는 순수한 "나는 생각한다"의 공백이라는 계기다. 데카르트적 코기토가 "남성적"인 것은 그것의 추상적-보편적 특성 때문이 아니라 충분히 "추상적"이지 않기 때문이다. "생각하는 사물" 속에서 "나는 생각한다"의 비실체적 공백은 이미 흐려지며, "생각하는 실체"로 은밀히 변형된다. 그리고 간명하게 말해 보자면, 성적 차이는 데카르트적인 "생각하는 사물"과 칸트적인 "나는 생각한다"의 순수 형식 사이의 차이다.

삼 년에 걸쳐서 라캉은 코기토에 대한 두 개의 대립되는 독해를 제공했다. 두 경우 모두 그는 코기토 에르고 숨의 통일성을 깨뜨린다. 코기토는 사유와 존재 사이에서의 강제된 선택, 즉 "나는 내가 생각하는 곳에 있지 않다"의 결과로서 파악된다. 그렇지만 네 가지 근본 개념에 대한 세미나(1964-1965)에서, 선택은 사유의 선택이다. 사유에로의 접근("나는 생각한다")에 대한 대가는 존재의 상실로 지불된다.[18] 반면에 환상의 논리에 대한 미출간 세미나

18) Jacques Lacan, *The Four Fundamental Concepts of Psycho-Analysis* (New York: Norton, 1977) 제6장 참조.

(1966-1967)에서, 선택은 존재의 선택이다. 존재에로의 접근("나는 존재한다")에 대한 대가는 사유를 무의식으로 추방하는 것으로 지불된다. 그리하여 "나는 내가 생각하는 곳에 있지 않다"는 두 가지 방식으로 읽을 수 있다. 나의 존재인 "생각하는 사물"의 접근 불가능성에 기초한 순수 통각 형식으로서의 칸트적인 "나는 생각한다"로서, 아니면 사유의 배제에 기초한 주체의 존재에 대한 데카르트적 단언으로서 말이다. 우리의 착안은 "나는 내가 생각하는 곳에 있지 않다"의 이 두 판본을 동시에 읽는 것이다. 즉 그것을 성적 차이를 등록하는 이원성으로 읽는 것이다. "남성적" 코기토는 "실체화된 의식의 절취"에서 비롯된다. 그것은 존재를 선택하며 그리하여 사유를 무의식으로 추방한다("나는 존재한다, 그러므로 그것은 생각한다"). 반면에 "여자는 존재하지 않는다"는 사유를 선택하는, 그리하여 "생각하는 사물"에서 "실체화"되기 전의 텅 빈 통각의 점으로 환원되는 코기토와 관련이 있다("나는 생각한다, 그러므로 그것은 탈-존한다ex-sists").

코기토에 대한 라캉적 주체화의 이러한 이원성은 라캉의 가르침 안에서의 어떤 근본적 변동의 결과인데, 이는 아주 정확한 방식으로 위치지을 수 있다. 즉 그것은 정신분석의 윤리에 대한 세미나[19]와 그 세미나에서 처음으로 제안된 몇몇 관념들에 대한 개요로서 이 년 뒤에 씌어진 글 「칸트를 사드와 더불어」[20] 사이의 어딘가에서 발생한다. 이러한 변동의 결과들은 다양한 층위에서

---

19) *The Ethics of Psychoanalysis, 1959-1960, The Seminar of Jacques Lacan*, book 7, ed. Jacques-Alain Miller (London: Routledge/Tavistock, 1992) 참조.

20) Jacques Lacan, "Kant avec Sade", in *Ecrits* (Paris: Editions du Seuil, 1966) 참조.

식별 가능하다. "두 죽음 사이에" 있는 섬뜩한 공간에 거주하고 있는 숭고한 신체라는 모티브에서 시작해 보자. 이 신체는 처음에는 사디스트의 희생양의 신체—끊임없는 말할 수 없는 고통을 겪으면서도 자신의 아름다움을 마법적으로 보유하는 무구한 젊은 여자의 신체—와 동일시된다. 그렇지만 「칸트를 사드와 더불어」에서 갑자기 사디스트 집행자 그 자신이 (**타자**의 향유의) 대상-도구로서 파악된다. 그는 자신의 주체적 분열을 희생양 $\$$에게로 이항함으로써 이 대상 *a*의 지위를 획득한다. 숭고한 신체라는 모티브에서의 이러한 변화와 밀접하게 연관된 것은 안티고네의 애매한 지위다. 한편으로 그녀는 **타자**의 욕망으로서의 욕망을 축약한다(그녀가 양보하지 않는 욕망은 큰타자의 욕망, 습속의 욕망인데, 그 욕망은 (오빠의) 신체가 적절한 장례의식을 통해 상징적 전통 속으로 통합되어야 한다고 요구한다). 다른 한편으로 그녀의 자살적 행위는 큰타자로부터 기꺼이 자신을 배제시킴을, 즉 큰타자의 존재의 중단을 내포한다. 좀더 일반적 층위에서 볼 때 이러한 변동은 윤리에 대한 라캉의 접근에서 근본적인 긴장을 발생시킨다. 한편으로 욕망의 윤리, "자신의 욕망에 대해 양보하지 않기(*ne pas céder sur son désir*)"의 윤리가 있다. 요컨대 향유*jouissance*에 굴복하는 것은 우리의 욕망에 대해 타협함을 의미하며 따라서 진정한 윤리적 태도는 우리의 욕망의 순수성을 위해 향유를 희생함을 내포한다.[21] 다른 한편으로 욕망 자체는 향유에 대한 방어로서,

21) 이러한 욕망의 윤리라면 예컨대 우리로 하여금 라스 폰 트리에의 <유로파>(*Zentropa*)를 거부하도록 강제할 것이다. 이 영화는 독일이 자신의 나치 과거와 화해하기 위한 유일한 매개물로서 한스-위르겐 지버베르크의 반유대 미학 프로그램을 완전히 실현하고 있는 것처럼 보이는 영화다. (최근의 작품에서 지버베르크는 독일인들이 자신들의 나치 과거를 "돌파"할

즉 타협의 한 양태로서 파악되며(우리는 향유의 실재를 회피하기 위해 욕망의 끝없는 상징적 환유 속으로 탈주한다), 따라서 유일하게 진정한 윤리는 **충동**의 윤리이며, 우리가 향유에 대해 맺는 관계의 윤곽들을 규정하는 증환*sinthome*[22]에 대한 전념의 윤리다. 더 나아가 욕망의 윤리와 충동의 윤리 사이의 이러한 긴장은, 거리두기에서 동일화로의 라캉의 이행을 규정한다. 다시 말해서 라캉의 가르침의 마지막 단계에 이르도록 라캉적 정신분석의 지배적인 윤리적 태도는 일종의 브레히트적인 거리두기의 제스처를 내포하고 있었다. 처음에는 상징적 "매개" 작업을 통해 상상적 매혹으로부터 거리두기, 그 다음으로는 상징적 거세, 욕망에 대해 구성적인 결여를 떠맡기, 그 다음으로는 "환상을 가로지르기", 즉 환상-시나리오에 의해 은폐된 **타자**의 비일관성을 떠맡기. 이 모든 규정들이 공유하고 있는 것은 정신분석 치료의 종결 계기를 일종의 "탈출"로서—상상적 사로잡힘으로부터, **타자**로부터 벗어나는 밖

수 없는 것에 대해 진정으로 책임이 있는 자들은 반미학적 금지—아도르노가 말한 "아우슈비츠 이후에 더 이상 시는 없다"—를 유지하고 있는 유대인 자신들이라고 주장한다.) 이 영화가 제공하고 있는 유럽의 미학적 신화는 자기탐닉적인 퇴폐적 향유의 악순환에 붙잡힌 유럽의 신화다. 수행성의 유효성을, 상징적 권위의 사회적 결속의 유효성을 중단시키는 것은 바로 이 향유의 과잉-근접성이다(명령들은 작동하지 않는다. 예를 들면 독일 기차에서 일하는 젊은 미국인이 침대차 승무원 자리를 얻기 위한 시험을 치르고 있을 때 심사위원단은 불안을 자극하는 대신 무의미한 질문들과 엉뚱한 꼼꼼함으로 우스꽝스럽게 행동한다.) 이 영화의 궁극적 교훈은, 순진한 미국인의 응시조차도 유럽적 향유의 퇴폐적 소용돌이를 피할 수 없으며 결국 그를 그러한 향유에로 이끌리게 한다는 것이다. 영화는 독일의 패전 직후인 1945년 가을을 배경으로 하지만, 패망한 독일은 분명 퇴폐적 향유의 순환에 붙잡혀 있는 대륙으로서 "유럽"에 대한 초시간적 은유로서 제시되고 있다. 영화 전체는 주인공에게 말을 건네는, 주인공에게 무엇을 해야 할지와 무엇이 앞에 놓여 있는지를 말하는 익명의 나레이터(막스 폰 시도우)에 의해 조종되는 일종의 최면성 외상으로서 상연된다. 정신분석의 궁극적 목적은 바로 이러한 목소리의 지배에서 우리를 벗어나게 하는 것이다.

22) 즉, 증상. "증환" 개념에 대해서는 이 책의 제5장 참조.

으로의 움직임으로서—파악하고 있다는 점이다. 그렇지만 마지막 국면에서 라캉은 그 근본성에 있어 전대미문인 역전된 관점을 개괄한다. 정신분석 치료의 종결 계기는 주체가 증환과의 동일화를 완전히 떠맡을 때, 그/녀가 그것에 유보 없이 "양보할" 때, 우리의 일상생활을 규정하는 거짓된 거리를 포기하고 "그것이 있었던" 장소와 재결합할 때 달성된다.

그렇기 때문에 우리는 코기토 선택의 둘째 판본을 이 문제에서의 라캉의 "최후의 말"로 해석하면서 첫째 판본을 탈가치화하거나 아니면 역으로 그렇게 하는 덫을 피해야 한다. 그 대신 우리는 그 둘의 환원 불가능한 적대를—다시금—성적 차이의 기입에 대한 표지로서 유지해야만 한다.

하지만 코기토와 성적 차이의 이와 같은 연계는 너무나도 추상적이고 너무나도 비역사적이지 않은가? 우리는 이러한 비난에 마르크스를 참조함으로써 답할 수 있다. 마르크스는 『요강』 서론에서 추상적-보편적 성격으로 인해 모든 시대에 타당한 추상적 범주가 어떻게 정확하게 규정된 역사적 계기에서만 사회적 현실성을 획득하는지를 증명했다. 마르크스가 염두에 두었던 것은 그 특수한 질적 규정과 무관한 노동 혹은 노동력 사용의 추상적 개념이었다. 이 개념은 노동력이 화폐와 교환 가능하며 또 그러한 것으로서 그것의 특수한 규정들에 대해 무차별적인 하나의 상품으로서 시장에 제공되는 자본주의에서만 스스로를 실현하고 "현실적이 된다."[23] 여기서 우리가 조우하는 것은 즉자/대자의 논리인데,

---

23) 마르크스의 *Grundrisse*, selected and edited by David MacLellan (London: Mavmillan, 1980) 서설의 제3절 참조. [국역본: 마르크스, 『정치경제학 비판 요강』, 김호균 옮김, 백의, 2000.]

이 논리에서 하나의 사물은 언제나-이미 [그것]이었던 그 무엇이 된다. 자본주의에서 "노동"은 언제나-이미 [그것]이었던 그 무엇이 된다. 그리고 성적 차이의 논리에서도 마찬가지다. 오로지 칸트에 와서야—즉 주체가 처음으로 명시적으로 비실체로서, "세계의 일부"가 아닌 것으로서 파악되는 순간에서야—성적 차이는 언제나-이미 [그것]이었던 그 무엇이 된다. 즉 그것은 두 개의 실체적 실정적 존재자들의 차이인 것이 아니라 두 유형의 이율배반의 "존재론적 추문"이 되며 그로써 코기토의 두 양태들의 차이가 된다.

환상-응시로서의 코기토

푸코의 데카르트 독해를 비판하면서 데리다는 코기토를 과장되고 과잉적인 광기의 계기로, 순수한 "나는 생각한다"의 소용돌이로 파악한다.[24] "생각하는 사물"(레스 코기탄스)에 앞서는 이 코기토는 "여성적" 코기토이다. 따라서 여성적 코기토와 남성적 코기토 사이에서의 선택은 겉보기보다 더 복잡하게 얽혀 있다. 그것은 "사유인가 존재인가"라는 분명하게 갈라지는 선택을 벗어난다.

—"남성적" 코기토는 존재를, "나는 존재한다"를 선택한다. 하지만 그것이 얻는 것은 실제 존재가 아니라 한낱 사유에 불과한

24) Jacques Derrida, "Cogito and the History of Madness", in *Writing and Difference* (Chicago: University of Chicago Press, 1978) 참조.

존재(이를 라캉은 *cogito "ergo sum"*, 즉 나는 생각한다, "그러므로 나는 존재한다"라고 쓴다)이다. 즉 그것은 환상-존재를, "인격"의 존재를, 환상에 의해 그 틀이 구조화되는 "현실" 속의 존재를 얻는다.

-"여성적" 코기토는 사유를, 순수한 "나는 생각한다"를 선택한다. 하지만 그것이 얻는 것은 더 이상의 그 어떤 술어도 빼앗긴 사유, 순수 존재와 일치하는 사유, 혹은 좀더 정확히 말해서 사유도 존재도 아닌 과장된 지점이다. 결과적으로 세미나 『앙코르』에서 라캉이 여성적 향유에 대해서, 그것을 알지 못하면서 즐기는 여자에 대해서 이야기할 때, 이는 그녀가 어떤 이루 말할 수 없는 존재의 충만함에 접근함을 결코 함축하지 않는다. 라캉이 명시적으로 지적하듯, 여성적 향유는 비존재적이다.

<에일리언3>의 광고 포스터(왼편에는 외계 괴물의 머리, 끈적끈적한 금속성 두개골이 시고니 위버에게 응시를 고정하고 있다. 오른편에는 눈을 떨군 시고니 위버의 공포에 질린 얼굴이 괴물에게서 응시를 돌리고 있지만 그럼에도 그녀의 전 관심은 괴물에 고정되어 있다)에는 "죽음과 여자"라는 표제가 붙을 수도 있을 것이다. 여기서 우리는 주체(가 될 그 무엇)가 끈적끈적한 향유의 실체를 거부함으로써 스스로를 구성할 때 가장 순수한 지점에서의 코기토와 조우한다.[25] 따라서 **그것**(외래적 사물)은 "우리 자신

25) "죽음과 여자"라는 모티브의 수많은 변종들 가운데, 마이크 니콜스의 <실크우드>에 나오는 카렌 실크우드의 사망 사고를 언급하는 것으로 충분할 것이다. 스크린 오른쪽을 차지하고 있는, 밤에 차를 몰고 있는 운전석의 메릴 스트립. 그녀의 응시는 머리 위의 룸미러에 온통 집중되어 있는데, 이를 통해 그녀는 뒤에서 다가오는 거대한 트럭의 불빛을 본다. 그리고 차 뒤창을 통해 보이는 스크린 왼쪽에서는 트럭 불빛이 형체 없는 눈부신 얼룩으로 점차

속의 억압된 것의 투사"라고 말하는 것으로는 충분치 않다. "나" 그 자체는 사물의 거부를 통해, 향유의 실체에 대한 거리두기를 통해 스스로를 구성한다. 바로 이 순수 공포의 시점에서 그녀는 생각한다. 그녀는 순수 사유로 환원된다. "에일리언"과의 대면을 피하는 순간, 이 공포의 오점에서 물러나 우리의 "존재"의 안식처로 퇴각하는 순간, 어떤 탈중심화된 자리에서 "그것"은 생각하기 시작한다. 그렇다면 이것은 "정신은 뼈다"의 라캉식 판본이다: 순수한 "나는 생각한다"는 주체가 무의미한 향유의 오점과의 대면을 견디는 때에만 발생한다. 그리고 우리는 그것의 또 다른 판본을 라캉의 반복적 참조물 가운데 하나인 에드거 앨런 포의 「M. 발드마르 사건의 진실」에서 조우하지 않는가? 발드마르가 죽음의 잠에서 잠깐 동안 깨어나 "나는 죽었네!"라는 "불가능한" 진술을 발화할 때, 지금까지 도리언 그레이 같은 동결되고 경직된 아름다움을 보유했던 그의 신체는 갑자기 "거의 액체가 된 역겨운 부패물"로 변한다.26) 요컨대, 순수하고 형체 없는 *끈적끈적한* 향유의 실체로 말이다. 존재의 충만 속에 실존하는 이 *끈적끈적한* 실체의 필연적 상관물은 발드마르가 "나는 죽었네!"를 발화하는 언표행위의 위치이다. 그것은 순수한-불가능한 사유이다. 존재를 박탈당한 사유의 점으로서의 코기토, 내가 나 자신의 비존재를 목격하는 비존재적인-불가능한 환상-응시로서의 코기토. 내가 불가능한 응시로서의 순수 코기토로 환원되는 바로 그 순간 향유의 실체의 형체 없는 진액이 다른 어딘가에 출현해야만 했다. 라캉이 $\$\diamond a$라는

퍼지면서 스크린 전체에 흘러넘치게 된다.

26) [에드거 앨런 포, 『우울과 몽상』, 홍성영 옮김, 하늘연못, 2002, 811쪽 참조.]

공식으로 겨냥하는 것이 바로 이것이다.

결국, 지금까지 이야기된 모든 것은 프랑크 카프라의 <멋진 인생>에 응축되어 있다. 이 영화의 틀림없는 누아르적 기조는 카프라의 우주를 포퓰리즘적 뉴딜 휴머니즘으로 통속적으로 환원하는 것이 얼마나 잘못된 것인가를 보여 준다. 주인공(제임스 스튜어트)이 극도의 절망 속에서 자살하기 직전 천사 클라렌스가 나타나 이를 저지하며 그로 하여금 가능한 우주들에 대한 크립키적 사고실험을 하게 만든다. 클라렌스는 그를 매사추세츠에 있는 그의 작은 마을로 돌려보낸다. 하지만 그를 알아볼 수 없는, 과거사를 포함해서 정체가 없는 인물로 만들며, 그래서 그는 그가 존재하지 않는 경우에 사태가 어떻게 돌아갔을 것인가를 목격할 수 있게 된다. 이런 식으로 주인공은 낙천성을 되찾는데, 왜냐하면 그의 부재의 재앙적 결과가 분명해지기 때문이다. 그의 동생은 오래전에 익사하여 죽은 인물이 되어 있다(주인공이 거기 없어서 그를 구하지 못했다). 나이든 마음씨 좋은 약사는 감옥에서 썩고 있다(주인공이 거기 없어서 그가 부주의로 약을 섞을 때 독약을 넣은 것을 경고하지 못했다). 그의 아내는 자포자기한 노처녀다. 그리고 다른 무엇보다도, 노동계급 가족에게 신용 대부를 제공하여 마을 전체를 통제하려는 무자비한 지역 자본가에 대항하여 서민 공동체의 마지막 방패 역할을 하던 아버지의 소규모 대여조합은 파산한다(주인공이 거기 없어서 아버지 사업을 인계하질 못했다). 따라서 연대가 승리하고 모든 가난한 가족들이 소박한 자기 집을 소유하고 있는 공동체 대신에 주인공이 발견하는 것은 지역 실력자에 의해 장악된, 무례한 술꾼들과 시끄러운 나이트클럽으로 가득한, 터질 것만 같은 폭력적인 미국 소도시이다. 여기서 곧바로 인상적인 것은, 주인공 자신이 부재할 때 어떻게 사태가 돌아갈 것인지를 목격하면서 그가 조우하는 미국이 현실의 미국이라는 사실이다. 즉 그 미국의 특징들은 냉혹한 사회현실(공동체적 연대의 해체, 밤 시간의 떠들썩한 저속함 등등)로부터 가져온 것이다. 그리하여 꿈과 현실의 관계는 역전된다. 주인공이 겪게 되는 사고실험에서, 그가 악몽 같은 꿈으로 경험하는 것은 현실의 삶이다. 우리는 그가 영화적 꿈속에서 실재와 조우하는 것을 보는데, 바로 이러한 외상적 실재에서 벗어나기 위해서 주인공은 (디에게시스적) "현실"—즉 거대자본의 무자비한 압력에 아직 저항할 수 있는 목가적인 마을 공동체라는 이데올로기적 환상—속에서 피난처를 찾는 것이다. 외상적 실재는 꿈속에서 조우하게 된다고 말할 때 라캉이 의미하는 것은 바로 이것이다. 바로 이러한 방식으로 이데올로기는 현실에 대한 우리의 경험을 구조화한다.

그렇지만 여기서 일차적으로 관심을 끄는 것은 이 사고실험의 데카르트적 차원이다. 다시 말해서 스튜어트가 이방인으로 그의 마을에 다시 돌아가게 될 때 그는 상징적 동일성 일체를 박탈당하며, 순수한 코기토로 환원된다. 천사 클라렌스가 지적하듯, 그에게는 가족도 개인사도 전혀 없다. 심지어 입술에 난 작은 상처마저도 없어졌다. 유일하게 남아 있는 확실성의 중핵은, 그 두 개의 상이한 상징적 우주에서 "동일한" 것으로 남아 있는 실재의 중핵은 그의 코기토이며, 그 어떤 내용도 결여된 자기의식의 순수 형식이다. 코기토는 "나"가 전통이라는 상징적 그물망 속에서 자신의 지탱물을 상실하고 그리하여 결코 은유적이지 않은 의미에서 존재하기를 멈추는 바로 이 지점을 지칭한다. 그리고 핵심적 요점은 이 순수한 코기토가 환상-응시에 완벽하게 상응한다는 것이다. 그 속에서 나는 나 자신이 비존재적 응시로 환원됨을 발견했다. 즉 나의 유효한 술어들을 모두 상실한 이후에 나는 역설적이게도 내가 존재하지 않는 세계를 관찰할 자격이 부여된 응시에 다름 아니다(가령, 내가 나의 현실적 실존 이전에 나 자신의 수태를 관찰하는 응시로 환원되는 부모 성교의 환상이나, 아니면 나 자신의 장례식을 목격하는 환상처럼 말이다). 바로 이러한 의미에서, 환상은 가장 기본적 차원에서 존재를 대가로 한 사유의 선택을 함축한다고 말할 수 있다. 환상 속에서 나는 나의 부재, 나의 비존재의 시간 동안 사태의 추이를 관조하는 사유라는 소실점으로 나 자신이 환원되는 것을 발견한다. 반면에 증상은 존재의 선택을 함축하는데, 왜냐하면 (왼쪽 약지를 베는 아내에 관한 프로이트의 사례에서 보게 되겠지만) 증상 속에서 출현하는 것은 바로 존재를 선택했을 때 상실되고 "억압된" 사유이기 때문이다.

데카르트적 코기토의 이러한 환상-지위를 확인해주는 또 다른 특징이 있다. 환상-응시의 근본 구조는 응시의 자기-이중화라고 할 만한 것을 내포한다. 마치 우리는 우리 자신의 눈 뒤에서 "원초적 장면"을 관찰하고 있는 것만 같다. 마치 우리는 우리의 바라봄과 직접적으로 동일화되지 않고 그것의 "배후" 어딘가에 서 있는 것만 같다. 그리고 바로 그 때문에 히치콕의 <이창>에서 창문 자체는 거대한 눈처럼 작용한다(크레딧에서 올라가는 커튼은 우리가 깨어날 때 열리는 눈꺼풀을 나타내며, 기타 등등이다). 제프리(제임스 스튜어트)는 정확히 자기 자신의 거대한 눈 배후에 있는 대상-응시로 환원되는 한에서, 즉 눈을 통해 보이는 현실 바깥에 있는 이 공간을 차지하는 한에서, 움직일 수 없게 된다. 그렇지만 여기서 핵심적인 것은 데카르트가 자신의 광학 저술들에서 동일한 환상을 개괄했다는 점이다. 자기 자신과 현실 사이에 죽은 동물의 눈을 끼워 넣고, 현실을 직접 관찰하는 대신 동물 눈의 후면에 나타나는 상을 관찰하는 남자라는 환상.[27] 일련의 고딕영화나 시대극영화에서도 동일한 장치*dispositif*가 작동하고 있지 않은가? 벽 위에는 통상 부조조각으로 되어 있는 거대한 눈이 있고, 돌연 우리는 그 눈 뒤에 사실은 누군가가 숨어서 일어나고 있는 일을 관찰하고 있음을 알아차리게 된다. 여기서 역설은 응시가 눈에 의해, 즉 바로 그것의 기관에 의해 은폐된다는 점이다. 데이빗 린치의 <블루 벨벳>에 나오는, (마땅히) 가장 유명한 장면에서도 동일한 경제가 작용하고 있지 않은가? 카일 맥라클란은 이사벨라 로셀리니와 데니스 호퍼의 사도마조히즘적인 성애적 게임을 옷장 틈새를 통해서, 즉 정확히 반쯤 뜬 눈으로서 기능하면서 관찰자를 자기 자신의 눈 배후에 놓아두는 틈새를 통해서 관찰하고 있다. 여기서 우리의 요점은, 한편으로 주체를 움직일 수 없게 만들고 그에게서 현실에서의 그의 실존을 박탈하여 그를 그가 없는 현실을 관찰하는 대상-응시로 환원하는 이 환상-응시와 다른 한편으로 근본적 의심의 절정에서 자신의 신체적 현존과의 거리를 획득

27) 이에 대한 좀더 상세한 설명은 Miran Božovič, "The Man behind His Own Retina", in Slavoj Žižek, *Everything You Always Wanted to Know about Lacan (But Were Afraid to Ask Hitchcock)* (London: Verso, 1992.) 참조. [국역본: 미란 보조비치, 「그 자신의 망막 뒤의 남자」, 슬라보예 지젝 편, 『항상 라캉에 대해 알고 싶었지만 감히 히치콕에게 물어보지 못한 모든 것』, 김소연 옮김, 새물결, 2001.]

하게 되는—즉 현실을 "자신의 망막 뒤에서" 관찰하는—비존재적 응시로 또한 환원되는 데카르트적 코기토 사이의 궁극적 일치다.

"자기의식은 하나의 대상이다"

그렇다면 이것이 라캉의 두 가지 판본의 코기토 가운데 첫째다. 즉 "나는 생각한다, 그러므로 그것은 존재한다." 이제 나머지 판본인 "나는 존재한다, 그러므로 그것은 생각한다"에 대해서는 어떻게 파악할 것인가? 프로이트의 『일상생활의 정신병리학』에서 기술된 사소한 증상적 행위를 생각해 보자.

> 한 젊은 부인이 분석시간 동안 떠오른 생각으로, 전날 손톱을 깎고 있었는데 "손톱 밑의 미세한 각피를 긁어내려다 그만 살을 베이고 말았다"고 하였다. 이는 거의 관심거리도 안 되는 것이어서 우리는 그것이 도대체 무엇 때문에 기억되고 언급되었는지 이상해서 자문하게 되며, 우리가 증상행위와 관계하고 있는 것이 아닌가 추측하게 된다. 그런데 사실 그 사소한 서투른 행위가 발생한 곳은 약지, 즉 결혼반지를 끼는 손가락이었다. 더구나 그날은 그녀의 결혼기념일이었는데, 이는 그 미세한 각피의 상해에 하나의 전적으로 명백한 알아맞히기 쉬운 의미를 부여한다. 동시에 그녀는 남편의 서투름과 아내로서의 그녀의 무감각을 암시하는 꿈에 대해 말했다. 하지만 결혼반지를 오른 손에 끼는 데도 왜 그녀가 상해를 입은 것은 왼쪽 손의 약지였을까? 그녀의 남편은 법률가, "법학 박사Doktor

der Rechte"[말 그대로는, "오른쪽 박사"]이다. 그리고 처녀 시절 그녀의 비밀의 연정은 한 의사(우스갯소리로: "왼쪽 박사Doktor der Linke")에게 있었다. 왼손에 의한 결혼 역시 명백한 의미를 가지고 있는 것이다.[28]

하찮은 실수, 약지를 조금 베인 것이 주체의 가장 내밀한 운명에 관한 절합된 추론의 전 사슬을 응축할 수도 있는 것이다. 그것은 그녀의 결혼이 실패라는 인식을, 진정한 사랑인 "왼쪽 박사"를 선택하지 않은 것에 대한 후회를 증언한다. 이 사소한 피 얼룩은 그녀의 무의식적 사고가 거주하는 자리를 표시한다. 그리고 그녀가 할 수 없는 일은 그 안에서 자신을 알아보는 것이다. 즉 그녀는 "나는 거기에 있다"고, 이 사고가 절합되어 있는 그곳에 있다고 말할 수 없는 것이다. 혹은 라캉식으로 말해보자면, 얼룩 없이 결코 나는 없다. 즉 내가 생각하는 곳에 내가 있지 않는 한에서만, 다시 말해서 내가 바라보는 그림이 탈중심화된 사고를 응축하는 얼룩을 포함하는 한에서만—이 얼룩이 얼룩으로 남아 있는 한에서만, 즉 내가 그 안에서 자신을 알아보지 못하는 한에서만, 내가 거기에, 그 안에 있지 않는 한에서만—"나는 있다." 그렇기 때문에 라캉은 왜상이라는 개념으로 되풀이해서 돌아온다. 나는 "그것이 생각하는" 지점이 형체 없는 얼룩으로 남아 있는 한에서만 "정상적" 현실을 지각한다.[29]

---

28) Sigmund Freud, *The Psychopathology of Everyday Life*, Pelican Freud Library, vol. 5 (Harmondsworth: Penguin, 1976), p. 248. [국역본: 이한우 옮김, 『일상생활의 정신병리학』, 열린책들, 2004, 252-253쪽.]

물론 여기서 피해야 할 이론적 유혹은 이 얼룩을 너무 성급하게 대상 *a*와 동일시하려는 유혹이다. *a*는 얼룩 그 자체가 아니며, 오히려 얼룩이 "진정한 의미" 속에서 지각될 수 있게 하는 관점—왜상적 왜곡 대신에, 주체가 형체 없는 얼룩으로서 지각하는 것의 진정한 윤곽을 식별할 수 있게 할 관점—이라는 정확한 의미에서의 응시다. 바로 그렇기 때문에 분석가는 대상 *a*의 자리를 차지한다. 그는 안다고 가정된다. 무엇을 안다고? 바로 얼룩의 진정한 의미를. 따라서 편집증에서 대상 *a*는 "가시적이 된다"는 라캉의 주장은 아주 정당한 것이다. 학대자라는 인물 속에서 응시로서의 대상은 "내 속을 들여다보고" 내 생각을 읽을 수 있는 작인이라는 구체적 경험적 실존을 띤다.

이런 의미에서 대상 *a*는 자기의식의 점을 나타낸다. 내가 이 점을 차지할 수 있다면 내가 얼룩을 없애는 것이, "나는 내가 생각하는 곳에 있다"고 말하는 것이 가능해지리라. 자기투명성으로서의 자기의식에 대한 라캉의 비판이 지닌 전복적 잠재력이 가시화되는 것은 바로 여기서다. 자기의식 그 자체는 말 그대로 탈중심화되어 있다. 실수—얼룩—는 내가 자기의식에 정말로 도달하는 어떤 탈중심화된 외적인 자리의 탈-존ex-sistence을 증언한다(프로이트의 환자는 그녀의 자기정체성에 외적인 것으로 남아 있는 어떤

29) 그러므로 "나는 생각한다"의 순수 형식과 인식불가능한 "생각하는 사물"이라는 칸트적 분열은 아직은 프로이트적 무의식이 아니다. 엄밀한 의미에서의 무의식이란 오로지 존재의 선택과 더불어 발생한다. 그것은 내가 "존재하는" 순간에—주체가 존재를 선택하는 순간에—출현하는 "그것은 생각한다"를 지칭한다. 다시 말해서 라캉의 두 가지 판본의 코기토는 무의식과 이드(*Es*)를 분명하게 구분할 수 있게 해 준다. 무의식은 "나는 존재한다, 그러므로 그것은 생각한다"에 있는 "그것은 생각한다"인 반면에 이드는 "나는 생각한다, 그러므로 그것은 존재한다"에 있는 "그것은 존재한다"이다.

자리에서 그녀 자신의 진리를, 그녀의 실패한 결혼의 진리를 절합한다). 철학이 견딜 수 없는 정신분석의 추문은 바로 여기에 있다. 자기의식에 대한 라캉의 비판에 걸려 있는 것은 주체가 결코 자신에 대해 완전하게 투명하지 않다거나 자신의 심리 속에서 진행되고 있는 일에 대한 완전한 자각에 결코 도달할 수 없다고 하는 상투적인 이야기가 아니다. 언제나 무언가가 나의 의식적 자아의 포착에서 벗어나기 때문에 완전한 자기의식은 불가능하다는 것이 라캉의 요점이 아니다. 오히려 라캉의 요점은 훨씬 더 역설적인 테제이다: 나의 포착에서 벗어나는 이 탈중심화된 견고한 중핵이 궁극적으로 자기의식 그 자체다. 그 지위에 있어 자기의식은 내가 도달할 수 있는 범위 바깥에 있는 외적 대상이다.[30] 좀더 정확히 말해서 자기의식은 대상 *a*로서의 대상, 나 자신에 관한 견딜 수 없는 진리를 체현하는 얼룩의 진정한 의미를 지각할 수 있는 응시로서의 대상이다.[31]

---

30) 바로 이것을 배경으로 해서 우리는 컴퓨터 공포증을 온당하게 위치시킬 수 있다. "생각하는 기계"에 대한 두려움은 사유 자체가 내 존재의 자기동일성에 외적인 것이라는 불길한 예감을 증언한다.

31) 이와 같은 자기의식으로서의 대상에 대한 전형적 사례는 히치콕적 대상이지 않은가? 그것이 외상적 충격이 되는 것은, 주체에 관한 견딜 수 없는 진리를 포착하는 견딜 수 없는 응시를 그것이 체현하고 있다는 사실 때문이지 않은가? 히치콕의 <스트레인저>에 나오는 첫 번째 살인에서 희생양의 안경을 생각해 보자. 브루노가 가이의 문란한 아내인 미리엄을 교살하고 있을 때 우리는 그녀의 안경에 그 범죄가 뒤틀려 반영되는 것을 본다. 안경은 브루노가 처음 그녀를 공격했을 때 땅에 떨어졌던 것이다. 안경은 "제3자"이며, 살인의 목격자이며, 응시를 체현하는 대상이다. (6년 후 <누명 쓴 사나이>에서 이와 동일한 역할을 맡는 것은 커다란 테이블 램프다. 그것은 매니에 대해 로즈가 터뜨린 분노의 목격자다. 레나타 살레츨, 「맞는 남자와 틀린 남자」, 슬라보예 지젝 편, 『항상 라캉에 대해 알고 싶었지만 감히 히치콕에게 물어 보지 못한 모든 것』을 볼 것.) 그렇기 때문에, 이 장면을 나중에 나오는 유일무이한 장면인 브루노가 파티에서 나이 든 사교계 여인을 교살하는 장면과 함께 읽는 것이 핵심이다. 처음에 브루노는 다소 품위는 없을지언정 단순한 사교적 게임을 한다. 그는 (기꺼이 자기

이제 우리는 왜 자기의식이 자기투명성의 정반대인가를 볼 수 있다. 나에 관한 진리가 절합되는 어떤 자리가 내 바깥에 존재하는 한에서만 나는 나 자신을 의식한다. 가능하지 않은 것은 이 두 자리(나의 자리와 얼룩의 자리)의 일치다. 얼룩은 반성되지 않은 잔여가 아니다. 즉 그것은 자기반성을 통해, 자신의 심적 삶에 대한 더 깊은 통찰을 통해 없앨 수 있는 어떤 것이 아니다. 왜냐하면 그것은 나의 자각의 바로 그 산물이며, 그것의 객관적 상관물이기 때문이다. 라캉이 "증상"을 "증환sinthome"이라고 쓸 때 염두에 두는 것은 바로 이것이다. 암호화된 메시지로서의 증상은 해석을 통해 해소되기를 기다리는 반면 "증환"은 주체의 바로 그 (비)존재에 상관적인 얼룩인 것이다.

이 구분을 예시하기 위해 <케이프 피어>의 두 판본을 생각해 보자. 1960년대 초에 나온 J. 리 톰슨의 원판본과 1991년에 나온 마틴 스콜세지의 리메이크 판본 말이다. 비록 원작을 배려하는 스콜세지의 자의식적인 태도에 의해 반박되기는 했어도, 평론가들은 스콜세지가 핵심적 전환을 성취했다는 데 긍정적으로 주목했다. 원판본에서 출소자(로버트 미첨)는 단지 한가로운 모범적인

목을 드러내어 제공하는) 연상의 여인에게 끽 소리도 할 수 없도록 누군가를 교살하는 것이 어떻게 가능한지를 증명해 보인다. 그렇지만 그 이중 관계가 "제3자"로 보충될 때, 즉 브루노가 조롱하듯 목 조르고 있는 그 여인 뒤에서 안경을 쓴 소녀(가이의 연인인 앤의 여동생)를 보게 될 때, 사태는 통제를 벗어나게 된다. 이 지점에서 게임은 갑자기 심각한 전환을 맞이하게 된다. 음악이 지시해 주듯이, 그 소녀의 안경은 브루노의 마음에 첫 번째 살인 장면을 떠오르게 하며 이러한 단락短絡으로 인해 브루노는 그 나이든 여인을 진짜로 교살하기 시작한다. (히치콕의 딸 패트리샤가 연기한) 이 소녀는 순전히 그녀의 안경 때문에 "너무 많이 아는 여자"가 된다. 브루노에게 살인 충동을 격발하는 것은 안경이 그에게 가하는 견딜 수 없는 압력이다. 안경은 "응시를 돌려주는" 대상이다. 즉 안경 때문에 브루노는 그 불쌍한 소녀의 놀란 응시 속에서 "확대되어 기재된 그의 파멸"을 본다.

미국 가족에 외부로부터 침입해 그 가족을 정상궤도에서 탈선시키는 악의 형상이다. 반면 스콜세지의 리메이크작에서 출옥수(로버트 드 니로)는 그 가족의 바로 그 심장부에서 이미 작열하고 있는 외상들과 적대적 긴장들—성적으로 불만족스러운 아내, 여성성과 독립감에 눈을 뜬 딸—을 구현하고 체현한다. 요컨대 스콜세지의 판본은 사나운 새들의 공격을 가족생활에 이미 깃든 교란의, 모성적 초자아의 구현으로 보는 히치콕의 <새>의 독해와 유사한 해석을 통합한다. 이와 같은 독해는 비록 악의 힘을 외적 위협으로 환원하는 이른바 "피상적인" 독해보다 "더 심오한" 것처럼 보일지 모르겠으나, 그런 독해에서 잃게 되는 것은 바로 내속적인 상호주체적 긴장들의 부차적 효과로 환원될 수 없는 **외부**의 잔여물인바, 바로 그것의 배제가 주체에 대해 구성적인 것이다. 그와 같은 잔여물 혹은 대상은, 모든 상호주체적 공동체의 일종의 "동행자"로서, 언제나 상호주체적 그물망에 덧붙는다. 히치콕의 <새>에 나오는 새들을 생각해 보자. 그 새들은, 그 상호주체적 지위에도 불구하고, 가장 근본적인 지점에서는 손가락에 난 그와 같은 부푼 얼룩이지 않은가? 만을 처음으로 가로지르던 멜라니(티피 헤드렌)가 머리를 가격하는 갈매기 공격을 받을 때, 그녀는 장갑 낀 손으로 머리를 매만지고 집게손가락 끝에서 작고 붉은 피 얼룩을 본다. 나중에 마을을 공격하는 모든 새들은 이 조그마한 얼룩에서 생겨나는 것이라고 말할 수 있을 것이다. <북북서로 진로를 돌려라>에서도 마찬가지다. 황량한 옥수수밭에서 캐리 그랜트를 공격하는 비행기는 처음에는 지평선 위에 있는 가까스로 보이는 조그마한 점으로 지각된다.

자기의식의 이 기원적 이중화는 "상호주체성"의 토대를 제공한다: 헤겔적 상투어대로 만약 자기의식이 또 다른 자기의식의 매개를 통해서만 자기의식이라고 한다면, 나의 자각은—정확히 이 자각이 자기투명성과 동일하지 않는 한에서—탈중심화된 "그것은 생각한다"의 출현을 야기한다. "나는 존재한다"와 "그것은 생각한다"의 분열이 상호주체성이라는 표준적인 모티브로 번역될 때 상실되는 것은 그 두 항의 근본적 비대칭성이다. "타자"는 기원적으로 하나의 대상이며, 내가 출현하기 위해서는 배제되어야만 하는 그 무엇을 체현함으로써 나의 자기투명성을 방해하는 불투명한 얼룩이다. 다시 말해서, 자기의식의 변증법의 궁극적 역설은, "의식"은 이질적이고 외적인 대상에 관계하는 반면 "자기의식"은 이러한 탈중심화를 폐지한다고 하는 표준적 의견을 역전시킨다는 것이다. 오히려 엄밀한 의미에서, 대상은 자기의식의 상관물이다. 어떠한 대상도 자기의식 이전에 존재하지 않는데, 왜냐하면 원래 대상은 내가 나 자신에 대한 자각을 획득하기 위해서는 배제되어야만 하는 불투명한 중핵으로서 출현하기 때문이다. 혹은 이를 라캉적 용어로 말해 보자면, 주체—빗금쳐진 $—의 기원적인 상호주체적 상관물은 또 다른 $가 아니라 S, 즉 주체가 구성적으로 결여하고 있는 것(존재, 지식)을 소유하고 있는 불투명하고 충만한 **타자**다. 바로 이러한 의미에서 **타자**—다른 인간 존재—는, 기원적으로, 침투불가능한 실체적 사물이다.

그리하여 하나의 근본적 결론을 이끌어낼 수 있다. 즉 데카르트-칸트적 코기토는 "독백적"이며 그러한 것으로서 기원적 상호주체성을 "억압한다"고 하는 비난은 전적으로 요점을 놓치는 것이다. 그 정반대가 참이다. 전-데카르트적 개인은 직접적·내속적으로 공동체에 속하지만, 상호주체성과 공동체(에 속함)는 엄밀히 반대되는 것이다. 즉 엄밀한 의미에서 상호주체성은 오로지 칸트와 더불어서, 즉 자신의 비존재에 대한 상관물로 S를 필요로 하는 텅 빈 통각 형식($)으로서의 주체 개념과 더불어서 가능해지며 사고될 수 있다. 다시 말해서 엄밀한 의미에서 상호주체성은 주체의 근본적 탈중심화를 내포한다. 즉 나의 자기의식이 하나의 대상 속에 외화되는 때에만 나는 그것을 또 다른 주체 속에서 찾기 시작한다. 칸트적 주체 이전에 우리가 가지고 있는 것은 본연의 상호주체성이 아니라 공통의 보편적-실체적 토대를 공유하면서 그 속에 참여하는 개인들의 공동체다. 오로지 칸트와 더불어서, 즉 $로서의, 즉 자기통각의 텅 빈 형식으로서의, 구성적으로 "자신이 무엇인지를 알지 못하는" 존재자로서의 주체 개념과 더불어서, 내가 나 자신의 정체성을 정의하는 데 **다른 주체**가 필요하게 되는 것이다. **타자**가 나라고 생각하는 그 무엇은 나 자신의 가장 내밀한 자기정체성의 바로 그 심장부 속에 기입되어 있다. 그러므로 큰타자(침투불가능한 불투명성에서의 또 다른 주체, 하지만 동시에 상징적 구조 그 자체, 내가 다른 주체들과 조우하는 중립적 장)라는 라캉의 개념에 달라붙어 있는 애매성은 단순한 혼동의 결과가 아니다. 그것은 심오한 구조적 필연성을 표현하고 있다. 정확히 내가 $인 한에서, 나는 나 자신을 어떤 공통의 실체에 참여하고 있는 것으로서 파악할 수 없다. 즉 이 실체는 **다른 주체**라는 모습으로 스스로를 필연적으로 나와 대립시킨다.

"나는 의심한다. 그러므로 나는 존재한다"

코기토와 의심과 관련한 라캉의 성취는 데카르트적 의심과 강박신경증의 바로 그 심장부에 있는 의심의 친근성을 지각하는(그리고 그런 연후에 이로부터 이론적 결론을 이끌어내는) 기초적이지만 멀리까지 미치는 작업에서 요약될 수 있을 것이다. 이러한 한 걸음은 결코 "철학의 정신의학화"—철학적 태도들을 정신의 병리적 상태들로 환원하는 것—에 해당하는 것이 아니다. 오히려 그것은 정반대에, 즉 임상적 범주들의 "철학화"에 해당한다. 라캉과 더불어 강박신경증, 도착증, 히스테리 등은 단순한 임상적 명칭으로 기능하기를 멈추고 존재론적 위치들에 대한, 헤겔이 『철학백과』 서론에서 *Stellungen des Gedankens zur Objektität*("객관성을 대하는 사유의 입장들")라고 불렀던 것에 대한 이름이 된다. 요컨대 라캉은 데카르트의 나는 의심한다, 그러므로 나는 존재한다—나의 가장 근본적인 의심이 사고하는 주체로서의 나의 존재를 함축한다는 사실을 통해 제공되는 절대적 확실성—를 그것의 논리를 역전시키는 또 다른 나사돌리기—나는 의심하는 한에서만 존재한다—를 가지고서 이를테면 보충하는 것이다. 이러한 방식으로 우리는 강박신경증자의 태도에 대한 기본 공식을 얻는다. 즉 강박신경증자는 자신의 존재에 대한 유일한 확고한 지탱물로서 자신의 의심에, 자신의 불확정적인 지위에 집착하며, 자신의 동요를, 그의 이것도 저것도 아닌 지위를 중단시킬 결정을 내리도록 강제당할 가능성을 극도로 우려한다. 이 불확실성은, 주체의 평정을 침식하거나 더 나아가 주체의 자기동일성을 붕괴시킬 위협을 가하기는커녕, 최소한의 존재론적 일관성을 제공한다. 히치콕의 <의혹>에 나오는 여주인공 리나를 생각해 보는 것으로 족하다. 남편이 자신을 죽이려 한다는 의혹으로 괴로워하는 그녀는 자신의 우유부단을 고집하며 참을 수 없는 긴장을 즉각 해소할 수 있게 해 줄 행위를 무기한 연기한다. 유명한 마지막 장면에서 그녀의 응시는 그녀를 괴롭히는 의심과 의혹에 대한 해답을 담고 있는 흰 우유 잔에 고정된다. 하지만 그녀는 꼼짝도 할 수가, 행위할 수가 없다. 왜인가? 의혹에 대한 해답을 찾게 되면 주체로서의 지위를 상실할 것이기 때문이다.[32] 의심과 의혹의 주체를 특징짓는 것은 바로 이와 같은 내속적인 변증법적 역전이다. "공식적으로" 주체는 필사적으로 확실성을 찾으려고, 그를 갉아먹고 있는 의심의 벌레에 대한 치료약을 제공해줄 명백한 해답을 찾으려고 분투한다. 하지만 실제로 그가 어떤 대가를 치르더라도 피하려고 하는 진정한 재앙은 바로 이 해결이며, 최종적이고도 명백한 해답의 출현이며, 바로 그 때문에 그는 그의 불확실하고 불확정적이고 동요하는 지위를 끊임없이 고수하는 것이다. 여기엔 일종의 반성적 역전이 작동하고 있다. 주체는 자신의 우유부단을 고집하고 선택을 연기하는데, 이는 양자택일의 한 쪽을 선택함으로써 다른 쪽을 잃을 것을(리나의 경우, 무구함을 선택함으로써 그녀의 남편이 악의 방향으로일지언정 그 어떠한 내적 힘도 결여한 한낱 시시한 불한당에 불과하다는 사실을 받아들여야 할 것을) 두려워하기 때문이 아니다. 그가 진정으로 상실을

32) Mladen Dolar, "The Father Who Was Not Quite Dead", in Žižek, *Everything You Always Wanted to Know about Lacan (But Were Afraid to Ask Hitchcock)*을 볼 것. [국역본: 믈라덴 돌라르, 「죽지 않은 아버지」, 『항상 라캉에 대해 알고 싶었지만 감히 히치콕에게 물어 보지 못한 모든 것』.]

두려워하는 것은 의심 그 자체, 불확실성이며, 모든 것이 아직 가능하고 그 어떤 선택항들도 제외되지 않은 열린 상태이다. 바로 그렇기 때문에 라캉은 행위에 대상의 지위를 부여한다. 행위는 주체성의 바로 그 차원("주체들은 행위하고 대상들은 행위의 작용을 받는다")을 가리키기는커녕, 주체를 대상들의 세계와 분리시키는 거리를 제공하는 불확정성을 중단시킨다.

이러한 고려들 덕분에 우리는 "칸트를 사드와 더불어"라는 모티브를 새로운 관점에서 접근할 수 있다. 오늘날 칸트를 강박신경증자로 규정하는 것은 상투적인 일이다. 주체의 불확실한 지위는 칸트 윤리학의 바로 그 심장부에 기입되어 있다. 즉 칸트적 주체는 정의상 결코 "자신의 과업의 절정에" 있지 않다. 그는 자신의 윤리적 행위가 비록 의무에 부합해 이루어졌다 하더라도 의무 그 자체를 위해서 이루어지지 않았고 어떤 숨겨진 "정념적" 고려들(예컨대, 내 의무를 다함으로써 내가 타인들에게 존경과 경의를 불러일으킬 것이다)에 의해 동기화되었을 가능성으로 영원히 괴롭힘을 당한다. 칸트에게 숨겨진 채로 남아 있는 것은, 그가 당위*Sollen*의 논리, 즉 도덕적 이상을 실현하는 무한한 점근선적 과정의 논리를 통해 비가시적으로 만드는 것은 바로 이 불확실성의 얼룩이 윤리적 보편성의 차원을 지탱한다는 사실이다. 칸트적 주체는 자신의 윤리적 지위를 유지하기 위해 자신의 의심, 자신의 불확실성에 필사적으로 달라붙는다. 여기서 우리가 염두에 두고 있는 것은, 일단 이상이 실현되면 모든 삶의 긴장은 상실되며 노곤한 권태만이 우리를 기다린다고 하는 통속적 이야기가 아니다. 훨씬 더 정교한 무언가가 여기 걸려 있다. 즉 일단 "정념적" 얼룩이 없어지게 되면, 보편적인 것은 특수한 것으로 붕괴되고 만다. 정확히 이것이 사드적 도착증에서 발생하는 것인데, 바로 그러한 이유로 사드적 도착증은 칸트적인 강박적 불확실성을 절대적 확실성으로 역전시킨다. 도착증자는 자신을 **타자**의 향유에의 의지의 도구-대상으로서 생각하기 때문에 자신이 무엇을 하고 있는지를, **타자**가 그에게서 무엇을 원하는지를 완벽하게 알고 있다. 바로 이러한 의미에서 사드는 칸트의 진리를 무대화한다: 당신은 그 어떠한 강박적 의심으로부터도 자유로운 윤리적 행위를 원하는가? 여기서 우리는 사드적 도착증을 얻게 된다![33]

주체의 이와 같은 존재론적 불확실성은 좀더 정확하게는 무엇으로 이루어지는가? 이에 대한 열쇠를 제공하는 것은 불안과 **타자**의 욕망 사이의 연계이다. 불안은 "나는 **타자**의 욕망에 대해 어떠한 대상 *a*인지를 알지 못한다"라는 의미에서 **타자**의 욕망에 의해 일깨워진다. **타자**는 나에게서 무엇을 원하는가, 내가 **타자**의 욕망

33) 패트리샤 하이스미스의 걸작 『올빼미의 울음』은 도착적 위치를 정의하는 미묘한 균형을 완벽하게 무대화한다. 시골집에서 혼자 사는 한 여자가 갑자기 자신이 집 뒤편 숲 속에 숨어 있는 소심한 관음증자에 의해 관찰당하고 있음을 깨닫게 된다. 그녀는 그에 대한 연민을 품고 그를 집으로 초대하고 친구처럼 지내자고 제안하며, 결국은 그와 사랑에 빠진다. 그리고 이로써 그의 욕망을 지탱했던 보이지 않는 장벽을 무심코 침해하게 되며, 그리하여 그의 혐오감을 불러일으킨다. 도착적 경제의 중핵이 바로 여기 있다. 주체가 "정상적인" 성적 관계에 연루되는 것을 막아주는 적절한 거리가 유지되어야만 한다. 그에 대한 위반은 사랑-대상을 혐오스러운 배설물로 바꾸어놓는다. 이것이 바로 "부분 대상"의 영-층위인 것인데, 그것은 성적 관계를 차단한다는 가장 하에서 실제로는 내속적 불가능성을 은폐하는 것이다. 여기서 "부분 대상"은 거리 그 자체로, 내가 성적 관계를 완성하는 것을 막아주는 보이지 않는 장벽으로 환원된다. 이는 마치 물신fetish 없는 물신주의와 관계하고 있는 것과도 같다. (일반적으로 패트리샤 하이스미스는 순종이 침입으로 화하는 지점을 탁월한 감수성으로 묘사할 때가 가장 뛰어나다. 그녀의 다른 걸작 『개의 몸값』에서, 개를 도난당한 커플에게 도와주겠다고 하는 젊은 경찰관은 당혹스러운 침입자가 된다.)

의 대상이 되게끔 하는 "내 안에 있는 나 자신보다 더한" 그 무엇이 있는 것인가? 혹은 철학적 용어로 하자면, 실체 속에서, "존재의 대사슬" 속에서 나의 자리는 어디인가? 불안의 중핵은 내가 무엇인지에 대한 이 절대적 불확실성이다. "(내가 나인 것은 오로지 **타자**를 위해서일진대, **타자**를 위해) 내가 무엇인지를 나는 알지 못한다." 이러한 불확실성이 주체를 정의한다. 주체는 "실체 속의 균열"로서만, 타자 속에서의 자신의 지위가 동요하는 한에서만 "존재한다." 그리고 마조히즘적 도착증자의 위치는 궁극적으로 이러한 불확실성을 회피하려는 시도인데, 바로 그렇기 때문에 그것은 주체의 지위의 상실을, 즉 근본적인 자기대상화를 내포한다. 도착증자는 자신이 타자를 위해 무엇인지를 안다. 왜냐하면 그는 스스로를 **타자**의 향유의 대상-도구로서 정립하니까 말이다.[34]

이와 관련하여 도착증자의 위치는 분석가의 위치와 섬뜩할 정도로 가깝다. 그들은 거의 보이지 않는 가는 선에 의해서만 분리된다. 라캉의 분석가 담화 수학소의 상층부가 도착증의 공식($a\Diamond\$$)을 재생한다는 것은 결코 우연이 아니다. 자신의 수동성 때문에 분석가는 분석자에게 대상 *a*로서, 분석자의 환상-틀로서, 분석자가 자신의 환상을 투사하는 일종의 텅 빈 스크린으로서 기능한다.

34) 신경증과 도착증의 차이는 이와 동일한 점에 달려 있다(Colette Soler, "The Real Aims of the Analytic Act", *Lacanian Ink* 5 [1992], pp. 53-60 참조). 신경증자는 증상으로 인한 문제 말고는 없다. 증상이 그녀를 불편하게 한다. 그녀는 그것을 반갑지 않은 짐으로, 그녀의 균형을 교란하는 무언가로 경험한다. 요컨대 그녀는 증상 때문에 고통스럽다(따라서 분석가에게 도움을 청한다). 반면에 도착증자는 그의 증상을 태연히 즐긴다. 그가 나중에 그것을 부끄럽게 여기거나 그것 때문에 혼란스러워진다고 해도, 증상 자체는 심원한 만족의 원천이다. 그것은 그의 심적 경제에 확고한 정박점을 제공하며 바로 그렇기 때문에 그는 분석가를 전혀 필요로 하지 않는다. 즉 분석가에 대한 요구를 지탱하는 고통의 경험이 전혀 없다.

도착증의 공식이 환상 공식($ ◇a)의 역전인 것은 그 때문이다. 도착증자의 궁극적 환상은 그의 타자(파트너)의 환상의 완벽한 하인이 되는 것이며, 그 자신을 **타자**의 향유에의 의지의 도구로 제공하는 것이다(예컨대 돈 지오반니가 그러한데, 그가 여자들을 유혹할 때 그는 그들 각각의 특별한 환상을 하나씩 실연함으로써 그들을 유혹한다. 돈 지오반니는 여성적 신화라고 지적했을 때 라캉은 옳았다). 도착증자와 분석가의 차이 일체는 어떤 비가시적 한계에, 그들을 분리시키는 어떤 "아무것도 아닌 것"에 달려 있다. 도착증자는 주체의 환상을 확인한다. 반면 분석가는 그/녀가 그것을 "횡단"하도록, 그것에 대한 최소한의 거리를 획득하도록 유도한다. 환상-시나리오가 덮고 있는 공백(**타자** 속의 결여)을 가시화함으로써 말이다.

이러한 이유에서, 근본적 차원에서의 도착증을 항문기의 "마조히즘"과 연결시키는 것은 전적으로 정당하다. 전이에 대한 세미나[35]에서 라캉은 어떻게 해서 구강기에서 항문기로의 이행이 생물학적 성숙과정과 아무런 상관도 없는 것이며 상호주체적 상징적 경제 내에서의 어떤 변증법적 이행에 전적으로 기초하고 있는 것인가를 분명히 했다. 항문기는 주체의 욕망을 **타자**의 요구에 적응시키는 것으로 정의된다. 이는 곧 주체의 욕망의 대상-원인(*a*)이 **타자**의 요구와 일치하는 것인데, 바로 그렇기 때문에 "항문적" 강박신경증에 대한 라캉의 수학소는 충동의 수학소인 $ ◇D인 것이다. 실로 구강기는 "그것 모두를 집어삼키고" 그로써 모든

---

35) Jacques Lacan, *Le séminaire*, book 8: *Le transfert* (Paris: Editions du Seuil, 1991) 제14장 참조.

필요들을 만족시키길 원하는 태도를 함축한다. 그렇지만 인간이라는 동물의 미성숙 상태에서의 탄생이 야기하는 아이의 의존성 때문에 처음부터 필요의 만족은 필요를 만족시키는 대상을 제공해 달라고 타자(일차적으로는, 어머니)에게 건네진 요구에 의해 "매개"되며 그 요구에 의존한다. 그런 다음 항문기에서 발생하는 것은 필요와 요구의 이러한 관계에서의 변증법적 역전이다. 즉 필요의 만족은 타자의 요구에 종속된다. 다시 말해 주체(아이)가 자신의 필요를 만족시킬 수 있는 것은 오로지 그가 그로써 **타자**의 요구에 순응한다는 조건 하에서다. 배변이라고 하는 유명한 사례를 생각해 보자. 아이는 예컨대 규칙적으로 배변하라는, 바지가 아니라 요강에 배변하라는 등등의 어머니의 요구에 순응하는 방식으로 배변의 필요를 만족시키려고 노력할 때 "항문기"에 진입한다. 음식의 경우도 마찬가지다. 아이는 자신이 얼마나 품행이 좋은가를 입증하기 위해서, 접시를 깨끗이 비우되 손이나 식탁을 더럽히지 말고 똑바로 하라는 어머니의 요구에 부응할 준비가 되었다는 것을 입증하기 위해서 먹는다. 요컨대 우리는 사회적 질서 안에서 우리의 자리를 벌기 위해서 우리의 필요를 만족시킨다. 항문기의 근본적 장애는 바로 여기 있다. 쾌락은 직접적으로는, 즉 대상에서 직접적 만족을 취하는 것을 내포하는 한에서는, "빗금쳐져" 있으며 금지되어 있다. 바로 이러한 의미에서 항문기는 강박-강압적 태도의 기본 매트릭스를 제공한다. 여기서 성인들의 삶에서 추가적 사례를 인용하는 것은 손쉬운 일일 것이다. 아마도 "후근대" 이론이 보여 주는 그것의 가장 분명한 사례인 어떤 것, 즉 히치콕에 대한 강박, 그의 그리 중요치 않은 영화들에서조차도 이론적 솜씨를 식별하려고 노력하는 끝없는 책들과 학술모임들("실패를 구출하라" 운동). 히치콕의 영화가 주는 쾌락에 단순히 그냥 굴복하고 말 수가 없어서 실은 어떤 이론적 논점(관객의 동일시 메커니즘, 남성 관음증의 변천 등등)을 입증하기 위해 히치콕 영화를 본다는 것을 증명해야 한다고 느끼는 지식인들 편에서의 강압적인 "양심의 가책"을 통해 이러한 강박을 적어도 부분적으로 설명할 수는 없을까? 나의 큰타자로서의 **이론**에 봉사하는 한에서만 나는 어떤 것을 즐기도록 허용되는 것이다.36) 구강 경제의 항문 경제로의 이러한 역전이 지닌 헤겔적 특성이 눈에 띄지 않을 수 없다. 우리의 요구에 응하는 타자를 통한 우리의 필요의 만족은, **타자**의 요구에 대한 순응이 우리의 필요의 만족을 위한 필수조건으로서, "초월적 틀"로서, 가능성의 조건으로서 직접적으로 정립될 때 "그것의 진리를 획득한다". 그리고 세 번째 "남근기"의 기능은 물론 주체를 **타자**의 요구에 대한 이러한 종속에서 풀어 주는 것이다.

---

36) 비싼 레스토랑에서 값진 식사를 홀로 탐닉할 수 없는 이러한 노선의 저자가 이에 대한 한 가지 사례를 제공할 수 있을 것이다. 그렇게 한다는 바로 그 생각은 외설적이고 근친상간적인 단락短絡의 느낌을 낳는다. 그렇게 할 수 있는 유일한 길은, 좋은 식사를 하는 것이 공동체 의례의 일부가 되는 곳에서, 즉 좋은 음식을 즐기는 것이 내가 그것을 즐긴다는 것을 타인들에게 드러내는 것과 일치하는 곳에서, 동료들과 함께 하는 것이다. 강박신경증자의 윤리를 보여주는 어떤 환자의 사례가 하나 더 있다. 모든 여자와 관련하여 그는 그녀를 유혹하려고 노력했으며, 그녀를 기쁘게 해주려고 과도하게 애썼다(그리하여 몇 번이고 반복해서 그는 그의 실패를 조직화하는 데 성공했다). 심해 다이빙을 아주 좋아한 한 여자를 유혹하려고 할 때 그는 즉시 다이빙 코스에 등록을 했다(개인적으로는 다이빙 생각만 해도 거부감이 들었지만 말이다). 그 여자가 그를 영영 떠나 버리고 그가 연애의 관심을 다이빙에 아무런 관심도 없는 새로운 여자에게 바칠 때조차 그는 의무감에서 그 다이빙 코스에 계속 참석했다!

촉박한 동일화

알튀세르적인 "이데올로기적 호명"[37]은 "언제나-이미"라는 사후적 환영을 지칭한다. 이데올로기적 인지의 이면은 수행적 차원의 오인이다. 다시 말해서, 주체가 스스로를 이데올로기적 부름 속에서 인지할 때 그는 바로 이 인지라는 형식적 행위가, 그가 그 속에서 자신을 인지하는 바로 그 내용을 창출한다는 사실을 자동적으로 간과하는 것이다. (스탈린주의 공산주의자라는 고전적 사례를 생각해 보는 것으로 충분하다. 그가 스스로를 "공산주의를 향한 역사적 진보의 객관적 필연성"의 도구로서 인지할 때, 그는 이 "객관적 필연성"이 공산주의적 담화에 의해 창조되는 한에서만, 공산주의자들이 그것을 자신들의 활동에 대한 합리화로 불러내는 한에서만 존재한다는 사실을 오인하는 것이다. 이러한 상징적 동일화의 제스처, 상징적 위임 속에서 자신을 인지하는 제스처에 대한 알튀세르적 설명에서 누락되어 있는 것은, 그것이 주체가 자신의 지위에 대해 안고 있는 근본적 불확실성(**타자**를 위한 대상으로서 나는 무엇인가?)의 곤궁을 해결하려는 목적을 가진 조치라는 점이다. 따라서 라캉적 접근에서 호명과 관련하여 해야 할 첫 번째 일은 "개인들을 주체로 호명하는" 이데올로기라는 알튀세르적 공식을 역전시키는 것이다. 주체로서, 주체로*into* subject 호명되는 것은 결코 개인이 아니다. 오히려 주체 그 자신이

37) Louis Althusser, "Ideology and Ideological State Apparatuses", in *Lenin and Philosophy, and Other Essays* (London: Verso, 1991) 참조. [국역본: 루이 알튀세르, 「이데올로기와 이데올로기적 국가장치」, 『아미앵에서의 주장』, 김동수 옮김, 솔, 1991.]

x(어떤 특정한 주체-위치, 상징적 정체성이나 위임)로서 호명되며, 그로써 $의 심연을 피해 가는 것이다. 고전적인 자유주의 이데올로기에서 주체는 정확히 "개인"으로서 호명된다. 종종 인용되곤 하는 마르크스 브라더스의 라벨리에 대한 농담("당신은 라벨리를 닮았네요.—하지만 저는 라벨리인데요!—그렇다면 당신이 그를 닮은 것도 이상할 것이 없군요!")은 라벨리가 기뻐하면서 "그러니까 나는 정말로 닮은 거로군요!"라고 결론을 내리는 데서 끝을 맺는다. 위임된 것을 이처럼 기쁘게 떠맡는 것, 내가 나 자신의 상징적 형상과 닮았다고 이처럼 의기양양하게 확언하는 것은 내가 "케 보이(Che vuoi?)"의 불확실성을 피하는 데 성공했다는 안도감을 표현하고 있는 것이다.[38]

바로 이러한 이유 때문에 주체의 상징적 동일화는 언제나 예기적인, 서두르는 성격을 가지고 있다(이는 거울단계에서의 "나 자신"에 대한 예기적 인지와 유사하지만 그것과 혼동되어서는 안 된다). 1940년대에 라캉이 그 유명한 논리적 시간에 대한 논문에서 이미 지적한 것처럼,[39] 상징적 동일화, 즉 상징적 위임의 떠맡음의 근본적 형식은, "X에 속하는" 자들의 공동체에서 나를 쫓아낼지도 모르는 타인들을 따라잡기 위해서 "나 자신을 X로서 인지하

---

38) 어떤 사람이 "닮아 보일" 수 있는 예시적 사례는 루비치의 <사느냐 죽느냐>에서 찾아볼 수 있다. 나치를 속일 복잡한 책략의 일환으로 한 폴란드 배우는 악명 높은 게슈타포 도살자로 분장한다. 그는 큰 소리로 떠들어대고 웃는다. 그래서 우리 관객은 자동적으로 그의 연기를 캐리커처적 과장으로 지각한다. 하지만 마침내 "원래" 그 자신—진짜 게슈타포 도살자—이 무대에 등장하는데, 그는 정확히 동일한 방식으로 행동한다. 말하자면 그 자신의 캐리커처로서 연기한다. 요컨대 그는 (자기 자신과) "닮아 보인다."

39) Jacque Lacan, "Logical time and the Assertion of Anticipated Certainty", in *Newsletter of the Freudian Field*, vol. 2, no. 2 (1988) 참조.

는", 나 자신을 X로서 선언하고 공표하는 것이다. 라캉이 논리적 시간의 세 양태를 전개하면서 이용하는 세 명의 죄수에 관한 논리적 수수께끼의 다소 단순화된 축약 판본은 이렇다. 교도소장은 특별 사면으로 세 명의 죄수 중 한 명을 석방할 수 있다. 누구를 석방할 것인지를 결정하기 위해 그는 그들이 논리적 테스트를 통과하게 한다. 죄수들은 세 개는 하얀 색이고 두 개는 검은 색인 다섯 개의 모자가 있다는 것을 알고 있다. 이 모자들 중 세 개를 죄수들에게 나누어 준다. 그러고 나서 죄수들은 삼각형으로 앉는다. 즉 죄수 각각은 나머지 둘의 모자 색을 볼 수 있지만 자기 머리에 쓴 모자 색을 볼 수는 없다. 승자는 자기 모자 색을 가장 먼저 알아맞히는 사람이다. 색을 알게 된 죄수는 일어나서 방을 나가는 것으로 이를 신호한다. 가능한 세 가지 상황이 있다.

—한 명의 죄수가 하얀 모자를 쓰고 있고 나머지 둘은 검정 모자를 쓰고 있다면, 하얀 모자를 쓴 죄수는 즉각 자기 것이 하얀 색임을 "볼" 수 있을 것이다. 단지 다음과 같이 추리함으로써 말이다. "검정 모자는 둘밖에 없었지. 나는 다른 두 명이 그걸 쓰고 있는 것을 보고 있다. 따라서 내 것은 하얀 색이다." 따라서 여기엔 그 어떤 시간도 연루되지 않는다. 단지 "응시의 순간"만 있을 뿐이다.

—둘째 가능성은 두 개의 하얀 모자와 한 개의 검정 모자가 있는 경우다. 내 것이 하얀 모자라면 나는 다음과 같이 추리할 것이다. "나는 한 개의 검은 모자와 한 개의 하얀 모자를 보고 있다. 따라서 내 것은 하얀 색이거나 검은 색이다. 그렇지만 내 것이 검정이라면 하얀 모자를 쓴 죄수는 두 개의 검정 모자를

볼 것이고 즉시 자신의 것이 하얀 모자라는 결론을 내릴 것이다. 그가 그렇게 하고 있지 않으므로 내 것 또한 하얀 색이다." 여기서 얼마간의 시간이 경과해야만 했다. 즉 우리는 이미 어떤 "이해를 위한 시간"을 필요로 한다. 나는 말하자면 나 자신을 타자의 추리 속으로 "이항시킨다." 나는 타자가 행동하지 않는다는 사실을 근거로 내 결론에 도달한다.

–셋째 가능성은 세 개가 모두 하얀 모자인 경우인데, 이 경우가 가장 복잡하다. 여기서 추리는 다음과 같을 것이다. "나는 두 개의 하얀 모자를 보고 있다. 따라서 내 것은 하얀 모자이거나 검은 모자다. 내 것이 검정이라면 나머지 두 죄수 중 어느 한 명은 다음과 같이 추리할 것이다. "나는 한 개의 검은 모자와 한 개의 하얀 모자를 보고 있다. 따라서 내 것이 검정이라면 하얀 모자를 쓴 죄수는 두 개의 검정 모자를 볼 것이고 즉시 일어나서 나갈 것이다. 그렇지만 그는 그렇게 하지 않는다. 따라서 내 것은 하얀 모자다. 나는 일어나서 나갈 것이다." 하지만 다른 두 죄수 가운데 어느 누구도 일어나지 않으므로, 내 것 역시 하얀 색이다."

그렇지만 여기서 라캉은 이러한 해결이 어떻게 이중의 지연을 요구하는지를, 방해받고 중단된 제스처를 요구하는지를 지적한다. 다시 말해서, 세 명의 죄수 모두가 똑같은 지적 능력을 가지고 있다면, 최초의 지연 이후에, 즉 다른 죄수들 중 아무도 전혀 움직이지 않고 있음을 감지할 때, 그들은 동시에 일어날 것이다. 그리고는 당혹스러운 시선을 교환하면서 경직될 것이다. 문제는 그들이 다른 죄수들의 제스처의 의미를 알지 못할 것이라는 점이다(그들 각자는 이렇게 자문할 것이다. "다른 이들이 나와 똑 같은 이유로 일어난 것인가? 아니면 그들이 내 머리에서 검은 모자를 보았기 때문에 일어난 것인가?"). 지금에서야, 즉 그들 모두가 동일한 주저함을 공유하고 있다는 것을 감지하는 순간에서야 그들은 최종 결론으로 도약할 수 있을 것이다. 주저함이 공유되고 있다는 사실은 그들 모두가 동일한 상황에 있다는, 즉 그들 모두가 머리에 하얀 모자를 쓰고 있다는 증거다. 바로 이 순간 지연은 조급함으로 변한다. 죄수 각자는 스스로에게 이렇게 말하게 되는 것이다. "다른 이들이 나를 앞지르기 전에 문으로 돌진하자!"[40)]

어떻게 주체성의 어떤 특별한 양태가 논리적 시간의 세 계기 각각에 대응하는지를 깨닫는 것은 쉬운 일이다. "응시의 순간"은 비인격적인 "one"을("one sees"), 그 어떤 상호주체적 변증법도 없는 논리적 추론의 중립적 주체를 함축한다. "이해의 시간"은 이미 상호주체성을 내포한다. 즉 내 모자가 하얀 색이라는 결론에 도달하기 위해서 나는 나 자신을 타인의 추리 속으로 "이항"해야만 한다(하얀 모자를 쓴 다른 죄수가 내 머리에서 검은 모자를 본다면 그는 즉시 그의 것이 검정 색임을 알게 될 것이고 일어날 것이다. 그가 그렇게 하지 않으므로 내 것 역시 하얀 색이다). 그렇지만 이 상호주체성은 라캉의 표현대로 "비한정적인 상호적 주체"의 상호주체성으로 머문다. 타인의 추리를 고려할 수 있는 단순한 상호적 능력. 세 번째 계기, 즉 "결론의 계기"만이 진정한 "나의 발생"을 제공한다. 거기서 일어나는 일은 $에서 S_1으로의 이행, 즉 내가 무엇인지에 관한 근본적 불확실성으로—즉 나의 지위에

40) 그리고 아마도 (미래의) 주인은 바로 기회를 잡아서 조치를 취하는, 즉 "나는 하얀 색이다"라고 말하는 최초의 인물일 것이다. 그는 그의 엄포에 성과가 있을 때 새로운 주인이 된다.

대한 전적인 비결정성으로—축약되는 주체성의 공백으로부터 상징적 정체성의 떠맡음—"그것은 나다!"—으로의 이행이다.

여기서 우리는 이러한 라캉의 숙고가 갖는 반反레비-스트로스적 요점을 염두에 두어야 한다. 클로드 레비-스트로스는 상징적 질서를 비주체적 구조로, 즉 그 안에서 모든 개개인이 자신의 예정된 자리를 점유하고 채우는 어떤 객관적 장으로 파악했다. 라캉이 환기시키는 것은 이 객관적 사회-상징적 질서의 "발생"이다. 상징적 자리가 우리에게 할당되기를 단지 기다리기만 한다면 우리는 생전 그것을 보지 못할 것이다. 즉 상징적 위임의 경우 우리는 단지 우리가 [그것]인 그 무엇을 확인하는 것이 결코 아니다. 우리는 촉박한 주체적 제스처를 통해 "우리가 [그것]인 그 무엇이 된다." 이 촉박한 동일화는 대상에서 기표로의 이행을 내포한다. (하얗거나 검은) 모자는 내가 [그것]인 그 대상이며, 내가 그것을 볼 수 없다는 점은 내가 "내가 대상으로서 [그것]인 그 무엇"에 대한 통찰을 결코 얻을 수 없다(즉 $\$$와 a는 위상학적으로 양립불가능하다)는 사실을 나타낸다. 내가 "나는 하얀 색이다"라고 말할 때 나는 나의 존재에 관한 불확실성의 공백을 메우는 상징적 정체성을 떠맡는다. 이 예기적 앞지르기를 설명해 주는 것은 인과사슬의 **비결정적** 성격이다. 상징적 질서는 "불충족이유율"에 의해 지배된다. 상징적 상호주체성의 공간 내부에서 나는 내가 무엇인지를 단지 전혀 확인할 수가 없는 것인데, 바로 이 때문에 나의 "객관적" 사회적 정체성은 "주체적" 예기를 통해 확립된다. 통상 침묵 속에서 간과되고 마는 중요한 세부사항이 있는데, 그것은 라캉이 논리적 시간에 관한 텍스트에서 그와 같은 집단적 동일화의 예시

적인 정치적 사례로서 정통성에 대한 스탈린주의 공산주의자의 확언을 인용한다는 점이다: 나는 타인들이 나를 수정주의 반역자로 쫓아낼까봐 나의 진정한 공산주의자 증명서를 서둘러 공표하는 것이다.[41]

바로 여기에 상징계와 죽음의 애매한 연계가 있다. 상징적 정체성을 떠맡음으로써, 즉 나 자신을 잠재적으로 나의 묘비명인 어떤 상징과 동일화함으로써, 나는 이를테면 "나 자신을 초월해 죽음으로 나아가는" 것이다. 그렇지만 이러한 죽음을 향한 재촉은 동시에 그 반대로서도 기능한다. 그것은 죽음을 기선제압하기 위해, 즉 나의 죽음 이후에도 계속 살아남을 상징적 전통 속에서 나의 사후의 삶을 보장해 놓기 위해 고안된 것이다. 강박적 전략이라는 것이 도대체 있다고 한다면 이게 바로 그것이다. 촉박한 동일화의 행위 속에서 나는 죽음을 피하기 위해 서둘러 죽음을 떠맡는다.

그러므로 예기적 동일화는 일종의 선제공격이며, "나는 **타자**에게 무엇인가"에 대한 답을 미리 제공하여 **타자**의 욕망에 속하는 불안을 완화시키려는 시도다. **타자** 속에서 나를 대리하는 기표는 나는 타자에게 어떤 대상인가라는 궁지를 해결한다. 따라서 상징적 동일화를 통해 내가 실제로 앞지르는 것은 나 자신 안에 있는 대상 *a*이다. 그 형식적 구조에 대해 말하자면, 상징적 동일화는

41) 다른 차원에서 보자면, 로자 룩셈부르크는 혁명적 과정의 매트릭스 속에서 이와 동형적인 예기적 조처를 식별했다. 우리가 혁명의 "올바른 순간"을 기다린다면, 결코 그것은 발생하지 않을 것이다. "올바른 순간"은 일련의 실패한 "때 이른" 시도들 이후에야 출현한다. 즉 우리가 혁명적 주체로서 우리의 정체성을 획득하는 것은 오로지 우리 자신을 "추월"하여 이 정체성을 "때가 오기 전에" 주장하는 것을 통해서다. 이 역설에 대한 보다 상세한 해석은 Slavoj Žižek, *The Sublime Object of Ideology* (London: Verso, 1991)의 제5장 참조. [국역본: 지젝, 『이데올로기라는 숭고한 대상』, 이수련 옮김, 인간사랑, 2002.]

언제나 내가 [그것]인 그 대상으로부터의 "미리 도망침"이다. 예컨대 "당신은 내 아내야"라고 말함으로써 나는 사물로서의 당신 존재의 바로 그 중핵에서 당신이 무엇인지에 관한 나의 근본적 불확실성을 회피하고 말소하는 것이다.[42] 호명에 대한 알튀세르의 설명에 빠져 있는 것이 바로 이것이다. 그 설명은 사후성의 계기를, "언제나-이미"의 환영을 정당하게 다루고 있다. 하지만 이 사후성의 내속적 역전으로서의 예기적 앞지르기를 고려에서 빠뜨린다.

이러한 핵심적 요점을 분명하게 할 한 가지 방법은 우회로를 경유하는 것이다. 즉 분석철학의 가장 정교한 성과물 가운데 하나로 진출해 보는 것인데, 그것은 (의도적) 의미의 구조에 대한 그라이스의 세공작업이다.[43] 그라이스에 따르면 온전한 의미에서 우리가 어떤 것을 말하고자 의도한다고 할 때, 이는 복잡한 네 층위의 구조를 내포한다. (1) 우리는 X를 말한다. (2) 수신자는 우리가 의도적으로 X를 말했다는 것을, 즉 X의 언표가 우리 편에서의 의도적 행위였다는 것을 지각해야만 한다. (3) 수신자는 우리의 X라는 말뿐만 아니라 우리가 X를 말하기를 원했다는 것을 그가

42) *Séminaire*, book 20: *Encore* (Paris: Editions du Seuil, 1975), pp. 47-48에 나오는 라캉의 핵심적 언급을 볼 것. 이런 의미에서 히스테리는 호명의 실패를 지칭한다. 히스테리적 질문은 "왜 나는 당신이 나라고 하는 그 무엇인가요?"이다. 즉 나는 주인이 내게 부과한 상징적 정체성에 의문을 던진다. 나는 "내 안에 있는 나 자신보다 더한" 어떤 것, 즉 대상 *a*의 이름으로 그것에 저항한다. 바로 여기에 라캉의 반-알튀세르적 요지가 있다. $로서의 주체는 호명의, 이데올로기적 부름 속에서의 인지의 효과가 아니다. 오히려 주체는 호명을 통해 그에게 수여된 정체성에 의문을 던지는 바로 그 제스처를 나타낸다.

43) Paul Grice, "Meaning", in *Studies in the Ways of Words* (Cambridge: Harvard University Press, 1989), pp. 377-388 참조.

지각하기를 우리가 원한다는 것 역시 지각해야만 한다는 것을 우리는 의도한다. (4) 수신자는 (3)을—즉, 우리의 X라는 말을 그가 하나의 의도적 행위로서 지각하기를 우리가 원한다는 우리의 의도를—지각해야만(알고 있어야만) 한다. 요컨대 우리가 "이 방은 밝다"라고 말하는 것은 수신자가 다음과 같은 것을 알고 있을 때에만 성공적인 소통의 사례가 된다. 즉 "이 방은 밝다"라고 말함으로써 우리는 이 방이 밝다고 말하기를 원했을 뿐 아니라 우리의 "이 방은 밝다"라는 말을 하나의 의도적 행위로서 그가 지각하기를 우리가 원했다는 것을 알고 있을 때에만 말이다. 이것이 쓸데없는 것을 따지는, 극히 인위적인 무익한 분석처럼 보인다고 한다면, 다음과 같은 상황을 생각해 보는 것으로 족하다. 즉 외국 도시에서 길을 잃은 우리에게 그곳에 거주하는 어떤 사람이 그의 모국어로 하는 말을 우리가 이해하게끔 하기 위해서 필사적으로 노력하고 있는 것을 우리가 듣고 있는 상황 말이다. 여기서 우리가 마주치는 것은 순수한—말하자면 증류된—형식에서의 층위 4이다. 다시 말해서, 비록 그곳 거주자가 정확히 우리에게 말하고자 하는 것을 알지는 못하더라도 우리는 그가 우리에게 무언가를 말하려고 한다는 사실뿐만 아니라, 우리에게 무언가를 말하려고 하는 그의 바로 그 노력을 우리가 알아차리기를 그가 원하고 있다는 사실 역시 잘 알고 있다. 우리의 요점은, 히스테리적 증상의 구조가 바로 그라이스의 층위 4와 정확히 동형적이라는 것이다. 증상에 걸려 있는 것은 어떤 메시지(해독되기를 기다리는 증상의 의미)를 전달하려는 히스테리자의 노력뿐만이 아니라, 보다 근본적인 층위에서는, 자기 자신을 확언하려는, 소통의 파트너로서 받아들여지려는 그의 필사적 노력이다. 그가 우리에게 궁극적으로 말하려고 하는 것은 그의 증상이 무의미한 심리적 교란이지 않다는 것, 즉 그가 우리에게 말할 어떤 것을 가지고 있으므로 우리가 그에게 귀를 빌려 주어야 한다는 것이다. 요컨대 증상의 궁극적 의미는 그것이 의미를 갖는다는 것을 **타자**가 알아차려야 한다는 것이다.

아마도 바로 이러한 특징과 관련하여 컴퓨터 메시지는 인간적 상호주체성과 차이가 있을 것이다. 컴퓨터가 결여하고 있는 것은 의미의 이 자기지칭성(헤겔적으로 말하자면, 반성성)이다. 그리고 다시금, 이 자기지칭성 속에서 논리적 시간성의 윤곽을 식별하는 것은 어렵지 않다. 이 반성적 의미의 기표를 통해, 즉 의미의 현존만을 "의미하는" 기표를 통해 우리는 말하자면 우리 자신을 "앞지를" 수 있는 것이며, 예기적 조처 속에서 우리의 정체성을 어떤 실정적 내용 속에서가 아니라 도래할 의미를 암시하는 어떤 순수한 자기지칭적 기표 형식 속에서 확립할 수 있는 것이다.[44] 결국 우리가 그 이름을 걸고서 우리의 전투를 벌이는 모든 이데올로기적 주인기표의 논리는 그러한 것이다. 조국, 아메리카, 사회주의 등등—이러한 것들은 모두가 어떤 명백하게 정의된 실정적 내용

44) 일상적 경험에서, 의도의 상이한 층위들을 분리시키는 이 틈새는 우리가 "공손함"이라고 부르는 것에서 작동한다. 대화에 참여하면서 우리가 "안녕하세요?"라고 말할 때 우리는 물론 "그것을 진지하게 의도하지 않는다." 단지 우리는 의례적인 "네"를 청하는 텅 빈 대화 형식을 제공하고 있는 것이다(형식의 이 텅 빔을 가장 잘 증명해 보이는 것은 상대방이 그 질문을 "진지하게" 받아들여서 공들인 대답을 할 때 출현하는 불편함이다). 그럼에도 불구하고 이 질문을 성의 없이 상대방을 걱정하는 생색내기로 기각해 버리는 것은 전적으로 부적절한 것이다. 그것의 축자적인 첫 번째의 의도 층위가 "진지하게 의도된" 것이 아니라 할지라도, 즉 내가 당신의 안부에 진짜로 관심이 있는 것이 아닐지라도, 그 질문은 정상적이고 우호적인 소통을 당신과 하려고 한다는 나의 절대적으로 "성의 있는" 의도를 보여 주는 것이다.

과의 동일화가 아니라 동일화의 바로 그 제스처와의 동일화를 지칭하지 않는가? 우리가 "나는 x(아메리카, 사회주의 등등)를 믿는다"고 말할 때 그것의 궁극적 의미는 순수한 상호주체성이다. 그것은, 나는 내가 혼자가 아님을 믿는다는 것을 의미한다. x를 믿는 다른 사람들도 있다는 것을 나는 믿는다는 것을 말이다. 이데올로기적 대의[원인]는, 엄밀한 의미에서, 그것의 주체들의 편에서 그것에 퍼부어진 믿음의 효과인 것이다.[45]

알려지지 않은 것과의 "촉박한" 동일화의 이 역설은 라캉이 남근적 (부성적) 기표를 기표의 결여의 기표로서 규정할 때 염두에 두고 있는 것이다. 기표의 결여가 결여의 기표로 이처럼 역전되는 것이 일부러 고안된 책략처럼 보인다면, 전설적인 아프리카계 미국인 지도자 말콤 X의 이야기를 상기하는 것으로 충분하다. 여기 스파이크 리의 영화 <말콤 X>와 관련한 『뉴욕 타임즈』 기사의 발췌가 있다. 그리고 분명 『뉴욕 타임즈』를 라캉적으로 경도되었다고 비난할 수는 없을 것이다.

> X는 알려지지 않은 것을 나타낸다. 아프리카계 미국인의 알려지지 않은 언어, 종교, 조상, 문화. X는 노예 주인에 의해 노예들에게 주어진 최후의 이름에 대한 대체물이다. …… "X"는 실험, 위험, 독약, 외설, 그리고 마약의 황홀경을 가리킬 수 있다. 그것은 또한 자신의 이름을 쓸 수 없는 사람의 서명이기도 하다. …… 아이러니

45) 히치콕의 영화에서 그와 같은 요소는 그 유명한 "맥거핀"—그 자체로는 "전혀 아무것도 아닌 것"임에도 불구하고 내러티브를 작동시키는 비밀—이다. 그것의 의미는 순전히 자기지칭적이다. 그것은 내러티브에 연루된 주체가 그것에 의미를 귀속시킨다는 사실로 귀결된다.

> 한 것은 말콤 X가, 네이션 오브 이슬람[46]의 흑인들이나 1960년대의 다른 많은 흑인들처럼, (이제는 그의 정체성을 나타내는 것으로서 여겨지는) 그 문자를 정체성의 결여의 표현으로 취했다는 것이다.[47]

말콤 X의 제스처는, 그러니까 부과된 성姓, 즉 아버지의 이름을 알려지지 않은 것의 상징으로 교체하는 그의 행위는, 겉보기보다 훨씬 더 복잡하다. 우리가 피해야만 하는 것은 "잃어버린 기원에 대한 탐색"이라는 덫에 걸려드는 일이다. 말콤 X의 제스처를 잃어버린 기원에 대한(흑인들이 노예 상인들 때문에 그들의 원래 환경에서 떨어지게 될 때 상실한 "진정한" 아프리카 종족 정체성에 대한) 갈망의 단순한 사례로 환원할 경우 우리는 전적으로 요점을 놓치게 된다. 오히려 요점은 잃어버린 기원에 대한 이러한 참조가 주체로 하여금 부과된 상징적 정체성의 손아귀에서 벗어날 수 있게 해 주고 "자유를 선택"할 수 있게, 고정된 정체성의 결여를 선택할 수 있게 해 준다는 것이다. 공백으로서의 X는 모든 실정적인 상징적 정체성을 초과한다. 그것의 틈새가 출현할 때 우리는 그 어떤 새로운 상징적 정체성으로도 메울 수 없는 "실험, 위험, 독약, 외설, 그리고 마약의 황홀경"의 환상 영역에 있는 우리 자신을 발견하게 된다.

그렇지만 추가해야 할 요점이 있다. 즉 알려지지 않은 것과의

46) [월러스 파드 무하마드가 창설한 영적·정치적 흑인 무슬림 운동을 가리킨다.]

47) Phil Patton, "Marketers Battle for the Right to Profit from Malcolm's 'X'", *New York Times*, Monday, November 8, 1992, B1 and 4.

동일화는, 예외이기는커녕, 상징적 동일화 그 자체에 대해 구성적인 특징을 드러낸다. 모든 상징적 동일화는 궁극적으로 X와의 동일화이며, 알려지지 않은 내용을 나타내는 "텅 빈" 기표와의 동일화다. 즉 그것은 우리로 하여금 정체성[동일성]의 결여에 대한 바로 그 상징과 동일화하도록 만든다. 아버지의 이름, 즉 상징적 정체성의 최고 기표는 라캉이 되풀이해서 강조하고 있는 것처럼 "기의 없는 기표"다. 말콤 X와 관련해서 이것이 의미하는 바는, X가 비록 잃어버린 아프리카 기원들을 나타내는 것으로 의도되었지만 그와 동시에 그 기원들의 회복 불가능한 상실을 나타낸다는 것이다. 우리 자신을 X와 동일화함으로써 우리는 기원들의 상실을 "완성"하는 것이다. 그러므로 아이러니한 것은 "모성적" 기원들로 되돌아가는, 즉 그 기원들에 대한 우리의 헌신을 표시하는 바로 그 행위를 통해서 우리가 그것들을 되돌이킬 수 없이 단념한다는 것이다. 혹은 라캉식으로 말하자면, 말콤 X의 제스처는 가장 순수한 오이디푸스적 제스처다. 어머니의 욕망을 아버지의 이름으로 대체하는 제스처 말이다.[48]

---

48) 여기서 라캉의 오이디푸스 개념은 부분 충동들의 다형도착에 수로水路를 내주고 그것을 길들이는, 그 충동들을 아버지-어머니-아이라는 프로크루스테스적인 삼각형에 억지로 끼워 맞추는, "억압적" 힘으로서의 오이디푸스라는 "반오이디푸스적" 개념에 대립되는 것이다. 라캉에게 "오이디푸스"(즉 아버지의 이름의 부과)는 "탈영토화"의 순수하게 부정적인 논리적 연산자다(*Nom-du-Pere*와 *Non-du-Pere*라는 동음어에 대한 그의 프랑스어 말장난을 볼 것). "아버지의 이름"은 모든 욕망의 대상을 결여의 기호로 낙인찍는, 즉 모든 획득가능한 대상을 결여의 환유로 바꾸어 놓는 기능이다. 모든 실정적 대상과 관련하여 우리는 "그건 그게 아니다!"를 경험한다(그리고 근친상간적 대상으로서의 "어머니"는 이 동일한 작용의 역전에 다름 아니다. 모든 주어진 대상에서 빠져 있는 x에 대한 이름 말이다). 여기서 도움이 될 수 있는 것은 "단어의 의미는 그것의 사용이다"라고 하는 비트겐슈타인적 모토를 참조하는 것이다. 부성적 은유로서의 "아버지"는, 오로지 그리고 단순히, 모든 욕망의 대상의 배경에 잠복해 있는 이 틈새를 도입하기 위해서 사용된다. 그러므로 우리는 아버지의 위압적 현존에 매혹되지 말아야

$$\frac{\text{아버지의 이름}}{\text{어머니의 욕망}}$$

여기서 핵심적인 것은 아버지의 이름의 잠재적virtual 성격이다. 부성적 은유는 잠재적 의미를 열어 놓는다는 의미에서 "X"이다. 그것은 가능한 모든 미래의 의미들을 나타낸다. 상징적 질서에 내포된 이 잠재적 성격과 관련하여, 그것이 자본주의 금융시스템과 유사하다는 사실은 가르쳐주는 바가 크다. 케인즈 이후로 우리가 알고 있는 것이지만, 자본주의 경제는 매우 정확한 의미에서 "잠재적"이다. 케인즈가 좋아했던 좌우명은, 장기적으로 볼 때 우리 모두는 죽어 있다는 것이었다. 자본주의 경제의 역설은 (잠재적) 미래로부터의 차용이, 즉 "실제적" 가치로 "담보되지 않은" 화폐 인쇄가 실제적 효과(성장)를 낳을 수 있다는 것이다. 케인즈를 현실적 "계정 청산"(신용대부의 상황, "미래로부터의 차용"의 폐지)을 선호하는 경제적 "원리주의자들"과 구별하는 결정적인 차이는 바로 여기 있다. 케인즈의 요점은 "담보되지 않은" 화폐를 통한 "부자연스러운" 신용대부나 인플레이션이나 국가 지출이 현실적 경제성장을 초래하는 추동을 제공할 수 있어 궁극적으로 훨씬 더 높은 경제적 번영의 수준에서 계정 청산에 이르는 균형을 달성할 수 있게 해 준다는 데 불과한 것이 아니다. 케인즈는 어떤 최종적 "계정 청산"의 순간이 재앙일지도 모른다는 것, 체계 전체

한다. 아버지의 실정적 형상은 이 상징적 기능을 체현할 뿐이다. 그것의 요구들을 결코 충족시키지 못하면서 말이다.

가 붕괴될 수도 있다는 것을 인정한다. 하지만 경제정책의 기술은 정확히, 잠재적 게임을 연장하고 그리하여 최종적 청산의 순간을 무한히 연기하는 것이다. 바로 이러한 의미에서 자본주의는 "잠재적" 체계다. 그것은 순전히 잠재적인 회계를 통해 지탱된다. 즉 그것은 결코 청산될 수 없는 방식으로 빚을 지게 된다. 그렇지만 비록 순전히 허구적이긴 해도 이 "균형"은 체계가 생존하기 위해서는 일종의 칸트적인 "규제적 이념"으로서 보존되어야만 한다. 엄격한 통화수의자들뿐 아니라 마르크스 역시 케인즈에 반反해 주장하는 것은 더 빠르든 늦든 언젠가는 우리가 현실적으로 "계정 청산"을 하고 빚을 상환하고 그리하여 체계를 본연의 "자연스러운" 토대 위에 올려놓아야 할 순간이 도래할 것이라는 확신이다.[49] 상징적 질서라는 개념 그 자체에 속하는 빚이라는 라캉의 개념은 이 자본주의적 빚과 엄밀히 상동적이다. 의미 그 자체는 결코 "본연의" 것이 아니다. 그것은 언제나 미리 지불된 것이며, "미래로부터 차용된" 것이다. 그것은 잠재적인 미래의 의미의 계정에 의지해 살아간다. 수백만의 목숨에 대한 희생을 포함하는 현재의 행위들을 이 행위로 이룩될 미래의 공산주의적 낙원을 참조하여 정당화함으로써 악순환에 사로잡히는, 즉 유익한 미래의 결과들을 현재의 잔학들을 사후적으로 구제하는 그 무엇으로서 인용하는 스탈린주의 공산주의자들은 의미 그 자체의 기저의 시간적 구조를 단순히 가시화하는 것일 뿐이다.

---

49) 자본주의 경제의 이 잠재적 성격에 대해서는 Brian Rotman, *Signifying Nothing* (London: Macmillan, 1987) 참조.

2부

에르고: 변증법적 부당도출

3. 근본악 및 관련 문제들에 대해서

"칸트를 벤섬과 더불어"

칸트의 순수이성의 이율배반들이 철학적 상투어의 지위를 누리면서 더 이상 철학적 건축물 전체에 대한 위협으로 지각되지 않은 지 오래인 오늘날, 키르케고르식 표현으로 그것들을 "생성 중에서" 상상해 보고 원래의 추문적 충격을 되살리는 데는 상당한 노력이 요구된다. 이러한 목표를 달성하기 위한 한 가지 방법은 이율배반들이 거대한 우주질서적 대립들—음/양, 남/녀, 빛/어둠, 척력/인력 등등—의 논리와 어떻게 다른지에 집중해 보는 것이다. 양극적 원리들의 긴장에 생명력이 달려 있는 유기체로서의 우주라는 개념에는 아무런 전복적인 것이 없다. 하지만 칸트가 염두에 두었던 것은 전혀 다른 무엇이었으며, 비교할 수 없을 정도로 훨씬 더 불안한 무엇이었다: 전체로서의 우주를 일관된 방식으로 상상할 길은 전혀 없다, 다시 말해서 그렇게 하자마자 우리는 전체로서의 우주에 대한 두 개의 이율배반적, 상호배타적 판본을 얻게 된다. 그리고—앞으로 증명하려는 것이지만—성적 차이는 바로 여기서, 이 이율배반 속에서 작동하고 있다. 성을 규정하는 적대적 긴장은 두 우주질서적 힘들(음/양 등등)의 양극적 대립이 아니라, 전체로서의 우주를 일관되게 상상할 수조차 없게 하는 어떤 균열이다. 성은 우주의 비존재라는 최고의 존재론적 추문을 가리킨다.

칸트적 이율배반들의 추문적 충격에 대해 분명하게 알기 위해서 필립 딕의 공상과학 소설 『뒤틀린 시간』을 생각해보자. 이야기는 (실제로 소설이 씌어진) 1950년대 말 미국의 한 전형적인 작은 마을에서 일어나는 것처럼 보인다. 일련의 이상한 경험들(예컨대 주인공이 예기치 않게 집 뒤뜰로 돌아올 때, 거기서 그는 일 분 전에 거기에 있었던 대상—정원 벤치—대신에, 마그리트의 유명한 그림에서처럼 "벤치"라고 쓰인 종이를 발견한다)은 주인공으로 하여금 실제로 일어나고 있는 그 무언가에 한 걸음 한 걸음씩 다가갈 수 있게 해준다. 즉 그는 1970년대에 살고 있으며, 어떤 정체 모를 정부 기관이 그를 세뇌시켜서 어떤 과학적 가설을 시험하기 위해서 그를 인공적으로 재창조된 1950년대 마을에 재정착시켰다. (KGB에 관한 신화들 중 하나는, 그들이 우크라이나 평원 어딘가에 미국의 전형적인 작은 마을의 정확한 복제물을 실제로 지어서 장차 비밀 요원이 될 사람들이 일상적인 미국 생활에 익숙

해질 수 있게 했다는 것이다.) 정신분석 이론은 누락된 대상을 대신하면서 현실 속의 틈새를 메우는 그와 같은 종이에 대한 정확한 용어를 가지고 있다: *Vorstellungs-Repraesentanz*, 즉 누락된 표상의 기표적 대리물.[1]

그리고 초월적 구성에 관한 칸트의 이론은 이와 아주 유사한 어떤 것에 해당한다. 다시 말해서, 우리의 "현실 감각"—통상 우리가 우리의 "상식적 리얼리즘"으로 지칭하는 무엇—의 근본적 특징은 무엇인가? 우리는 우리의 시각장과 비가시적인 그 너머 사이의 연속성을 자동적으로 가정한다. 내가 현실상의 집의 정면을 볼 때 나는 그 동일한 집이—비록 지금 이 순간 지각하지는 않지만—뒷면을 가지고 있다는 것을, 그 뒤에 다른 집이나 풍경 같은 것 등이 있다는 것을 자동적으로 가정한다. 요컨대 우리 인간이 그 자체로 하나의 (유한하거나 무한한) 전체로서 존재하는 세계의 일부라고 하는 것은 우리의 "상식적 리얼리즘"의 내속적 일부이다. 반대로 칸트의 기본 전제는, 우리를 그 일부로서 포함하고 있는 존재자들의 총체로서의 "우주"는 존재하지 않는다는 것이다. 우리의 가능한 현상적 경험의 한계 너머에서 범주들(우리가

---

1) 여기서 우리는 "1950년대"라는 관념에 내재된 역사적 긴장을 고려에서 빠뜨렸다. 프레드릭 제임슨이 지적했듯이, 이 긴장은 그 소설의 이데올로기적 배경에 대한 열쇠를 제공한다(Fredric Jameson, "Nostalgia for the Present", in *Postmodernism* [Durham: Durk University Press, 1991] 참조). 그 "1950년대 작은 마을"의 비역사적 특성은 서부적 배경을 상기시킨다. 서부극은 사람들과 그들의 주거지의, 자연과 문화의 불일치를 폐지하는 데 성공했으며, 이는 다른 모든 "역사적" 장르들의 "신빙성"을 약화시킨다. 카우보이 의상은 우스꽝스러운 복장으로 경험되지 않으며, 자연 환경에 "자연스럽게" 섞여 들어간다. 그리하여 서부는 현대 미국의 일종의 무시간적 과거이다. 카우보이는 현 문화의 "자연적인" 어떤 것이다. 즉 그것은 세련됨의 소외를 벗어던지고 자신의 "진정한 자연본성" 속에서 드러나는 현대 시민이다. 그리하여 서부는 가장 순수한 이데올로기이다.

"현실"로서 경험하는 것에 대해 구성적인, 사고의 선험적 형식들)을 사용하는 것은 언제나 위법적이라고 하는 그의 테제의 궁극적 의미는 거기에 있는 것이다. "우주"를 사물 자체들의 총체로서 상상하려는 순간, 우리의 이성은 화해불가능한 이율배반들에 얽히게 된다. 여기서 특별히 염두에 두어야 하는 것은 칸트와 전통적 회의주의의 차이이다. 칸트의 요점은 사물 자체들에 관한 단순한 의심, 즉 우리의 경험이 현상에 제한되기 때문에 우리는 사물 자체들이 현상들과 동일한 심급의 것인지를 결코 확신할 수 없다는 사실이 아니다. 칸트의 이율배반들의 요점 일체는, 사물 자체들이 현상들과 동일한 본성의 것일 수 없다는 것을 우리가 적극적으로 증명할 수 있다는 것이다: 현상들은 초월적 범주들에 의해 구성되며 현상들의 직조는 초월적 범주들에 의해 구조화된다; 이 범주들을 사물 자체들에, 결코 가능한 경험의 대상이 될 수 없는 어떤 것에 적용하는 순간 이율배반이 출현한다. 그렇지만 핵심적 요점은 이 우주라는 환영이 우리가 "사실주의적으로" 폐기할 수 있는 어떤 것이 아니며, 우리의 경험이 일관성을 유지하기 위해서는 필연적이고 불가피하다는 것이다. 만일 내가 세계 안에 있는 대상들을 그 자체로 존재하는 존재자들로서 나 자신에게 표상하지 않는다면, 만일 내가 지각하는 것을 어떤 현실 그 자체의 부분적 측면으로서 파악하지 않는다면—예컨대 만일 내가 지금 보는 집이 정면에 상응하는 뒷면을 가지고 있다고 가정하지 않는다면—나의 지각장은 비일관적이고 무의미한 뒤죽박죽으로 붕괴되고 만다.[2] (딕의 『뒤틀린 시간』에서처럼) 현실의 틈새들을 메우는 종이가 없다면, 현실 그 자체는 붕괴된다. 이 종이에 대한 칸트적 이름은 "초월적 이념"이다. 따라서 칸트의 초월적 전회를 경유하여, 현실 그 자체는 가상화되며, 인공물이 되며, 오늘날의 컴퓨터 과학에서 획득된 바로 그 의미에서의 "가상현실"이 된다. 그리고 라캉적 실재는, 정확히, 이 "가상화"에 굴복하지 않는, 초월적 인공물이 아닌 견고한 중핵을 지칭한다. 이와 같은 현실의 가상화의 추문적 성격은 칸트를 "벤섬과 더불어" 읽을 때, 즉 벤섬의 허구 이론을 배경으로 해서 읽을 때 분명해진다.

라캉은, 그의 "글들écrits" 가운데 한 편의 제목—"칸트를 사드와 더불어"—이 지시하듯, 사드를 칸트적 윤리의 진리로서 파악할 것을 제안한다. 칸트 자신은 볼 수 없었던 칸트의 윤리적 혁명의 핵심을 파악하기 위해서 우리는 칸트를 "사드와 더불어" 읽어야만 한다. 필연적인 초월적 가상*Schein*에 관한 칸트의 이론과 라캉의 반복적 참조점 가운데 역시 하나였던 벤섬의 허구 이론 사이에는 상동적인 연계가 있다.[3] 최초의 접근에서 "칸트를 벤섬과 더불어"는 "칸트를 사드와 더불어"에 못지않게 터무니없어 보인다. 한편으로 "속류적" 공리주의가 있고 다른 한편으로 의무를 위해 의무를 다하는 숭고한 윤리가 있는 것이다. 그렇지만 아마도 "칸트=벤섬"은, "칸트=사드"라는 등식과 더불어, 가장 숭고한 것과 가장 저열한 것의 일치를 단언하는 헤겔적 "무한 판단"("정신은

2) 워드프로세서 스크린에 대한 흔한 경험을 떠올려보는 것으로 족하다. 텍스트를 위아래로 움직이면서 우리는 텍스트 자체가 우리 눈앞에서 "이동한다"고 자동적으로 상상한다. 우리는 예컨대 금방 위에서 스크린으로 들어온 그 행이 이전에는 스크린 "위"의 상상적 공간에 있었다고 가정한다. 물론 실제로 그것은 우리의 시각장, 즉 스크린 창에 들어오는 바로 그 순간 "창조된" 것이다.

3) "A Fragment on Ontology", in *Works*, vol. 8. pp. 195-211 참조.

뼈다")의 사례로서 이해될 수 있을 것이다. 윤리의, "실천 이성"의 영역 내에서 벤섬은, 아마도, 흄이 이론적 이성의 영역에서 실현했던 것과 동일한 "정화"를 성취함으로써 칸트적 혁명을 위한 토대를 준비한 것이다. 다시 말해서, 벤섬의 공리주의의 근본적 명제를 구성하는 것은 무엇인가? 선에 대한 도구적 정의: 어떤 것이 "좋다"라고 말하는 것은 그것이 유용하다고, 그것이 어떤 목적에 이바지한다고 확언하는 것을 의미한다. 벤섬에 따르면 "선 그 자체"라는 개념은 말이 되지 않는 것이며 자기모순적인 것이다. 그리하여, 선의 영역에서 모든 실체적 내용을 비워냄으로써 벤섬은 목적 그 자체로서의 최고선이라는 어떤 실체적이고 실정적인 개념에 토대를 둔 모든 윤리학의 뿌리를 잘랐다. 그리하여 칸트적 혁명을 위한 문이 열렸는데, 그것의 출발점은 바로, 가능한 경험의 장 내에서 선 그 자체를 정의하는 것의 불가능성이다. 따라서 남아 있는 가능성 전부는 선을 형식의 층위에서, 우리 의지의 보편적 형식으로서 파악하는 것이다.

칸트를 벤섬의 허구 이론을 통해 읽는 것은 이론적으로 한층 더 도발적이다. 벤섬은 법적 담화를 분석함으로써 허구 개념에 도달했다. 법적 담화가 기능하기 위해서는 명백히 허구적인 지위를 갖는 존재자들의 어떤 전 계열을 가정해야만 한다. 법인이라는 개념(이는 어떤 조직체를 살아 있는 인간처럼 취급할 수 있게 해주며, 피와 살이 있는 개인들에게만 사실상 관련되는 속성들을 그것에 귀속시킨다), 기원적 "사회 계약"이라는 개념(이는 법에 종속된 개인들을 결코 실제로 계약을 맺은 적이 없음에도 불구하고 계약에 의해 묶여 있는 것인 양 취급할 수 있게 해준다) 등에서 시작해서 법에 대한 무지가 죄를 면해주지는 않는다고 하는 근본적 전제(내가 법을 어길 때 나는 무엇이 금지되어 있는지를 알지 못했다는 사실을 구실로 들 수 없다: 우리는 법전 전체에 대한 지식을 모든 주체에게 귀속시켜야 한다—이러한 허구가 없다면 법 체계 전체는 붕괴하고 만다)에 이르기까지. 법적 담화의 이와 같은 특이성들에 대해 벤섬의 최초의 반응은 물론 계몽된 경험주의자의 반응이었다: 허구들은 법률가들이 사물들의 현실적 상태를 흐려놓고 그리하여 피해갈 수 없는 그들 나름의 중개적 역할을 사람들에게 부과하기 위해서 꾸며낸 것이다(종교에 대한 초기 계몽주의의 "속류적" 이론이 이와 유사한데, 이 이론에 따르면 종교는 성직자들이 자신들의 권력과/이나 그들이 섬기는 자들의 권력을 유지할 목적으로 꾸며낸 허구이다).[4] 바로 이렇게 하여 벤섬은 허구들을 허구의 실제 성분으로 환원시키는, 즉 어떻게 허구라는 것이 우리의 실제 경험의 요소들의 그릇된 합성으로부터 출현하는가를 입증하는 과제에 도달했다. "모든 허구적 존재자들은 어떤 실제 존재자와 어떤 관계를 맺고 있으며, 그 관계가 지각되는—그 관계의 개념이 획득되는—한에서가 아닌 다른 방식으로 이해될 수는 없다."[5] 더 나아가 벤섬은 허구적 존재자들을 "일 단계", "이 단계" 등등으로 구별한다. 요컨대 그는 나중에 분석철학 초기의 영웅적 시기("비엔나 학파")에 그 가장 근본적인 판본이 발견될 것이었던

---

4) "사제들과 법률가들에 의해서 허구는, 어떤 형태로 사용되어왔건, 그 목적이나 결과나 그 둘 다를 위해서 기만해야만 했으며, 기만에 의해서 지배해야만 했으며, 지배에 의해서 받는 편을 희생시키면서 주는 편의 실재적이거나 가정된 이익을 증진시켜야만 했다"(같은 글, p. 199).

5) 같은 글, p. 197.

어떤 조작—현실적 경험과의 접촉을 보장해주는 어떤 원소적 형태로부터 적법한 방식으로 도출된 명제들("감각자료"를 보고하는 "프로토콜 명제", 등등)만을 유의미한 것으로 받아들이기—의 윤곽을 그린 최초의 인물이었다.

그렇지만 곧 문제는 복잡해졌으며, 그 가운데 가장 흥미로운 측면은 바로 어떻게 사물들이 그토록 뒤얽히는가 하는 것이다. 핵심 계기는 벤섬이 두 종류의 허구를 구분하지 않을 수 없었을 때 찾아왔다: 허구적 존재자와 상상적(꾸며낸*fabulous*) 존재자. "계약"과 "황금 산"은 분명 동일한 종류의 존재자가 아니다. 전자는 허구적일지라도("실제로 존재하는" 것은 이 허구에 의해 규정되고 구성되는 행위들뿐이다) 상상적일 것은 아무것도 없다. 그것은 나의 정신에 의해 "꾸며낸" 상상적 표상이 아니며, 더 나아가 바로 그 허구의 능력을 통해서 일련의 "실제" 효과들을 초래하는 도구로서 이바지한다("계약"은 나로 하여금 "의무"라고 하는 허구적 항으로 이루어지는 실제 행위를 이행하도록 강제하며, "손해"라고 하는 허구적 항으로 이루어지는 또 다른 종류의 실제 효과가 나에게 발생한다). 그렇지만 "황금 산"은 감성적 현실에 훨씬 더 가깝다. 그것의 기원을 드러내는 데 아무런 어려움도 없으나(그것은 두 가지 실재적 표상인 산의 표상과 황금의 표상을 결합하고 있다), 어떤 의미에서 그것은 "계약"보다 "덜 실재적"인데, 왜냐하면 그것은 분명 존재하지 않는 어떤 것을, 즉 우리 상상력의 산물인 어떤 것을 묘사하고 있기 때문이다. 이 두 종류의 존재자를 뒤섞지 않기 위해서 벤섬은 허구적 존재자(계약, 의무, 법인)와 상상적 비존재자(유니콘, 황금 산)의 차이를 끌어들였다. 이런 식으로 그는 상징계와 상상계라는 라캉적 구분을 용어 이전에 만들어냈다. 허구적 존재자들은 상징적인 것의 영역을 구성하는 반면에 "유니콘" 등등은 상상적인 꾸며낸 것들이다.[6] 비록 벤섬이 허구들을 허구의 실제 성분들로 환원하려는 자신의 프로그램을 고수하긴 했지만 그럼에도 불구하고 그는 엄밀한 의미에서의 허구들의 경우, 즉 상상적 비존재자들에 대립되는 허구들의 경우 이러한 환원이 수행될 수 없다는 것을 인정해야만 했다.

이러한 곤궁들과 여타의 유사한 곤궁들로 인해 결국 벤섬은 허구들이 언어("담화") 그 자체에 내속적이라는 결론을 내리게 되었다. 허구적 존재자들을 이용하지 않고서는 말하는 것이 가능하지 않다. "언어에게만—오로지 언어에게만—허구적 존재자들은 자신들의 존재를 빚지고 있다. 자신들의 불가능한, 하지만 없어서는 안 될 존재를 말이다."[7] 여기서 벤섬이 염두에 두고 있는 것은 "계약" 같은 법률적-규범적 개념만이 아니라, 오히려 그 무엇보다도, 그 기원적이고 실재적인 지위에서 어떤 사물이나 그 사물을 내포하는 어떤 과정의 한낱 속성에 불과한 어떤 것을 실체화하는 언어의 내재적 성향이다. "물은 흐른다"는 "물의 흐름"이 된다(비록 "흐름"은 그 어떤 실체적 실재성도 소유하고 있지 않지만 말이다). "이 탁자는 무겁다"는 "탁자의 무게"가 된다. 기타 등등. 요컨대 허구들은 "모든 언어에서, 담화를 위해, 존재하는 것으로서 말

---

6) "허구적인 것은 사실상 그 본질에 있어서 기만하는 어떤 것이 아니라 정확히 내가 상징적인 것이라고 부르는 그 무엇입니다"(*The Ethics of Psychoanalysis*, 1959-1960, *The Seminar of Jacques Lacan*, book 7, ed. Jacques-Alain Miller [London: Routledge/Tavistock, 1992], p. 12).

7) Bentham, "A Fragment on Ontology", p. 198.

해져야 하는 그러한 유형의 대상들"[8]인 것이다. 벤섬은 이 물신주의적 분열("나는 허구들이 비실재적이라는 것을 알아. 하지만 그럼에도 불구하고 나는 그것들이 실재적 대상인 것인 양 그것들에 대해 말한다")에서 면제될 수 있을 것이라는 망상을 피해갈 만큼 예민했다. 일관되고도 분별 있는 방식으로 현실에 관해 말하고자 한다면 우리는 허구에 의지해야만 하는 것이다. "따라서 장소를 가지고 있거나 우리 마음속에 생겨나는 그 어떤 것에 대해서도, 허구의 방식이 아니고서는 말할 수 없으며 또한 사실상 생각할 수도 없다."[9] 다시 말해서, 벤섬은 진리가 허구의 구조를 가지고 있다는 것을 깨달은 최초의 인물이었다고 주장했을 때 라캉은 전적으로 정당했다. 진리의 차원은 허구에 의한 지탱 없이는 일관성을 상실하는 담화의 질서에 의해 열리는 것이다.

그리하여 벤섬은 데리다적 분석을 위한 이상적 재료를 제공하는 전진과 퇴각과 타협의 전 계열을 동원하지 않을 수가 없었다. 자신의 이론적 건축물의 일관성을 구제하기 위해서 그는 새로운 보충적 구분들(허구적 존재자와 상상적 존재자의 구분 등)을 도입해야 했다. 그리고 허구라는 바로 그 개념은 환원불가능한 애매성으로 표식되어 있다(그것은 중립적 함의와 경멸적 함의 사이에서 끊임없이 동요한다. 즉 허구들은 때로는 모든 악의 원천으로, 억제되어야 할 혼동의 원천으로 취급되기도 하고, 때로는 없어서는 안 될 도구로 취급되기도 한다).[10] 이러한 곤란들의 기저에 놓여

8) 같은 곳.

9) 같은 글, p. 199.

10) 벤섬의 허구 이론에 대한 명료한 설명은 Ross Harrison, *Bentham* (London: Routledge and Kegan

있는 것은 벤섬과 칸트 양자 모두에게 공통된 곤궁이다. 현실을 허구와(벤섬의 경우 실재적 존재자들의 이름을 허구들의 이름과, 칸트의 경우 현실 구성에서의 초월적 범주들의 적법한 사용을 "초월적 가상"을 초래하는 불법적 사용과) 구분하는 것은 가능하지만, 허구와 가상을 포기하자마자 우리는 현실 그 자체를 상실한다. 현실에서 허구를 빼는 순간, 현실 그 자체가 그 담화적-논리적 일관성을 상실한다. 이 허구들에 대한 칸트의 명칭은 물론 "초월적 이념들"인데, 그것들의 지위는 구성적이지 않으며 단지 규제적이다. 이념들은 단지 현실에 더해지는 것이 아니라, 말 그대로 현실을 보충한다. 객관적 현실에 대한 우리의 인식은 이념들을 참조함으로써만 일관적이고 유의미해질 수 있다. 요컨대 이념들은 우리 이성이 유효하게 작동하는 데 없어서는 안 되는 것이다. 그것들은 "자연스러운 불가피한 환영"(*CPR*, A298)이다. 이념들이 가능한 경험 너머에 존재하는 사물들을 가리킨다는 환영은 "인간 이성에서 몰아낼 수 없게끔 부착되어" 있다. 그 자체로 그것은 "그것의 기만성을 들춰낸 후에도" 지속된다("상품물신주의"는 그것의 논리가 이론적으로 폭로된 이후에도 현실적 생을 지속한다는 마르크스의 그 유명한 경고에서와 마찬가지로 말이다).[11]

Paul, 1983) 2-4장 참조.

11) 스피노자에게서도 이와 유사한 환영과 진리의 "매개"를 발견한다. 확실히 벤섬의 것과는 다른 맥락에서 스피노자는 허구가 진리와 단순한 거짓 사이에 놓인 앎의 한 규정적 양태라는 제안을 했다. 허구는 적합한 관념으로 오해되기보다는 오히려 비진리임을 알면서도 받아들여지는 비진리를 내포한다. (이후에 피에르 마슈레는 문학에 대한 자신의 알튀세르적인 세공작업에서 이와 같은 스피노자적인 허구 개념에 의존한다. 그는 문학—문학적 허구—을 아직 과학적 앎이 아니지만 그럼에도 불구하고 우리가 상상적 경험 속의 몰입과 거리를 둘 수 있도록 해주는 어떤 특별한 앎의 양태로 보았다.) 이와 같이 중개적인 허구 개념은 스피노자가

환영과 현실

라캉이 현실의 "불안정한" 지위에 대해 말할 때 그는 현실의 환상-틀로서의 바로 이 "초월적 가상"을 염두에 두고 있다. 여기서 라캉의 프로이트 독해는 매우 미세한 뉘앙스를 지니고 있으므로, 그것의 강세를 놓치지 않도록 유의해야만 한다. 실로 "현실"은 "현실성 검사"를 통해 형성된다. 이를 통해 주체는 욕망의 환각적 대상과 지각된 현실적 대상을 구분한다. 하지만 주체는 환각적 환상적 현실을 전적으로 배제할 수 있도록 해줄 중립적 자리를 결코 점할 수 없다. 다시 말해서, "현실"이 "현실성 검사"를 통해 결정된다고 하더라도 현실의 틀은 환각적 환상의 잔여물에 의해 구조화된다. 우리의 "현실감"의 궁극적 보증물은 우리가 "현실"로서 경험하는 것이 어떻게 환상-틀에 조응하는가에 달려 있다. (이에 대한 궁극적 증거는 "현실의 상실"에 대한 경험이다. 외상적 성격으로 인해 우리의 상징적 우주 속에 통합될 수 없는 어떤

오류에서 진리로의 이행을 파악하는 방식을 규정한다. 우리는 진리에 대한 직접적 통찰에 근거해서 오류를 폭로하는 것이 아니다. 반대로 우리는 우리가 오류를 범하도록 한 바로 그 이유들에 대한 분석을 통해 진리에 도달한다. 진리는 엄밀한 의미에서 오류의 진리이다. 즉 오류를 낳은 과정에 대한 통찰이다. "오류의 이러한 근원들에 대항하여 정신이 유일하게 의지할 수 있는 것은 그것들을 초래하는 조건들—역사적, 인과적, 혹은 언어적 요인들—을 파악하고, 그로써 "수동적" 이해를 "능동적" 이해로 전환하는 종류의 이성적 파악을 성취하는 것이다"(Christopher Norris, *Spinoza and the Origins of Modern Critical Theory* [Oxford: Blackwell, 1991], p. 245). 이는 "허위의 관념이나 허구적인 관념은…… 그것들을 허위 혹은 허구라고 부를 만한 적극적인 것을 전혀 포함하지 않고 있으며 오직 인식의 결함으로부터만 허위 또는 허구로 고찰된다"("On the Improvement of the Understanding", in *The Chief Works of Benedict de Spinoza* [New York: Dover, 1951]), p. 18)라고 하는 스피노자의 근본 전제에서 따라나온다. 허구적 관념의 허구성은 그것을 그것 고유의 맥락에 위치시킴으로써 그것에 대한 참된 인식을 획득하는 순간 폭로된다.

것과 조우할 때 우리의 "세계는 붕괴된다.)[12]

이러한 의미에서 현실의 지위는 실로 불안정하다. 그것은 현실성 검사와 환상-틀 사이의 미세한 균형에 달려 있다. 칸트의 비판은 유령을 눈으로 본다거나 죽은 자와 소통한다거나 아니면 초감성적인 영혼들의 영역과 직접적으로(다시 말해서: 직관적으로) 접촉한다거나 하는 것에 관한 스베덴보리의 환영들을 논박함으로써 형성되었다. 그와 같은 광신적 "유령 보기"와 라이프니츠적인 합리주의 형이상학 사이의 평행관계에 관한 칸트의 "독창적 통찰"은 그의 철학의 우연적인 역사적 기원들에 관한 문제 이상이다. 명쾌한 해석가들에 의해 지적되었듯이, 광신적인 시령자의 망상은 칸트에게 끝까지 이성의 이념들의 모델로서 남았다. 그래서 처음에는, 칸트의 비판이 다음과 같은 역설적인 중간적 입장을 고집한다고 말하고만 싶어진다: 우리는 현상적 우주가 현실 그 자체이지 않다는 것을, "너머의 어떤 것"이 있다는 것을 알고 있고

---

12) 바로 이와 같은 것을 배경으로 해서 우리는 어느 순간에건 우리가 어떤 레버를 잡아당겨서 현실 전체의 붕괴 과정을 무심코 작동시킬 수도 있다는 표준적인 편집증적 관념을 위치지어야 한다. 예컨대 프로이트의 『꿈의 해석』에 나오는 배뇨 꿈이 그렇다. 아이의 고추에서 흘러나온 작은 물줄기가 불어나 거리에 개울을 만들고, 거리와 보도의 구분선은 강둑으로 변하고, 그 개울은 원양 여객선이 다니는 바다가 된다. 이 책의 저자[지젝]는 2년 전 파리에서 몹시도 호된 겨울날 이와 유사한 순간적인 "현실의 상실"을 경험한 적이 있다. 손잡이를 내려 변기의 물을 내리고 나서 세수변기toilet-sink의 수도꼭지에서 물이 조금씩 나오면서 천장에서 물방울이 떨어졌다. 그러다가 폭포수 같은 물줄기가 말 그대로 화장실 전체에 홍수를 이루었다. 물론 나의 첫 번째 반응은 "내가 무엇을 잘못했지?"였다. 왜 나는 저 바보 같은 손잡이를 내려야만 했지? (수수께끼의 답은 아주 간단했다. 호된 겨울 날씨로 인해 파이프의 물이 얼었고, 그래서 어떤 파이프는 파열되었다. 변기 손잡이를 내림으로써 나는 파이프 구멍을 통해서 새로 물이 나오게 만든 것이다.) 현실의 일부로 보이지만 너무 가깝게 접근할 때 현실 그 자체가 붕괴하고 마는 그러한 대상은 엄밀한 라캉적 의미에서의 대상이다. ["세수변기"는 변기 탱크 위에 세수대가 장착된 일본식 변기를 말한다. 깨끗한 물이 탱크 위에 있는 세수대 수도꼭지에서 나와 탱크로 흘러들어가게 되어 있다.]

증명할 수 있다, 하지만 이성(형이상학)도 직관(유령 보기)도 이 너머에 대한 접근을 제공할 수 없다. 우리가 할 수 있는 전부는, 우리의 인식을 예지적 영역으로 결코 확장하지 않는 채 현상들의 영역을 제약하면서, 너머의 텅 빈 자리를 윤곽짓는 것이다. 그렇지만, 바로 여기에 치명적인 오해가 도사리고 있다. 즉 칸트에게 "적절한 조치"의 태도를, 즉 현상들의 예지적 실재성을 받아들이는 소박한 실재론과 초감성적 영혼들과의 직접적 접촉을 가정하는 "유령 보기" 양자를 모두 피하는 태도를 귀속시킨다면 전적으로 요점을 놓치는 것이다. 문제는 우리의 가장 평범한 현실 경험이 그 일관성을 위해서 규제적 이념들, 가능한 경험 너머에 이르는 원칙들의 최소치 몫을 필요로 한다는 것이다. 다시 말해서 진짜 선택은 소박한 실재론과 망상적 유령 보기 사이의 선택이 아닌데, 왜냐하면 어떤 지점에서 그 둘은 동일한 편에 있기 때문이다. 혹은 라캉식으로 말하면, 그 어떤 현실도 그것의 환상적 지탱물 없이는 없다. 『유고집』에서 칸트는 (정확히 "망상적 창안물"이라는, 환각적 형성들의 잔여물이라는 의미에서의) 이념들이 현실에 대한 접근의 환상적 틀을 구성한다고 상당히 명시적으로 주장한다.

> 이념들은 순수 이성을 통해 선험적으로 창조된 상들(직관들)이다. 순수하게 주관적인 사고사물로서 그것들은 사물에 대한 인식 및 인식의 요소들에 앞선다. 그것들은 원형들이며, 스피노자는 이 원형에 따라서 모든 사물들은 신 안에서 보여져야 한다고 생각했다. …… 이념들, 자기-창조된 선험적 사고사물들(*entia rationis*)[은] …… 대상들에 대한 사고의 체계적 통일성의 원리들을 포함한다.

> 우리는 모든 대상들을 (스피노자에 따르면) 신 안에서 본다. 우리는 그것들의 실재성과 관련하여 그것들이 세계 속에서 조우되어야 한다고 말해도 좋을 것이다.[13)]

마지막 문장은 여기서 핵심적이다. 이념들이라는 "자기-창조된" 환상적 틀은 대상들의 바로 그 실재성의 궁극적 보증물이다. 이렇게 하여 (예지적 사물인 동시에 주관적 규제적 원리들이라는) 이념들의 애매한 지위는 새롭게 조명된다. 요점은 이러한 애매성을 칸트의 모순이나 비일관성으로 처리해버리는 것(통상 헤겔의 것이라고 잘못 귀속되는 비판)이 아니라 오히려 그 두 규정들을 함께, 이념의 외밀적인(친밀하게 외적인) 지위의 표지로서 읽는 것이다. "이념"은 예지적 사물이 가상*Schein*과, 구성된 현상적 현실 속에 그 어떤 자리도 없는 환영과 역설적이게도 직접적으로 일치하는 지점을 지칭한다. 사물*das Ding*이라는 프로이트의 개념에 처음부터 달라붙는 이와 유사한 애매성을 어떻게 여기서 떠올리지 않을 수 있겠는가? 사물은 "상처를 주는 그 무엇"이며, 환각적 대상들 둘레로의 쾌락-자아*Lust-Ich*의 폐쇄된 순환을 탈선시키고 쾌락-자아로 하여금 쾌락 원칙을 포기하고 "현실과 대결하도록" 강제하는 외적 외상적 X이다. 하지만 동시에 사물은 주체의 가장 내밀한 존재의 중핵이며, "외적 현실"에 대한 접근을 획득하기 위해서 희생해야만 하는 그 무엇이다. 그리고 동일한 근본적 애매성이 라캉적 실재를 규정한다는 것을 덧붙일 필요가 있을까?

---

13) J. N. Findlay, *Kant and the Transcendental Object* (Oxford: Clarendon Press, 1981), p. 274에서 인용.

"당신을 문 개의 털"[14)]

그러므로 상징적 허구들의 근본적 역설은 동일한 한 번의 조처로 그것들이 "현실의 상실"을 초래하는 동시에 현실에 대한 유일하게 가능한 접근을 제공한다는 것이다. 물론 허구들은 현실을 차단하는 유사물이다. 하지만 허구를 포기한다면 현실 그 자체가 분해된다. 이 역설은 상징적 질서의 기본적인 변증법적 구조를, 즉 라캉이 『에크리』에서 말하고 있듯이 "말은 말이 초래하는 빚을 만회할 수 있다"[15)]는 사실을 가리킨다. 이 라캉의 테제 속에서 우리는 헤겔적 내포 일체를 인지해내야 한다. 상징적 질서에 의해 열리는 빗, "상처"란 철학적으로 진부한 것이며, 적어도 헤겔부터는 계속해서 그렇다. 상징적 질서에 입장하면서 실재의 직접성 속에 몰입되어 있는 상태는 영원히 상실된다, 우리는 환원불가능한 상실을 떠맡지 않을 수 없게 된다, 말은 사물의 (상징적) 살해를 함축한다, 등등. 요컨대 여기서 우리가 다루고 있는 것은 헤겔이 지성*Verstand*(유기적으로 한 데 속해 있는 것을 분석적으로 죽임-사지절단함)이라고 부른 것에 속하는 부정적-추상적 힘이다.[16)]

---

14) [병이나 우환을 일으킨 원인이 되는 어떤 것을 소량 포함하고 있는 치료제를 가리키는 표현이다. 영국계 미국인들의 민간요법에서 광견병에 걸리면 개의 털을 먹었던 것에서 유래한다. 오늘날에는 광견병보다는 숙취에 대한 치료제로 보드카에 토마토 주스를 섞어 만든 칵테일인 블러디메리 같은 것을 권하면서 종종 사용되는 표현이다.]

15) Jacques Lacan, *Ecrits: A Selection* (New York: Norton, 1977), p. 144.

16) 그렇지만 여기서 우리는 한 발 더 나아가, 자연은 유기체들이 환경 속에 조화롭게 포함되어 있는 균형잡힌 순환인 반면에 인간 문명은 "탈선된" 자연으로, 지독하게 병이 든 자연으로서 파악되는 바로 그 개념적 틀의 적합성에 의문을 제기해야 한다. 아마도 자연은 거꾸로 바라보는 때에만, 인간적 관점에서만 그와 같은 것으로 나타날 것이다. 타락 이전의 외양을 소급적으로 만들어내는 것은 위반(인간적 과잉, 탈선) 그 자체이다. Slavoj Žižek, *Looking Awry* (Cambridge:

그렇지만 이 언어의 상처와 관련하여 우리는 그것의 핵심적 차원을 놓치지 않도록 유의해야 한다. 다시 말해서, *Fort–Da*라는 소리가 수반된 아이의 실패 놀이—상징화 과정을, 즉 주체가 기본적인 영–층위에서 언어라는 우주 속으로 입장하는 과정을 무대올리는 놀이—라는 유명한 프로이트의 사례를 해석하면서 라캉은 첫눈에 보이는 것과는 상당히 다른 무언가를 말한다. 첫눈에는 정확히 어떻게 보이는가? 아이는 아이를 무력한 상태로 남겨놓는 어머니의 예상할 수 없는 떠남에 외상을 받는다. 그에 대한 보상으로 아이는 반복해서 실패를 자신의 시야 밖으로 던졌다가 다시 당기는 놀이를 한다. 그리고 그의 움직임에는 *Fort–Da*("가버린–여기에")라는 기표적 쌍이 수반된다. 상징화를 통해 불안은 사라지며, 아이는 상황을 지배한다. 하지만 이에 대한 대가로 "사물들이 말로 대체된다." 즉 어머니가 어머니의 기표적 대리물(실패)로, 더 정확히는 어머니의 떠남과 돌아옴이 실패가 시야에서 사라짐과 돌아옴으로 대체된다. 따라서 상징들의 우주 속으로의 입장에 대한 대가는 근친상간적 대상의, 사물로서의 어머니의 상실이다.

그렇지만 라캉은 이와는 상당히 다른, 훨씬 더 근본적인 어떤 것을 말한다. 사라졌다가 다시 나타나는 실패는, 어머니의 대역을 한다기보다는, 주체 자신의 희생된 부분이다. 상징적 우주에 입장하는 대가는 주체가 "한 파운드의 살"을 포기하는 것이다. 다시 말해서 진정한 희생은 "저기 바깥에", 상징과 대상의 관계(어머니를 대신하는 실패)에서 발생하지 않으며 "여기에", 나 자신 안에서

MIT Press, 1991) 제2장 참조. [국역본: 슬라보예 지젝, 『삐딱하게 보기』, 김소연 옮김, 시각과 언어, 1995.]

발생한다. 어머니-사물의 상실을 보상하는 대상은 나 자신의 일부이다. 그것이 진정으로 나타내는 것은 나 자신의 존재의 실체적 충만함인데, 왜냐하면 상징화는 어머니가 나를 위한 직접적 대상이기를 멈춘다는 것만이 아니라 같은 이유에서 나 자신도 그녀를 위한 대상이기를 멈춘다는 것을 의미하기 때문이다. 내가 *Fort-Da* 게임에 들어서는 순간 지각불가능한 거리가 내 인격의 실체적 내용을 텅 빈 "자기의식"의 지점으로부터 분리시킨다. 즉 나는 더 이상 직접적으로 "내가 [그것]인 그 무엇"과, 내 안에 있는 특수한 자질들의 부富와 동일하지 않다. 나의 자기동일성의 축은 S(충만한 실체적 "정념적" 주체)에서 $(“빗금쳐진” 텅 빈 주체)로 이동한다.[17]

그렇다면 우리는, 로고스는 자신의 구성적 빚을 만회할 수 있다는 테제, 혹은 한층 더 예리하게 말해서 오로지 말 그 자체만이, 해체의 바로 그 도구만이 그것이 실재 속에 낸 상처를 치유할 수 있다는 테제를 정확히 어떻게 파악할 것인가? (바그너가 <파르지팔>에서 표현하듯이) "당신을 찌른 그 창만이 / 상처를 치유할 수 있다"는 테제를 말이다. 여기서 예시적 대답들을 무한히 열거하는 것은 손쉬울 터인데, 왜냐하면 이 논리는 칸트 이후의 사유의 정수를 내포하고 있다고 말할 수 있기 때문이다. 마르크스의 경우, 자본주의 그 자체는 자본주의를 매장할 세력(즉 자본주의의 상처를 계급 없는 사회를 확립함으로써 치유할 프롤레타리아트)을 낳는다. 프로이트의 경우 외상적 과거의 성공적 기억에 대한 주요 방해물인 전이는 정신분석적 치료의 진전을 위한 지렛대가 된다.

---

17) Lacan, *Ecrits: A Selection*, pp. 103-104.

그리고 오늘날의 생태 위기가 있다: 오늘날 분명한 한 가지가 있다면, 여하한 종류의 자연적 균형으로의 복귀도 영원히 배제된다는 것이며, 기술과 과학 그 자체만이 기술과 과학이 우리에게 초래한 곤궁에서 빠져나가게 해줄 수 있다는 것이다.[18] 그렇지만 개념의 층위에 머물러 보자. 후근대적 통념에 따르면, 상징적 질서가 자신의 빚을 전부 청산할 수 있다는 바로 그 관념이 헤겔적 *Aufhebung*("지양": 부정-보존-고양)이라는 환영을 요약하고 있는 것이다. 언어는 사물들의 본질을 현전하게 하는 의미를 가지고서, 즉 현실이 그 개념 속에 보존되어지는 의미를 가지고서 직접적 현실의 상실을("사물들"이 "단어들"로 대체되는 것을) 보상한다. 그렇지만—계속해서 통념에 따르자면—문제는 상징적 빚이 구성적이며 그런 한에서 변제될 수 없다는 사실에 있다. 상징적 질서의 출현은 결코 의미에 의해 전적으로 채워질 수 없는 틈새*béance*를 열어놓는다. 그리고 그렇기 때문에 의미는 결코 "전부"이지 않다. 그것은 언제나 끝이 잘려 있으며, 비-의미의 얼룩에 의해 표식되어 있다.

하지만 통상적 의견과는 달리, 라캉은 이러한 길을 따르지 않는다. 그의 방향을 추적할 가장 적합한 방법은 반관료주의적 포퓰리즘의 상투어들 가운데 하나를 상기해보는 것이다. 큰 정부의 관료

18) 자기가 낸 상처를 치유하는 창의 이 변증법은 또한 민주주의를 여타의 모든 정치 체계들과 구분할 수 있게 해준다. 다른 정치 체계들은 과잉들을 교정하기 위해서 자신들의 근본 원리들에 반대되는 억제책에 의지해야만 한다(사회주의 계획경제는 불법적인 "검은 시장 경제"라는 형태이긴 하지만 최소한의 시장 인센티브를 허용해야만 한다). 반면에 민주주의만은 민주주의로 인해 초래된 문제들(부패, 소외 등등)의 유일한 치유책은 더 많은 민주주의에 있다고 단호하게 주장할 수 있다.

들은 구세주로 자처하기 위해서 인위적으로 문제를 만들어낸다는 상투어 말이다. 따라서 곤궁에서 빠져나갈 길은 해결책처럼 보이는 것이 어떻게 사실은 문제의 일부인지를 확인하는 것이다. 예를 들어, 신자유주의적 반복지국가적 관점에서 볼 때 실업, 사회안전, 범죄 등의 문제를 "해결"한다고 주장하는 국가 관료는 시장 메커니즘의 "정상적" 작용을 교란시키는 "조세로 지출을 충당한다"는 태도 때문에 실제로는 이러한 문제들을 야기시키고 있는 것이다. 따라서 유일한 진성한 해결책은 다음과 같은 것이다. 당신들의 "해결책"이라면 그냥 우리를 내버려 둬, 그러면 문제 그 자체가 사라질 테니까! 여기서 일종의 초보적인 변증법이 작동하고 있기는 하지만(해결책은 그것이 풀고자 하는 문제를 사후적으로 만들어낸다—문제를 살아 있게 하기 위해서 계속해서 새로운 해결책을 제공하려는 강박적 태도를 어떻게 여기서 인지하지 않을 수 있겠는가), 라캉이 (그리고 헤겔이) 염두에 두고 있는 것은 오히려 정반대다: 추상적 접근에서 "문제"로 보이는 것은 실제로는 우리가 추구하는 바로 그 "문제가 없는", "정상적인" 상태의 필연적 구성성분이다. "문제들"에 앞서는 그 어떤 "문제없는" 무구한 상태도 존재하지 않는다. "문제"를 제거하는 순간 우리는 우리가 구출하고자 했던 바로 그것을, 그 "문제"에 의해 위협받고 있다고 우리가 느꼈던 바로 그것을 잃는다. 신자유주의로 돌아가 보자. 신자유주의는 오늘날의 복잡한 경제 속에서 시장의 바로 그 "정상적" 작동이 사회안전, 생태, 법집행 등에 능동적으로 개입하는 국가를 통해서만 보장된다는 사실을 간과하는 경향이 있다. 그냥 방치해둘 경우 시장 메커니즘은 스스로를 파괴하게 되어 있다.

따라서 변증법적 역설은 제안된 해결책이 문제의 일부일 수 있으며 그리하여 그것의 진짜 원인을 재생산할 수 있다는 것만이 아니라, 그 역이기도 하다. 즉 우리의 추상적이고 제한된 관점에서는 문제처럼 보이는 것이 실제로는 그 자체의 해결책이라는 것 말이다. 여기서 사례들은 풍부하며, "절대적 사례"(헤겔)인 예수도 있다. 예수의 "문제", 곤궁, 실패—십자가 위에서의 죽음—는 실제로는 그의 승리이며, 그의 진정한 목표인 인간과 신의 화해의 성취이다. 다시 말해서, 헤겔에 따르면, 어떻게 우리는 예수의 죽음을 파악할 것인가? 예수 그 자신은 예수라는 인물 속에서 이미 인간과 신의 화해를 실현했다. 하지만 그것의 "직접성" 속에서, 즉 유일무이한 시공간적 역사적 사건으로서 말이다. 저기 멀고 먼 옛날 이천년 전에, "신은 인간이 되었다", 따라서 예수의 죽음은 믿는 자들 가운데 슬픔과 탄식을 자아내는 갱신된 분열로서 나타나지 않을 수 없는 일이다. 바로 여기서 우리는, 한낱 목적을 향한 분투, 한낱 (종교적) 복무처럼 보이는 그 무엇 속에서 실현된 목적을 인지하는 전형적인 변증법적 전환을 성취해야만 한다. 믿는 자들의 공동체가 수행하는 예수의 죽음에 대한 바로 그 탄식 속에서, 신은 성령으로서 여기 있는 것이다. 화해는 그것의 진정한 "매개된" 형식 속에서 실현된다.19)

19) 음악사에 나오는 예시적 사례를 덧붙이기로 하자. 즉 모차르트의 위대한 오페라들(<피가로의 결혼>, <돈 지오반니>, <마술피리>)의 제2막의 문제적 지위. 이 모든 경우들에서 제2막(혹은, <피가로의 결혼>을 두 부분으로 이루어진 오페라로 간주할 충분한 이유가 있는 한에서, 두 번째 부분)은 모차르트의 최고의 성취들 중 일부—<피가로의 결혼>에서 부당하게 과소평가된 3막의 피날레, <돈 지오반니>에 나오는 6중창, <마술피리>에 나오는 파미나의 자살 아리아—를 포함하고 있다. 그렇지만 그럼에도 불구하고 우리는 제1막이 비교할 수 없는 조화로운 균형의 효과를 산출하는 데 성공하는 반면에 2막에서 최고의 악절들이 명백한 "충전

바로 이와 같은 것을 배경으로 해서 우리는 "공허한 말(*parole vide*)"과 "충만한 말(*parole pleine*)"의 관계를 파악해야만 한다. 여기서 우리는 즉각 라캉의 이론에 대한 전형적 오해 가운데 하나와 조우한다. 일반적으로 공허한 말은 화자의 주체적 언표행위 자리가 드러나지 않은 공허하고도 진정성 없는 헛소리로 파악되며, 반면에 충만한 말의 경우 주체는 자신의 진정한 실존적 언표행위 자리를 표현하는 것으로 가정된다. 그리하여 공허한 말과 충만한 말의 관계는 "언표된 것의 주체"와 "언표행위의 주체"라는 이중성과 유사한 것으로 파악된다. 이러한 독해는 공허한 말을 전적으로 폄하하지는 않으며 정신분석 과정에서의 "자유연상"으로, 즉 상상적 동일화를 비워낸 말로 간주한다. 하지만 그럼에도 불구하고 그러한 독해는 라캉의 요점을 전적으로 놓치고 있다. 공허한 말의 예시적 사례가 라캉에게 암호(*mot-de-passage*)였다는 핵심적인 사실을 고려하는 순간 라캉의 요점은 명백해진다. 암호는 어떻게 기능하는가? 암호는 인지[인정]recognition의 순수한 제스처로서, 어떤 상징적 공간에 대한 입장 허가의 순수한 제스처로서 기능하며, 이때 그것의 언표된 내용은 전적으로 무관하다. 예를 들어 내가 나의 갱 동료와 암호를 짜맞추어서 "아주머니가 사과 파이를 구웠다"라고 하면 그의 은신처에 들어갈 수 있다고 해보자. 이 경우

물"과 교대로 나온다는(<돈 지오반니> 2막의 "기워진" 성격을 언급하는 것으로 족하다) 전반적 인상을 피할 수 없다. 추상적이고 비변증법적인 접근에서 이러한 사실은 모차르트 예술의 내속적 한계를 증언하는 것이다. 그렇지만 이러한 한계를 우연적인 전기적 특성으로서가 아니라 구조적 필연성으로서 간주하는 순간, 바로 이 형식적 "약점"은 근본적인 역사적 진리의 표지로서 기능하기 시작한다. 좋았던 옛날의 마르크스주의적 용어로 표현하자면, 환원불가능한 사회적 적대, 즉 모차르트가 추구하고 있었던 유토피아적인 사회통합의 불가능성을 등록하는 것은 바로 이와 같은 형식적 한계, "성공적" 2막의 불가능성이다.

암호를 "스탈린 동지여 영원하소서!"나 그 밖의 것으로 바꾸는 일은 손쉬운 일이다. 바로 여기에 공허한 말의 "공허함"이 있다. 즉 언표된 내용의 이와 같은 궁극적 무효성에 말이다. 그리고 라캉의 요점은 인간의 말이 가장 근원적이고 근본적인 차원에서 암호로서 기능한다는 것이다. 소통의 수단이기 이전에, 의미된 내용을 전달하기 이전에, 말은 화자들의 상호 인지[인정]의 매개체이다.[20] 다시 말해서, 주체를 "언표행위의 주체"의 정시성punctuality으로 환원시키는 것은 바로 공허한 말로서의 암호이다. 거기서 그는 일체의 언표된 내용으로부터 자유로워진 순수한 상징적 점으로서 현존한다. 그렇기 때문에 ("진정한" 말과 "진정하지 않은" 말이라는 통상적인 대립에서처럼) 충만한 말은 공허한 말을 특징짓는 공백을 단순하고도 직접적인 방식으로 채우는 것이라고 파악되어서는 안 된다. 오히려 그 반대로 다음과 같이 말해야 한다. 즉 오로지 공허한 말만이, 그것의 바로 그 공허함을 통해서(그것 안에 전적으로 무관한 것으로서 놓여진 언표된 내용에 대한 거리를 통해서) "충만한 말"을 위한 공간을 창조하는바, 주체는 그 충만한 말 속에서 자신의 언표행위 자리를 표명할 수 있는 것이다. 바로 이와 같은 방식으로 "당신을 찌른 그 창만이 상처를 치유할 수 있다." 즉 "공허한 말"의 공백을 온전히 떠맡을 때에만 당신은 당신의 진리를 "충만한 말" 속에서 표명할 수 있기를 희망할 수 있다. 혹은 헤겔식으로: 직접적인 실체적 부富로부터의 주체의 근본적 소원화estrangement만이 그/녀의 주체적 내용의 표명을 위한

---

20) Lacan, *Ecrits: A Selection*, pp. 40-56.

공간을 열어놓는다. 실체적 내용을 "나 자신의 것"으로 정립하기 위해서 나는 우선은 나 자신을 일체의 실정적 내용도 없는 주체성의 순수한 텅 빈 형식으로서 확립해야만 한다.

근본악

상징적 상처가 악의 궁극적 패러다임인 한에서, 동일한 것이 악과 선의 관계에도 적용된다. 근본악은, 공허한 말이 충만한 말을 위한 공간을 열어놓는 것과 정확히 동일한 방식으로, 선을 위한 공간을 열어놓는다. 물론 여기서 우리가 마주치는 것은 칸트가 『이성의 한계 안에서의 종교』에서 최초로 표명했던 "근본악"의 문제이다.[21] 칸트에 따르면 인간 안에 선을 향한 경향성에 대한 실정적인 대항력이 있다는 증거는 주체가 자신 안의 도덕 법칙을 그의 자존과 자기애를 욕보이는 참을 수 없는 외상적 압력으로 경험한다는 사실이다. 그래서 자기의 바로 그 본성 속에 있는 무언가가 틀림없이 도덕 법칙에 저항하고 있는 것이다. 즉 도덕 법칙을 따르려는 경향성보다는 이기적인 "정념적" 경향들을 선호하는 무언가가 존재한다. 칸트는 악을 향한 이러한 성향의 선험적 성격을 강조한다(나중에 셸링이 발전시켰던 계기). 내가 자유로운 존재인 한, 나는 내 안에서 선에 저항하는 것을 (예컨대 그것이 내가 책임

21) Immanuel Kant, *Religion within the Limits of Reason Alone* (New York: Harper and Row, 1960) 제1권 참조. [국역본: 칸트, 『이성의 한계 안에서의 종교』, 신옥희 옮김, 이화여자대학교 출판부, 2001.]

질 필요가 없는 나의 천성의 일부라고 말함으로써) 단순히 객관화할 수는 없다. 내가 나의 악행에 도덕적으로 책임이 있다고 느낀다는 바로 그 사실은 어떻게 무시간적인 초월적 행위 속에서 내가 선보다는 악을 선호하여 나의 영구적 성격을 틀림없이 자유롭게 선택했던 것인지를 증언한다. 바로 이렇게 칸트는 "근본악"을 파악한다. 즉 한낱 경험적-우연적인 것이 아니라 선험적인, 인간 본성의 악을 향한 성향으로서 말이다. 그렇지만 "악마적인 악"의 가설을 거부함으로써 칸트는 근본악의 궁극적 역설로부터, 내용상 "악"하지만 윤리적 행위의 형식적 기준을 철저히 충족시키는 저 행위들의 섬뜩한 영역으로부터 뒷걸음친다. 그러한 행위들은 그 어떤 정념적 고려에 의해서도 동기화되지 않은 것이다. 즉 그 행위들의 유일한 동기적 토대는 원칙으로서의 악이며, 그렇기 때문에 그것들은 자신의 생명에 대한 희생에 이르기까지 정념적 관심들을 근본적으로 폐지하는 것을 내포할 수 있는 것이다.

모차르트의 <돈 지오반니>를 생각해보자. 기사장의 석상과의 최후의 대면에서 돈 지오반니가 회개를 거부하고 자신의 죄많은 과거를 저버리지 않을 때, 그는 오로지 근본적인 윤리적 자세라고만 합당하게 지칭할 수 있는 무언가를 성취한다. 그의 완강함은 『실천이성비판』에 나오는 칸트 자신의 사례를 조롱하듯 역전시키는 것처럼 보이는데, 칸트의 사례에서 방탕한 남자는 치러야 할 대가가 교수형이라는 것을 알고는 곧바로 자신의 열정에 대한 만족을 포기하려고 한다.[22] 돈 지오반니는 그를 기다리는 것이

22) Immanuel Kant, *Critique of Practical Reason* (New York: Macmillan, 1956), p. 30 참조. [국역본: 칸트, 『실천이성비판』, 백종현 옮김, 아카넷, 2002, 85쪽.]

오로지 교수대이며 그 어떤 만족도 그를 기다리고 있지 않다는 것을 아주 잘 알고 있는 바로 그 순간에 자신의 방탕한 태도를 고집한다. 다시 말해서, 정념적 이득이라는 관점에서 본다면 참회라는 형식적 제스처를 성취해야만 할 것이었다. 돈 지오반니는 죽음이 가까이 있으며 그렇기 때문에 그의 행위를 속죄함으로써 아무것도 잃지 않고 오로지 얻는 것이 있을 뿐인(즉 사후의 고통에서 스스로를 구원할 수 있는) 위치에 있다는 것을 알고 있다. 하지만 "원칙적으로" 그는 방탕꾼의 무례한 자세를 고집하는 쪽을 택한다. 석상에 대한, 이 산주검에 대한 돈 지오반니의 굽히지 않는 "아니오!"를 어떻게 그 "악한" 내용에도 불구하고 양보 없는 윤리적 태도의 모델로서 경험하지 않을 수 있겠는가?[23)]

그와 같은 "악한" 윤리적 행위의 가능성을 받아들일 경우, 근본악을 선을 향한 소질과 동등하게 주체성의 바로 그 개념에 속하는 어떤 것으로 파악하는 것으로는 충분치 않다. 한 발 더 나아가 우리는 근본악을 선을 위한 공간을 열어놓음으로써 존재론적으로 선에 선행하는 어떤 것으로서 파악하지 않을 수 없다. 다시

---

23) 윤리적 태도로서의 악이라는 이 개념과 관련해서 우리는, 생의 마지막 순간에서 살인자의 윤리적 인간화 같은 것을 보여주고 있는 몇몇 최근의 스릴러물을 언급할 수 있을 것이다. 예컨대 <행복했던 여자>에서 아내를 구석에 몰아붙인 흉악한 남편은 예기치 못한 초자아-격노로 폭발하여, 자신이 죽이고 싶지 않지만 그렇게 해야 한다면 아무리 싫은 일이라도 그렇게 할 것임을 강박적으로 반복한다. 여기서 우리는 윤리적 태도로서의 악의 사례를 가장 순수한 차원에서 목격한다. <사랑의 파도>의 결말부에 다소 유사한 장면이 나온다. 전 부인의 남자친구를 살해하고 있는 살인자를 형사가 총을 겨눠 붙잡는다. 살인자는 체포를 받아들이지 않으면서 애절한 자살적 제스처로 사랑하는 아내에게 버림받는다면 그것이 얼마나 굴욕스러운 일인지 큰 소리로 외치고 형사를 향해 어리석게 뛰어들며 형사는 그를 총으로 쏜다. 두 경우 모두에서 갑자기 출현하는 것은 살인자를 냉혈한이나 탐욕스러운 흉물이나 병적인 존재로 그리는 통상적 방식을 침식하는 예상치 못한 차원이다.

말해서, 정확히 악이란 무엇인가? 악은 "죽음충동"에 대한, 우리의 관습적인 삶의 회로를 탈선시키는 어떤 사물에의 고착에 대한 또 다른 이름이다. 악을 통해 인간은 동물적인 본능적 리듬에서 빠져나온다. 즉 악은 "자연적" 관계의 근본적 역전을 도입한다.[24] 따라서 여기서 칸트와 셸링의 표준적 공식은 불충분성을 드러낸다. 그 공식에 따르면 악의 가능성은 인간의 선택의 자유에 토대를 두고 있는데, 이로 인해 인간은 자신의 초감성적 본성을 이기적 성향들에 종속시킴으로써 이성의 보편적 원리들과 자신의 정념적 본성 간의 "정상적" 관계를 역전시킬 수 있는 것이다. 헤겔이 『종교철학 강의』에서 인간-되기라는 바로 그 행위를, 동물에서 인간으로의 이행을 죄로의 타락으로 파악할 때, 그는 좀더 통찰력이 있는 것이다. 선을 위한 가능한 공간은 유기적인 실체적 전체의 패턴을 교란시키는 근본악에 대한 기원적 선택에 의해 열리는 것이다.[25] 그리하여 선과 악 사이에서의 선택은 어떤 의미에서 진정한 기원적 선택이지 않다. 진정으로 최초인 선택은 자신의 정념적 성향들에 굴복하는 것(으로서 나중에 지각되어질 어떤 것)과 근본악을 선택하는 것—즉 선을 위한 "자리를 만드는", 즉 삶의 회로를 중지시키는 순수하게 부정적인 제스처를 통해 정념적인 자연적 추동들의 지배를 극복하는, 자살적인 이기주의의 행위—사이의 선택이다. 혹은 키르케고르의 용어를 참조하자면, 악은

---

24) 이런 의미에서 필름 누아르 우주에서 남자의 판에 박힌 일상을 탈선시키는 팜므파탈은 악의 인격화 가운데 하나이다. 성적 관계는 여자가 사물의 존엄으로 고양되는 순간 불가능해진다.

25) G. W. F. Hegel, *Lectures on the Philosophy of Religion* (Berkeley and Los Angeles: University of California Press, 1987) 참조.

"생성의 양태에서의" 선 그 자체이다. 그것은 삶의 회로의 근본적 파열로서 "생성된다". 선과 악의 차이는 "생성"의 양태로부터 "존재"의 양태로의 순수하게 형식적인 전환에 관계된다.26) 그리고 바로 이와 같은 방식으로 "당신을 찌른 창만이 당신의 상처를 치유할 수 있다." 상처는 악의 자리가 "선한" 내용에 의해 채워질 때 치유된다. 그리하여 "사물의(즉 근본악의) 가면"(라캉)으로서의 선은 존재론적으로 이차적이며, 잃어버린 균형을 재확립하려는 보충적 시도이다. 사회적 영역에서 그것의 궁극적 패러다임은 사회를 조화롭고 유기적이며 비적대적인 건축물로서 (재)구성하려는 협조주의적 노력이다.

토머스 모어를 생각해보는 것으로 충분하다. 이혼에 찬성하라는 헨리 8세의 압력에 저항했던 가톨릭 성인 말이다. 오늘날 우리가 그를 "사계절의 사나이"27)로서 칭송하는 것은, 그의 굽히지 않는 강직함을 찬양하고 생명을 무릅쓰고라도 자신의 신념을 꺾지 않는 그의 고집을 찬양하는 것은 손쉬운 일이다. 훨씬 더 상상하기 어려운 것은 그의 완고한 고집이 대다수의 동시대인들에게 틀림없이 주었을 바로 그 인상이다. "공동체주의적" 관점에서 볼 때 그의 강직함은 "비합리적인" 자기파괴적 제스처였다. 그것은

---

26) 여기서 우리는 사후적 투사의 덫을 피해야만 한다. 『실락원』에 나오는 밀턴의 사탄은 아직은 칸트적인 근본악이 아니다. 사탄은 셸리와 블레이크의 낭만적 응시에만 그렇게 보였다. 사탄이 "악이여, 나의 선이어라"라고 말할 때, 이는 아직 근본악이 아니다. 그것은 단지 악을 선의 자리에 잘못 놓는 사례에 불과하다. 근본악의 논리는 오히려 그 정반대에 있다. 즉 "선이여, 나의 악이어라"라고 말하는데—악의, 사물의, 유기적 삶의 폐쇄회로를 탈선시키는 외상적 요소의 자리를 어떤 (이차적) 선으로 메우는 데—있다.

27) ["사계절의 사나이(a man for all seasons)"는 16세기 초 잉글랜드의 왕 헨리 8세의 권력에 저항하다 처형된 토머스 모어의 일생을 그린 영국영화 제목이다.]

사회체의 직조를 절단한다는 의미에서, 왕권의 안정성을 위협하고 그로써 전체 사회 질서의 안정성을 위협한다는 의미에서 "악한" 것이었다. 따라서 토머스 모어의 동기가 명백히 "선한" 것이었다 해도, 그의 행위의 바로 그 형식적 구조는 "근본적으로 악한" 것이었다. 그의 행위는 공동체의 선을 무시하는 근본적 도전의 행위였다. 그리고 전통적인 헤브라이 공동체가 그들의 삶의 바로 그 토대들 파괴하는 것으로서 경험했던 활동을 했던 예수 그 자신의 경우도 마찬가지 아니었는가? 그는 "화평을 위해서가 아니라 갈라놓으려고", 아들이 아버지와 싸우고 형제끼리 분쟁하도록 만들기 위해 오지 않았는가?

자신의 술어가 됨으로써 "실체는 주체가 된다"는 것을 이제 우리는 이해할 수 있다. 자본주의라는 사례를 보자. 전자본주의적인 협조주의적 사회의 관점에서 볼 때 자본주의는 악이며, 파괴적이며, 폐쇄된 전자본주의적 경제의 미세한 균형을 흔들어놓는다. 정확히 왜인가? 왜냐하면 그것은 일종의 오만 속에서 "미친 듯이 날뛰며" 스스로를 목적 그 자체로 고양시키는 "술어"—사회적 총체의 이차적인 종속된 계기(화폐)—의 한 사례를 제시하기 때문이다. 그렇지만 일단 자본주의가 자기재생산적인 순환의 새로운 균형을 성취하고 자기 자신의 매개적 총체가 되면, 즉 일단 자본주의가 "자신의 전제들을 정립하는" 체계로서 성립되면, "악"의 현장은 근본적으로 전치된다. 이제 "악"으로서 간주되는 것은 바로 이전의 "선"의 잔존물들이다. 새로운 선의 형식인 자본의 안정된 순환을 교란하는 전자본주의의 저항의 섬들 말이다. 그리하여 실체가, 내적 본질이 스스로를 소외-외화시키고 그러고 나서 그 "타자성"을 자기매개를 통해 내부화한다고 하는 "변증법적 과정"에 대한 표준적인 이미지는 심각하게 오도적이다. 탈선된 과정을 끝에 가서 다시금 "총체화하는" 실체는 최초의 탈선에 의해 붕괴되는 실체와 "동일한" 것이 아니다. 원래 유기적 총체의 종속된 계기였던 것이 보편성의 새로운 매개로서, 새로운 매개적 총체로서 성립될 때 새로운 균형이 성취된다. 처음에 소외되지 않은 실체적 통일체였던 것은 "탈소외"를 통해 "그 자신에게로 돌아오지" 않는다. 대신에 그것은 최초의 통일체의 부분적 측면에서 자라나온 어떤 새로운 총체의 종속된 계기로 변한다.

그러므로 악을 선택할 가능성이 주체성의 바로 그 개념에 속한다는 테제는 일종의 자기반성적 역전을 통해 근본화되어야 한다: 주체의 지위 그 자체는 악이다, 즉 우리가 "인간적인" 한에서, 어떤 의미에서 우리는 언제나-이미 악을 선택한 것이다. 초기 라캉의 헤겔적인 자세는, 헤겔을 직접 참조할 때보다도 오히려, "부정의 부정"의 이 논리를 체현하는 수사법들에 의해 훨씬 더 확증된다. 예컨대 좌절을 견딜 수 있는 능력으로서의 자아의 "성숙"이라는 자아심리학적 개념에 대한 라캉의 응답은 "자아 그 자체는 그 본질에 있어서 좌절이다"28)라는 것이다. 즉 자아가 (자아의 경쟁

28) Lacan, *Ecrits: A Selection*, p. 42. 자아의 "성숙"에 대한 이러한 정의를 통해 열리는 또 하나의 물음은 자아심리학의 암묵적인 의무론적 가정들에 관한 물음이다. 순응주의적인 자아심리학의 관점에서 볼 때 "미성숙한" 반항성으로 보이는 것을 좀더 "급진적" 심리학은 자아가 원초적 의존성에서 벗어나서 완전한 비판적 자율성을 획득했다는 표지로서 파악할 수도 있다. "급진적" 심리학의 관점에서 볼 때 그것은 오히려 자아의 "미성숙"을 증언하는 끝없는 좌절들을 말없이 견딜 수 있는 자아의 능력이다. 또 다른 층위에서, "정상적인 이성애적 관계"라는 이상에 대해서도 마찬가지다. 1960년대의 성혁명 이전의 프로테스탄트 국가들에서 이 이상은 결혼이라는 한계 내에서의 성행위를 함축하는 것으로 해석되었으며, 따라서 혼외의 성행위는

자이며 잠재적인 편집증적 학대자이기도 한) 자아의 거울-분신에 대한 상상적 동일화 과정 속에서 출현하는 한에서 거울-분신 편에서 생성된 좌절은 자아에 대해 구성적이다. 이러한 반전의 논리는 엄밀히 헤겔적이다. 처음에 만족을 위한 자아의 분투를 좌절시키는 외적 방해물로 나타나는 어떤 것이 그 후 즉시 자아의 존재의 궁극적 지탱물로서 경험된다.29)

통상 회향적 키치로서 처리되어 버리는 존 포드의 <나의 계곡은 푸르렀다>는 윤리적 태도로서의 악을 회향의 바로 그 응시 속에 위치시킨다. 보이스오버에 의해 도입되는 플래시백 내러티브에서, 웨일즈의 광산촌을 떠나 아르헨티나로 가려는 주인공 휴 모건은 가부장적 대가족의 안식처에서의 그의 한가로운 어린 시절을 떠올린다. 그의 응시는 "진보"로 망쳐진 행복했던 과거의,

---

자동적으로 증상적 지위를 가지게 되었다. 즉 그러한 성행위는 어떤 병리적 장애의 표지로서 간주되었다(물론 좀더 자유주의적인 지역에서는 오히려 부부간의 정절을 엄격하게 고수하는 것이 "병리적으로" 경직된 정신적 태도의 표현물로서 해석되었다). 여기서 라캉적 접근은 전 논쟁의 지형을 변경할 수 있도록 해준다. "병리학pathology"은 윤리적 정상규범의 실정적 내용을 통해서가 아니라 주체가 이 정상규범들에 관계하는 방식을 통해 정의된다. 그것들은 외상적 명령으로서 기능하는가? 그것들은 "억압되어" 있는가 아니면 온전히 승인되는가? 등등.

29) 라캉은 종종 자아와 증상의 관계를 기술하기 위해서 동일한 수사적 반전을 이용한다. 즉 자아가 이드의 힘과 불안정한 균형을 유지하기 위해서 증상을 형성한다고 말하는 것으로는 충분치 않다. 자아 그 자체가, 그 본질에 있어서, 하나의 증상이며, 타협-형성물이며, 주체가 자신의 욕망을 규제할 수 있게 해주는 도구이다. 우리가 X를 욕망할 때 우리는 언제나 우리 자신을 X를 욕망하는 바로서의 우리의 어떤 자기이미지("이상적 자아")와 동일화한다. 예컨대 우리가 구식 멜로드라마에 도취되어 화면에 나오는 사건들에 감동을 받아 눈물을 흘릴 때 우리는 직접적으로 그렇게 하는 것이 아니다. 우리는 그 이전에 우리 자신을 이런 종류의 영화에 감동을 받아 눈물을 흘리는 "소박한" 관객의 이미지와 동일화한다. 바로 이러한 의미에서 우리의 이상적 자아 이미지는 우리의 증상이며, 우리 욕망을 조직화하는 데 이용하는 도구이다. 즉 주체는 자신의 자아-증상을 통해서 욕망한다. 물론 궁극적인 헤겔적 반전은 대상과 결여 사이의 반전이다. 대상은 정의상 언제나 결여되어 있을 뿐 아니라 대상 그 자체가 이미 자리-점유자이며, 결여의 체화이다.

심지어 일상적인 용무(갱도 작업을 끝내고 귀가하는 일, 토요일의 가족 점심)조차도 의례의 지위를 획득하고 있었던 닫힌 공동체에서의 삶의 이러한 광경에 사로잡혀 있다. 그렇지만 바로 이 순간 영화는 관객에게 덫을 놓는다. 휴의 관점에서 이야기를 서술함으로써 영화는 모든 것을 너무 가시화하며, 또한 그렇기 때문에, "푸른 골짜기"의 쇠락의 진정한 원인이 대규모 경제 체제의 냉혹한 논리에 있는 것이 아니라 광부들의 공동체가 자신들의 전통적 생활방식에 심취하여 새 시대의 요구에 조응하지 못했던 데 있다는 핵심적인 사실을 은폐한다. 다시 말해서 쇠락의 책임은, 악의 진정한 원천은 이야기가 서술되는 바로 그 관점, 외적 운명의 잔혹한 충격만을 악의 원천으로 지각할 수 있는 회향적 시선에 있는 것이다. 따라서 여기서 우리는 이야기가 서술되는 바로 그 관점을 문제화하고 "낯설게 하는" 영화의 유일무이한 사례를 얻게 된다.[30]

그렇다면 왜 칸트는 근본악에 대한 그의 테제의 모든 결과들을 끄집어내는 데 주저하는가? 그 답은, 비록 역설적이지만, 분명하다. 이러한 조치를 가로막는 것은 그로 하여금 우선적으로 근본악에 대한 테제를 표명하도록 강제했던 바로 그 논리, 즉 "실재적 대립"의 논리인데, 이는 모니크 다비드-메나르가 제안하듯이 칸트의 사유의 궁극적인 환상틀을 구성한다.[31] 선과 악을 반대물로, 두 개의 대립하는 실정적인 힘들로 파악함으로써 칸트는 악을 실정적인 존재론적 일관성을 결여하는 어떤 것으로, 즉 한날 선의

30) <나의 계곡은 푸르렀다>에 대한 이러한 "브레히트적" 독해는 Tag Gallagher, *John Ford* (Berkeley and Los Angeles: University of California Press, 1986) 참조.

31) Monique David-Menard, *La folie dans la raison pure* (Paris: Vrin, 1991) 참조.

부재로 보는 전통적인 개념(이러한 개념의 마지막 위대한 지지자는 라이프니츠였다)을 허물고자 한다. 선과 악이 반대물이라면, 선에 대립되는 것은, 선의 진정한 본성에 대한 한낱 우리의 무지나 통찰의 결여에 불과한 것이 아니라, 어떤 실정적인 대항력이어야 한다. 이러한 대항력이 존재한다는 증거는 내가 내 안에 있는 도덕법칙을 나의 자기동일성의 바로 그 중핵에 견딜 수 없는 압력을 행사하고 그리하여 나의 자존을 전적으로 욕보이는 외상적 작인으로서 경험한다는 사실에 있다. 따라서 "나"의 바로 그 본성 속에는 도덕법칙에 저항하는 무언가—도덕법칙보다는 "정념적" 이익을 선호하는 자만심—가 틀림없이 있어야만 하는 것이다. 칸트는 바로 이렇게 "근본악"을 파악한다. 즉 인간 본성의 한낱 경험적-우연적 성향이 아닌 선험적 성향으로서 말이다. 그것은 세 가지 형태 또는 등급으로 스스로를 표현하는데, 이 모두는 주체의 일종의 자기기만에 달려 있다.

첫 번째 가장 온건한 악의 형태는 "인간 본성의 허약성"에 대한 호소를 통해 스스로를 표현한다. 나는 내 의무가 무엇인지를 안다, 나는 그것을 전적으로 인정한다, 하지만 나는 그 의무의 부름을 따르고 "정념적" 유혹에 굴복하지 않을 만큼 충분한 힘을 모을 수가 없다. 물론 이러한 입장의 허위성은 자기-객관화라는 기저의 제스처에 있다. 내 인격의 유약함은 나의 주어진 본성의 일부가 아니다. 나는 나의 본성이 허용하는 것을 확인하기 위해 메타언어의 위치를 점할, 나 자신에 대한 객관적 관찰자의 위치를 점할 그 어떤 권리도 없다. 나의 "천부적 소질들"은 자유롭고 자율적인 존재로서의 내가 그것들을 인정하는 한에서만 내 행동을 결정하며, 따라서 나는 그것들에 대해 전적으로 책임이 있다. 첫 번째 형태의 악은 바로 이와 같은 책임을 회피한다.

비교할 수 없을 정도로 더 위험한 두 번째 형태는 첫 번째를 역전시킨다. 첫 번째 형태의 악에서 주체는, 자신의 의무에 대한 적합한 개념을 유지하고는 있지만, 그에 따라 행위할 수 있는 자신의 무능력을 고백한다. 하지만 이 두 번째 형태에서 주체는 의무를 위해서 행위할 것을, 오로지 윤리적 관심에서만 동기부여될 것을 주장하면서도 실제로는 정념적 동기에 이끌린다. 전형적인 사례는 아이들의 도덕적 성장을 위해서 아이들에게 고통을 가한다고 믿고 있지만 실제로는 자신의 사디즘적 충동을 만족시키고 있는 가혹한 교사의 사례다. 여기서의 자기기만은 첫 번째 경우보다 훨씬 더 심각한데, 왜냐하면 주체는 의무의 구획선 그 자체를 오지각하고 있기 때문이다.

최악의 세 번째 형태에서 주체는 내적 감각을, 특별한 도덕적 심급으로서의 의무에 대한 내적 관계를 상실하며, 도덕성을 외적인 규칙들의, 즉 이기적인 "정념적" 이익에 대한 추구를 제약하기 위해 사회가 정해놓은 장애물들의 집합으로 지각한다. 이렇게 하여 "올바름"과 "잘못됨"이라는 바로 그 개념들이 그 의미를 상실한다. 주체가 도덕 규칙들을 따른다면 이는 단지 고통스러운 결과를 피하기 위해서이다. 하지만 붙잡히지 않고서 "법을 악용한다"면, 그로서는 더더욱 좋은 것이다. 이러한 태도를 지닌 주체가 잔인하거나 비도덕적인 일을 했다는 비난을 받을 때 내세우는 표준적 변명은 "나는 그 어떤 법도 위반하지 않았다. 그러니 상관하지 마라!"이다.

그렇지만 칸트가 배제한 네 번째 가능성, 즉 그가 "악마적인 악"이라고 부르는 것의 가능성이 있다. 악이 반대편의 형식을 취하는 헤겔적 모순의 계기. 즉 그것이 더 이상 외적으로 선에 반대되는 것이 아니라 후자의 형식의 내용이 되는 계기. 여기서 우리는 이 "악마적인 악"을 두 번째 칸트적 형식과 혼동하지 말아야 할 것이다. 이 두 번째 형식에서도 악은 선의 형식을 취한다. 그렇지만 여기서 문제되는 것은 자기기만을 통해 스스로 자기 의무를 다한다고 오지각하는 정념적 동기인 반면에, "악마적인 악"의 경우 내 행동의 추동력은 실제로 "비정념적"이며, 나의 이기주의적 관심에 반하는 것이다. 여기서 떠오르는 사례는 우익의 부패한 권위주의적 정권들과 좌익의 전체주의적 정권들 간의 차이이다. 우익의 권위주의적 정권의 경우 아무도 얼간이처럼 속지 않으며, 일체의 애국적인 수사학 배후에 권력과 부에 대한 단순한 탐욕이 숨겨져 있다는 것을 모두가 다 안다. 반면에 좌익 전체주의자들은 덕이라는 의복 배후에 이기적인 이해관계를 감추고 있는 경우들로 지각되어서는 안 되는데, 왜냐하면 그들은 실로 그들이 덕으로 지각하고 있는 그 무엇을 위해 행위하며 자신들의 생명을 포함해서 모든 것을 이 덕에 걸 준비가 되어 있기 때문이다. 물론 아이러니는 전형적 사례가 자코뱅적인 "덕의 독재"라는 것이다. 칸트는 정치에서 자코뱅파에 반대했지만, 자신의 도덕철학에서 그들을 위한 토대를 놓았다(칸트적 윤리의 이 공포정치적 잠재력을 처음으로 간파한 것은 헤겔이었다). 따라서 칸트는 "악마적인 악"을 배제시킬 충분한 이유가 있었다. 그의 철학의 매개변수 내에서 그것은 선과 구별불가능하다.[32]

그래서 우리의 논의를 재개하자면: 만일 도덕적 투쟁이 상대방을 무화시키기 위해 분투하는 두 개의 대립되는 실정적인 힘들의 싸움으로 파악된다면, 그 힘들 중 하나—악—가 다른 하나를 무화시키려 하면서 그에 대립할 뿐만 아니라 반대편의 바로 그 형식을 취함으로써 내부로부터 그것을 침식한다는 것은 생각도 할 수 없는 일이다. 칸트는, (실천철학에서는 "악마적인 악"에서, 그리고 법 이론에서는 군주에 대한 심판에서) 이러한 가능성에 접근할 때마다, 이를 생각도 할 수 없는 것으로서, 궁극적인 혐오의 대상으로서 재빨리 처리해버린다. 오직 헤겔의 부정적 자기관계의 논리에 이르러서야 이와 같은 발걸음은 성취될 수 있다.[33]

칸트가 "악마적인 악"이라 부르는 것(윤리적 원칙으로서의 악)이 칸트의 "근본악" 가설의 필연적 결과이다는 증거는, 즉 "악마적인 악"의 가설을 거부할 때 칸트는 스스로 발견한 것의 결과를

---

32) 바로 이 "악마적인 악"과 관련해서 다른 점에서는 탁월한 논문인 에티엔 발리바르의 「무엇이 인민을 인민으로 만드는가: 루소와 칸트」("Ce qui fait qu'un peuple est un peuple. Rousseau et Kant" [Revue de synthèse, nos. 3-4 (1989)])는 불충분해 보인다. 칸트의 자기지각의 한계 내에 머물면서 발리바르는 "근본악"이 주체의 보편적-이성적 의지와 주체의 감성적-"정념적" 본성 사이의 갈등으로 환원될 수 없음을 지적한다. 그것은 "진정한" 자유(도덕법칙에 대한 복종)와 *Willkür*(자유선택의 변덕과 자기의지) 사이에서의 자유의지의 내속적 분열과 관계된다. 도덕법칙은 우리의 "정념적" 충동들에만 압력을 행사하지 않는다. 우리는 우리의 자기의 최심중 중핵을 구성하는 자기의지의 이름으로 그것에 저항한다. 이런 식으로 도덕성과 합법성의 대립은 자유의지의 내속적 갈등으로부터 연역될 수 있다. 처벌이라는 위협 하에 나로 하여금 법률에 복종하도록 강제하는 외적 압력으로서의 합법성은 나의 자유의지의 분열 때문에 필요한 것이다. 만일 "도덕적으로 행위하기"가 나의 현실적 본성의 일부라고 한다면, 만일 내가 도덕법칙을 굴욕감을 주는 압력으로서 경험하지 않는다면, 나는 법의, 법률체계의 외적 강제가 필요치 않았을 것이고, 혹은 칸트 자신의 정식화를 참조하자면, 인간은 "주인이 필요한 동물"이지 않았을 것이다.

33) 이 논리에 대한 상세한 설명은 Slavoj Žižek, *For They Know Not What They Do* (London: Verso Books, 1991) 제5장 참조. [국역본: 슬라보예 지젝, 『그들은 자기가 하는 일을 알지 못하나이다』, 박정수 옮김, 인간사랑, 2004.]

회피하고 있는 것이라는 증거는 칸트 자신에 의해 제공된다. 『이성의 한계 안에서의 종교』에서 칸트는 어떻게 어떤 실제로 악한 사람과 관련하여 악이 그의 바로 그 영구적 인성 속에 속한다는 것을 우리가 볼 수 있는지를 지적한다. 이 사람은 나쁜 환경의 영향 때문에 악에 굴복한 것이 아니다. 악은 그의 바로 그 "본성"에 놓여 있다. 물론 이와 동시에 그는 그의 인성에 대해—다른 모든 인간 존재와 마찬가지로—근본적으로 책임이 있다. 이것이 필연적으로 함축하는 바는, 그가 어떤 "영구적인" 무시간적인 초월적 행위 속에서 악을 그의 존재의 기본 특질로 틀림없이 선택했다는 것이다. 이 행위의 초월적 선험적 특성은 그것이 정념적 환경에 의해 동기화된 것이 아니었을 것임을 의미한다. 악의 기원적 선택은 순수하게 윤리적인 행위, 악을 윤리적 원칙으로 끌어올리는 행위이어야만 했다.

파이프들과 파이프들이 있다

이 악마적인 악, 칸트의 "비사고"는 엄밀한 의미에서 표상불가능하다. 그것은 표상의 논리의 붕괴를, 표상의 장과 표상불가능한 사물 간의 근본적 통약불가능성을 함축한다. 보바리 부인과 그녀의 연인의 첫 조우에 대한 플로베르의 묘사는[34] 푸코가 19세기의 후-칸트적 에피스테메를 규정한다고 본 문제틀 전체를 응축한다.

---

34) Alain Abelhauser's analysis "D'un manque à saisir", in *Razpol* 3 (Ljubljana 1987) 참조.

그것은 권력-지식 축의 새로운 배치를 가리키는데, 이는 표상의 장과 사물 간의 통약불가능성을 통해서만이 아니라, 성이 표상불가능한 사물의 존엄으로 고양됨을 통해서 야기되었다. 두 연인이 마차에 타고 마부에게 그냥 도시를 돌라고 말한 이후에, 우리는 안전하게 커튼으로 가려진 배후에서 무슨 일이 진행되고 있는지에 대해 전혀 듣는 바가 없다. 플로베르는, 나중의 누보로망을 생각나게 하는 세부에 대한 관심을 가지고서, 마차로 목적 없이 돌아다니는 도시 풍경을, 돌로 포장된 거리와 교회의 아치 등을 장황하게 묘사할 뿐이다. 단 하나의 짧은 문장에서, 맨 살이 드러난 팔이 잠시 커튼 틈으로 삐져나왔다고 언급할 뿐이다. 이 장면은 마치 푸코의 테제를 증명하기 위한 장면인 듯하다. 성을 은폐한다는 "공식적" 기능을 가진 바로 그 말이 실제로는 그것의 비밀의 외양을 산출한다는 『성의 역사』의 첫 권에 나오는 테제 말이다. 푸코의 테제가 겨누고 있는 바로 그 정신분석의 용어를 이용해서 다시 말해보자면, "억압된" 내용은 억압의 효과이다. 작가의 응시가 무관하고 따분한 건축물의 세부에 제한되어 있으면 있을수록 독자인 우리들은 더더욱 고문을 당하는 것이며, 마차의 가려진 커튼 뒤 공간에서 무슨 일이 일어나고 있는지를 알고 싶은 조바심에 사로잡힌다. 『보바리 부인』에 대한 재판에서 검사는 이러한 덫에 걸려들었다. 그는 이 책의 외설적 성격을 보여주는 한 사례로 바로 이 구절을 인용했다. 포장된 거리와 오래된 집들에 대한 중립적 묘사들 속에는 그 어떤 외설적인 것도 없다는 사실을 지적하는 것은 플로베르의 변호인에게 손쉬운 일이었다. 여하한 외설성이건 그것은 커튼 뒤의 "실재real thing"에 사로잡힌 독자의(이 경우는, 검사의) 상상력에 전적으로 묶여 있는 것이다. 오늘날 플로베르의 이 방법이 우리에게 탁월하게도 영화적이라는 인상을 주는 것도 어쩌면 한낱 우연에 불과하지는 않을 것이다. 그것은 마치 영화이론에서 오르상*hors-champ*이라고 칭하는 것—부재하면서 가시적인 것의 경제를 조직화하는 시각장 외부—을 이용하는 것 같은 것이다. 디킨스가 (에이젠슈테인의 고전적 분석들을 통해 오래 전에 분석된 것처럼) 문학적 담화 속에 나중에 기본적인 영화적 방법이 된 어떤 것—예컨대 설정숏, "아메리칸" 팬과 클로즈업, 평행몽타주의 삼항조—의 상관물들을 도입한 것이라면, 플로베르는 화면과 대응-화면의 표준적 교환을 벗어나는 외부—재현될 수 있는 것의 장이 그 일관성을 유지하기 위해서는 배제된 채로 남아 있어야 하는 외부—를 향해 한 발 더 나아갔다.[35]

그렇지만 핵심적 요점은 재현의 장과 성性 사이의 이러한 통약불가능성을 이전 시대에 이미 작동하고 있었던 성의 묘사에 대한 검열로 간주하지 말아야 한다는 것이다. 『보바리 부인』이 한 세기 전에 씌어졌어도 역시 성행위의 세부들은 물론 언급되지 않은 채 남아 있었을 것이다. 하지만 두 연인이 밀폐된 마차 공간으로 들어간 이후에 우리가 읽게 될 내용은 다음과 같은 단순한 짧은 진술이었을 것이다. "마침내 마차의 커튼 뒤에 둘만이 숨어서 연인들은 열정에 굴복했던 것이다." 여기서 거리와 건물들에 대한

35) 우리는 이 장면의 영화적 판본이 어떻게 소리의 대위법적 활용에 의존할 수도 있을지를 상상해볼 수 있겠다. 카메라는 마차가 텅 빈 거리를 따라 달려가는 모습을 보여주고, 궁전과 교회의 정면을 보여줄 것이다. 반면에 사운드트랙은 사물의 절대적 근접성을 보유하면서 마차 안에서 일어나고 있는 일의 실재를 묘사하게 될 것이다. 성적인 조우의 강렬함을 증언하는 숨가쁨과 신음의 소리로 말이다.

장황한 묘사들은 전적으로 부적절한 것이 되었을 것이다. 그러한 묘사들은 그 어떤 기능도 없는 것으로 지각될 것인데, 왜냐하면 이 선-칸트적인 재현들의 우주에서는 재현된 내용과 커튼 뒤의 외상적 사물 사이에 그 어떤 긴장도 발생할 수 없을 테니 말이다. 이러한 것을 배경으로 해서 우리는 "리얼리즘"에 대한 가능한 정의들 중 하나를 제안하고 싶다: 재현들의 커튼 뒤에 어떤 완전하고 실체적인 현실(『보바리 부인』의 경우, 성적 여분의 현실)이 실제로 존재한다는 소박한 믿음. "포스트리얼리즘"은 "커튼 뒤의" 이 현실의 존재에 대한 의심에서 시작된다. 즉 은폐의 바로 그 제스처가 은폐한다고 하는 바로 그것을 창조하는 것일지도 모른다는 예감에서 시작된다.

이러한 "포스트리얼리즘적" 희롱의 예시적 사례는 물론 르네 마그리트의 그림들이다. 오늘날 사람들이 "마그리트"라고 말할 때 첫째로 떠오르는 연상은 물론 "이것은 파이프가 아니다"라는 문구가 아래에 기입된 그 악명 높은 파이프 그림이다. 이 그림에 함축된 역설들을 출발점으로 삼으면서 푸코는 동일한 제목으로 통찰력 있는 작은 책을 썼다.[36] 하지만 어쩌면 마그리트의 또 다른 그림이 그의 작품에 들어 있는 섬뜩한 효과를 생성하는 기본 매트릭스를 확립하는 데 한층 더 적절히 이용될 수 있을 것이다. 즉 1963년의 「망원경」이라는 작품 말이다. 반쯤 열린 창문을 그린 것으로, 창유리를 통해 우리는 외부 현실(흰 구름이 흩어져 있는 푸른 하늘)을 본다. 하지만 창유리 너머의 현실에 대한 직접적

36) Michel Foucault, *This Is Not a Pipe* (Berkeley and Los Angeles: University of California Press, 1982) 참조. [국역본: 미셸 푸코, 『이것은 파이프가 아니다』, 김현 옮김, 민음사, 1995.]

접근을 제공하는 좁은 틈으로 우리가 보는 것은 아무것도 아닌 무이며, 형언키 어려운 검은 덩어리에 불과하다. 라캉적으로 이 그림은 다음과 같이 번역될 수 있을 것이다. 창틀은 현실을 구성하는 환상-틀이며, 반면에 틈새를 통해 우리는 "불가능한" 실재, 사물 자체에 대한 통찰insight을 얻는다.[37)]

이 그림은 (상징화된, 범주화된, 초월적으로 구성된) 현실과 현실의 한가운데 입을 벌리고 있으면서 현실에 환상적 성격을 부여하는 사물 자체, 실재의 공백이라는 "칸트적" 분열을 무대화함으로써 마그리트적 역설들의 기본 매트릭스를 묘사한다. 이 매트릭스에서 생성될 수 있는 첫 변이는 묘사된 현실에 "외래적인", 즉 섬뜩하게도 현실에 "들어맞지" 않으면서도 현실 속에 자기 자리를 가지고 있는 어떤 낯설고도 비일관적인 요소의 현존이다. 구름 가까이에서 구름의 육중한 상대물, 분신으로서 공중에 떠있는 거대한 바위(「아르곤의 전투」, 1959), 방 전체를 채우는 부자연스럽게 큰 꽃(「싸움꾼들의 무덤」, 1960). 이 이상한 "탈구된" 요소는, 정확히, 우리가 「망원경」에서 반쯤 열린 창문의 틈새를 통해 지각하는 실재의 암흑을 채우는 환상-대상이다. 섬뜩함의 효과는 "동일한" 대상이 이중화될 때 한층 더 강력하다. 「두 가지 신비」에서가 그러한데, 이는 유명한 「이것은 파이프가 아니다」에 대한 이후의 변이(1966)이다. 파이프와 그 밑에 기입된 "이것은 파이프

37) 동일한 역설을 로버트 하인라인의 공상과학 소설 『조나단 호그의 불쾌한 직업』에서 볼 수 있다. 창문을 열자 이전에 창문을 통해 보여진 현실은 사라져버리고 우리가 보는 전부는 농후하고 불투명한 실재의 점액질이다. 이 소설에 대한 좀더 상세한 라캉적 독해는 Slavoj Žižek, *Looking Awry* (Cambridge: MIT Press, 1991) 참조. [국역본: 슬라보예 지젝, 『삐딱하게 보기』, 김소연 옮김, 시각과언어, 1995.]

가 아니다"라는 문구 모두가 흑판에 그려진 그림으로 묘사되어 있다. 하지만 흑판 왼쪽에 또 다른 거대하고 육중한 파이프 유령이 불특정한 공간에 자유롭게 떠 있다. 이 그림의 제목은 "파이프는 파이프다"일 수도 있었을 것이다. 왜냐하면 그것은 동어반복을 궁극적 모순이라고 한 헤겔적 테제의 완벽한 예증이 아니라면 무엇이겠는가? 분명하게 한정된 상징적 현실 속에 위치한 파이프와 가까이에 이상하게 떠 있는 그것의 환영적인 섬뜩한 분신 사이의 일치. 흑판에 있는 파이프 밑에 기재된 문구는 두 파이프의 분열을 증언하고 있다. 즉 현실의 일부를 형성하는 파이프와 실재적인 바로서의, 즉 환상-유령으로서의 파이프는 상징적 질서의 개입을 통해 구별된다. 상징적 질서의 출현이야말로 현실을 현실 자체와 실재의 불가사의한 잉여로 분열시키는데, 이때 각각은 그것의 상대물을 "탈현실화"한다.

여기서 지적되어야 할 라캉적 요점은, 물론, 그와 같은 분열이 욕망의 경제 속에서만 발생할 수 있다는 것이다. 그것은 접근불가능한 욕망의 대상-원인, "허무의 환유"—공중에 자유롭게 부유하는 파이프—와 우리가 피울 수는 있지만 결코 "그것"은 아닌 "경험적" 파이프 사이의 틈새를 지칭한다. (이 그림의 마르크스 브라더스 판본은 "이것은 파이프처럼 보이고 파이프처럼 기능하지. 하지만 속지 말게나. 그건 파이프야!" 정도가 될 것이다.)[38]

---

38) 마르크스 브라더스 영화들에서 우리는 동일성의 역설, 즉 실존과 속성의 섬뜩한 관계의 역설에 대한 세 가지 변이를 만난다.

—낯선 사람에게 소개될 때의 그루초 마르크스: "당신을 보니 엠마누엘 라벨리가 생각나네요.—하지만 저는 정말로 엠마누엘 라벨리인데요.—그렇다면 당신이 그를 닮은 것도 이상할 것이 없군요!"

물론 자유롭게 부유하는 파이프의 거대한 현존은 묘사된 파이프를 "한낱 그림"으로 바꾸어놓는다, 하지만 동시에 자유롭게 부유하는 파이프는 칠판에 그려진 파이프의 "길들여진" 상징적 현실에 대립되며 그러한 것으로서 환영 같은 "초현실적" 현존을 획득한다. 오토 프레밍거의 <로라>에 나오는 "실재적" 로라의 출현처럼 말이다. 형사(다나 엔드루스)는 죽은 것으로 추정된 로라의 초상화를 쳐다보다가 잠이 든다. 깨어나서는 초상화 옆에서 멀쩡하게 살아 있는 "실재적" 로라를 발견한다. "실재적" 로라의 이 현존은 초상화가 한낱 "모사물"에 불과하다는 것을 돋보이게 한다. 다른 한편으로, 바로 그 "실재적" 로라는 상징화되지 않은 환영적 잉여로서, 유령 같은 환영으로서 출현한다. 초상화 밑에 우리는 "이것은 로라가 아니다"가 기입되어 있는 것을 어렵지 않게 상상할 수 있다. 얼마간 유사한 실재의 효과가 세르지오 레오네의 <원스 어폰 어 타임 인 아메리카>의 도입부에서 발생한다. 전화가 계속해서 울린다. 마침내 손이 수화기를 들 때, 전화는 계속 울린다. 첫 번째 소리는 "현실"에 속한다. 반면에 수화기를 든 이후에도 계속되는 전화벨 소리는 지정되지 않은 실재의 공백에서 나온다.[39]

—법정에서 의뢰인을 변호하는 그루초: "이 사람은 천치처럼 보이고 천치처럼 행동합니다. 하지만 그렇다고 속지 마십시오. 그는 정말로 천치입니다!"

—한 여자에게 구애하는 그루초: "당신의 모든 것이 당신을 생각나게 합니다. 당신의 코, 당신의 눈, 당신의 입술, 당신의 손. 당신을 제외하면 모든 것이!"

물론 이러한 역설의 중심에 놓여 있는 것은 이미 러시아 형식주의자들(예컨대 야콥슨)에 의해 옹호된 다음의 테제이다. 즉 모든 술어는 은유의 지위를 갖는다. 한 사물을 어떤 술어를 통해 묘사하는 것은 궁극적으로 그 사물이 무엇을 닮았는지를 말하는 것과 같다.

39) 이 장면에서 우리가 발견하는 것은 물론 꿈꾸기 활동을 격발하는 외적 자극(소리, 유기체적

하지만 상징화된 현실과 실재의 잉여 사이의 이러한 분열은 상징계와 실재가 뒤얽히는 방식의 가장 기본적인 매트릭스를 나타낼 뿐이다. 추가적인 변증법적 "나사 돌리기"는 프로이트가 표상-대리물이라 불렀던 것을 통해, 기원적으로 누락되어 있고 배제되어 있는("원초적으로 억압된") 표상의 상징적 대리물을 통해 이루어진다.[40] 이 표상-대리물의 역설은 마그리트의 「지평선을 걸어가는 사람」(1928-1929)에 의해 완벽하게 무대화된다. 이 그림은 중산모를 쓴 그저 평범한 나이 든 한 신사의 초상이다. 그는 뒷모습으로 보여지고 있으며, "nuage[구름]", "cheval[말馬]", "fusil[소총]" 등의 이탤릭체 단어를 담지한 다섯 개의 두껍고 무정형인 물방울 근처에 위치하고 있다. 여기서 단어들은 사물들의 부재하는 표상을 대신하는 기표의 대리물이다. 푸코는 이 그림이 일종의 역전된 리버스rebus로 기능한다는 아주 올바른 언급을 했다. 리버스에서 사물들의 그림 표상들은 이 사물을 지칭하는 단어를 대신한다. 반면에 여기서는 단어들 자체가 부재하는 사물들의 공백을 메운다. 이 기본 매트릭스가 생성하는 변종들을 계속 열거하는 것도 가능할 것이다(예를 들어 「떨어지는 저녁」을 보면, 저녁이

필요 등등)에 대한 일종의 반성적 이중화이다. 우리는 잠을 연장하기 위해서 이 요소를 해석하는 꿈을 만들어낸다, 하지만 꿈에서 조우하게 되는 내용은 너무나도 외상적이어서 마침내 우리는 현실로, 잠에서 깨어남으로 도피한다. 우리가 잠들어 있는 동안 울리는 전화벨 소리는 이와 같은 자극의 탁월한 사례이다. 현실에서 벨소리가 멈춘 이후에도 그것이 지속된다는 것은 라캉이 실재의 고집[주장]insistence이라고 부르는 것을 예시한다.

40) Sigmund Freud, "Repression", in *Standard Edition*, vol. 14, pp. 152-153[『정신분석의 근본 개념』, 열린책들, 2003, 145-146쪽]과 "The Unconscious", 같은 책, p. 177[『정신분석의 근본 개념』, 176쪽] 참조. 이 개념에 대한 라캉적 독해를 위해서는 Jacques Lacan, *The Four Fundamental Concepts of Psycho-Analysis* (New York: Norton, 1977), p. 218 참조.

말 그대로 창문을 통과해 떨어지고 창유리를 깨뜨린다. 이는 실현된 은유의 사례다. 즉 상징계가 실재 안으로 침입하는 사례다). 하지만 어떻게 이 모든 역설들 배후에서 동일한 매트릭스가 출현하는지를, 궁극적으로 칸트적인 동일한 기본적 균열이 출현하는지를 확인하는 것으로 족하다. "현실"은 결코 그 총체성 속에서 주어지지 않는다. 현실의 한가운데에는, 기괴한 환영들에 의해 메워지는바, 언제나 공백이 입을 벌리고 있다.

비-상호주체적 타자

그리하여 반쯤 열린 창문의 틈새를 통해 일별될 수 있는 침투불가능한 검정은 "정상적 상호주체성"의 **타자**에 선행하는 **타자**의 섬뜩한 환영들을 위한 공간을 열어놓는다. 여기서 히치콕의 <프렌지>에 나오는 그의 천재성을 입증하는 한 세부장면을 떠올려보자. 두 번째 살인으로 이어지는 장면에서 곧 희생양이 될 코번트가든에서 일하는 젊은 여자 뱁즈는 주인과 다툰 후에 일터를 떠나서 분주한 시장 거리로 나간다. 잠시 우리를 멍하게 하는 거리의 소음은 곧 (전적으로 "비사실주의적" 방식으로) 중단된다. 그때 카메라는 클로즈업으로 뱁즈에게 다가가며, 그러고 나서 그 불가사의한 정적은, 마치 그녀의 등 뒤에서 들리는 동시에 그녀 내부에서 들리는 것인 양 절대적으로 근접해 있는 불분명한 지점에서 나오는 섬뜩한 목소리에 의해 깨지고 만다. 그것은 "머물 곳이 필요하니?"라고 부드럽게 말하는 어떤 남자의 목소리다. 뱁즈는 비켜서서 뒤를 돌아본다. 그녀 뒤에는 그녀가 익히 알고 있는 한 노인이 서 있는데, 그 노인은 그녀는 모르고 있지만 "넥타이 살인자"이다. 몇 초 후에 마법은 증발해버리고 우리는 다시 "현실"의, 삶으로 부산한 시장 거리의 음향을 듣게 된다. 현실이 중단되면서 출현하는 이 목소리는 대상 a에 다름 아니며, 뱁즈 뒤에서 나타나는 인물은 관람자들에게 이 목소리와의 관계에서 보충적인 무언가로서 경험된다. 그것은 이 목소리를 체현하며, 동시에 그것은 뱁즈의 신체의 그림자 같은 돌기로서 그 신체와 이상하게도 뒤얽혀 있다(이와 유사한 것으로는, 프로이트가 분석한 레오나르도의 성모의 이상한 이중 신체가 있다. 또한, <토탈 리콜>에 나오는 화성의 지하 저항운동 지도자의 신체가 있는데, 그것은 또 다른 사람의 복부에 있는 일종의 기생적 돌기이다). 이와 유사한 효과들의 목록을 길게 나열하는 것은 손쉬운 일이다. 그리하여, <양들의 침묵>에 나오는 핵심 장면 중 하나에서, 클라리스와 렉터는 렉터의 감옥에서 대화를 나누고 있을 때 동일한 위치들을 점유한다. 전경에는 카메라를 쳐다보는 클라리스의 클로즈업이 보이고, 그녀 뒤의 유리 칸막이벽에는 렉터의 머리의 반영이 뒤에서—그녀 바깥으로—자라나기 시작한다. 그녀보다 덜 실재적인 동시에 더 실재적인 그녀의 그림자 같은 분신으로서 말이다. 그렇지만 이 효과의 최고 사례는 히치콕의 <현기증>의 가장 불가사의한 숏들 중 하나에서 발견된다. 스코티는 꽃가게의 반쯤 열린 뒷문의 틈새를 통해 마들린을 엿본다. 잠시 동안 마들린은 이 문 가까이 있는 거울 속에서 자기 자신을 쳐다보며, 그 결과 화면은 수직으로 분열된다. 왼쪽 절반은 우리가 마들린의 반영을 보게 되는 거울이 차지하며, 오른쪽 절반은 일련의 수직선들(문들)에 의해 잘게 분할된다. 수직의 어두운 띠(반쯤 열린 문의 틈새)에서 우리는 스코티의 일부를 보는데, 그의 응시는 왼쪽 절반에서 우리가 그 거울 반영을 보게 되는 "원본"에 못 박혀 있다. 진정으로 "마그리트적인" 특질이 이 유일무이한 숏에 들러붙는다. 즉 디에게시스적 공간의 배치에 있어 스코티는 "현실에" 있고 마들린과 관련해 우리가 보는 것은 단지 그녀의 거울 이미지이지만, 숏의 효과는 정반대이다. 마들린은 현실의 일부로서 지각되며, 스코티는 (그림의 『백설공주』에 나오는 전설적인 난쟁이처럼) 거울 뒤에 잠복한 환영적 돌기로서 지각된다. 이 숏은 매우 정확한 의미에서 마그리트적이다. 스코티의 난쟁이 같은 신기루는 「망원경」의 반쯤 열린 창문의 틈새에서 입벌리고 있는 바로 그 침투불가능한 어둠에서 엿보인다(물론 <현기증>의 거울은 마그리트의 그림의 창틀에 상응한다). 두 경우 모두 거울반영된 현실의 틀지어진 공간은 수직의 검은 단층에 의해 횡단된다.[41] 칸트의 말대로, 사물 자체에 대한 그 어떤 실정적 앎도 없다. 그것의 자리를 지칭할 수 있을 뿐이며, 그것을 위한 "자리를 마련할" 수 있을 뿐이다. 바로 이것이 마그리트가 아주 축어적 차원에서 성취하는 것이다. 반쯤 열린 문의 균열, 그것의 침투불가능한 검정은 사물을 위한 자리를 마련한다. 그리고 이 균열 속에 응시를 위치시킴으로써 히치콕은 헤겔-라캉적 방식으로 마그리트를 보충한다. "외양 너머에 그 어떤 사물 자체도 없다면, 응시가 있다."[42]

---

41) 유사한 숏이 프리츠 랑의 <푸른 치자나무>에서도 발견된다. 안나 백스터는 반쯤 열린 문들 사이의 틈새에서 엿보인다.

「트리스탄과 이졸데」의 바이로이트 무대에서 장-피에르 포넬은 바그너의 원래 줄거리를 변경했다. 그는 트리스탄의 죽음 뒤에 오는 일체의 것—이졸데와 마르케 왕의 도착, 이졸데의 죽음—을 트리스탄의 치명적 착란으로 해석한다. 이졸데의 마지막 등장은 다음과 같이 무대화된다. 즉 트리스탄 배후에서 눈부시게 조명된 이졸데가 현란하게 커져가고, 그러는 동안 트리스탄은 우리 관객들을 응시하는데, 이때 우리 관객들은 그의 숭고한 분신을, 그의 치명적 향유의 돌기를 지각할 수 있다. 또한 베르히만은 자신의 <마술피리> 판본에서 파미나와 모노스타토스를 종종 바로 이런 식으로 촬영한다. 파미나의 클로즈업. 파미나는 카메라를 강렬하게 들여다본다. 이때 모노스타토스가 그녀 배후에서, (예리하리만치 "부자연스러운" 어두운 자줏빛으로 조명되어) 현실의 다른 층위에 속하는 양, 그녀의 그림자 분신으로서 출현하며, 그의 응시 또한 카메라를 향한다. 이러한 배치는, 그 속에서 주체와 그/녀의 외밀적인 그림자 분신이 (우리 관객들로 구현된) 제3의 공통 지점을 응시하는바, 주체가 상호주체성 이전의 **타자성**과 맺고 있는 관계를 축도하고 있다. 주체들이 공유된 현실 내부에서 "서로의 눈을 들여다보는" 상호주체성의 장은 부성적 은유에 의해 지탱되는 반면에, 두 응시를 유인하는 부재하는 **제3의 점**에 대한 참조는 두 상대방 가운데 한 명(배경에 있는 인물)의 지위를 향유의 실재의 숭고한 체현물로 변화시킨다.[43]

---

42) Lacan, *The Four Fundamental Concepts of Psycho-Analysis*, p. 103.

43) 이 제3의 응시는 또한 노출증의 논리에 대한 열쇠를 제공한다. 남성 노출증자가 희생양 앞에서 코트를 벌리는 저 전설적인 제스처를 수행할 때 그의 목적은 희생양에게서 경악을,

이 모든 장면들이 순수하게 영화적인 절차의 층위에서 공유하고 있는 것은 얼굴을 마주한 상호주체성이 주체가 그/녀 배후에서 일종의 숭고한 돌기로서 출현하는 그림자 분신과 맺는 관계로 역전되는 것의 형식적 상관물 같은 것이다. 동일한 숏 내에서의 화면과 대응화면의 응축. 여기서 우리가 발견하는 것은 역설적인 종류의 소통이다. 주체가 그의 정면에 있는 동료 피조물과 나누는 "직접적" 소통이 아니라, 대응화면이 화면 그 자체 안으로 다시 거울반사되는 것인 양, 제3의 응시에 의해 매개되는 주체 배후의 이상생성물과의 소통. 장면에 최면적 차원을 부여하는 것은 바로 이 제3의 응시이다. 주체는 "그 자신 안에 있는 자신보다 더한 그 무엇"을 보는 응시에 사로잡힌다. 그리고 분석적 상황 그 자체, 즉 분석가와 분석자의 관계 또한 궁극적으로 주체가 그의 그림자 타자와, 자신 안에 있는 그 외화된 대상과 맺는 이 선-상호주체적 관계로의 일종의 회귀를 지칭하지 않는가? 이는 분석의 공간적 배치의 전 요점이지 않은가? 이른바 사전 면담 이후에, 본연의 분석은 분석가와 분석자가 더 이상 서로의 얼굴을 맞대지 않을 때, 분석가가 분석자 뒤에 앉고 분석자는 소파에 누워서 자신의 정면에 있는 공백을 응시할 때 시작된다. 바로 이러한 배치가 분석가를 분석자의 대화 파트너가 아닌, 또 다른 주체가 아닌, 분석자의 대상 *a*로서 위치시키는 것 아닌가?[44]

수치심을 산출하는 것이다. 희생양은 노출증자 자신의 현존 때문에 당혹해 하는 것이 아니라 제3의 응시의 상상된 현존 때문에 당혹해 하는 것이다. (뜻밖에도 이는 또한 노출증자의—그리고 도착적 사디스트 일반의—목적이 희생양을 대상의 지위로 환원시키는 것이 아니라 반대로 희생양을 주체화하는, 욕망하는 주체를 특징짓는 분열(매혹됨과 혐오의 혼합)을 그/녀 안에 초래하는 것이라는 점을 확증해준다.)

무한 판단의 대상

이 지점에서 칸트에게 돌아가야 한다. 그의 철학에서 이 균열은, 그러한 기괴한 환영들이 출현할 수 있는 이 공간은, 부정 판단과 무한 판단의 구분에 의해 열린다. 이 구분을 예시하기 위해 칸트가 사용하는 바로 그 사례가 다 말해준다. 긍정 판단에 의해 술어는 (논리적) 주어에 귀속된다—"영혼은 사멸적이다(The soul is mortal)". 부정 판난에 의해 술어는 주어에 귀속되길 거부당한다—"영혼은 사멸적이지 않다(The soul is not mortal)". 무한 판단에 의해 우리는 술어(즉 술어를 주어에 귀속시키는 계사)를 부정하는 것이 아니라 어떤 부정적 술어를 긍정한다—"영혼은 비사멸적이다(The soul is not-mortal)". (독일어에서도 그 차이는 단지 구두법의 문제다: "Die Seele is nicht sterbliche"와 "Die Seele ist nichtsterbliche". 이상하게도 칸트는 표준적인 "unsterbliche(불사적)"를 사용하지 않는다. *CPR*, A72-73 참조.) 이 구분은 비록 머리카락을 한올한올 세는 것처럼 쓸데없는 것을 따지는 일처럼 보이겠지만 그럼에도 불구하고 대립과/이나 부정의 상이한 양태를 구분하려는 칸트의 시도에서 핵심적인 역할을 한다.

– 첫째로, 실재적 대립. 두 개의 긍정적 힘, 즉 하나의 힘과 그것

44) 이 환영적 분신, 우리의 그림자이지만 "우리보다 더 실재적인" 것은 콜리지의 『늙은 선원의 노래』에 나오는 유명한 시구에서도 묘사된다. 메리 셸리는 이 시구를 이용해서 프랑켄슈타인 박사와 그의 끔찍한 피조물의 관계를 특징짓는다. "마치, 쓸쓸한 길을 / 공포와 겁에 질려 걸어가다가 / 한번 뒤돌아보고 다시 길을 가지만 / 더는 돌아보지 못하는 사람과 같았네 / 그는 알기 때문이지, 무서운 마귀가 / 바로 뒤를 바짝 따라온다는 것을."[메리 셸리, 『프랑켄슈타인』, 오숙은 옮김, 미래사, 2002, 91쪽.]

의 상보적 대항력 사이의 길항. 이 둘은 서로를 상쇄한다. 이 대립은 "현실"이라는 바로 그 개념에 대해 구성적인 특질을 지칭한다는 정확한 의미에서 실재적이다. 우리가 "현실"로 경험하는 그 무엇은 어떤 힘과 그것의 대항력(인력과 반발력, 자력의 양극과 음극, 등등)의 편재적 적대에 의해 구조화된다. 어떤 긍정적 힘의 대립항은 무, 부재, 이 긍정적 힘의 결여가 아니라 긍정적인 존재론적 현실성을 독자적으로 소유하는 또 다른 힘이다. 동일한 세기를 가진 대립하는 힘들이 서로를 상쇄할 때 그 길항의 결과는 0이다. 동일한 힘을 가진 두 집단의 소년들이 서로 반대 방향으로 당길 때 정지된 채로 있는 밧줄처럼 말이다. 칸트는 실재적 대립의 이 "영"을 박탈된 무*nihil privativum*라고 명명했다. 그것은 두 대립되는 힘들의 상호 "박탈privation"의 결과다. 실재적 대립의 핵심적인 변별적 특징은 전제된 공통 근거이다. 예컨대 양극과 음극의 대립은 오로지 자기장 내에서만 발생한다. 그렇기 때문에 어떤 대상의 자성이 양성이 아니라는 사실이 그 대상의 자성이 음성임을 자동적으로 함축하는 것은 아니다. 그것은 단순히 자성의 영역 밖에 놓여 있는 것일 수 있다.

—실재적 대립은 논리적 모순과 혼동되지 말아야 한다. 논리적 모순의 결과는 다른 유형의 "영", 즉 부정적 무*nihil negativum*이다. 그것은 고려중인 대상의 바로 그 개념이 자기 자신과 모순되어 스스로를 취소시킬 때 발생한다. 여기서 칸트가 염두에 두고 있는 것은 "사각의 원"이나 "나무로 된 철" 같은 개념들이다. 우리는 그와 같은 대상들의 직관에 도달할 수 없다(우리는 "사각의 원"이 어떻게 생겼는지 상상할 수 없다). 그것들은 칸트가 *Unding*이라고

칭하는 것, 즉 "비-사물", 개념이 결여된 공허한 대상의 사례들이다. 그리고 그와 같은 것으로서 그것들은 바로 그 자기모순적 성격으로 인해서 논리적으로 불가능하다.

—그렇지만 세 번째 유형의 부정이 있는데, 이는 실재적 대립으로도 논리적 모순으로도 환원될 수 없다. 즉 이율배반. 칸트는 자신이 그것의 특수한 성격을 최초로 밝혔다는 것에 자부심을 가졌다. 즉 논리적으로 자기모순적이지 않지만 그럼에도 불구하고 선험적으로 식관될 수 없는, 즉 우리의 경험 대상으로서, 우리가 현실로서 경험하는 것의 일부로서 상상될 수 없는 대상들이 있다. 이 대상들은 분명 논리적으로 불가능한 것은 아니나, 그럼에도 불구하고 "가능한" 것으로 헤아려지는 것의 영역이 우리의 경험의 지평에 의해 윤곽지어지는 한, 우리는 그것들을 "가능한" 것으로 간주할 수 없다. 그것들은 개념을 결여하고 있는 공허한 대상들이 아니라, 그와는 반대로 (직관된) 대상을 결여하고 있는 공허한 개념들이다. 그러한 것으로서 그것들은 *Unding*이라는 개념 하에 포섭될 수 없다. 어떠한 모순 없이도 그것들을 상상하는 것은 손쉬운 일이니까 말이다. 문제는 그것들을 상상하는 것은 손쉬운 반면에 그것들의 개념을 실정적인 직관된 내용으로 결코 채울 수 없다는 것이다. 바로 그렇기 때문에 칸트는 그와 같은 대상을 *Gedankending*, 즉 사고사물(*ens rationis*)이라고 불렀다. 예시적 사례들에는 전통적 형이상학에 넘쳐나는 개념들, 우리를 초월적 이율배반에 연루되게 하는 개념들—총체성에 있어서의 우주, 영혼, 신—이 포함된다. 이 모든 개념들은 이성적으로 상상되거나 구성될 수 있지만 우리는 그것들을 현실의 일부로서 결코 경험할 수 없다(우리의 시공간적 현실

속에서 우리는 "신"이나 "영혼"과 결코 현실적으로 마주칠 수 없다).45)

모순과 이율배반의 이러한 차이는, 즉 모순으로 환원불가능한 이율배반의 그 특수한 지위는 **초월적** 차원을 작동시킨다. 모순의 "영"은 논리적이다(대상의 개념 그 자체가 그 스스로를 취소시킨다). 반면에 이율배반의 "영"은 초월적이다. 즉 여기서 우리는 결코 우리의 감성적 직관의, 우리의 가능한 경험의 대상이 될 수 없기 때문에 영원히 "공허한" 상태로 남아 있는 대상이라는 개념에 초점을 맞추어야 한다. 그리고 칸트에 따르면, 초월적 이율배반들의 "추문"을 해결할 방법은 바로 그것들을 모순으로서가 아니라 이율배반으로서 파악하는 것이다. 논리적 모순의 경우 그것의 양극 가운데 하나는 필연적으로 참이다. 즉 나는 어제 헤겔의 『논리학』을 읽었거나 읽지 않았거나이다. 배중률에 따라서, 한 극의 거짓은 자동적으로 반대 극의 참을 함축한다. 그렇지만 이것은 이율배반과 관련하여 우리가 피해야만 하는 바로 그 함정이다. 초월적 이율배반을 모순으로 간주하는 순간 우리는 두 극 가운데 하나가 참이어야만 한다—우주는 유한하거나 무한하다, 선형적 인과사슬이 모든 것을 결정하고 포괄하거나 아니면 자유가, 즉 그 조건들로 환원불가능한 자율적 활동의 가능성이 있다—는 결론을 내리지 않을 수 없게 된다. 이로써 우리를 피해가는 것은

45) 프로이트의 꿈 이론 내에서 *Unding*과 *Gedankending*의 이러한 차이는 "표상가능성에 대한 고려들"이라는 개념에서 작동하고 있다(*Interpretation of Dreams* [Harmondsworth: Penguin Books, 1977] 6장 D절 [국역본: 『꿈의 해석』, 열린책들, 2003, 제6장의 4절] 참조. *Gedankending*은 그 자체로 무의미하거나 모순적이지 않다. 그것은 단순히 표상될 수가 없는, 즉 우리의 표상의 장 내에서 하나의 대상으로서 경험될 수가 없는 것이다.

제3의 가능성이다: 논쟁의 공통 근거(현상들의 총체로서의 우주, 영혼)가 우리의 가능한 경험의 대상으로서 존재하지 않기 때문에 문제 그 자체가, 즉 겉보기에 분명 남김 없는 그 양자택일이 거짓이라면 어찌할 것인가? 이 경우 이율배반의 양 극 모두가 거짓이거나(총체로서의 우주는, 우리의 유한성 때문에 직관된 내용으로 결코 채워질 수 없는 순수한 사고사물이다—수학적 이율배반들에 대한 칸트의 해결책), 아니면 양 극 각각이 상이한 존재론적 층위에 관계하는 것이기 때문에 양자 모두가 참이다(보편적 인과관계는 현상들의 영역에 제한되어 있는 반면에 자유는 우리의 예지적 영혼을 규정한다). 따라서 수학적 이율배반들에 대한 칸트의 해결책은 매우 대담한 것이다. 그는 "세계관"*Weltanschauung*(혹은, 좀더 정확하게는, 세계 직관)의 전통 일체와 단절한다: 세계(우주)는 직관에 결코 주어지지 않는 어떤 것이다. 다시 말해서 엄밀한 의미에서 그것은 존재하지 않는다.

사고사물이라는 개념은 우리 경험의 한계를 초월하기 때문에 우리가 그 어떤 지식도 소유할 수 없는 대상들에 관계한다. 그럼에도 불구하고 우리는 우리 경험의 환원불가능한 유한성으로 인해 그러한 대상들을 참조하지 않을 수 없다. 우리는 그것들을 인식할 수 없지만 그것들을 사고해야만 한다. "감성적 직관이라는 것은 모든 사물들에 무차별적으로 관계하는 것이 아니므로, 많은 다른 대상들을 위한 자리는 남겨져 있다"(*CPR*, A288). 다시 말해서 우리의 (유한한) 사유가 할 수 있는 전부는 그것의 너머에 대한 그 어떤 긍정적 진술도 하지 않은 채 일정한 한계를 긋는 것이며, 우리 인식의 장을 제한하는 것이다. "사물 자체"는 우리 경험의 유한성으로 인해 영원히 공허한 상태로 남아 있어야만 하는 어떤 자리라는 모습으로 순수한 부재로서만 주어진다. 그리고 바로 여기서 우리는 부정 판단과 무한indefinite/한계limiting 판단의 차이와 만난다. 예지체는 무한-한계 판단의 대상들이다. "사물은 비-현상적이다"라고 말함으로써 우리는 "사물은 현상적이지 않다"와 동일한 것을 말하는 것이 아니다. 우리는 그것에 대해 어떠한 긍정적 주장도 하지 않는다. 단지 우리는 어떤 한계를 긋고 있는 것이며, 그 너머에 있는 전적으로 비특화된 공백에 사물을 위치시키는 것이다.46)

이러한 사유 노선을 따라서 칸트는 『순수이성비판』 2판에서 "예지체"의 적극적 의미와 소극적 의미에 대한 구분을 도입한다. 적극적 의미에서 예지체는 "비감성적 직관의 객관"이다. 반면에 소극적 의미에서 그것은 "우리의 감성적 직관의 객관이 아닌 한에서, 하나의 사물"이다(*CPR*, B307). 여기서 문법적 형식 때문에 오도되는 일이 없어야 한다. 적극적 의미는 부정 판단에 의해 표현되며, 소극적 의미는 무한 판단에 의해 표현된다. 다시 말해서 사물을 "비감성적 직관의 객관"으로서 규정할 때 우리는 사물을 "감성적 직관의 객관"으로서 규정하는 긍정 판단을 곧바로 부정한다. 즉 우리는 직관을 의문시되지 않은 기반이나 유genus로서 받아들

46) 바로 이러한 의미에서 현실과 실재의 라캉적 차이는 가능한 것(가능한 경험틀 내에 들어오는 것, 직관의 대상으로서 상상될 수 있는 것)과 논리적으로 불가능하지 않지만 결코 경험의 대상이 될 수 없는 것의 칸트적 차이를 반복한다. "실재"는 논리적 구성물이라는 의미에서 "존재하는", 때로 필연적으로 존재하는 하지만 결코 우리가 현실로 경험하는 것의 일부가 될 수 없는 그 무엇의 이 섬뜩한 중간적 영역을 지칭한다. 칸트가 *Gegenstand*[대상]와 *Object*[객관]를 구분할 때 염두에 두고 있는 것도 바로 이것이다. *Gegenstand*는 가능한 경험의 영역에 속하는 대상인 반면에 *Object*는 결코 직관될 수 없는 존재자를 가리킨다.

이고 있는 것이다. 이를 배경으로 우리는 그것의 두 종인 감성적 직관과 지성적 직관을 대립시키고 있다. 그리하여 부정 판단은 단지 한계를 부여할 뿐 아니라 더 나아가 현상 너머에서 그 판단이 사물을 위치시키고 있는 영역—비감성적 직관의 영역—을 윤곽 짓는다. 반면에 부정적 규정의 경우 사물은, 비감상적 직관의 객관으로서 암묵적으로 정립되지 않은 채, 감성적 직관의 영역에서 배제된다. 부정적 규정은, 사물의 긍정적 지위를 미결정된 상태로 남겨둠으로써, 술어의 긍정과 부정에 공통적인 유genus 그 자체를 허문다.

"사멸적이지 않다"와 "비사멸적이다"의 차이 또한 바로 여기에 있다. 전자의 경우는 단순한 부정인 반면에 후자의 경우 부정적 술어가 긍정된다. 예지체에 대한 유일하게 "적법한" 정의는 이렇다: 그것은 "감성적 직관의 객관이 아닌not an object of our sensible intuition" 것이다. 즉 그것을 현상적 영역에서 배제하는 전적으로 부정적인 정의. 이 판단이 "무한"한 것은, 현상적 영역 밖에 있는 것의 무한한 공간 속 어디에 예지체가 위치해 있는지에 관한 그 어떤 결론도 함축하지 않기 때문이다. 칸트가 "초월적 가상"이라 부르는 것은, 궁극적으로, 무한 판단을 부정 판단으로 (오)독해하는 것 그 자체에 있다. 우리가 예지체를 "비감성적 직관의 객관"으로 간주할 때 판단의 주어는 동일한 것으로 남는다("직관의 객관"). 바뀌는 것은 단지 이 직관의 특성(감성적인 것 대신에 비감성적인 것)뿐이며, 따라서 주어와 술어 간의(즉 이 경우에는, 예지체와 그것의 현상적 규정들 간의) 최소한의 "통약가능성"이 여전히 보존된다.

칸트에 대한 헤겔적 결론은, 한계가 한계 "너머"에 있는 그 무엇에 앞서는 것으로서 파악되어야 한다는 것이다. 따라서 궁극적으로 칸트 자신의 사물 자체라는 개념은 너무 "물화된" 상태로 남아 있다. 이점에 대한 헤겔의 입장은 세밀하다. 초감성적인 것은 "외양으로서의 외양"이라고 진술하면서 그가 주장하는 것은 바로 사물 자체는 현상 그 자체의 한계다라는 것이다. "초감성적 대상들(초감성적 직관의 대상들)"은 키마이라적인 "거꾸로 뒤집힌 세계"에 속한다. 그것들은 감성적 직관의 바로 그 내용이 또 다른 비감성적 직관이라는 형식 속에서 역전되어 현시, 투사된 것에 다름 아니다. 혹은 『철학의 빈곤』에 나오는 프루동에 대한 마르크스의 반어법적 비판을 상기하자면: "말하고 사고하는 평범한 방식을 지닌 평범한 개인 대신에, 개인이 없는 평범한 방식 그 자체만을 가질 뿐이다."[47] (물론 이것의 이중적 반어법은 마르크스가 이 구절을 프루동의 헤겔주의에 대한, 즉 사변적 변증법의 형식을 가지고서 경제 이론을 보충하려는 그의 노력에 대한 조롱 섞인 거부로서 의도했다는 데 있다!) "비감성적 직관"의 키마이라는 바로 이것에 관한 것이다. 감성적 직관의 평범한 대상들 대신에 우리는 동일한 평범한 직관 대상들을 감성적 특성 없이 갖는다.

부정 판단과 무한 판단의 이 미묘한 차이는 어떤 유형의 재담에서 등장한다. 이러한 재담에서 두 번째 부분은 첫 번째 부분의 술어를 부정함으로써 그 첫 번째 부분을 직접적으로 역전시키지

47) Karl Marx, "The Poverty of Philosophy", in Karl Marx and Friedrich Engels, Collected Works, volume 6 (New Yrok: International Publishers, 1976), p. 163. [국역본: 칼 마르크스, 『철학의 빈곤』, 강민철 · 김진영 옮김, 아침, 1988, 111-112쪽.]

않으며 부정을 주어로 전치시키면서 첫 번째 부분을 반복한다. 예컨대 "그는 백치 같은 특질들로 가득한 개인이다"는 전형적인 거울 방식으로 부정될 수 있다. 즉 그것과 상반되는 "그는 백치 같은 특질들이 전혀 없는 개인이다"에 의해 대체될 수 있다. 하지만 그것의 부정에는 또한 "그는 백치 같은 특질들로 가득하되 개인이지는 않다"라는 형식이 주어질 수도 있다. 이처럼 부정이 술어에서 주어[주체]로 전치되는 것은 학생들을 편견이나 상투성의 제약에서 해방시키려는 교육적 노력이 종종 초래하곤 하는 예기치 못한 결과의 논리적 매트릭스를 제공한다. 그 결과는 편안하고 제약되지 않은 방식으로 자신을 표현할 수 있는 인격인 것이 아니라, 더 이상 배후에서 "진정한 인격"의 현존을 감지해낼 수 없는 자동화된 (새로운) 상투성의 다발이다. 개인을 일상적인 정신적 틀의 제약에서 벗어나게 해주고 일체의 진정한 창조적 잠재력들(초월적 명상 등등)과 더불어 "진정한 자기"를 해방시키려는 목적의 심리 훈련이 낳는 통상적 결과를 상기해보자. 일단 개인이 낡은 상투성을 제거하면, 즉 상투성 자체와 그 상투성 배후에 있는 "인격성" 사이의 변증법적 긴장을 여전히 유지할 수 있었던 낡은 상투성을 제거하면, 그 자리를 대신하는 것은 상투성 배후에 있는 바로 그 인격성의 "깊이"를 파기하는 새로운 상투성들이다. 요컨대 개인은 진정한 괴물, 일종의 "산주검"이 된다. 늙은 할리우드 거물인 사무엘 골드윈은 옳았다. 우리에게 필요한 것은 실로 어떤 새로운, 독창적인 상투어다.

"산주검"을 불러내는 것은 여기서 결코 우연이 아니다. 일상 언어에서 우리는 기존에 확립된 차이들을, 예컨대 산 것과 죽은 것의 차이 같은 것을 침해하는 경계적 현상들을 파악하려고 할 때 무한 판단에 의지한다. 대중문화 텍스트들에서 산 것도 죽은 것도 아닌 섬뜩한 피조물들인 "산주검"(뱀파이어, 등등)들은 "언데드the undead"라고 불린다. 그것들은 죽지는 않았지만 분명 우리 보통의 인간들처럼 살아 있는 것도 아니다. 따라서 "그는 죽지는 않았다(he is undead)"는 무한/한계 판단이다. 뱀파이어들을 죽은 것의 영역에서 배제시키지만 그렇다고 해서 그것들을 ("그는 죽지 않았다"라는 단순한 부정의 경우처럼) 산 것의 영역에 위치시키지는 않는 순수하게 부정적인 제스처라는 정확한 의미에서 말이다. 뱀파이어 및 여타의 "산주검"들이 통상 "사물들"로 지칭된다는 사실은 온전한 칸트적 의미에서 표현되어야 한다. 즉 뱀파이어는 우리처럼 보이고 행동하는 사물이지만 우리 중 한 명인 것은 아니다. 요컨대 뱀파이어와 살아 있는 사람의 차이는 무한 판단과 부정 판단의 차이이다. 죽은 사람은 살아 있는 존재의 술어들을 상실한다, 하지만 그/녀는 동일한 사람으로 남는다. 반면에 산주검은 살아 있는 존재의 모든 술어들을 보유하지만 살아 있는 존재는 아니다. 앞서 인용된 마르크스적 농담에서처럼, 뱀파이어의 경우 우리가 얻는 것은 "개인이 없는 평범한 방식 그 자체"이다.

이 무한 판단의 논리가 칸트의 철학적 혁명 전체를 간략하게 포함하고 있다고 주장하고 싶다. 그것은 섬뜩한, 금지된/불가능한, 실재적인 사물의 영역, 즉 선과 근본악이 겹치는 곳이라서 사유되지 않은 채 남아 있어야 했던 영역과 초월적으로 구성된 현실을 구별해낸다. 요컨대 칸트는 외양과 본질이라는 전통적인 철학적 대립을 현상적 현실과 (근본적으로 다른 논리를 따르는) 예지적 사물의 대립으로 대체했다. "본질적"으로 보이는 것(우리 안에 있는 도덕법칙)은 우리의 유한성의 지평 내부에서만, 우리가 현상적 현실에 제약되어 있는 지평 내부에서만 가능하며 사유될 수 있다. 만일 우리가 이러한 제약을 침범하여 예지적 사물에 대한 직접적 통찰을 얻게 된다면, 우리는 감각적 경험의 제한들을 초월할 수 있도록 해주는 바로 그 능력을 상실하게 될 것이리라.

아테와 그 너머

무한 판단에 의해 열리는 이 섬뜩한 영역을 좀더 면밀히 규정하기 위해서 다시 할리우드로 돌아가 보자. 프리츠 랑의 누아르 서부극 <악당 란초>(1950)는 할리우드 이야기가 보통 끝나는 곳에서 시작한다. 즉 결혼을 앞둔 커플이 열정적으로 키스를 하는 곳에서 시작한다. 그 직후에 잔인한 악당들이 신부를 겁탈하고 살해하며, 절망적인 신랑(아서 케네디 분)은 냉혹한 복수를 다짐한다. 악당들의 정체를 알려줄 유일한 단서는 무의미한 기표 파편인 "척-어-럭chuck-a-luck"이다. 오랜 조사 끝에 그는 비밀을 밝혀낸다. "척-어-럭"은 공공연하게 이름을 발설하면 위험한 신비의 장소를, 협소한 산길 너머의 숨겨진 골짜기에 있는 목장을 가리킨다. 그곳의 주인은 늙은 술집 가수이며 예전에 치명적인 미인이었던 마를린 디트리히인데, 그녀는 약탈물의 일부를 받는 대가로 약탈자들에게 은신처를 제공하고 있다. 무엇이 이 영화의 저항할 수 없는 매혹을 설명하는가? 의심의 여지없이, <악당 란초>가 통상적인 서부극 줄거리 이면에서 또 다른 신화적 내러티브를 무대화하고 있다는 사실이다. 이 내러티브는 통상 아프리카를 배경으로 하는 일련의 모험 소설이나 영화(『솔로몬의 동굴』, 『동굴의 여왕』, 『타잔』)에서 순수한 형식으로 표현된다. 백인의 발이 한 번도 닿지 않은 검은 대륙의 바로 그 심장부로의 탐험 이야기(항해자들은 어떤 이해할 수 없거나 애매한 기표적 파편—병 속의 전언, 불에 탄 종잇조각, 혹은 어떤 경계선 너머에 경이롭고/거나 무시무시한 일들이 일어나고 있음을 암시하는 어떤 미친 사람의 횡설수설—을 통해 이 위험한 여행으로 유인된다). 도중에 탐험대는 갖가지 위험을 만난다. 탐험대는 원주민들의 협박을 받는데, 원주민들은 그러는 동시에 그 이방인들이 어떤 경계(강, 산길, 깊은 골짜기)를 넘어가지 말아야 한다는 것을 이해시키기 위해서 필사적으로 노력한다. 그 너머에는 아무도 아직 되돌아오지 못한 저주받은 장소가 있다는 것이다. 일련의 모험 끝에 탐험대는 이 경계를 넘어가고, **다른 장소**에, 순수한 환상의 공간에 이르게 된다. 강력한 검은 왕국(『솔로몬의 동굴』), 아름답고 신비로운 여왕의 영역(『동굴의 여왕』), 인간이 자연과의 완전한 조화 속에서 살아가며 동물과 말하는 영역(『타잔』). 이러한 종류의 또 다른 신화적 풍경은 물론 티베트였다. 티베트의 신정神政은 지혜와 균형의 목가적 세계를 그린 가장 유명한 이미지인 (『잃어버린 지평선』에 나오는) 샹그릴라를 위한 모델이 되었다. 그곳은 산악의 협소한 통로를 통해서만 도달할 수 있으며, 또한 아무도 그곳에서 되돌아오는 것이 허용되지 않는다. 그리고 그곳에서 탈출한 유일한 사람도 그 대가로 광기에 사로잡히고, 현명한 수도승이 지배하는 평화로운 나라에 대해 그가 주절거릴 때 아무도 그를 믿지 않는다.[48] <악당 란초>에 나오는 불가사의한 "척-어-럭"은 동일한 금지된 장소이다. 영화에 나오는 모든 결정적 대면들이 일상적 현실을 "그녀"가 통치하는 계곡과 분리시키는 경계를 표시하는 협소한 산길에서—다시 말해서, 현실과 환상의 "다른 장소" 사이의 바로 그 **통로**에서—발생한다는 것은 결코 우연이 아니다.[49]

여기서 핵심적인 것은 이 모든 이야기들의 엄밀한 형식적 동형성이다. 모든 경우 구조는 뫼비우스 띠의 구조이다. 우리가 현실 편에서 충분히 멀리 진행을 하면, 갑자기 그 이면에 있는, 순수한 환상의 영역에 있는 우리 자신을 발견한다.[50] 그렇지만 연관지을

---

48) 물론 이 유토피아적 세계는 서구의 공격적인 가부장적 문명에 대한 대척점으로 구조화되어 있다. 모계사회의 영역(『동굴의 여왕』), 흑인 지배의 영역(『솔로몬의 동굴』), 자연과 조화롭게 접촉하는 영역(『타잔』), 균형 잡힌 지혜의 영역(『잃어버린 지평선』). 그렇지만 이 소설들의 메시지는 겉보기보다 애매하다. 이 목가적 세계에 들어간 주인공들에게 충만한 욕망의 영역에서의 삶은 곧 참을 수 없는 것이 되고 그들은 타락한 문명으로 돌아가려고 노력한다. 순수한 환상의 우주는 잉여향유가 없는 우주, 즉 욕망의 대상-원인이 작용할 수 없는 완벽하게 균형잡힌 우주이다.

49) 바로 그렇기 때문에 이 통로는 언제나 그것의 인공적 성격을 드러내는 방식으로 제시된다(우리는 그것이 거대한 천에—계곡 아래의 "악당 란초"를 포함해서—전체 배경이 그려진 스튜디오 세트임을 즉각 감지한다. 예컨대 <마니>에서 히치콕은 동일한 방식을 이용했다. 그리고 우리는 코폴라의 <지옥의 묵시록>에서 경계 너머의 순수한 환상-공간의 동일한 매트릭스와 조우하지 않는가? 이 영화가 무대화하는 것 또한 일종의 "세계의 끝 너머로의 항해"이다. "세계의 끝"은 베트남과 캄보디아의 국경에 있는 불타는 다리에 의해, 현실과 망상의 구분이 흐려지는 전적인 혼동과 붕괴의 이 장소에 의해 분명하게 재현된다. 그렇지만 일단 이 경계를 침범하고 그 너머를 통과해가면, 사나운 폭력은 갑자기 부자연스러운 고요함에 길을 내준다. 우리는 순수한 환상-공간 속으로, 즉 현실을 구성하는 "정상적" 상징적 아버지의 이면인 외설적인-알고 있는 아버지 커츠의 왕국 속으로 들어간다. (프레드릭 제임슨이 주목했듯이, 히치콕의 <북북서로 진로를 돌려라>에 나오는 러시모어 산 기념물의 역할 역시 "세계의 끝"의 이미지로서 기능하는 데 있다. 대통령들의 머리 꼭대기에서 절벽 계곡 아래를 내려다보는 것은 분명 불가해한 너머로 바라보는 것이다.)

50) 칸트에게 "초월적 가상"의 지위도 이와 유사하다. 이성의 이념은 현실의 장에, 가능한 경험의

것들을 좀더 찾아보자. 우리는 동일한 반전을, 셰익스피어에서 모차르트에 이르는 다수의 예술가들의 경우에도, 절망으로의 점진적 하강이 그 최저점에 이르게 될 때 갑자기 일종의 천상의 행복으로 바뀌게 되는 발전 과정에서 조우하지 않는가? 정말의 최저점을 표시하는 일련의 비극들(『햄릿』, 『리어왕』 등등) 이후에 셰익스피어의 희곡의 어조는 예기치 않게 바뀌며 우리는 동화 같은 조화의 영역에 들어선다. 거기서 삶은 모든 갈등에 행복한 결말을 가져다주는 호의로운 운명에 의해 지배된다(『템페스트』, 『심벨린』 등등). 성적 관계의 불가능에 대한, 성들 간의 적대적 관계에 대한 궁극적 기념비인 <돈 지오반니> 이후에, 모차르트는 **남자**와 **여자**의 조화로운 쌍에 대한 찬가인 <마술피리>를 작곡했다(어떻게 비판이 칭찬에 선행하는가의 역설에 주목할 것).[51]

장에 속하지 않지만, 그럼에도 그것은 그 장을 총체화하고 메우는 상징적 폐쇄로서 기능한다. 현실에서 그 극단까지, 절대 한계까지 진행하면, 갑자기 "다른 편에", 그 어떤 현실도 대응하지 않는 관념들 속에 있는 우리 자신을 발견한다.

51) 회화 영역에서 이와 유사한 반전은 에드바르트 뭉크의 작품에서 나타난다. 그의 "표현주의적" 국면의 절망 뒤에 오는 것은 유사-마법적인 위로이다. 뭉크는 자연의 리듬, 생명을 주는 태양의 힘 등에서 지탱물과 안정적 참조점을 발견한다. 이러한 변동은 호안 미로의 초기 작품에서 후기 작품으로의 변화와 유사하다. 미로 전체가 이미, 아직은 구상적인 그의 초기 그림들에 담겨져 있다고 말하고만 싶다. 거기서 후기 모로의 요소들은, 그 유명한 쾌활하고 "유치한" 추상적인 채색된 형태들은 구상적인 전체 캔버스의 세부들로 존재한다. 그리하여 미로는 어떤 면에서 그 자신의 작품을 "물화"시켰다. 그는 그것의 요소들의 변증법적 매개를 "망각"했다. 그는 그것들의 총체로부터 그것들을 추상해냈으며, 그것들에 독립성의 외양을 부여했다. 본연의 모더니즘 내에서 동일한 논리가 표현주의에서 모더니즘적 형식주의로의 전환에서 작용한다. 아놀드 쉔베르크의 작곡에서 *Sprachgesang*(양식화된 "말노래")의 운명을 상기해보자. 「구레의 노래」에서 *Sprachgesang*은 아직 "맥락화"되어 있다. 그것은 사랑하는 토베의 죽음을 슬퍼하는 발데마르 왕의 참을 수 없는 고통을 달래주는 노래로 나온다. 밤에 말을 타고 가면서 발데마르는 그의 고통을 전통적인 후기낭만주의적 곡조로 표현하는 반면에, 화자는 밤의 전율을 일소하는 새날의 새벽을 *Sprachgesang*의 형식으로 찬양한다. 후기작 「달에 홀린 페에로」에서 이러한 변증법적 긴장은, 즉 후기낭만주의적 색채의 곡조를 통한 *Sprachgesang*의 매개는

행복으로의 반전이 임박할 때 우리가 접근하게 되는 끔찍하고 치명적인 하지만 동시에 매혹적인 경계선은 라캉이 소포클레스의 『안티고네』와 관련해 그리스어 아테*ate*를 통해 가리키려고 하는 그 무엇이다.[52] 이 용어에는 근본적 애매성이 있다. 아테는 결코 접근할 수 없는 끔찍한 한계를, 즉 그것을 건드리는 것이 곧 죽음을 의미하는 한계를 지칭하는 동시에 그것 너머의 공간을 지칭한다. 여기서 핵심적 요점은 공간에 대한 한계의 우선성이다. 어떤 한계에 의해 나뉘는 두 영역(현실의 영역과 순수한 환상의 영역)이 있는 것이 아니다. 단지 현실과 그것의 한계, 심연, 현실이 그 둘레로 구조화되는 공백이 있을 뿐이다. 따라서 환상-공간은 엄밀히 이차적이다. 그것은 어떤 한계를 "체현"하며, 그 한계를 실체화하며, 혹은 좀더 정확히 말해서 불가능한 것을 금지된 것으로 변화시킨다. 한계는 어떤 근본적 불가능성을 표시하며(그것은 침범될 수 없다, 그것에 너무 가까이 가면 우리는 죽는다), 반면에 그것의 너머는 금지되어 있다(그곳에 진입하는 자는 누구든 돌아올 수 없다, 등등).[53] 이로써 우리는 이미 전율에서 행복으로의

상실된다. *Sprachgesang*은 해방되어 전 영역을 차지한다. 더 일반적인 층위에서, 극단적 긴장이 평화로운 행복으로의 이와 같은 반전의 기본 매트릭스를 제공하는 것은 모더니즘에서 포스트모더니즘으로의 이행이다. 여기서 핵심적인 요점은, 이러한 변동에서 변화하는 것이 지각된 대상들이나 사물들의 상태인 것이 아니라 지각된 사물들의 상태를 끔찍한 것으로 보이게 하는 그 관점이다. 진정한 주체성의 차원이, 암묵적인 정상규범성의 기준이 붕괴될 때, 우리는 모더니즘적-표현주의적 전율에서 포스트모더니즘적인 에테르적 행복으로 이행한다. 반전의 논리는 모든 곳에서 동일하다. 쾌활하고 유치한 직접성은, 처음에는 그 정대로, 즉 주체가 더 이상 자신의 전율을 직접적으로 표현할 수 없고 단지 백치적인 무구성을 모방할 수 있을 뿐인 가장 깊은 절망으로 물든 표출로 나타나지만, 그러고 나서는 이러한 "매개"를 상실하고 "진정한" 유치한 무구성을 자처한다.

52) *The Ethics of Psychoanalysis, 1959–1960, The Seminar of Jacques Lacan*, book 7, ed. Miller의 20장과 21장 참조.

불가사의한 반전에 대한 공식을 산출한 것이다. 이를 통해 불가능한 한계는 금지된 자리로 바뀐다. 다시 말해서 이러한 반전의 논리는 실재에서 상징계로의 변환의 논리이다. 불가능한–실재적인 것은 상징적 금지의 대상으로 변한다. 역설은(그리고 아마도 금지 그 자체의 바로 그 기능은) 물론, 실재적인–불가능한 것이 금지된 것으로 파악되는 순간 가능한 어떤 것으로—즉 그 내속적 불가능성 때문이 아니라 단지 그에 대한 접근이 금지의 외적 장벽에 의해 방해받기 때문에 도달될 수 없는 어떤 것으로—바뀐다는 사실에 있다. 궁극적으로 바로 여기에, 모든 금지들 가운데 가장 근본적인 것인 근친상간 금지의 논리가 있는 것이다. 근친상간은 내속적으로 불가능하다(어떤 남자가 "실제로" 어머니와 잔다고 해도, "이것은 그것이 아니다". 근친상간적 대상은 정의상 결여되어 있다). 그리고 상징적 금지는 불가능성을 금지로 변환시켜서 이러한 곤궁을 해소하려는 시도에 다름 아니다. 근친상간의 금지된 대상(어머니)인 일자가 있다, 그리고 그것의 금지는 다른 모든 대상들을 접근가능하게 한다.[54)]

앞서 언급된 일련의 모험 영화들에 나오는 경계의 침범은 동일

53) 칸트에게 현상들을 예지체들로부터 분리하는—즉 현상계를 단순히 가두고 제약하는—경계가 또한 실정적 존재자로서의 예지체에 선행하는 한에서, "초월적 가상"의 지위는 궁극적으로 이 영화들에 나오는 경계 너머의 신비한 왕국의 지위와 동일하다.

54) 실재적 불가능성과 상징적 금지 외에 제3의 상상적 판본이 있는데, 그것의 경제는 정신증적이다. 여기서 근친상간은 모든 리비도적 대상이 근친상간적 대상이기 때문에 필연적이고 회피불가능하다. 전형적인 경우는 카타리파 이단교로서, 부모만이 아니라 그 어떤 리비도적 대상과의 성교도 근친상간적이라고 주장하면서 모든 성관계를 금지한다. 근친상간의 이 세 양태(그것의 불가능성, 금지, 필연성)에 대해서는 Peter Widmer, "Jenseits des Inzestverbots", *Riss* 2, 4, 6권 (Zurich, 1986-1987) 참조.

한 논리를 따른다. 아테 너머의 금지된 공간은 다시금 불가능성에서 금지로의 변환을 통해 구성된다. 또 다른 차원에서 보자면, 동일한 역설적 반전이 식민주의 억압 조건 하에서의 "민족적 부활"을 특징짓는다. 즉 오로지 식민적 억압("금지")이야말로 저항을 선동하고, 그리하여 "민족적 부활"을 가능하게 한다. 우리가 이전 전통의 잔여물을 식민적 억압의 멍에에서 구해낸다는 "자발적" 관념은 정확히 헤겔이 "(외적) 반성의 환영"이라 부르는 것에 상응한다. 우리가 이러한 환영의 희생양인 한에서 간과하는 것은 민족이, 민족적 동일성/정체성이 그것의 존재에 대한 위협의 경험을 통해 존재하게 된다는 점이다—이 경험 이전에 그것은 전혀 존재하지 않았다. 이는 고전적 반식민 투쟁에만 해당하는 것이 아니라 오늘날 구소련 지역에서의 종족 긴장에도 해당한다. 민족들은 자신들이 공산주의 이전 전통으로 돌아간 것으로 경험하지만, 바로 그 공산주의적 "억압"이야말로 금지를 통해서 그 민족의 공간을 열어놓았고, 민족을 가능한 것으로 정립했다.

그리하여 우리는, (불가능한) 한계에서 (금지된) 공간으로의, <돈 지오반니>에서 <마술피리>로의 반전을 통해, 불가능한 것으로서의 실재를 피한다. 일단 환상의 영역에 진입하게 되면 내속적 불가능성의 외상은 동화 같은 지복으로 대체된다. 모차르트의 <마술피리>는, 조화로운 전체를 형성하는 사랑하는 커플의 이미지는, 환상은 궁극적으로 언제나 성공적인 성적 관계의 환상이라는 라캉의 테제를 예시한다. 타미노와 파미나 커플은 불과 물의 시련을 성공적으로 이겨낸 후에, 즉 한계를 침범한 후에, 상징적 행복에 입장한다. 그리고 다름 아닌 반식민주의적인 민족적 부활에 대한 참조는 이러한 지복의 꿈같은 성격을 더 정확하게 위치시킬 수 있도록 해준다. 반식민주의 민족해방 투쟁의 실천가들은, 필연적으로, 자신들의 투쟁을 통해 "억압받은 선조들의 옛 꿈을 실현한다"는 환영의 먹잇감이 된다. 이데올로기적 정당화의 근본적 메커니즘 가운데 하나는 바로 여기 있다. 즉 기존 질서를 어떤 꿈의—우리의 꿈 아닌, 타자의, 죽은 선조들의 꿈, 이전 세대들의 꿈의—실현으로 제시함으로써 기존 질서를 정당화하는 것 말이다. 예컨대 그것은 1920년대와 1930년대에 소련에 대한 "진보적인" 서구적 태도를 결정한 참조점이었다. 가난과 잘못에도 불구하고 수많은 서구 방문객들은 바로 이 단조로운 소비에트 현실에 매혹되었다. 왜인가? 왜냐하면 그것은 그들에게 전 세계 수백만의 과거와 현재의 노동자들의 꿈에 대한 일종의 손으로 만질 수 있는 구현물처럼 보였기 때문이다. 따라서 소련의 현실에 관한 그 어떤 의심도 그 즉시 죄지음을 함축했다. "그래, 소련에 있는 그들은 수많은 잘못을 저지르지. 하지만 당신이 그들의 잘못을 반어법적 경멸감으로 비난할 때, 당신은 지금 자신들이 실현하고 있는 그 무엇을 위해 고통을 겪었고 생명을 무릅썼던 수백만의 꿈을 조롱하고 배반하는 것이야!"[55] 여기서의 상황은 장자의 것과 다르지 않다. 장자는 나비가 되는 꿈을 꾸었고, 깨어나서 이러한 물음을 스스로에게 던졌다. 어떻게 지금의 그가 장자가 되는 꿈을 꾸는

55) 여기서 우리는 "믿는다고 가정된 주체"의 기능과 조우한다. 기존 질서를 의심하게 되면 **타자**의(소련을 믿는, 그리고 이 믿음을 통해서 자신의 삶에 의미와 일관성을 부여하는 외국의 노동자들의) 소박한 믿음을 배반하게 된다는 사실을 통해서 기존 질서는 적법화된다. "믿는다고 가정된 주체"에 대해서는 Slavoj Žižek, *The Sublime Object of Ideology* (London: Verso Books, 1989), pp. 185-186 참조. [국역본: 슬라보예 지젝, 『이데올로기라는 숭고한 대상』, 인간사랑, 2002.]

나비가 아니라는 것을 아는가?[56] 마찬가지로, 후혁명적 이데올로기는 우리가 지금 살고 있는 것이 선조들의 꿈이 실현된 것임을 우리가 이해하도록 만들기 위해 노력한다. 예컨대 소련의 노동자는 사회주의 낙원의 노동자가 되기를 꿈꾼 선혁명적 투사였다. 우리가 지나치게 불평을 한다면 우리는 그의 꿈을 어지럽히는 것이 될 것이다. 죽은 **타자**를 경유한 이러한 우회는 현재에 대한 이데올로기적 적법화가 효력을 지니기 위해서 필수적이다. 또 다른 층위에서, 모차르트의 <마술피리>에 나오는 조화로운 연애 커플의 환상은 동일한 논리를 따른다. 지루한 부르주아적 일상 현실은, 자유로운 연애 커플에 대한 선혁명적 꿈의 실현으로 생각되는 순간, 일종의 실체변환을 겪으며 숭고한 차원을 획득한다.

이러한 반전의 논리는 어디 있는가? 하지만 또 다른 형식적 동형성이 우리를 올바른 길로 한 발 더 나아갈 수 있게 해줄 것이다. 즉 우리는 프로이트의 가장 유명한 꿈인 이르마의 주사 꿈에서도 동일한 매트릭스와 조우하지 않는가?[57] 이 꿈의 세 단계는 상상적 이자관계, 실재의 조우를 선언하는 견딜 수 없는 적대로의 "악화", 상징적 질서의 도래를 통한 최종적 "진정"에 상응한다. 꿈의 첫 국면에서 프로이트는 "환자와 유희하고" 있다.[58] 이르마와의 대화는 "그것을 제한하는 상상적 조건들 내에 전적으로 붙잡혀" 있다.[59] 이 이자적 거울 관계는 그녀의 열린 입을 들여다볼 때 정점

---

56) 이 역설에 대한 또 다른 독서를 위해서는 Žižek, *The Sublime Object of Ideology*, pp. 45-47 참조. [국역본: 『이데올로기라는 숭고한 대상, 89-91쪽.]

57) Sigmund Freud, *Interpretation of Dreams* (Harmondsworth: Penguin Books, 1977), 제2장 참조.

58) *The Ego in Freud's Theory and in the Technique of Psychoanalysis*, *The Seminar of Jacques Lacan*, book 2, ed. Miller (Cambridge: Cambridge University Press, 1988), p. 159.

에 이른다.

> 여기 끔찍한 발견이 있습니다. 그것은 결코 보이지 않는 살이며, 사물들의 토대이며, 머리의, 얼굴의 이면이고, 탁월한 분비선分泌腺입니다. 신비의 바로 그 심장부에 있는, 모든 것이 유출되어 나오는 살. 겪고 있는 한에서, 무정형인 한에서의 살. 그것의 형태 그 자체가 불안을 불러일으키는 한에서의 살. 불안의 유령, 불안의 확인, "당신은 이것이다"의 최종적 폭로. "당신은 이것이다. 당신에게서 그토록 멀리 떨어진 이것, 궁극적 무정형인 이것."[60]

갑자기 이토록 끔찍한 것이 기적적으로 "일종의 평정"으로 바뀐다. 이를 라캉은, 트릴메틸아민 화학식이 예시하는바, 정확히 "상징적 기능이 작동하게 됨"으로 규정한다.[61] 주체는 상징적 행복 안에서 자유롭게 부유한다. 즉 꿈을 꾼 자(프로이트)가 자신의 나르시스적 관점을 단념하는 순간에 말이다. 자크-알랭 밀레는 라캉의 세미나2의 이 장에 단순히 "상상계, 실재, 그리고 상징계"라는 부제를 달았는데, 이는 아주 옳았다.[62] 여기서 피해야 할 덫은 물론 이러한 상징적 행복을 어떤 "견고한 현실"에 대립시키는 것이다. 라캉주의 정신분석의 근본적 테제는 우리가 "현실"이라고

59) 같은 책, p. 154.

60) 같은 책, pp. 154-155.

61) 같은 책, p. 168.

62) 같은 책, p. 161. 외상에서 지복으로의 이러한 반전은 일종의 상징적 로보토미lobotomy와 같은 것이다. 즉 외상적 종양을 제거하는 것을 말하는데, 이는 미국의 일상적 이데올로기에서 "좋은 기분"을 느끼기 위해 프란시스 파머가 받았던 수술 같은 것이다.

부르는 것이 이러한 "행복"을 배경으로, 어떤 외상적 실재의 이러한 배제를 배경으로 구성된다는 것이다. 환상은 현실의 궁극적 지탱물이라고 말할 때 라캉이 염두에 두는 것이 바로 이것이다. "현실"은 "상징적 행복"의 어떤 환상틀이 실재의 심연의 들여다봄을 차단할 때 안정화된다. 환상은, "현실을 있는 그대로 보는 것"을 방해하는 일종의 꿈같은 거미줄이기는커녕, 오히려 현실이라 불리는 그 무엇을 구성한다. 가장 평범한 구체적 "현실"은 환상의 거미줄을 통한 우회를 경유하여 구성된다. 다시 말해서 우리는 "현실"에 접근하기 위해서 대가를 치른다. 무언가—외상의 실재—가 "억압"되어야 한다.

여기서 인상적인 것은 이르마의 주사 꿈과 또 다른 유명한 프로이트적 꿈, 즉 아버지에게 나타나 "아버지, 제가 불타고 있는 게 보이지 않나요?"라고 힐책하는 죽은 아들 꿈 간의 평행관계이다. 이르마의 주사 꿈을 해석하면서 라캉은 에릭슨의 적절한 언급에 주목한다. 에릭슨에 따르면 이르마의 목을 들여다본 이후에, 이 실재의 조우 이후에, 프로이트는 깨어나야만 했다. 꿈꾸는 아버지가 불타는 아들의 끔찍한 환영과 조우했을 때 그랬던 것처럼 말이다. 그 일체의 견딜 수 없는 전율에서의 실재와 대면할 때 꿈꾸는 자는 깨어난다, 즉 "현실" 속으로 도피한다. 두 꿈들 간의 이와 같은 평행관계에서 하나의 근본적 결론이 도출된다. 우리가 "현실"이라고 부르는 것은 프로이트로 하여금 이르마의 목구멍의 끔찍한 모습을 본 이후에 계속해서 잠을 잘 수 있도록 해주는 우둔한 "상징적 행복"을 바로 그 모델로 해서 구성된다. 불타는 아들의 힐책의 외상적 실재를 회피하기 위해 현실로 깨어들어가는 꿈꾸는 아버지는 프로이트와 동일한 방식으로 나아간다. 프로이트는 이르마의 목을 들여다본 후 "등록소를 바꾼다", 즉 실재를 베일씌우는 환상 속으로 도피한다.

상징적 지복

이 지점에서 우리는 형식적 상동성을 한발 더 밀고 나아가고 싶다. 전율이 상징적 지복으로 이처럼 반전되는 것은 또한 헤겔적 "삼항조"의 매트릭스를 획득하지 않는가? 유사한 변동이, 궁지impasse에서 "통과pass"로의 변화가 헤겔적 체계의 바로 그 시작에서, 즉 존재에서 무로의 이행에서 발생한다. 무가 존재의 "진리"로서 파악되어야 한다는 것은 정확히 무엇을 의미하는가? 존재는 우선 (문법적 의미에서) 주어subject로서 정립되며, 우리는 그것에 어떤 술어를 일치시키려고, 그것을 가능한 어떤 방법으로든 규정하려고 노력한다. 하지만 모든 시도는 실패한다. 우리는 존재에 관해 그 어떤 규정적인 것도 말할 수 없다. 우리는 그것에 그 어떤 술어도 귀속시킬 수 없으며, 그리하여 존재의 진리로서의 무는 이 궁지의 실정화, 실체화로서 기능한다. 이와 같은 불가능성의 실정화는 하나의 범주에서 그 첫 범주의 "진리"로서 기능하는 또 다른 범주로의 헤겔적 이행에서 언제나 작용하고 있다. 헤겔적 전개는 더 심원하고 구체적인 본질을 향한 하강에 불과한 것이 결코 아니다. 개념적 이행의 논리는 정의상 실패의, 이행불가능성 그 자체의 반성적 실정화의 논리이다. X라는 계기를 보자. 그것의 본질을 파악하려는, 그것을 좀더 구체적으로 규정하려는 모든 시도들은 실패로 끝나며, 연이은 계기는 단지 이 실패를 실정화할 뿐이다. 그 속에서 실패 그 자체는 실정적 실존을 취한다. 요컨대 우리는 X의 진리를 규정하는 데 실패하며, 이 실패는 X의 진리이다. 제논의 철학에서의 운동의 비실존에 대한 헤겔의 해석에서 강세는 바로 여기 있다. 제논은 운동의 거짓 외양 너머에 있는 자기동일적인 부동의 **존재**의 실존을 증명하려고 한다. 하지만 이 **존재**는 그 자체로 텅 비어 있으며, 따라서 운동의 외양 너머로의 이행은 실패한다. 우리는 운동의 자기-지양만을, 즉 운동의 자기-억제의 개념적 운동만을 기술할 수 있는데, 그렇기 때문에 헤라클레이토스적 운동은 엘레아학파적 **존재**의 진리인 것이다.

일반적으로 우리는 기초적인 라캉적 삼항조인 필요-요구-욕망이 헤겔적 "부정의 부정"의 내적 논리를 얼마나 밀접하게 따르고 있는지를 간과한다. 처음에, 직접적 필요라고 하는 신화적이고 유사-자연적인 출발점이 있다. 언제나-이미 전제되는, 결코 주어지지 않는, "정립되지" 않는, 그 자체로 경험되지 않는 지점 말이다. 주체는 자신의 필요들을 만족시킬 "자연적", "실재적" 대상들을 필요로 한다. 예컨대 목이 마르면, 물이 필요하다. 그렇지만 필요가 상징적 매개를 통해 조음되면(그리고 사실상 필요는 언제나-이미 상징적 매개 속에서 조음된다), **요구**로서 기능하기 시작한다. 즉 **타자**를 향한, 기원적으로는 **타자**의 원초적 형상으로서의 어머니를 향한 요청으로서 말이다. 다시 말해서 **타자**는 기원적으로, 우리의 필요를 만족시킬 수 있는, 우리에게 만족의 대상을 제공하거나 박탈하거나 아니면 그에 대한 접근을 막을 수 있는 그/녀로서 경험된다. **타자**의 이러한 중개적 역할은 우리가 대상에 대해 맺고 있는 관계의 전 경제를 전복한다. 축자적 층위에서 요구는 우리의 필요를 만족시킬 것으로 가정된 대상을 겨냥한다. 그렇지만 요구의 진정한 목적은 **타자**의 사랑인데, 그 **타자**는 그 대상을 조달할 역량을 가지고 있다. **타자**가 우리의 요구에 응하여 대상을 제공한다면, 이 대상은 단순히 우리의 필요를 만족시키는 것만이 아니며, 동시에 우리에 대한 **타자**의 사랑을 증명한다. (예컨대 젖먹이 아이가 젖을 달라고 울 때, 그 아이의 요구의 진정한 목적은 어머니가 젖을 제공함으로써 그에 대한 사랑을 보여주어야 한다는 것이다. 어머니가 그 요구에 응하되 차갑고 무관심한 방식으로 응한다면, 아이는 만족되지 않은 상태로 남아 있게 될 것이다. 그렇지만 어머니가 요구의 축자적 층위를 건너뛰고 단순히 아이를 껴안아 준다면, 그에 따른 가장 개연적인 결과는 아이의 만족일 것이다.) 이러한 전도를 지칭하기 위해 라캉이 *Aufhebung*(지양)이라는 헤겔적 개념에 의지한다는 것은 결코 우연적인 일이 아니다: "요구는 수여되는 모든 것의 특수성을, 사랑의 증거로 변형함으로써, 지양한다."[63] 필요를 요구로, 즉 **타자**에게 보내는 기표로 변형함으로써, 필요의 특수한 물질적 대상은 "지양된다": 그것은 그것의 직접성에 있어서 무화되며 "매개된" 어떤 것으로서, 그것의 직접적 현실을 초월하는 차원(사랑의 차원)이 표현되는 매개로서 정립된다. 이러한 반전은 상품형태와 관련하여 마르크스가 기술한 반전과 엄밀하게 동형적이다. 인간노동의 산물이

63) Jacques Lacan, *Ecrits: A Selection* (New York: Norton, 1977), p. 286.

상품형태를 띠는 순간, 그것의 직접적 특수성(그것의 "사용가치", 그것이 인간의 필요를 만족시키게 해주는 유효하고 현실적인 속성들)은 그것의 "교환가치"의, 비물질적인 상호주체적 관계의 외양 형태로서 기능하기 시작한다. 필요에서 요구로의 이행에서도 마찬가지다. 그로써, 필요의 대상의 특수성은 **타자**의 사랑의 외양 형태로서 기능하기 시작한다.

그렇다면 이러한 반전은 첫 번째 계기, "부정"의 계기이며, 이는 하나의 곤궁 속에서, 즉 필요와 요구 사이의 해결불가능한 적대적 관계 속에서 필연적으로 정점에 이른다: 요구한 대상을 얻을 때마다 주체는 "이것은 **그것**이 아니다!"의 경험을 겪는다. 주체가 "요청된 것을 얻었다"고 하더라도 요구는 완전히 만족되어지지 않는데, 왜냐하면 그것의 진정한 목적은, 그 직접적 특수성에 있어서의 대상 그 자체가 아니라, **타자**의 사랑이기 때문이다. 필요와 요구의 이 악순환은 유아 거식증(음식에 대한 "병리적" 거부)에서 그 궁극적 표현을 발견한다. 그것의 "메시지"는 바로, 음식에 대한 요구의 진정한 목적은 음식 자체가 아니라 **어머니**의 사랑이었다는 것이다. 이 차이를 지적할 수 있는 그에게 열린 유일한 길은 음식—즉 그 특수한 물질성에 있어서의 요구 대상—을 거부하는 것이다. 타자의 사랑에 대한 요구가 필요의 대상(하지만 결코 "그것"이 아닌 대상)에 대한 요구를 통해서만 조음될 수 있는 이 곤궁은 필요와 요구에 추가되어지는 제3의 요소인 욕망의 도입을 통해 해결된다. 라캉의 정확한 정의에 따르면 "욕망은 만족에 대한 욕구appetite도 사랑에 대한 요구도 아니며, 후자에서 전자를 뺌으로써 결과하는 차이이다."[64] 욕망은 요구 안에 있는, 필요로 환원불가능한 그 무엇이다. 요구에서 필요를 빼면 욕망을 얻는다. 후기의 가르침에서 반헤겔적 태도를 전형적으로 보여주는 공식을 통해 여기서 라캉은 "단순히 부정의 부정이 아닌 반전"[65]에 대해서, 다시 말해서 "단순한" 것은 아니겠지만 그래도 여전히 일종의 "부정의 부정"인 반전에 대해서 말한다(마치 헤겔 자신의 경우 "부정의 부정"이 도대체 "단순한" 것인 양 말이다!). 이러한 "반전"은 필요에서 요구로의 이행을 통해 무화된 대상으로의 회귀를 함축하는 한에서 "부정의 부정"이다. 그것은 필요의 상실된-지양된 대상을 대체하는 새로운 대상—대상 *a*, 욕망의 대상-원인—을 생산한다. 이 역설적 대상은 욕구가 필요로 환원될 수 없게 해주는 차원을 "체현한다." (축자적) 대상—요구가 직접적으로-축자적으로 요구하는 그 무엇—을 초월하는 요구의 잉여가 다시금 어떤 대상 속에 체현되는 것과도 같다. 대상 *a*는, 우리가 "이것은 그것이 아니다!"의 경험과 맞부딪칠 때마다 조우하는 공백에 대한 일종의 "실정화"이며 메우기이다. 대상 *a*에서, 모든 실정적 대상의 부적합성과 결함 그 자체는 실정적 실존을 취하게 되며, 다시 말해 하나의 대상이 된다.

여기서 핵심적인 것은 요구에서 욕망으로의 전환에서 결과하는 "진정"의 효과이다. 욕망의 대상-원인의 출현은 필요와 요구 사이의 적대적 곤궁을 해소한다. 이와 같은 상징적 "진정"을 통한 적대적 곤궁의 해소는 또한 "테제-반테제-종합"[66]이라는 악명 높

64) 같은 책, p. 287.

65) 같은 곳.

66) 테제-반테제-종합이라는 삼항조를 온갖 종류의 혼동한 내용에 질서를 도입하는 형식적

은 삼항조가 기능하는 기본 매트릭스를 제공한다: 그것의 상상적 출발점은 대립극들의 상보적 관계이다; 그로부터 그것들의 적대의 실재가 분출한다.67) 그것들의 상호완성이라는 환영은 증발해 버리며, 각각의 극은 직접적으로 대립물로 이행한다. 이 극단적 긴장은, 대립물들의 관계가 차이적인differential 것으로 정립될 때—두 극들이 다시금 통합되지만 이번에는 그것들 공통의 결여를 배경으로 해서 통합될 때—마침내 상징화를 통해 해소된다.

"테제"는 안쪽 깊숙한 어딘가에 "반테제"를 포함하고 있으며 따라서 여하간 우리는 후자를 "테제" 내부에 있는 "암묵적" 상태에서 "추출해" 내야만 한다는 생각은 전적으로 잘못된 것이다. 오히려 "반테제"는 "테제"가 스스로를 "구체화"하려 할 때, 즉 그 개념적 내용을 현실화하려 할 때 결여하고 있는 그 무엇이다. 다시 말해서 "테제"는 그 자체로 추상적이다. 그것은 "반테제"를 통한 매개를 전제한다. 그것은 "반테제"에 대한 대립을 통해서만 존재론적 일관성을 획득할 수 있다. 그렇지만 이는 "종합"이 상호완성을, 그 두 대립극의 상보적 관계를, 즉 "Y가 없다면 X도 없다"(여자

원리로서 적용했다고 헤겔을 비난하기 전에 우리는 그 용어가 헤겔의 것이 아니라는 점에 주목해야 한다. 헤겔은 결코 "테제-반테제-종합"에 대해 말하지 않는다. 이 용어들은 헤겔이 죽고 몇 년 뒤에 그의 제자들이 도입한 것이다.

67) "비적대적" 관계 내에서, 모든 계기의 "자신과의 동일성"은 그것이 그것의 **타자**와 맺는 상보적 관계에 토대하고 있다(여자가 여자인 것은 여자가 남자와 맺는 관계를 통해서다, 그 둘은 함께 어떤 조화로운 전체를 구성한다, 등등). 반면에 "적대적" 관계에서 **타자**는 우리의 동일성[정체성]의 끝머리를 잘라내며, 우리가 동일성을 획득하는 것을 가로막으며, "우리가 온전히 우리 자신이 되는 것"을 가로막는다(그리하여 여자가 반대성과의 관계를 그녀의 여성적 주체적 위치를 완전하게 실현하는 것을 가로막는, 완전하게 "그녀 자신이 되는 것을" 가로막는 어떤 것으로 지각하기 시작할 때, 성들 사이의 관계는 "적대적"이 된다). 이와 같은 적대 개념에 대해서는 Ernesto Laclau and Chantal Mouffe, *Hegemony and Socialist Strategy* (London: Verso Books, 1985) 참조.

가 없다면 남자도 없다, 증오가 없다면 사랑도 없다, 혼돈이 없다면 조화도 없다, 등등)는 식의 접속을 지칭한다는 것을 결코 함축하지 않는다. 헤겔이 "대립물의 통일"이라고 부르는 것은 이러한 상보적 관계의 바로 그 거짓 외양을 전복한다. 한 극단의 위치는 단순히 그것의 타자의 부정인 것이 아니다. 헤겔의 요점은 오히려 첫 극단이, 타자로부터 추상되어 있는 바로 그 속에서, 이 타자 그 자체이다는 것이다. 한 극단은 자신을 이 타자와 근본적으로 대립시키는 바로 그때 그것의 타자로 "넘어간다." 예컨대 존재와 무의 "통일"은 그 둘이 서로를 전제한다는 사실에, 무가 없다면 존재도 없고 그 역도 마찬가지라는 사실에 있지 않다. 즉 우리가 존재를 순수함 속에서, 무와 근본적으로 대립되는 것으로서 파악하려고 하는 바로 그 순간 무로서 스스로를 드러낸다. 혹은, 정치의 영역에서 좀더 "구체적인" 사례를 참조하자면: 보편적 의지와 특수한 의지의 "통일"은 그것들의 공의존성에 있는 것이 아니라 보편적 의지의 그 대립물로의 변증법적 반전에 있는 것이다. 보편적 의지가 특수한 의지들의 다양에 대립되는 한에서, 그것은 그것을 체현하겠다고 자처하는 자들의 극단적인 특수한 의지로 화한다(왜냐하면 그것은 특수한 의지들의 풍부를 배제하니까 말이다). 이러한 방식으로 우리는 극단들 간의, 대립되는 극들 간의 "직접적 교환"에 붙잡힌다(순수한 사랑은 증오의 최고 형식으로 화하며, 순수한 신은 최고의 악으로 화하며, 근본적 무정부성은 극단적 공포로 화하며, 등등이다). 한 극에서 반대 극으로의 이러한 직접적인 이행을 통해서 우리는 외적 부정성의 층위를 넘어선다. 즉 극단들 각각은 타자의 부정에 불과한 것이 아니라 그 자신과 관련된 부정,

자기 자신의 부정이다. 테제와 반테제의 이 "직접적 교환"의 곤궁은 종합의 도래로써 해소된다.

상상적 질서를 규정하는 것은 테제와 반테제의 상보적 관계라는 외양, 그것들이 조화로운 전체를 형성하면서 서로의 결여를 메운다는 환영이다. 테제가 결여하는 것은 반테제에 의해 제공되며, 그 역도 마찬가지다(예컨대 남자와 여자는 조화로운 전체를 형성한다는 생각). 상호완성의 이 거짓 외양은 한 극단이 그 대립물로 직접적으로 이행함에 따라 파열된다. 하나의 극단이 그 자체로 그것의 타자에 대한 바로 그 대립 속에서 바로 이 타자인데 어떻게 그 타자의 결여를 메울 수 있다는 말인가? "진정"을 제공하는 것은 오로지 종합이다. 종합 속에서 상상적 대립은 상징화된다. 즉 상징적 이원성으로 변형된다. 두 극단 사이의 직접적 교환의 흐름은 중지된다. 그것들은 다시금 구분되는 것으로 "정립"되는데, 하지만 이번에는 "지양된", "내면화된" 것으로서 정립된다. 다시 말해서, 기표적 그물망의 요소들로서 말이다. 한 극단이 그것의 타자에게 그 타자가 결여하는 것을 제공하지 않는다면, 그것은 결여 그 자체가 아니라면 무엇을 그것에 돌려줄 수 있겠는가? 그러므로 두 극단을 "함께 묶는" 것은 각자의 결여에 대한 상호 메우기가 아니라 그것들이 공통으로 가지고 있는 바로 그 결여이다. 기표적 이원성의 대립물들은 그것들이 서로에게 돌려주는 어떤 공통의 결여를 배경으로 해서 "하나이다". 바로 여기에 또한 상징적 교환에 대한 정의가 있다. 즉 상징적 교환 속에서 "교환의 대상"의 자리는 결여 그 자체에 의해 점유된다. 즉 항들 사이에서 순환하는 그 어떤 "실정적" 대상이라도 결여의 체현물에 다름 아니다.

따라서 상징화의 도래를 통해 "내면화"되는 그 무엇은 궁극적으로 결여 그 자체다. 그리고 바로 그렇기 때문에 "종합"은 극단들의 동일성을, 그것들의 공통 기반을, 그것들이 대립하는 공간을 단언하는 것이 아니라 오히려 반대로 그것들의 차이 그 자체를 단언한다. 기표적 그물망의 요소들을 "연결하는" 것은 그것들의 바로 그 차이이다. 차이적 질서 내부에서 요소들 각각의 동일성은 다른 모든 요소들로부터 그것을 분별해내는 변별적 자질들의 뭉치에 있다. 그리하여 "종합"은 차이를 "동일화하려는 강박"에서 구해낸다. 즉 모순은 "차이의 우선성"을 인정할 때 해소된다. 즉 동일성을 차이들의 직물의 효과로서 파악할 때 말이다. 다시 말해서, 한 극의 반대 극으로의 직접적인 이행은, 이 순수하고 극단적인 모순 형식은 우리가 "동일화하려는 강박"에 종속되어 있다는 것을 보여주는 바로 그 지표이다. "모순은 동일성의 관점에서 본 비동일자다. 변증법에서 모순원칙이 우선성을 띨 경우, 이질적인 것은 통일성사유에 비추어 평가된다."[68] 정확히 이와 같은 의미에서, 종합은 모순을 "지양한다". 모순의 양 극 모두를 포괄하는 새로운 통일성을 확립함으로써가 아니라, 동일성의 바로 그 틀을 철회하면서 차이를 동일성에 대해 구성적인 것으로서 단언함으로써 말이다. 따라서 변증법적 과정의 결론적 계기("종합")가 차이를 이행적 계기로 환원시키면서 차이를 포괄하는 동일성의 도래로 이루어진다고 하는 관념은 전적으로 오도적이다. 차이가 그

---

68) Theodor W. Adorno, *Negative Dialectics* (New York: Continuum, 1973), p. 5. [국역본: 테오도르 아도르노, 『부정변증법』, 홍승용 옮김, 한길사, 1999, 58쪽.]

자체로서 승인되는 것은 오로지 "종합"과 더불어서다.

따라서 헤겔적 삼항조의 "합리적 핵심"은 상상적 대립들의 상징화에 있다. 상상적 대립은 두 극이 직접적으로 하나에서 다른 하나로 이행하는 적대적 관계로 "격화"된다, 그리고 이러한 긴장은 결여의 내면화를 경유해서 해소된다. "반테제"에서 "종합"으로의 이행은 (대상을 외부로부터 직접적 방식으로 부정하려는, 즉 그것을 그 물리적 실재성에서 파괴하려 하는 권력의) 외적 부정성에서 (대상을 새롭게, 하지만 상징화된 것으로서—다시 말해서, 어떤 상실을, 어떤 병합된 내면화된 부정성을 배경으로 해서—"정립"하는) "절대적" (자기관련적) 부정성으로의 이행이다. 외적 부정성에서 "절대적" 부정성으로의 이러한 역전은 대상이 더 이상 부정되고 파괴되고 폐기될 필요가 없음을 의미한다. 왜냐하면 그것의 바로 그 "실정적" 현존은 부정성이 실존을 취하는 형식으로서 기능하니까 말이다. "상징화된" 대상은 바로 그 현존이 부재를 "체현"하는 대상이다. 그것은 "체현된 부재"이다.

4. 이데올로기 이론으로서의 헤겔의 "본질의 논리학"

불충족이유율

"사랑은 불완전함을 찬미할 만하지는 않아도 용인할 만한 것으로 보이게 해준다. 하지만 그건 선택이다. 우리는 특이한 점에 곤두설 수도 있고, 그것을 소중히 여길 수도 있다. 능숙한 변호사와 결혼한 한 친구는 이렇게 회상한다. '첫 데이트 때 그가 힘든 시간과 지나친 고객의 요구를 이겨낼 수 있다는 걸 알았어. 두 번째 데이트 때 난 그가 자전거를 못 탄다는 걸 알았어. 바로 그 때 난 그에게 기회를 주기로 결정했어.'"

『리더스 다이제스트』의 이 인용구가 말해주는 이른바 "사랑스러운 결점"의 교훈은 이렇다. 즉 선택은 그 자체의 이유를 사후적으로 근거짓는 행위이다. 지식을 통해 제공되는 이유들의 인과사슬(라캉적 수학소의 S_2)과 선택 행위, 즉 그 무조건적 성격을 통해 사슬을 종결짓는 결정(S_1) 사이에는 언제나 틈새가 있으며, 선행하는 사슬에 의해 설명될 수 없는 비약이 있다.[1] 통속극에 나오는 가장 숭고한 순간이라고 할 수 있는 어떤 것을 생각해보자. 어떤 음모꾼이나 선의의 친구가 주인공이 사귀는 사람의 결점을 나열하면서 헤어지라는 설득을 하려고 한다. 하지만 그로써 그는 부지불식간에 계속 충실해야 하는 이유를 제공하는 것이다. 즉 그의 반대 논증 자체가 옹호의 논증으로서 기능하는 것이다("바로 그렇기 때문에 그녀에게는 내가 더 필요해").[2] 이유들과 그것들의 효과

1) 명민한 신학자들은 결정이 결정의 이유를 사후적으로 정립한다는 이 역설을 아주 잘 알고 있다. 물론 그리스도를 믿어야 할 충분한 이유가 있다, 하지만 이 이유들은 이미 그리스도를 믿는 자들에게만 완전히 이해될 수 있는 것이다.

2) 로널드 레이건의 대통령 지위에 대해서도 마찬가지였다. 자유주의 저널리스트들이 레이건의 말실수와 과오들을 열거하면 할수록 이는 그의 인기를 더욱더 올려놓았다. 부지불식간에 반대의 이유들은 옹호의 이유들로 기능했다. 레이건의 "테플론 대통령 지위"에 대해서는 Joan Copjec, "The *unvermögender* Other: Hysteria and Democracy in America", *New Formations* 14 (London: Routledge, 1991) 참조. 또 다른 층위에서, S_1을 S_2와, 즉 결정 행위를 지식 사슬과 분리시키는 틈새의 전형적인 사례를 제공하는 것은 배심원 제도이다. 배심원은 형식적 결정 행위를 수행한다. 배심원은 "유죄"나 "무죄"의 평결을 전달한다. 그러고 나서 이 결정을 지식으로 근거짓는 것은, 그것을 적절한 처벌로 번역하는 것은 판사의 일이다. 왜 이 두 심급은 일치할 수 없는가? 왜 판사 자신이 평결을 결정할 수 없는가? 그가 평균적 시민보다 더 자격이 있는 것 아닌가? 그 결정을 판사에게 맡기는 것은 왜 우리의 정의감에 반하는 것인가? 헤겔의 입장에서 배심원은 자유로운 주체성의 원리를 체현한다. 배심원과 관련된 핵심적인 사실은 그것이 피고와 동등하다고 추정되고 추첨 시스템을 통해 선정되는 시민들로 구성된다는 점이다. 즉 그들은 "아무개"를 나타낸다. 요점은 내 힘이 닿지도 않고 내가 이해할 수도 없는 어떤 접근불가능한 지식의 이름으로 말하는 우월한 작인에 의해서가 아니라 나와 동등한 자들에 의해서만 내가 판단될 수 있다는 것이다. 또한 배심원은 충족이유율을 중지시키는 어떤 우연성의 국면을 함축한다. 정의의 관심사가 법의 정확한 적용에만 있는 것이라면, 유죄인지 무죄인지를 판사가 결정하는 것이 훨씬 더 적절했을 것이다. 배심원에게 평결을 위임함으로써 불확실성의 계기가 보존된다. 끝까지 우리는 어떤 판결이 내려질지를 확신할 수 없고 따라서 실제 선고는 우리에게 언제나 놀라움으로 다가온다.

사이에 있는 이 틈새는 우리가 전이라고 부르는 것, 즉 사랑에 의해 축도되는 전이적 관계의 바로 그 토대이다. 심지어 우리의 통상적 품위 감각에서 보더라도, 누군가를 사랑하는 이유들을 열거하는 것은 반감을 느끼게 한다. "나는 이 사람을 다음과 같은 이유로 사랑한다"고 내가 말할 수 있는 순간, 그것이 본연의 사랑이 아니라는 것은 의심의 여지없이 분명하다.3) 그 자체로 부정적인, 그 자체로 사랑에 반하는 이유로서 주어지는 어떤 특징에 대한 이야기가 나왔을 때, 진정한 사랑의 경우라면 우리는 "바로 그렇기 때문에 나는 이 사람을 더욱더 사랑한다!"라고 말한다. 사랑을 격발하는 단일 특징*le trait unaire*은 언제나 불완전함의 표지이다.

우리가 이유들에 의해 규정되더라도 오로지 사후적으로 이유로서 인지하는 그런 이유들에 의해서만 규정되는 이 순환은 헤겔이 "전제들의 정립"에 대해 이야기할 때 염두에 두고 있는 것이다. 이와 동일한 사후성의 논리가 칸트의 철학에서 작동한다. 칸트를 다루는 앵글로색슨 문헌들에서 "병합 테제"라고 통상 지칭되는 것의 형태로 말이다.4) 주체에 속하면서 주체를 인과사슬 속의 한 고리로 환원할 수 없도록 하는 자율적 "자발성"의 어떤 요소가 언제나 있다. 실로 우리는 주체가 "정념적" 이해관계에 따라서

---

3) 물론 역설은, 일련의 실정적이고 관찰가능한 특징들 배후에 정확히 아무것도 없다는 사실에 있다. 나를 사랑에 빠뜨리는 그 불가사의한 "뭔지 모를 것"의 지위는 궁극적으로 순수한 유사물의 지위이다. 이와 같은 방식으로 우리는 어떻게 "진지한" 감정이 필연적으로 환영에 근거하고 있는가를 알 수 있다(나는 당신의 비밀스런 아갈마를 믿는 한에서만, 일련의 관찰가능한 특징들 배후에 무언가가 있다는 것을 믿는 한에서만, "진정으로", "진지하게" 사랑을 하고 있는 것이다).

4) "병합 테제"에 대해서는 Henry E. Allison, *Kant's Theory of Freedom* (Cambridge: Cambridge University Press, 1990) 참조.

주체의 행동을 규정하는 인과사슬에 종속되어 있다고 생각할 수 있다. 공리주의의 내기는 바로 여기 있다(주체의 행동은 최대한의 쾌락과 최소한의 고통에 대한 추구에 의해 전적으로 규정되기 때문에, 주체의 결정에 영향을 미치는 외적 조건을 통제함으로써 주체를 지배하고 주체의 행보를 예측하는 것이 가능할 것이다). 공리주의가 놓치는 것은 바로 독일관념론적 의미에서의 "자발성 spontaneity"이라는 요소이다. 이는 "자발성"의 일상적 의미(정서적 추동 등의 직접성에 스스로를 내맡기기)와는 정반대되는 것이다. 독일관념론에 따르면, 우리가 이 단어의 일상적인 의미에서 "자발적으로" 행위할 때, 우리는 우리의 직접적인 자연본성으로부터 자유롭지 않으며 오히려 그것의 포로가 되고, 우리를 외부 세계에 매어놓는 인과적 연결고리에 의해 규정된다. 진정한 자발성은 오히려 반성성의 계기에 의해 특징지어진다. 이유들은 오로지 내가 그것들을 "병합하는" 한에서만, "그것들을 나의 것으로서 떠맡는" 한에서만 궁극적으로 중요해지는 것이다. 다시 말해서 타자에 의한 주체의 규정은 언제나 주체의 자기규정이다. 그리하여 결정은 결정의 조건들에 의존하는 동시에 그 조건들로부터 독립해 있다. 결정은 그것 자체의 의존성을 "독립적으로" 정립한다. 바로 이러한 의미에서 독일관념론에서 주체는 언제나 자기의식의 주체이다. 나의 자연본성에 대한 그 어떤 직접적인 참조도("내가 무엇을 할 수 있다는 말인가, 이렇게 생겨먹은 것을!") 거짓이다. 내가 내 안에 있는 추동들과 맺고 있는 관계는 언제나 매개된 것이다. 즉 나의 추동들은 내가 그것들을 인지하는 한에서만 나를 규정하며, 바로 그렇기 때문에 나는 그것들에 전적으로 책임이 있는 것이

다.[5)]

"전제들을 정립하기"라는 이 논리를 예시할 또 다른 방법이 있는데, 그것은 우리의 경험과 활동에 대한 자발적인 이데올로기적 내러티브화이다. 우리가 무엇을 하건 우리는 언제나 그것을 우리의 행위들에 의미를 부여하는 책무를 부여받은 어떤 더 넓은 상징적 맥락 속에 위치시킨다. 오늘날의 구유고슬라비아에서 이슬람계 알바니아인이나 보스니아인들과 싸우는 세르비아인들은 자신들의 싸움을 터키의 침입에 대항한 기독교 유럽의 수백 년에 걸친 방어의 최후 행위로서 파악한다. 볼셰비키는 10월 혁명을 고대 로마의 스파르타쿠스에서 시작해서 프랑스 혁명의 자코뱅파에 이르는 이전의 모든 대중 봉기들의 연속이자 성공적인 결말로서 파악한다(예컨대 "스탈린주의적 테르미도르" 운운하는 몇몇 볼셰비즘 비판가들조차도 이러한 내러티브화를 암묵적으로 가정한다). 캄보디아의 크메르 루즈나 페루의 센데로 루미노소("빛나는 길")는 그들의 운동을 고대 제국(페루의 잉카 제국, 캄보디아의 고대 크메르 왕국)의 옛 영화로의 복귀로서 파악한다. 기타 등등. 여기서 지적할 헤겔적 요점은 그와 같은 내러티브화가 언제나, 어떤 면에서 우리에게 책임이 있는, 사후적 재구성이라는 것이다. 그것들은 결코 단순히 주어진 사실들이 아니다. 우리는 결코 그것들을 우리 행동의 어떤 발견된 조건이나 맥락이나 전제로서 지칭

5) 역절차 역시 잘못이다. 즉 개인적인 책임이나 잘못으로 전가함으로써 문제의 행위가 발생하게 된 구체적 정황들을 조사하는 책무를 덜어내는 것 역시 잘못이다. 도덕적 다수파의 관행을 상기하는 것으로 족하다. 그들은 아프리카계 미국인들의 범죄율이 더 높은 것을 어떤 도덕적 특성으로 전가한다("범죄 기질", "도덕적 무감각" 등등). 이러한 전가는 아프리카계 미국인들의 구체적인 사회적, 경제적, 정치적 조건들에 대한 일체의 분석을 차단한다.

할 수 없다. 정확히 전제들로서, 그와 같은 내러티브들은 언제나-이미 우리에 의해 "정립된" 것이다. 전통은 우리가 그것을 전통으로 구성하는 한에서 전통이다.

여기서 우리가 염두에 두어야 하는 것은 이와 같은 "전제들의 정립" 행위의 궁극적 우연성이다. 구유고슬라비아에서 공산주의 검열은 너무 가혹하지도 너무 허용적이지도 않았다. 예컨대 직접적인 종교적 내용을 갖는 영화들은 허용되었으나, 영화 주제가 기독교적일 경우는 허용되지 않았다. 우리는 데밀의 <십계>를 관람했다. 하지만 와일러의 <벤허>는 문제가 있었다. 검열관은 자신의 딜레마(어떻게 이 "예수 이야기"에서 기독교적 지칭들을 지우면서도 이야기의 서사적 일관성을 보존할 것인가)를 매우 상상력이 풍부한 방식으로 해결했다. 그는 앞의 3분의 2에서 예수에 대한 몇몇 흩어져 있는 간접적 지칭들을 잘라냈고, 예수가 중심 역할을 하는 뒤의 3분의 1은 그냥 전체를 잘라버렸다. 그래서 영화는 벤허가 그의 사악한 로마인 숙적인 메살라에게 승리를 거두는 그 유명한 전차 경주 장면 직후에 끝난다. 피투성이를 하고서 죽을 지경이 된 메살라는 벤허에게 죽은 것으로 알려진 누이와 어머니가 아직 살아 있지만 알아볼 수 없이 불구가 되어 나병환자 부락에 갇혀 있다는 사실을 알려줌으로써 벤허의 승리를 망쳐놓는다. 벤허는 이제 조용하고 텅 비어 있는 경기장으로 돌아가고 승리의 쓸모없음과 대면한다. 그리고 영화는 끝난다. 여기서 검열관의 성취는 참으로 놀랄 만한 것이다. 그에게는 비극적인 실존주의적 시각에 대한 털끝만큼의 개념도 분명 없었지만, 그는 다소 김빠진 기독교 선전 영화에서 성취의 궁극적 무효성에 대한, 가장 위대한 승리의 시간에 어떻게 우리가 전적으로 홀로인가에 대한 실존주의적 드라마를 만들어냈다. 그리고 그는 어떻게 이를 해냈는가? 그는 아무것도 덧붙인 것이 없다. 그는 단지 작품을 절단함으로써, 작품에서 핵심적 부분들을 제거함으로써 "깊이"의 효과를, 심오한 실존주의적 시각의 효과를 낳았다. 바로 그렇기 때문에 의미는 무의미에서 출현하는 것이다.

이러한 역설들은 독일관념론에서 "자기의식"의 성격을 명기할 수 있도록 해준다. 헤겔에 대한 비판적 언급을 할 때 라캉은 으레 자기의식을 자기투명성과 등치시키며, 주체의 구성적 탈중심성을 부인하려는 철학적 환영으로서 기각한다. 그렇지만 독일관념론에서 "자기의식"은 주체의 투명한 자기동일성 같은 것과는 아무런 상관도 없다. 그것은 오히려 라캉 자신이 모든 욕망은 정의상 "욕망의 욕망"이라고 지적할 때 염두에 두고 있는 그 무엇에 대한 또 다른 이름이다. 주체는 결코 단순하게 자기 안에서 다양한 욕망들을 발견하는 것이 아니다. 주체는 언제나 그것들에 대해 반성된 관계를 유지한다. 즉 현실적 욕망하기를 통해 주체는 암묵적으로 다음의 물음에 답한다: "당신의 욕망들 가운데 어느 것을 당신은 욕망하는가(선택했는가)."[6] 칸트와 관련해서 이미 보았듯이, 자기의식은 주체의 자기 불투명성에 적극적으로 토대하고 있다. 칸트

6) 그리하여 여기서 우리가 발견하는 것은 라캉에게서 볼 수 있는 헤겔적인 수사학적 역전의 또 다른 사례이다. 우리는 우리의 욕망 자체가 이미 (모든 의미에서: 우리의 욕망은 타자에 의해 욕망되어지는 것에 대한 욕망, 즉 타자의 욕망에 대한 욕망이라는 의미에서건, 아니면 우리가 우리의 최심중의 욕망으로서 경험하는 것이 탈중심화된 **타자**에 의해 구조화되어 있다는 의미에서건) 타자의 욕망이기 때문에 타자의 욕망과 동일화할 수 있다. 욕망하기 위해서 주체는 타자의 욕망과 동일화해야만 한다.

적인 초월적 통각(즉 순수한 나의 자기의식)은 내가 "생각하는 사물"로서의 나의 예지적 차원에서 나 자신에게 도달할 수 없는 한에서만 가능하다.[7)]

물론 이러한 순환적인 "전제의 정립"이 곤궁에 도달하는 지점이 있다. 이러한 곤궁에 대한 열쇠를 제공하는 것은 라캉의 비전체의 논리이다.[8)] 비록 "이전에 정립되지 않은 그 어떤 것도 전제되지 않는다"(즉 모든 특수한 전제에 대해서, 그것이 "정립된" 것임을, "자연적"이지 않고 자연화된 것임을 입증할 수 있다) 하더라도, "전제된 모든 것은 정립된 것이다"라는 겉보기에 분명한 보편적 결론을 이끌어내는 것은 잘못일 것이다. "특별히 아무것도 아닌 것"인, 전적으로 무실체적이지만 그럼에도 불구하고 사후적 "정

7) 이 책의 1장 참조. "자기의식"을 구성하는 이러한 욕망의 반성성이 주체의 자기투명성과 아무런 관련이 없을 뿐더러, 그것의 정반대임을, 즉 주체의 근본적 분열을 내포함을 보여주는 궁극적 증거는 사랑-증오의 역설에 의해 제공된다. 할리우드 선전 기관은 삼사십대 년대에 사드적인 독일 장교 역의 단골이었던 에리히 폰 슈트로하임을 "여러분이 증오하기를 사랑할 남자"라고 묘사했다. 누군가를 증오하기를 사랑한다는 것은 이 사람이 우리의 증오를 유인하는 희생양 역할에 완벽하게 들어맞는다는 것을 의미한다. 그 정반대 끝에서 누아르 우주의 팜므파탈은 분명 우리가 "사랑하기를 증오하는" 여자이다. 우리는 그녀가 악행을 의도한다는 것을 안다. 하지만 우리의 의지에 반하여 우리는 그녀를 사랑하지 않을 수 없다. 그리고 우리는 그 때문에 우리 자신과 그녀를 증오한다. 이러한 증오-사랑은 우리 자신 내부의 어떤 근본적 분열을, 사랑에 저항할 수 없는 우리의 측면과 이 사랑을 혐오스럽게 생각하는 측면 사이에서의 분열을 분명하게 등록한다. 다른 한편으로, 사랑-증오의 이러한 반성성의 동어반복적 경우들은 못지않게 역설적이다. 예컨대 내가 누군가에게 나는 "당신을 증오하는 것을 증오해"라고 말할 때, 이는 다시금 어떤 분열을 가리킨다. 나는 당신을 정말로 사랑한다. 하지만 어떤 이유들 때문에 나는 당신을 증오하지 않을 수 없다. 그리고 나는 그 때문에 나 자신을 증오한다. "사랑하기를 사랑한다"라는 긍정적 동어반복조차도 그 정반대를 은폐하고 있다. 내가 그것을 말할 때, 그것은 통상 "나는 당신을 사랑하기를 사랑한다(사랑하고 싶다) ……(하지만 나는 더 이상은 할 수 없다)"로 읽혀야 하는데, 이는 이미 끝난 일이지만 계속하고자 하는 의지를 표현하는 것이다. 요컨대 남편이나 아내가 배우자에게 "나는 당신을 사랑하기를 사랑해"라고 말할 때, 우리는 이혼이 임박해 있음을 확신할 수 있다.

8) 이 비전체의 논리에 대해서는 이 책의 2장 참조.

립"에 저항하는 전제된 X는 라캉이 실재라고 부르는 것, 획득불가능하고 난포착적인 뭔지 모를 그 무엇이다. 『젠더 트러블』에서 주디스 버틀러는 성sex과 젠더의 차이가—10년 전만 해도 "해부학은 운명이 아니다"는 것을, 즉 문화적 산물로서의 "여자"는 생물학적 지위에 의해 결정되지 않는다는 것을 보여주기 위해 여성주의자들이 널리 이용했던 생물학적 사실과 문화적-상징적 구성 사이의 차이가—결코 애매하지 않게 고정될 수는, 하나의 실정적 사실로서 전제될 수는 없으며, 언제나-이미 "정립된" 것이라는 점을 입증한다. "문화"를 "자연"과 분리하는 선을 어떻게 그을 것인가는 언제나 어떤 특별한 문화적 맥락에 의해 결정된다. 그렇지만 젠더와 성의 구분선의 이러한 문화적 과잉결정이 "성성sexuality"(담화적 실천들의 이종적 직조물)의 효과로서의 성sex이라는 푸코적 개념을 받아들이도록 우리를 밀어붙이게 해서는 안 된다. 그로써 잃는 것은 정확히 실재의 곤궁이다.[9] 여기서 우리는

9) Judith Butler, *Gender Trouble* (New York: Routledge, 1990) 참조. 이 책은 (생물학이나 상징적 질서에서의) 성적 차이의 모든 "전제된" 지탱물이 궁극적으로 우연적이고 사후적이고 수행적인 효과임을, 즉 이미 "정립된" 것임을 증명하려는 지금까지 가장 근본적인 시도이다. 우리는 그 결과를 다음과 같은 반어법적 결론으로 요약하고 싶다: 여자는 여자로 가장한 남자이고 남자는 자신의 여성성을 은폐하기 위해 남성성으로 도피하는 여자이다. 버틀러가 성적 차이를 실체화하는 표준적 방식들의 곤궁을 펼쳐놓는 한 우리는 그녀의 재능을 찬탄할 수 있을 뿐이다. 문제는 그 책의 마지막 "강령적" 부분에서 발생하는데, 그 부분은 모든 고정된 동일성을 전복하는 다중적 주체-위치들을 구성하는 무제약적인 수행적 게임의 적극적 기획을 펼쳐놓는다. 그로써 잃게 되는 것은 그 책의 바로 그 제목이 지칭하는 차원, 즉 젠더 **트러블**의 차원이다. 즉 성이 구성적 "트러블", 외상적 곤궁에 의해 정의된다는, 그리고 모든 수행적 형성이 이 외상을 기우려는 시도 이외에 그 어떤 것도 아니라는 사실. 따라서 여기서 우리가 완수해야 하는 것은 부정적인 것의 긍정적인 것으로의 단순한 자기반성적 역전이다. 젠더에는 언제나 트러블이 있다—왜? **왜냐하면 젠더 그 자체는 근본적 "트러블"에 대한 반응이므로.** 즉 "정상적" 성적 차이는 어떤 곤궁을 회피하려는 시도 속에서 구성되는 것이므로.

라캉을 "탈구축"과 분리시키는 가늘지만 핵심적인 선을 본다. 자연과 문화의 대립이 언제나-이미 문화적으로 과잉결정되어 있다는 것은, 즉 그 어떤 특수한 요소도 "순수한 자연"으로서 분리해낼 수 없다는 것은 "모든 것은 문화다"를 의미하지 않는다. 실재로서의 "자연"은 문화적 "상류화"에 저항하는 불가해한 X로 남아 있다. 혹은, 다르게 표현하자면: 라캉적 실재는 특수자를 보편자와 분리시키는 틈새이며, 우리가 보편화의 제스처를 완성하는 것을 가로막는 틈새이며, "모든 특수한 요소는 P이다"라는 전제에서 "모든 요소들은 P이다"라는 결론으로 비약하는 것을 막아주는 틈새이다.

따라서 불가능한 것, 상징화할 수 없는 것으로서의 실재라는 개념에는 그 어떤 금지의 논리도 내포되어 있지 않다. 라캉에게서 실재는 은밀하게 신성시되거나, 범할 수 없는 영역으로서 그려지지 않는다. 라캉이 "거세의 바위"를 실재적인 것으로 규정할 때, 이는 거세가 일종의 손 댈 수 없는 희생물로서 담화적 장으로부터 제외되어 있다는 것을 결코 함축하지 않는다. 상징계와 실재를 구획하는 모든 행위는, 즉 실재를 금지되고 범할 수 없는 것으로 배제하는 모든 행위는 탁월한 상징적 행위이다. 이처럼 불가능성을 금지-배제로 반전시키는 것은 실재의 내속적 곤궁을 은폐한다. 다시 말해서, 라캉의 전략은 실재의 터부화를 막는 것이다. 우리는 실재를 상징화하려는 노력이 바로 그 실패의 지점에까지 이르도록 그 상징화에 전념함으로써만 "실재를 건드릴" 수 있다. 칸트의 『순수이성비판』에서 현상 너머에 사물이 있다는 유일한 증거는 오류추리, 즉 이성이 경험의 한계 너머로 범주들의 적용을 확장할 때 엉켜들게 되는 비일관성들이다. 정확히 동일한 방식으로 라캉에게 "le réel"—향유의 실재—은 그것에 대한 정식화의 곤궁을 통해서만 식별가능하다("ne saurait s'inscrire que d'une impasse de la formalisation").[10] 그것은 그것을 상징계 속으로 통합하려는 실패한 시도의 산물이다.

"전제하기"(즉, 어떤 정립된 존재자의 전제들—외적 원인들/조건들의 사슬—을 열거하기)의 곤궁은 이 "비전체의 트러블"의 이면이다. 어떤 존재자는 그것의 전제들의 총체로 손쉽게 환원될 수 있다. 그렇지만 전제들의 계열에서 누락되는 것은 단순히 이 전제들을 사후적으로 정립하는—그것들을 그것들로 만드는, 그것들을 ……의 전제로 만드는—형식적 전환의 수행적 행위(예컨대, 자신의 이유들을 사후적으로 "정립"하는 앞서 언급한 행위)이다. 이 "i에 점찍기" 행위는 문제의 그 존재자를 **일자**로서 구성하는 주인기표의 동어반복적 제스처이다. 여기서 우리는 정립하기

10) Jacques Lacan, *Le séminaire*, book 20: *Encore* (Paris: Editions du Seuil, 1975), p. 85. 따라서 "성적 관계는 없다"는 라캉의 진술은 도달불가능한 어떤 숨겨진 정상규범성을, 어떤 "성숙한" 이성애의 암묵적 정상규범을—그러한 규범의 눈으로 보기에 주체는 언제나 정의상 죄가 있다—내포하지 않는다. 라캉의 논점은 오히려 반대이며, 성성sexuality의 영역에서 보편적 타당성에 대한 적법한 요구와 더불어 우리를 인도해야 할 그 어떤 정상규범도 정식화하는 것이 가능하지 않다는 것이다. 그러한 정상규범을 정식화하려는 모든 시도는 "기원적" 곤궁을 개선해보려는 이차적 노력이다. 다시 말해서 라캉은 주체가 자신의 요구를 충족시킬 수 없다는 것을 알고 있으며 그로써 주체의 바로 그 존재를 구성적 죄로 낙인찍는 잔인한 초자아 작인을 불러내는 덫에 빠지지 않는다. 라캉적 주체의 상징적 법에 대한 관계는 주체가 결코 완전하게 만족시킬 수 없는 요구를 하는 작인에 대한 관계가 아니다. 법의 **타자**에 대한 그러한 관계는, 통상 구약의 신이나 얀센파의 "불가해한 신"*Dieu obscur*과 연결되는바, **타자**는 자신이 우리에게서 무엇을 원하는지를 안다는 것을, **타자**의 불가해한 의지를 식별할 수 없는 것은 단지 우리일 뿐이라는 것을 함축한다. 그렇지만 라캉의 경우 법의 타자 그 자체는 자신이 무엇을 원하는지 알지 못한다.

와 전제하기의 비대칭을 본다. 전제들의 정립은 "여성적" 비전체에서 그 한계에 우연히 조우하는데, 그 정립을 벗어나는 그 무엇은 실재이다. 반면에 정립된 내용의 전제들의 열거는 "남성적" 수행을 통해 닫힌 계열이 된다.

헤겔은 전제의 정립("정립하는 반성")과 모든 정립행위의 전제("외적 반성")의 이 곤궁을 규정적 반성을 통해 해결하려고 한다. 세 가지 반성 양태(정립하는 반성, 외적 반성, 규정적 반성)의 이 논리[11]는 본실의 논리학 전체의 매트릭스를, 즉 그 논리를 따르는 삼항조들—동일성, 차이, 모순; 본질/형식, 형식/질료, 내용/형식; 형식적 근거, 실재적 근거, 완전한 근거 등등—의 매트릭스를 표현한다.[12] 따라서, 헤겔의 본질의 논리학에 대한 다음에 나오는 간략한 검토의 목적은 이중적이다. "규정적 반성"—칸트가 "초월적 종합"이라 부르는 것의 헤겔적 상응물—의 점점 더 구체적이 되어가는 잇따른 형식들을 설명하는 것, 그리고 동시에, 그것들

11) 헤겔적인 반성의 논리에 대한 상세한 독서는 Slavoj Žižek, *The Sublime Object of Ideology* (London: Verso Books, 1989) 6장 참조. [국역본: 『이데올로기의 숭고한 대상』, 인간사랑, 2002.]

12) 로버트 피핀의 『헤겔의 관념론』(Robert Pippin, *Hegel' Idealism* [Cambridge: Cambridge University Press, 1988])의 결정적 약점은 바로 여기 있다. 이 책은 다른 점에서는 헤겔 연구의 신기원을 선언하는 책이라고 할 수 있다. 이 책의 근본 의도는, 유행하는 "역사주의적" 접근(헤겔의 "형이상학"—변증법적 논리학—을 가망 없이 낡아빠진 마스토돈으로 기각하는 것, 즉 헤겔에게서 "아직도 살아 있는" 유일한 것은 『현상학』, 『법철학』, 『미학』 등의 구체적인 사회역사적 분석들에서 찾아야 할 것이라는 생각)에 반대하여, 헤겔의 변증법적 논리학의 계속적인 적실성을 재단언하고 더 나아가 이러한 적실성을 파악할 유일한 길이 칸트를 통하는 길임을 증명하는 것이다. 헤겔의 입장은 절대자의 "선비판적인" 형이상학적 존재론으로의 퇴행을 결코 함축하지 않으며 칸트적 비판에 철저하게 제한되어 있다. 헤겔의 사변적 관념론은 칸트적 비판의 완결이다. 피핀의 이러한 기획은 전적으로 지지될 가치가 있다. 하지만 피핀은 결정적인 곳에서, 반성의 논리를 다루는 곳에서 실패한다. 그의 분석의 최종 결과는 우리가, 궁극적으로, 정립하는 반성과 외적 반성의 이율배반으로 운명지어져 있다는 것이다. 그는 "규정적 반성"을 공허한 은유적 공식으로, 이러한 이율배반을 깨고 나갈 실패한 시도로 거부한다.

속에서 어떤 초보적인 이데올로기적 작용의 동일한 패턴을 식별하는 것.

동일성, 차이, 모순

"헤겔과 동일성"이라는 주제를 다룰 때 우리는 동일성이 "반성의 규정"으로서 본질의 논리학에서만 출현한다는 점을 절대로 잊지 말아야 한다. 즉 헤겔이 "동일성"이라고 부르는 것은 여하한 개념적 규정의 단순한 자기동등성(빨강은 빨강이다, 겨울은 겨울이다……)이 아니라 항상적으로 변화하는 외양들의 흐름 너머에서 "동일한 것으로 머무는" 어떤 본질의 동일성이다. 우리는 이러한 동일성을 어떻게 규정할 것인가? 사물을 다른 사물들과의 관련성과 무관하게 "그 자체로" 포착하려고 한다면, 우리는 그것의 그 특정한 동일성을 놓치게 되고, 그것에 대해 아무것도 말할 수가 없다. 그 사물은 다른 모든 사물들과 일치한다. 요컨대 동일성은 차이를 만드는 그 무엇에 달려 있다. 한 존재자의 "동일성"이 그것의 변별적 자질들의 뭉치로 이루어진다는 것을 파악하는 순간 우리는 동일성에서 차이로 이행하게 된다. 예컨대 어떤 사람 X의 사회적 동일성은 정의상 그 사람의 사회적 위임들의 뭉치로 구성되는데, 그러한 위임들은 모두가 정의상 변별적이다. 어떤 사람은 오로지 "어머니"와 "아들"에 대해 맺고 있는 관계에서만 "아버지"이다. 또 다른 관계에서는 그 자신이 "아들"이다. 기타 등등. 헤겔이 "아버지"의 상징적 규정과 관련해서 차이에서 모순으로의 이행을 초래하는 『논리학』에 나오는 핵심적 구절이 여기 있다.

> 아버지는 아들의 타자이고 아들은 아버지의 타자이다. 각각은 오로지 이 타자의 타자로서만 있다. 그리고 동시에 하나의 규정은 오로지 나머지 규정과의 관계에서만 있는 것이다. (……) 아버지는 또한 아들-관계와는 별도로 자신에 대한 실존을 갖는다. 하지만 그럴 경우 그는 아버지가 아니라 그냥 인간[남자]이다. (……) 그러므로 대립물들은, 동일한 측면에서, 서로에게 부정적으로 관련되어 있거나 서로를 지양하고 또한 서로에게 무관심한 한에서 모순을 내포한다.[13)]

부주의한 독자는 이 구절의 핵심적 강조점을 놓치기 쉽다. 그것은 "헤겔적 모순"의 표준적 개념이 잘못된 것임을 보여주는 부분이다. "모순"은 "아버지"와 "아들" 사이에서 발생하지 않는다(여기서 우리는 두 공의존적 항들 사이의 단순한 대립의 사례를 갖는다). 그것은 또한 어떤 관계에서(나의 아들에 대한 관계에서) 내가 "아버지"이고 또 다른 관계에서(나 자신의 아버지에 대한 관계에서) 나 자신이 "아들"이라는 사실, 즉 내가 아버지인 동시에 아들이라는 사실에 달려 있지도 않다. 이것이 헤겔적 "모순"이었다면 헤겔은 사실상 논리적 혼동을 범한 것일 터인데, 왜냐하면 나는 동일한 측면에서 둘 다인 것이 아니기 때문이다. 헤겔의 『논리학』에서

---

13) *Hegel's Science of Logic* (Atlantic Highlands, N. J.: Humanities Press International, 1989), p. 441. 여기서 우리의 관심사는 모순 개념의 역설적 구조에 제한되어 있으므로, 차이와 대립 사이의 차이는, 즉 차이와 모순 사이의 대립의 매개적 역할은 제쳐놓기로 한다.

인용된 마지막 부분은 모순을 정확히 **"아버지"** 그 자신 내부에 위치시킨다. "모순"은 "타자들에 대한" 나의 존재(나의 상징적 규정)와 타자들에 대한 관계와는 별도인 "나 자신에서"의 나의 존재 사이의 적대적 관계를 지칭한다. 그것은 주체의 순수한 "그 자신에 대한 존재"의 공백과 타자들에 대해 주체를 대리하는 기표적 특질 사이의—라캉적 용어로는 $\$$와 S_1 사이의—모순이다. 더 정확히 말해서 "모순"은 상징적 위임(S_1) 속에서의 나의 바로 그 "소외"가 사후적으로 나의 야수적 현실로부터 $\$$—위임의 장악에서 벗어나는 공백—를 만들어낸다는 것을 의미한다. 나는 "아버지"에, 이 특수한 규정에 불과한 것이 아니다, 하지만 이 상징적 위임들 너머에서 나는 그것들을 벗어나는 공백에 다름 아니다(그리고 그러한 것으로서 그것들 자체의 사후적 산물에 다름 아니다).[14] 변별적 그물망 속에서의 상징적 대리 그 자체가 나의 "정념적" 내용을 비워내며, "정념적" 주체의 실체적 충만함에서 순수한 자기관련성의 공백인 빗금쳐진 $\$$를 만들어낸다.

내가 "타자들에 대해" 무엇인가 하는 것은 다른 기표들과의 관계에서 나를 대리하는 기표 속에서 응축된다("아들"과의 관계에

14) 헤겔의 사례 선택—탁월한 상징적 기능인 아버지—은 물론 결코 우연적이거나 중립적이지 않다. 이미 토마스 아퀴나스는, 살아남기 위해서 우리는 우리 자신이 목격하지 않은 것들에 대한 다른 사람의 말을 받아들여야 한다고 주장하면서 부성paternity을 불러낸다. "인간이 스스로 알지 못하는 한 그 무엇도 믿기를 거절한다면, 이 세계에서 살아가는 것이 불가능할 것이다. 누군가를 믿지 않는다면 어떻게 살아갈 수 있는가? 심지어 어떤 남자가 자신의 아버지라는 것을 어떻게 받아들일 수 있을까?"(*The Pocket Thomas* [New York: Washington Square Press, 1960], p. 286). 프로이트가 (『인간 모세와 유일신교』)에서 지적했듯이, 모성과는 대조적으로 부성은 애초부터 믿음의 문제, 즉 상징적 사실이다. 아버지의 이름은 **타자**의 말을 신뢰한다는 것을 배경으로 해서만 그 권위를 발휘한다.

서 나는 "아버지"다, 등등). 타자들과의 관계 바깥에서 나는 아무것도 아니다. 나는 이러한 관계들의 뭉치에 불과하다(마르크스식으로 말하자면, "인간 본질은 사회적 관계들의 총체이다"), 하지만 바로 이 "아무것도 아닌 것"은 순수한 자기관계의 아무것도 아닌 것이다. 내가 나인 것은 타자들과의 관계에서만이다, 하지만 동시에 나는 나 자신을 자기규정하는 자, 즉 타자들과의 관계들의 어떤 그물망이 나를 규정할 것인지를 규정하는 자이다. 다시 말해서 내가 (상징적) 관계들의 그물망에 의해 규정되는 것은 정확히 그리고 오로지 내가, 자기관계의 공백으로서, 나 자신을 이와 같은 식으로 자기규정하는 한에서이다. 여기서 우리는 다시금 자기규정으로서의 자발성과 조우한다. 나는 타자와 관계하는 바로 그 속에서 나 자신을 나 자신에게 관계시키는데, 왜냐하면 나는 내가 타자에게 관계하는 구체적 형식을 규정하기 때문이다. 혹은, 라캉의 담화 도식으로 표현하자면 다음과 같다.15)

$$\frac{S_1}{\$} \rightarrow S_2$$

따라서 우리는 대립이 모순으로 이처럼 이행하는 논리를 놓치지 않도록 유의해야만 한다. 그것은 대립물들의 일치나 상호의존,

15) 라캉의 대수의 네 번째 항인 *a*는 어떤가? 대상 *a*는 주체가 기표적 대리 너머에서 자신의 존재의 긍정적 지탱물을 획득하려는 바로 그 노력을 지칭한다. *a*에 대한 환상-관계를 경유해서 주체($)는 자신의 "존재의 충만함"에 대한 상상적 감각을, 타자들에 대한 그의 존재와는 독립적인, 즉 상호주체적인 상징적 그물망 속에서의 그의 자리와는 무관한 그의 "진정한 존재"에 대한 상상적 감각을 획득한다.

한 극이 그 반대극으로 이행하는 것 등에 관련된 것이 아니다. 남자와 여자라는 사례를 들어보자. 우리는 남자와 여자의 상호의존이라는 모티브를 끝도 없이 변주할 수 있다(각각은 타자의 타자로서만 존재한다, 각각의 존재는 그 대립물의 존재에 의해 매개된다, 등등). 하지만 우리가 이 대립을 어떤 중립적 보편성(남성과 여성이라는 두 종을 가진 인간 유)을 배경으로 해서 설정하는 한, 우리는 "모순"과는 멀리 떨어져 있는 것이다. "남성 쇼비니즘"적 용어로 말해서, 우리는 "남자"가 보편적인 인간적 차원의 직접적 체현으로서 그리고 여자가 "끝이 잘린 남자"로서 나타날 때에만 모순에 도달한다. 이러한 방식으로 두 극들의 관계는 더 이상 대칭적이지 않게 되는데, 왜냐하면 남자는 유 자체를 나타내는 반면에 여자는 종적 차이 그 자체를 나타내기 때문이다. (혹은, 구조언어학의 언어로 말해보자면: 우리는 대립의 항들 가운데 하나가 "유표적"인 것으로 그리고 나머지가 "무표적"인 것으로 기능하기 시작할 때 본연의 "모순"에 진입한다.)

따라서, 우리는 헤겔이 "대립적 규정"이라 불렀던 것의 논리를 통해서 대립에서 모순으로 이행한다. 즉 두 대립물들의 보편적 공통 근거가 그것의 대립적 규정 속에서, 즉 대립의 항들 가운데 하나에서 "스스로와 조우할" 때 말이다. 마르크스의 『자본』을 생각해보자. 거기서 "대립적 규정"의 최고 사례는 자본 그 자체이다. 특수한 회사들, 즉 생산 단위들에 투여되는) 다양한 자본들은 특수한 자본들에 대립되는 바로서의 자본 일반의 직접적 체현인 "금융 자본"을 필연적으로 포함한다. 따라서 "모순"은 자본 일반과 자본 일반을 체현하는 자본의 종(금융 자본)의 관계를 지칭한다. 한층 더 분명한 사례는 『요강』의 서설에 나온다. 즉 생산, 분배, 교환, 소비의 구조화하는 원리로서의 생산은 그것의 대립적 규정 속에서 "스스로와 조우한다". 여기서 "모순"은 네 계기를 총괄하는 총체로서의 생산과 이 네 계기의 하나로서의 생산 사이에 있다.16)

바로 이러한 의미에서 모순은 또한 언표행위 자리와 언표된 내용 사이의 모순이다. 모순은 언표행위자 자신이, 그의 말의 발화내적illocutory 힘을 통해서, 그 발화locution의 층위에서 자신이 비난하고 있는 바로 그것을 성취할 때 발생한다. 정치적 삶에 나오는 교과서적 사례: 어떤 정치적 행위자가 라이벌 정당들을 협소한 자기 당의 이익만 고려한다고 비난할 때, 그로써 그는 자기 자신의 당을 국가 전체의 이익을 위해 일하는 어떤 중립적인 세력으로서 내보이는 것이다. 따라서 그는 그가 타인들을 비난하는 바로 그 이유가 되는 무엇을 한다. 즉 그는 그 자신의 당의 이익을 가능한 한 가장 강한 방식으로 증진시킨다. 그의 말을 구조화하는 구분선은 그 자신의 당과 나머지 모두 사이에 그어진다. 여기에 걸려 있는 것은 다시금 "대립적 규정"의 논리이다. 사소한 당 이익을 넘어서는 보편성이라고 하는 것은 어떤 특수한 정당에서 스스로와 조우한다—바로 이것이 "모순"이다.

<위대한 독재자>의 크레딧이 끝날 때, 채플린은 디에게시스적 현실과 "진짜" 현실의 관계에 관한 표준적인 면책진술("그 어떤 닮음도 순전히 우연적인 것이다")을 다음과 같이 수정한다. "독재자 힌켈과 유대인 이발사의 그 어떤 닮음도 순전히 우연적인 것이

---

16) *Marx's Grundrisse*, selected and edited by David McLellan (London: Macmillan, 1980), p. 99. [국역본: 『정치경제학 비판 요강 1』, 백의, 2002, 69쪽.]

다." <위대한 독재자>는 궁극적으로 이러한 우연적 동일성에 관한 영화이다: 힌켈-히틀러는, 이 곳곳에 스며드는 목소리는 불쌍한 유대인 이발사의 "대립적 규정", 그림자 같은 분신이다. 힌켈의 지독한 반유대인 연설이 확성기를 통해 전해지는 게토 장면을 떠올려보는 것으로 족하다. 이발사는 마치 그 자신의 목소리의 증식된 메아리 소리들에 괴롭힘을 당하는 것인 양, 마치 그 자신의 그림자에게서 도망치는 것인 양, 거리를 내달린다. 여기에는 처음 보는 것보다 더 심오한 통찰이 놓여 있다. <위대한 독재자>에 나오는 유대인 이발사는 우선적으로 유대인으로서 묘사되는 것이 아니라 오히려 "정치적 소란 바깥에서 점잖고 평화로운 일상생활을 살아가기를 원하는 소심한 남자"의 축도로서 묘사된다. 그리고 (수많은 분석을 통해 입증된 것처럼) 나치즘은 바로 이 "소심한 남자"가 격분하여 뒤집힌 것이다. 즉 나치즘은 그의 재래의 세계가 선로에서 이탈하게 될 때 폭발한다. 영화의 이데올로기적 우주 속에서 동일한 역설적 등치는 또 다른 암묵적인 대립물들의 동일성 속에 표명된다: 오스트리아=독일. 다시 말해서, 영화에서 어떤 나라가 희생양인 동시에 "토마니아"-독일의 목가적 대응물의 역할을 하는가? 바로 "오스테리히"-오스트리아, 즉 행복하고 무구한 사람들이 대가족처럼 함께 모여 살아가는 작은 포도재배 나라이다. 요컨대 인간의 얼굴을 한 "파시즘"의 땅.17) 이발사의 마지막

17) 채플린은 히틀러의 첫 희생양인 오스트리아가 1934년부터—돌푸스의 우익 쿠데타 이후부터—원파시즘적인 협조주의적 국가였다는 사실의 아이러니를 알고 있었을까? 이는 <사운드 오브 뮤직>의 경우도 마찬가지인데, 이 영화에서 파시즘에 대항한 세력은 자기충족적인 오스트리아 지역주의의 형태를 취하고 있다. 즉 이 영화에서 파시즘과 민주주의의 정치적-이데올로기적 투쟁은 궁극적으로 두 개의 파시즘 간의 투쟁으로, 노골적으로 야만적인 파시즘과 아직

연설과 힌켈이 지구풍선을 가지고 노는 유명한 장면 모두에 동일한 음악(바그너의 「로엔그린」 서곡)이 동반된다는 사실은 그로써 예기치 않은 불길한 차원을 획득하게 된다. 즉 결말부에 사랑과 평화의 필요에 대한 이발사의 연설은 힌켈-히틀러 자신이 감상적인 프티 부르주아 무드에서 말하곤 했던 그 무엇과 완벽하게 조응한다.

형식/본질, 형식/질료, 형식/내용

논쟁에서 근거를 상실하기 시작할 때 우리의 마지막 의지처는 으레 "아무리 그렇게 말해도, 사물들은 본질적으로 우리가 그것들이 그것일 거라고 생각하는 바로 그것임에는 변함이 없다"고 강변하는 것이다. 바로 이것이 그 직접성에 있어서의 본질에 대해 말할 때 헤겔이 염두에 두고 있는 무엇이다. "본질"은 여기서 직접적 내면, "사물들의 본질"을 지칭하는데, 이는 외적 형식과 무관하게 존속한다. 이러한 태도의 사례들은, "표범은 반점을 바꿀 수 없다"[18]는 속담의 우둔함을 통해 가장 잘 예시되는바, 정치에 널려있다. 우익들이 으레 동구의 구공산주의자들을 대하는 방식을 생각해보는 것으로 충분하다. 그들이 실제로 무엇을 하건 그들의 민주주의적 "형식" 때문에 결코 속아서는 안 된다, 그건 단지 형식일 뿐이다. "본질적으로" 그들은 예전과 똑같은 전체주의자로 남

"인간적 얼굴"을 유지하는 파시즘 간의 투쟁으로 환원된다.

18) [성경의 「예레미아서」 13장 23절에 나오는 말이다.]

아 있다.[19] 외적 형식의 변화에도 불구하고 논점을 고수하는 이와 같은 "내적 본질"의 논리의 최근 사례는 1985년에 고르바초프에 대해 수상쩍어 하는 사람들의 판단이었다. 아무것도 바뀌지 않을 것이다, 고르바초프는 보통의 강경노선 공산주의자들보다 훨씬 더 위험한데, 왜냐하면 그는 전체주의적 체계에 매혹적이고 "개방된", "민주적인" 얼굴을 제공하기 때문이다. 그의 궁극적 목표는 체계를 근본적으로 변화시키는 것이 아니라 체계를 강화하는 것이다. 여기서 지적할 헤겔적 요점은 이러한 진술이 아마도 참일 것이라는 점이다. 즉 십중팔구 고르바초프는 단지 기존 체계를 개선하는 것만을 "실제로" 원했을 것이다. 그렇지만 그의 의도에도 불구하고 그의 행위는 체계를 머리끝에서 발끝까지 뒤바꿔놓은 어떤 과정을 작동시켰다. "진리"는 고르바초프를 불신하는 비판가만이 아니라 고르바초프 그 자신 또한 한낱 외적 형식이라고 간주했던 그 무엇에 놓여 있었다.

이와 같이 파악될 때 "본질"은 공허한 규정으로 남아 있으며, 이 규정의 적합성은 오로지 그것이 어느 정도까지 외적 형식 속에서 표현되고 현시되는지를 확증함으로써만 시험될 수 있다. 그리하여 우리는 관계가 역전된 형식/질료라는 다음 차례의 쌍을 얻게 된다. 형식은 그 배후에서 어떤 숨겨진 "진정한 본질"을 찾아야 하는 어떤 수동적 표현-효과이기를 멈추고 그 대신 질료에 어떤 특수한 규정을 부여하면서, 그렇지 않았다면 수동적-무형적이었

19) 따라서 구공산주의자들이 무엇을 하건 그들은 진다. 공격적으로 행동하면 그들은 자신들의 진정한 본성을 드러내는 것이다. 온당하게 행동하고 민주적 규칙을 따르면, 그들은 진정한 본성을 숨기기 때문에 더더욱 위험하다.

을 질료를 개별화하는 작인이 된다. 다시 말해서 본질의 규정성 일체가 어떻게 그 형식에 있는가를 깨닫는 순간, 그 형식으로부터 추상되어 파악된 본질은 형식의 무형적 기체基體로—요컨대, 질료로—바뀐다. 헤겔이 간명하게 표현했듯이, 이를 통해서 따로 분리되는 규정의 계기와 자존의 계기는 구별적인 것으로서 정립된다. 어떤 사물이 관련된 곳에서, "질료"는 수동적 자존의 계기(그것의 실체적 기체-근거)이며, 반면에 "형식"은 그것의 종별적 규정을 제공하는 어떤 것이고, 이 사물을 본연의 그 사물로 만드는 어떤 것이다.

이 분명해 보이는 대립을 훼방 놓는 변증법은 우리가 그 어떤 형식도 결여된 "순수한" 질료를 결코 조우하지 못한다는 사실(단지의 재료인 점토는 이미 어떤 형식에는 적합하고 다른 형식에는 적합하지 않게—예컨대 단지에는 적합하고 바늘에는 적합하지 않게—하는 속성들을 소유하고 있어야만 한다는 사실)에 한정되는 것이 아니며, 그리하여 "순수한" 무형의 질료는 그 대립물로, 그 어떤 구체적 실정적 실체적 규정도 박탈당한 텅 빈 형식-용기로 이행하기도 하고, 또한 물론 그 역도 마찬가지다. 하지만 여기서 헤겔이 염두에 두고 있는 것은 좀더 근본적인 어떤 것이다. 즉 보편화의 원리와 개별화의 원리 양자를 모두 지칭하는 형식 개념의 내속적 모순. 형식은 어떤 무형의 질료에서 특수한 규정된 사물을(예컨대 점토에서 컵을) 만들어내는 그 무엇이다. 하지만 그것은 동시에 상이한 사물들에 공통적인 추상적 보편자이다(종이컵, 유리컵, 자기컵, 금속컵은 모두 그것들의 공통 형식 때문에 "컵"이다). 이 곤궁에서 빠져나갈 유일한 길은 질료를 수동적-무형적인 무언가로서가 아니라 이미 그 자체로 어떤 내속적 구조를 소유한 어떤 것으로서, 즉 자체의 내용을 공급받은 상태에서 형식에 대립되어 있는 어떤 것으로서 파악하는 것이다. 그렇지만 내적 본질과 외적으로 부과된 형식이라는 애초의 추상적 대립으로 퇴행하는 것을 피하기 위해서 우리는 내용/형식(혹은, 좀더 예리하게 말하자면, 내용 그 자체)이라는 쌍은 단지 형식이 그 자신과 관련되는 동어반복적 관계에 대한 또 다른 이름이다는 사실을 염두에 두어야만 한다. "내용"은, 정확히 형식부여된 질료가 아니라면 무엇이겠는가? 그리하여 우리는 "형식"을 어떤 내용이 질료 속에서 (후자의 적절한 형성*formation*을 통해서) 현실화되는, 실현되는 방식이라고 정의할 수 있다. "동일한 내용"—예컨대 카이사르의 살해 이야기—은 상이한 형식들로 말해질 수 있다. 플루타르코스의 역사 기술에서 시작해서 셰익스피어의 희곡을 거쳐서 할리우드 영화에 이르기까지 말이다. 또는 형식을 다양한 내용들을 통합하는 보편성으로 정의할 수도 있다(예컨대 고전적 탐정소설의 형식은 아가사 크리스티나 E. S. 가드너 등의 상이한 저자들의 작품들에 공통의 인장을 찍는 코드화된 장르 규칙들의 골격으로 기능한다). 다시 말해서, 질료가 형식의 추상적 **타자**를 나타내는 한에서, "내용"은 질료가 형식에 의해 매개되는 방식이며, 역으로 "형식"은 내용이 질료 속에서 자신의 표현을 발견하는 방식이다. 두 경우 모두 내용/형식 관계는 질료/형식 관계와는 대조적으로 동어반복적이다. "내용"은 그 대립적 규정 속에서의 형식 그 자체이다.

본질/형식에서 내용/형식으로의 이 운동의 총체성을 염두에 둔다면, 어떻게 그것의 논리가 헤겔의 『논리학』 제3부인 "주관적 논리학"에 나오는 개념, 판단, 추론이라는 삼항조를 응축된 방식으로 선언하는가를 지각하는 것은 손쉬운 일이다. 본질/형식 쌍은 개념 층위에 남아 있다. 즉 본질은 개념의, 어떤 존재자의 실체적 규정의 단순한 즉자이다. 다음 단계는 말 그대로 *Ur-Teilung*을 초래한다. 즉 "기원적 분할"로서의 판단, 본질이 그것의 두 구성적 계기들로 분리됨을 초래한다. 그로써 이 계기들은 그 자체로서, 펼쳐진 것으로서 정립된다, 하지만 외재성의 양태로, 즉 서로에게 외적이고 무관심한 것으로서 말이다. 이 두 계기는 자존의 계기(기체로서의 질료)와 규정의 계기(형식)이다. 기체는 어떤 형식이 그 기체에 서술되어질 때 규정을 획득한다. 끝으로 세 번째 단계는 형식을 중명사middle term로 삼는 삼단논법의 변별적 표식인 매개의 삼원구조가 현시되도록 한다.

형식적 근거, 실재적 근거, 완전한 근거

헤겔의 『논리학』의 이 겉보기에 점잖은 하위구분의 "예언적" 차원들에는 거의 섬뜩한 무언가가 있다. 실로 우리는 철학의 역사를 알아야만, 그리고 특히 알튀세르를 포함하여 다음 150년의 핵심적 헤겔-비판가들을 알아야만 그것을 이해할 수 있을 것도 같다. 특히 이 하위구분은 헤겔에 대한 청년 마르크스의 비판과 알튀세르에 의해 헤겔적인 것으로 간주되는 "표현적 인과성" 개념에 대한 대안으로서 발전된 과잉결정 개념 양자 모두를 예견한다.

형식적 근거는 "진정한 본질"을 직접적으로 참조하는 동어반복적 제스처를 반복한다. 그것은 설명되어야 할 현상에 아무런 새로운 내용도 덧붙이지 않으며, 단지 발견된 경험적 내용을 근거의 형식으로 번역하고 이항시킬 따름이다. 이 과정을 이해하기 위해서 우리가 우리 증상을 이야기할 때 의사들이 때로 어떻게 반응하는가를 생각해보기만 하면 된다. "아하, ……로군요." 그러고 나면 아무런 새로운 지식도 덧붙이지 않으면서 우리의 불평 내용을 단지 의학용어로 옮기는 것에 불과한 이해할 수 없는 라틴어 용어가 장황하게 이어진다. 정신분석 이론 자체가 헤겔이 "형식적 근거"로써 염두에 두고 있는 것의 가장 분명한 사례 가운데 하나를 제공한다. 즉 정신분석이 때로 죽음충동 개념을 사용하는 방식을 보자. 이른바 "부정적 치료반응"(좀더 일반적으로는, 공격성, 파괴적 격분, 전쟁 등의 현상)을 "죽음충동"을 불러내어 설명하는 것은 동일한 경험적 내용에 법칙의 보편적 형식을 부여할 뿐인 동어반복적 제스처이다. 예컨대, 사람들이 서로를 죽이는 것은 죽음충동으로 인해 그렇게 추동되기 때문이라는 것이다. 여기서 헤겔 자신의 일차적 표적은 뉴턴 물리학의 어떤 단순화된 판본이다. 이 돌은 무겁다. 왜? 중력 때문에, 등등. 하지만 형식적 근거에 대한 헤겔의 설명에 널려 있는 비웃음들 때문에 그것의 실정적 측면을 보지 못해서는 안 된다. 즉 발견된 것에 불과한 우연적 내용을 근거의 형식으로 전환하는 이 형식적 제스처의 필수적이고 구성적인 기능에 대해서 말이다. 이러한 제스처의 동어반복적 공허함을 조롱하기는 쉽지만, 헤겔의 요점은 다른 곳에 있다: 이 제스처는, 바로 그 형식적 성격을 통해, 실재적 근거에 대한 탐색을 가능하게 한다. 텅 빈 제스처로서의 형식적 인과성은 내용 분석의 장을 열어놓는다. 예컨대 마르크스의 『자본』에서 자본 하에서의 생산과정의 형식적 포섭은 자본의 요구들에 합치하는 생산의 물질적 조직화에 선행하면서 그러한 조직화를 위해 열어놓는다(우선, 발견된 것에 불과한 생산의 전자본주의적인 물질적 조직화—개별적인 직공들, 등등—는 자본 하에 형식적으로 포섭된다. 자본가는 직공에게 원재료 등을 제공한다. 그러고 나서 점차 생산은 자본가가 직접 운영하는 집합적 제조 과정으로 물질적으로 재구성된다).

더 나아가 헤겔은 어떻게 그와 같은 동어반복적 설명들이, 그 진정한 본성을 감추고 실정적 내용의 외양을 만들어내기 위해서, 다시금 어떤 환상으로 꾸며낸 상상적 내용을 가지고서 근거의 텅 빈 형식을 채우는가를 보여준다. 그리하여 우리는 텅 빈 사고규정들이 실정적 규정적 내용의 형식을 취하게 되는 예컨대 "에테르", "자기磁氣", "플로지스톤" 등의 신비한 "자연적 힘들"을 얻게 된다. 요컨대 사고규정들이 그 대립물의, 실정적 경험적 대상들의 모습으로 나타나는 "거꾸로 뒤집힌 세계"를 얻게 된다. (물론 철학 자체에서 전형적 사례는 데카르트가 신체와 정신의 연결고리를 송과선에 위치시킨 것이다. 이 선腺은 데카르트가 인간에게서 사고와 연장된 실체의 매개를 개념적으로 파악할 수 없었다는 사실에 대한 유사-경험적 실정화에 다름 아닌 것이다.) 헤겔에게 전도된 "뒤죽박죽된 세계"는 현실적 경험적 세계 너머에 초감성적 관념들의 왕국을 전제하는 데 있는 것이 아니라 이 초감성적 관념들 자체가 다시금 감성적 형식을 취하고 그리하여 감성적 세계 그 자체가 이중화되는 일종의 이중적 전도에 있다. 마치 우리의 일상적 감성적 세계 옆에 또 다른 "영적 물질성"(미세한 재료로서의 에테르 등등)의 세계가 존재하는 것인 양 말이다. 헤겔의 고찰들은 왜 그토록 흥미로운 것인가? 그러한 고찰들은 포이어바흐, 청년 마르크스, 알튀세르가 "사변적 관념론 비판"으로 선언하는 모티브를 미리 표명하고 있다. 사변적 관념론의 은폐된 이면과 "진리"는 우연적 경험적 내용에 예속된 실증주의이다. 즉 관념론은 단지 저곳에서 발견되었을 뿐인 경험적 내용에 사변적 형식을 부여할 따름이다.[20]

순수하게 개념적인 관계를 사고할 수 없는 주체의 무능력을 실정화하는 유사-경험적 대상의 최고 사례를 제공하는 것은 칸트 자신인데, 그는 『유고』에서 "에테르" 가설을 제안한다.[21] 칸트가 추론하기를, 만일 공간이 가득 차 있다면, 공간의 한 장소에서 다른 장소로의 이동은 불가능한데, 왜냐하면 "모든 장소들이 이미 점유되어" 있기 때문이다. 그렇지만 공간이 텅 비어 있다면, 공간적으로 분리된 두 물체들 사이에 아무런 접촉도, 아무런 상호작용

20) 공상과학 영화 <그들이 산다>는, 영화의 바로 그 소박함 속에서, 개념적 관계에 대한 이러한 물질화의 가장 날카로운 미장센 가운데 하나를 제공한다. 주인공이 초록 안경을 쓰고 실상을 보기 전까지 오늘날의 캘리포니아에서의 일상은 잘 돌아간다. 실상은, 보통의 의식적 응시로는 볼 수 없는 이데올로기적 명령들이, 즉 "이걸 해라, 저걸 사라……" 같은 명령들이 온통 주체에게 퍼부어지고 있다. 그리하여 영화의 환상은, 말 그대로 자발적 예속으로서의 "이데올로기를 볼" 수 있게 해주는, 우리가 우리 자신을 자유로운 개인으로서 경험할 때 따르게 되는 은폐된 명령들을 지각할 수 있게 해주는 안경을 우리에게 제공한다. 물론 영화의 "오류"는 이데올로기적 명령들의 평범한 물질적 실존을 가정하는 것이다. 즉 그것들의 지위는 순수한 상징적 관계의 지위이다. 물질적 실존을 가지는 것은 단지 그것들의 효과일 뿐이다. (다시 말해서 <그들이 산다>는, 권력자를 위해서 의식적으로 사람들을 속이는 성직자 계급의 음모로서의 이데올로기라는 고전적인 계몽주의 환상을 약간 수정된 형태로 실현하는 것이다.) [원문에는 영화 제목이 "Hidden"이라고 되어 있으나, 이는 지젝의 착각처럼 보인다. 지젝이 설명하고 있는 내용은 오히려 "They Live(그들이 산다)"라는 영화에 부합한다. 『까다로운 주체』(도서출판 b) 95쪽에서도 지젝은 이 영화 내용을 다룬다.]

21) J. N. Findlay, *Kant and the Transcendental Object* (Oxford: Clarendon Press, 1981), pp. 261-267 참조.

도 일어날 수 없는데, 왜냐하면 순수한 공백을 경유해서는 아무런 힘도 전달될 수 없기 때문이다. 이러한 역설로부터 칸트는 실체적으로 파악된 공간 자체와 사실상 동일한, 모든 곳에 스며들며 모든 곳에 침투하는 세계-재료로서의 "에테르"에 의해 유지되는 한에서만 공간이 가능하다는 결론을 끌어냈다. 공간 그 자체라고도 할 수 있는 모든 곳에 존재하는 이 요소는, 공간을 연속적으로 채우며, 그 자체로 공간 안의 다른 모든 "평범한" 실정적 힘들과/이나 대상들의 상호작용의 매체이다. 바로 이것이 "거꾸로 뒤집힌 세계"와 관련하여 헤겔이 염두에 두고 있는 것이다. 칸트는 텅 빈 공간과 그 공간을 채우는 대상들의 대립을 그것의 정반대인, 즉 전적으로 투명하며 동질적이며 연속적인 "물질"을 전제함으로써 해결한다. 에테르적-물질적 너머로서의 초감성적인 것에 대한 관념을 지니고 있는 원시적 종교들에서처럼 말이다. (이러한 가설의 필요성은 물론 후-뉴턴적인 비동질적 공간 개념을 받아들이는 순간 증발해버린다.)22)

따라서 형식적 근거를 실재적 근거가 뒤따른다. 근거와 근거지어진 것의 차이는 순전히 형식적이기를 멈춘다. 그것은 내용 그 자체 안으로 전치되며, 그것의 두 구성성분들 간의 구분으로 파악된다. 설명되어야 할 현상의 바로 그 내용 속에서 우리는 어떤 계기를 분리해내야 하며 이 계기를 다른 모든 계기들의 "근거"로서 파악해야 하는바, 그로써 그 여타의 것들은 "근거지어진" 것으

---

22) 여기서 명심해야 하는 것은, 칸트가 자신의 철학의 근본적인 환상적 틀 때문에, 즉 "실재적 대립"의 논리 때문에 에테르의 존재를 가정하지 않을 수 없다는 점이다. "에테르"는 무게가 있고, 압축할 수 있고, 응집력이 있고, 소모될 수 있는 "평범한" 재료에 대한 필수적인 실정적 대립물로서 연역된다.

로서 나타나게 되는 것이다. 예컨대 전통적 마르크스주의에서 이른바 "경제적 토대", 생산과정의 구조는, 그 악명 높은 "최종심급"이 초래하는 성가심에도 불구하고, 다른 모든 계기들(정치적, 이데올로기적 상부구조)을 결정한다. 여기서 물론 다음의 물음이 즉각 떠오른다: 왜 하필 이 계기이고 어떤 다른 계기가 아닌가? 다시 말해서, 우리가 어떤 계기를 전체로부터 분리해내고 이를 전체의 "근거"로서 파악하는 순간, 우리는 또한 근거가 근거로서 기능하고 있는 관계들의 총체성에 의해 그 근거 자체가 결정되는 방식을 고려에 넣어야 한다. "근거"는 정확하게 규정된 조건들의 그물망 내부에서만 그 근거짓는 기능을 발휘할 수 있다. 요컨대 우리는 "왜 하필 이 계기이고 어떤 다른 계기가 아닌가?"라는 물음에 대해 근거와 근거지어진 것 간의 관계들의 그물망 전체에 대한 상세한 분석을 통해서만 답할 수 있는데, 이는 근거의 역할을 하는 것이 왜 그 그물망의 바로 이 요소인지를 설명한다. 그리하여 성취되는 것은 다음 단계로의, 근거의 최종 양태로의, 완전한 근거로의 한 걸음이다. 헤겔의 성취의 정확한 성격을 파악하는 것이 핵심적이다. 그는 근거 자체를 근거지을 또 다른 한층 "더 깊은" 초-근거를 제출하지 않는다. 그는 단지 근거를, 그 근거가 근거지어진 내용과 맺고 있는 관계들의 총체성 속에서 근거지을 뿐이다. 바로 이러한 의미에서, 완전한 근거는 형식적 근거와 실재적 근거의 통합이다. 즉 실재적 근거는, 나머지 내용에 대해 근거짓는 관계를 맺고 있는바, 다시금 무언가—그것 자체, 즉 그것이 근거지어진 것들과 맺고 있는 관계들의 총체성—에 근거지어져 있다. 근거는 근거지어진 것을 근거짓는다, 하지만 이 근거짓는 역할 그 자체는 근거가 근거지어진 것과 맺고 있는 관계 속에 근거지어져야 한다. 그리하여 우리는 다시금 동어반복(형식적 근거의 계기)에 도달한다. 하지만, 형식적 근거의 경우에서처럼, 텅 빈 동어반복에 도달하는 것은 아니다. 이제 동어반복은 앞서 언급된 정확한 헤겔적 의미에서 모순의 계기를 포함한다. 그것은 전체와 그것의 "대립적 규정"의 동일성을 지칭한다. 즉 전체의 어떤 계기—실재적 근거—와 전체 그 자체의 동일성을 지칭한다.

『자본을 읽는다』에서 알튀세르는 새로운 인과성 개념인 "과잉결정"을 통해서 마르크스주의의 인식론적 단절을 표명하려고 시도했다.[23] 결정적 심급 그 자체는 그것이 그 결정적 역할을 그 안에서 하는 관계들의 총체적 그물망에 의해 과잉결정된다. 알튀세르는 이러한 인과성 개념을 기계적 이행적 인과성(아인슈타인 이전의 고전적 물리학을 그 범형적 사례로 하는, 원인과 결과의 선형적 사슬)과 표현적 인과성(다양한 외양 형태들 속에서 스스로를 표현하는 내적 본질) 양자 모두와 대립시켰다. 물론 "표현적 인과성"은 헤겔을 표적으로 하는바, 헤겔 철학에서 동일한 정신적 본질—"시대정신"—은 사회의 상이한 층위들에서 스스로를 표현한다는 것이다. 즉 종교에서는 프로테스탄티즘으로서, 정치에서는 중세적인 협조주의corporatism의 사슬에서 풀려난 시민사회의 자유화로서, 법에서는 사적 소유권의 지배와 그것의 담지자로서의 자유로운 개인의 출현으로서 말이다. 표현적-이행적-과잉결정적 인과성의 이 삼항조는 상상적-실재적-상징적이라는 라

23) Louis Althusser et al., *Reading Capital* (London: New Left Books, 1970), pp. 186-189 참조.

캉적 삼항조와 평행관계에 있다. 표현적 인과성은 상상적인 것의 층위에 속하며, 물질적 내용의 다양한 층위에서 자국을 남기는 어떤 동일한 이마고의 논리를 가리킨다. 과잉결정은 상징적 총체성을 함축하는데, 왜냐하면 근거지어진 것의 총체성에 의해 이처럼 사후적으로 근거가 결정되는 것은 상징적 우주 내부에서만 가능하기 때문이다. 이행적 인과성은 실재의 무의미한 충돌들을 가리킨다. 오늘날, 생태적 재앙의 와중에서, 이 재앙을 무의미한 실재적 튀케*tuche*로서 파악하는 것은 특별히 중요하다. 생태 위기를 무자비한 자연 착취 등에 대한 처벌의 "심오한 표지"로서 해석하는 사람들처럼 "사물들에서 의미를 읽어내려고" 해서는 안 된다. (영혼의 내부세계와 우주의 외부세계 사이의 상동성에 대한 이론들, 이른바 "뉴에이지 의식意識" 속에서 다시금 유행하게 된 이론들을 떠올려보는 것으로 족하다. 이는 "표현적 인과성"의 새로운 부흥을 보여주는 전형적인 사례이다.)

알튀세르가 "표현적 인과성"을 헤겔에게 비판적으로 귀속시키는 것이 표적을 놓친다는 사실이 이제 분명할 것이다. 헤겔 자신은 알튀세르적 비판의 개념적 틀을 앞서서 표명했다. 즉 그의 형식적 근거, 실재적 근거, 완전한 근거라는 삼항조는 표현적 인과성, 이행적 인과성, 과잉결정된 인과성이라는 삼항조에 완벽하게 조응한다. "완전한 근거"는 결정적 심급 그 자체가 그것이 그 결정적 역할을 그 안에서 발휘하는 관계들의 그물망에 의해 (과잉)결정되는 "복합적 구조"에 대한 이름이 아니라면 무엇이겠는가?[24] 『헤겔

24) 이점은 Beatrice Longuenesse의 탁월한 저술 *Hegel et la critique de la métaphysique* (Paris: Vrin, 1981)에서 처음으로 지적되었다.

또는 스피노자』25)에서 피에르 마슈레는 스피노자의 철학이 헤겔 비판으로 읽혀야만 한다는 역설적인 주장을 했다. 마치 스피노자가 헤겔을 읽었고 헤겔의 "스피노자주의" 비판에 대해 사전에 응답할 수 있었던 것인 양 말이다. 알튀세르에 대한 관계에서, 같은 것을 헤겔에 대해 이야기할 수 있을 것이다. 헤겔은 "헤겔주의"(로서 알튀세르가 제시하는 그 무엇)에 대한 알튀세르적 비판의 윤곽을 사전에 개괄했다. 더구나 그는 알튀세르에게 빠져 있는 요소를, 알튀세르가 과잉결정 개념을 철저하게 사고하는 것을 방해하는 요소를—호명의 효과로서의 상상적 (오)인지로 환원될 수 없는 주체성의 요소, 즉 S로서의 주체, 텅 빈 빗금쳐진 주체를—발전시켰다.

"즉자"에서 "대자"로

여기서 잠시 멈추고 『논리학』 제2부의 끝까지 동일한 매트릭스를 식별하는 일을 중단하기로 하자. 본질의 논리학 전체의 근본적 적대는 근거와 조건들 사이의, 사물의 내적 본질("진정한 본성")과 이 본질의 실현을 가능하게 만드는 외적 상황들 사이의 적대—즉 이 두 차원 간의 공동 척도에 도달하는 것의, 그 둘을 "더 높은 차원의 종합" 속에서 조율하는 것의 불가능성—라는 점을 확인하는 것으로 족하다. (『논리학』의 제3부인 개념의 "주관 논리학"에

25) Pierre Macherey, *Hegel ou Spinoza?* (Paris: Maspero, 1975) 참조. [국역본: 피에르 마슈레, 『헤겔 또는 스피노자』, 진태원 옮김, 이제이북스, 2004.]

서야 이러한 통약불가능성은 극복된다.) 정립하는 반성과 외적 반성 사이의 양자택일은 바로 여기 있는 것이다. 사람들은 자신들이 살고 있는 세계를 자신들 내부로부터 자율적으로 창조하는가, 아니면 그들의 활동은 외적 상황들로부터 결과하는 것인가? 철학적 공통감은 여기서 "적절한 조치"의 타협을 부과하는 것이리라: 그렇다, 우리는 선택의 가능성을 가지고 있다, 우리는 자유롭게 구상된 우리의 기획들을 실현할 수 있다, 하지만 오로지 전통의 틀 내에서, 우리의 선택의 장의 윤곽을 정하는 물려받은 상황들의 틀 내에서만 그렇게 할 수 있다. 혹은 마르크스가 『루이 보나빠르뜨의 브뤼메르 18일』에서 말했듯이: "인간은 자기 자신의 역사를 만든다. 그러나 자기 마음대로, 즉 자신이 선택한 상황 하에서 만드는 것이 아니라 이미 존재하는, 주어진, 물려받은 상황 하에서 만든다."[26]

그렇지만 헤겔이 사양하는 것이 바로 그와 같은 "변증법적 종합"이다. 그의 논점 일체는 우리가 그 두 측면 사이에 선을 그을 수 있는 그 어떤 방법도 가지고 있지 않다는 것이다. 모든 내적 잠재력은 외적 조건으로 번역될 수 있다(그것의 형식은 외적 조건으로 전환될 수 있다), 그리고 그 역도 마찬가지다. 요컨대 헤겔이 여기서 하고 있는 일은 매우 정확한 어떤 것이다. 그는 사물의 내적 잠재력과 이 잠재력의 실현을 (불)가능하게 만드는 외적 조건들의 관계에 대한 통상적 관념을 이 두 편 사이에 등치 부호를

26) Karl Marx, "Eighteenth Brumaire of Louis Bonaparte" in Karl Marx and Friedrich Engels, *Collected Works*, volume 2, p. 103. [국역본: 「루이 보나빠르뜨의 브뤼메르 18일」, 『칼 마르크스 · 프리드리히 엥겔스 저작선집』 제2권, 박종철 출판사, 1992, 287쪽.]

놓음으로써 와해시킨다. 그 결과는 겉보기보다 훨씬 더 근본적이다. 즉 그 결과는 무엇보다도 헤겔 철학의 근본적으로 반진화론적 성격과 관련이 있다. 즉자/대자라는 개념적 쌍에서 예시되는 것처럼 말이다. 이 쌍은 통상 진화 과정("즉자"에서 "대자"로의 발전)에 대한 헤겔의 믿음을 보여주는 최고의 증거로서 취급된다. 하지만 좀더 세밀하게 들여다보면 이러한 진화의 환영은 일소되고 만다. "대자"와 대립되는 "즉자"는 (1) 가능성이 스스로를 외화시키고 실현한 현실성과는 대조적으로, 잠재적으로만 존재하는, 내적 가능성으로서만 존재하는 그 무엇을 의미하는 동시에 (2) 주체적 매개에 여전히 대립되며 아직 내면화되거나 의식화되지 않은 외적이고 직접적이고 "날 것 그 대로인" 객관성이라는 의미에서의 현실성 그 자체를 의미한다. 후자의 의미에서 "즉자"는 아직은 그것의 개념에 도달하지 않은 한에서의 현실성이다.

이 두 측면에 대한 동시적 독서는 변증법적 진보에 대한 통상적 생각을 침식한다. 대상의 내적 잠재력의 점진적 실현이라는, 그것의 자발적인 자기발전이라고 하는 생각을 말이다. 여기서 헤겔은 매우 솔직하고 명시적이다: 어떤 대상의 자기발전의 내적 잠재력과 외부의 힘에 의해 그것에 행사되는 압력은 엄밀하게 상관적이다. 그것들은 동일한 접속의 두 부분을 형성한다. 다시 말해서 대상의 잠재력은 또한 타율적 강압이라는 형식 하에서 그것의 외적 현실성 안에 현존해야만 한다. 예컨대(여기서 사례는 헤겔 그 자신의 사례이다), 교육과정 초기에 있는 제자는 잠재적으로 아는 사람이라고, 발전 과정에서 그의 창조적 잠재력을 실현할 사람이라고 말하는 것은 이 내적 잠재력들이 제자에게 압력을 행사하는 스승의 권위로서의 외적 현실성 속에 애초에 현존해야만 한다고 말하는 것과 동등하다. 오늘날 우리는 혁명적 주체로서의 노동계급이라는 슬프도록 유명한 사례를 여기에 덧붙일 수 있다. 노동계급이 "즉자적으로" 잠재적으로 혁명적 주체라고 주장하는 것은 이 잠재력이, 혁명적 사명에 관해 미리 알고 있으며 따라서 노동계급이 자신의 잠재력을 실현할 수 있도록 인도하면서 노동계급에게 압력을 행사하는 당 속에 이미 현실화되어 있어야만 한다는 단언과 동등하다. 그리하여 당의 "지도적 역할"은 적법화된다. 그리하여 노동계급의 잠재력에 부합하게 노동계급을 "교육"하는 것은, 이 계급 안에 그 역사적 사명을 "주입"시키는 것은 당의 권리이다.

이제 우리는 왜 헤겔이 즉자에서 대자로의 점진적 발전이라는 진화론적 개념과 동떨어져 있는 것인지를 알 수 있다. "즉자"라는 범주는 "우리에 대해"(사물 자체에 외적인 어떤 의식에 대해)와 엄밀히 상관적이다. 점토 덩어리가 "즉자적으로" 단지라고 말하는 것은 이 단지가 점토에 단지 형식을 부과할 장인의 마음 속에 이미 현존한다고 말하는 것과 동등하다. 따라서 "적절한 조건 하에서 그 학생은 자신의 잠재력을 실현할 것이다"라고 말하는 오늘날의 방식은 기만적이다. 그가 자신의 잠재력을 실현하는 데 실패한 것에 대한 변명으로 우리가 "그는 조건만 적절했다면 그의 잠재성을 실현했을 것이다"라고 말할 때, 그로써 우리는 『서푼짜리 오페라』에 나오는 브레히트의 유명한 구절에 어울리는 냉소주의의 오류를 범하게 된다: "우리는 상황이 이와 같지만 않았어도 그토록 무례한 대신 선량했을 것이다!" 헤겔에게 외적 상황은 내적 잠재력의 실현에 대한 장애물이 아니라 오히려 이 내적 잠재력의 진정한 본성이 시험되어야 할 바로 그 투기장이다: 그러한 잠재력들은 진정한 잠재력인가 아니면 발생했을 수도 있는 어떤 것에 관한 한낱 헛된 환영인가? 혹은 스피노자의 용어로 말해서: "정립하는 반성"은 사물들을 외적 본질에서 존재하는 방식대로, "영원의 상 아래에서*sub specie aeternitatis*" 관찰하는 반면에, "외적 반성"은 그것들을 "지속의 상 아래에서*sub specie durationis*", 그것들이 일련의 우연적 외적 상황들에 의존하는 가운데서 관찰한다. 여기서 모든 것은 헤겔이 어떻게 "외적 반성"을 극복하는가에 달려 있다. 만일 그의 목적이 단지 우연적 조건들의 외부성을 내적 본질-근거의 자기매개로 환원하는 것이라고 한다면("헤겔의 관념론"에 대한 통상적 관념), 헤겔의 철학은 실로 한낱 "역동화된 스피노자주의"에 불과할 것이다. 하지만 헤겔이 실제로 하고 있는 것은 무엇인가?

이 문제를 라캉을 경유해 접근해 보자. 어떤 정확한 의미에서 우리는 1940년대 말과 1950년대 초의 라캉이 헤겔주의자였다고 주장할 수 있는가? 그의 헤겔주의에 대한 명확한 관념을 얻기 위해서는 어떻게 그가 정신분석 치료에서 분석가의 "수동성"을 파악하는가를 면밀히 들여다보는 것으로 충분하다. "현실적인 것은 이성적"이므로, 분석가는 자신의 해석을 분석자에게 강요할 필요가 없다. 분석가가 해야 하는 전부는 단지 분석자의 말의 구두점찍기punctuation를 통해서 분석자가 그 자신의 진리에 도달하기 위한 길을 깨끗이 치워주는 일이다. 바로 이것이 헤겔이 "이성의 간지"에 대해 말할 때 염두에 두고 있는 것이다. 분석가는 분석자로 하여금 "사태의 진상"과 직접 대면케 함으로써 그의 자기기만을,

"아름다운 영혼"의 태도를 허물고자 하는 것이 아니라, 오히려 그에게 자유롭게 고삐를 맡김으로써, 변명으로 이용될 모든 장애물을 제거하여 그가 "사실상 그를 이루고 있는 재료"를 드러내지 않을 수 없게 함으로써 그러한 태도를 허물고자 하는 것이다. 바로 이러한 의미에서 "현실적인 것은 이성적이다." 현실적인 것의 내속적 합리성에 대한 우리의—헤겔적 철학자의—신뢰는 현실성이 주체의 주장들의 합당함에 대한 유일한 시험대를 제공한다는 것을 의미한다. 즉 주체가 자신의 실패에 대한 변명거리가 될 수 있는 외적 장애물을 빼앗기는 순간, 그의 주체적 위치는 그것의 내속적 비진정성으로 인해 붕괴될 것이다. 여기서 우리가 발견하는 것은 일종의 냉소화된 하이데거주의이다. 대상이 그 자체로 비일관적이므로, 대상이 일관성의 외양을 보유할 수 있게 해주는 것은 그것의 내적 잠재력을 제약한다고 하는 바로 그 외적 장애물이므로, 그것을 파괴하고 그것의 붕괴를 초래할 가장 유효한 방법은 바로 지배에 대한 그 어떤 주장도 단념하는 것이고, 일체의 장애물을 제거하고 "내버려 두는", 즉 그것의 잠재력의 자유로운 전개를 위해 장을 열어놓는 것이다.[27]

27) 헤겔적인 아름다운 영혼을 참조하면서 라캉은 두 가지 상이한 "의식의 형상"을 응축함으로써 매우 의미심장한 실수를 저지른다. 그는 "마음의 법칙"의 이름으로 세계의 불의에 맞서 싸우는 "아름다운 영혼"에 대해서 말한다(예컨대 *Ecrits: A Selection*, p. 80 참조). 그렇지만 헤겔에게 "아름다운 영혼"과 "마음의 법칙"은 두 개의 아주 다른 형상이다. 첫째는 세계의 사악한 방식들 개탄하면서도 그것의 재생산에 능동적으로 참여하는 히스테리적 태도를 가리킨다(라캉이 프로이트의 예시적 히스테리자 사례인 도라에게 이를 적용하는 것은 매우 정당하다). 다른 한편 "마음의 법칙과 자만의 광기"는 분명 정신증적 태도를 가리킨다. 즉 자신의 내적 법칙이 모든 사람의 법칙이라고 상상하며 따라서 왜 "세계"(그의 사회적 환경)가 그의 훈계를 따르지 않는지를 설명하기 위해서 편집증적 결론에, 어두운 세력의 어떤 음모에 의지하지 않을 수 없는 자칭 구세주를 가리킨다(예컨대, 인민의 지지를 얻는 데 실패한 것을 놓고 반동적인

그렇지만 헤겔의 "이성의 간지"라는 개념은 선-칸트적인 합리주의적 형이상학으로의 "퇴행"을 함축하지 않는가? 여기서 신 존재의 존재론적 증명에 대한 칸트의 비판을 이에 대한 헤겔의 재긍정과 대립시키면서 헤겔의 재긍정을 헤겔이 고전 형이상학 영역으로 회귀한 것에 대한 최고의 증거로 인용하는 것은 철학적으로 상투적인 일이다. 이야기는 대강 이렇다. 칸트는 존재가 술어가 아님을 입증했다. 어떤 사물의 개념적 내용을 한정하는 술어들의 층위에서는 현실적인 100 탈러와 한낱 100 탈러의 개념 간에 아무런 차이도 없다. 그리고 필요한 변경을 가한다면, 신 개념도 마찬가지다. 더 나아가 상징계와의 관계에서의 라캉적인 실재의 편심성에 대한 일종의 선구적 형상을 칸트의 입장 속에서 찾고 싶기까지 하다. 하지만 그럼에도 불구하고 이러한 상투어들은 전적으로 거부되어야 한다.

칸트의 실제 논지는 훨씬 더 정제되어 있다. 그는 기본적인 두 단계로 나아간다(*CPR*, A584-603 참조). 첫째, 그는 신 존재의 존재론적 증명에서 어떤 숨겨진 조건절(if-clause)이 여전히 작동하고 있다는 것을 증명한다. 물론 "신"은 바로 그 개념 안에 실존이 포함된 어떤 존재를 지칭한다. 하지만 우리는 그러한 존재가 실존한다는 것을 여전히 전제해야만 하며(즉, 존재론적 증명이 실제로

성직자들이 미신을 유포한 것 때문이라고 하면서 그들을 비난하는 계몽된 반란자). 라캉의 실수는 아름다운 영혼과 마음의 법칙의 이러한 차이가 라캉 자신에 의해 세공된 범주들을 통해 완벽하게 정식화될 수 있다는 사실 때문에 더더욱 불가사의하다. 즉 히스테리적인 아름다운 영혼은 분명 그 자신을 큰타자 안에 위치시키며 상호주체적 장 내에서 타자를 향한 요구로서 기능한다. 반면에 마음의 법칙에로의 정신증적 집착은 헤겔이 "정신적 실체"라고 부른 그 무엇의 거절, 중지에 다름 아니다.

증명하는 것은 만일 신이 실존한다면 신은 필연적으로 실존한다는 것일 뿐이며), 따라서 그 개념이 실존을 포함하고 있는 그와 같은 존재가 단순히 실존하지 않을 가능성도 남아 있는 것이다. 무신론자라면 그와 같은 신의 본성을 신의 존재를 부정하는 논증으로 인용했을 수도 있다: 그 개념이 실존을 포함하는 존재를 일관된 방식으로 상상할 수 없으며, 바로 그 때문에 신은 없다. 칸트의 다음 단계는 동일한 논점을 겨냥한다. 즉 "실존"이라는 용어의 유일하게 적합한 용법은 가능한 경험의 대상들의 현상적 실재성 reality을 지칭하는 것이다. 그렇지만 이성과 직관의 차이는 실재성[현실]에 대해 구성적이다. 주체는 어떤 것의 표상이 직관에 의해 제공되는 우연적 경험적 내용으로 채워지는 한에서만, 즉 주체가 감각들에 수동적으로 촉발되는 한에서만, 그것이 "현실에서 실존한다"는 것을 받아들인다. 실존은 술어가 아니며, 다시 말해서 대상의 개념의 일부가 아니다. 왜냐하면 개념에서 현실적 실존으로 넘어가기 위해서는 직관의 수동적 요소를 덧붙여야 하기 때문이다. 바로 그렇기 때문에 "필연적 실존"이라는 개념은 자기모순적이다. 모든 실존은 정의상 우연적이다.[28)]

이에 대한 헤겔의 응답은 무엇인가? 헤겔은 결코 전통 형이상학으로 회귀하지 않는다. 그는 칸트 자신에 의해 열린 지평 내부에서 칸트를 논박한다. 그는 문제를 말하자면 반대편 끝에서 접근한다. 즉 어떻게 "개념에 이르기"(*zum-Begriff-kommen*)는 문제의 대상의 실존에 영향을 미치는가? 한 사물이 "그것의 개념에 도달할" 때,

28) 그리하여 경험적 현실[실재성]이라는 의미에서의 실존은 라캉적 실재의 정반대이다. 경험적 현실의 일부로서 "실존"하지 않는 한에서 신은 실재에 속한다.

이는 그 사물의 실존에 어떤 작용을 가하는가? 이 물음을 분명히 하기 위해서, 마르크스주의는 "세계관"이 아니라는 라캉의 논제를[29] 확인해주는 한 가지 사례를 상기해보자. 즉 프롤레타리아트는 자신의 역사적 역할에 대한 인식을 통합함으로써 현실적인 혁명적 주체가 된다는 관념.[30] 역사적 유물론은 역사적 주체의 자기 인식 행위이므로, 역사적 발전에 대한 중립적인 "객관적 인식"이 아니다. 그러한 것으로서 그것은 프롤레타리아트적인 주체적 위치를 함축한다. 다시 말해서, 역사적 유물론에 고유한 "인식"은 자기관계적이다. 그것은 그것의 "대상"을 변화시킨다. 인식의 행위를 통해서만 대상은 그것이 진정으로 [그것]"인" 그 무엇이 된다. 따라서 "계급의식"의 출현은 그것의 "대상"(프롤레타리아트)의 실존에 영향을 산출한다. 그것을 현실적인 혁명적 주체로 변화시키는 것을 통해서 말이다. 그리고 이는 정신분석의 경우도 마찬가지 아닌가? 증상의 해석은 상징적인 것이 실재에 직접적으로 개입하는 것 아닌가? 그것은 어떻게 말이 증상의 실재에 영향을 미칠 수 잇는가를 보여주는 사례를 제공하지 않는가? 그리고 다른 한편으로, 상징적인 것의 그와 같은 효력은 말 그대로 어떤 비-인식에 그 실존이 달려 있는—(해석을 통해) 인식이 취해질 때 실존이 붕괴되고 마는—존재자들을 전제하지 않는가? 여기서 실존은 사물의 술어들 가운데 하나가 아니라 사물이 자신의 술어들에 관계하는 방식을—좀더 정확하게는, 사물이 자신의 술어들-속성

29) Lacan, *Le séminaire*, book 20: *Encore*, p. 32.

30) 게오르그 루카치는 『역사와 계급의식』에서 이러한 논점을 그 일체의 철학적 무게를 디하여 표명했다.

들(이라는 우회로)을 통해서 스스로에게 관계되는 방식을[31]—지칭한다. 프롤레타리아트가 자신의 "역사적 역할"을 자각하게 될 때, 그의 현실적 술어들 가운데 그 어떤 것도 변하지 않는다. 변하는 것은 단지 그가 그것들에 관계하는 방식이며, 술어들과의 관계에서의 이러한 변화는 그의 실존에 근본적인 영향을 미친다.

"역사적 역할"에 대한 이러한 자각을 지칭하기 위해서 마르크스주의는 "즉자/대자"라는 헤겔적 쌍을 이용한다. 프롤레타리아트는 "계급의식"에 도달함을 통해서 "즉자적 계급"에서 "대자적 계급"으로 변화한다는 것이다. 여기서 작동하는 변증법은 실패한 조우의 변증법이다. "대자"로의, 개념으로의 이행은 실존의 상실을 내포한다. 이 실패한 조우가 열정적 사랑에서보다 더 명백한 곳은 없다. 그것의 "즉자"는 내가 나에게 일어나고 있는 일을 자각하지 못한 채 단순히 열정에 굴복할 때 발생한다. 나중에 사랑이 끝나고, 나의 기억 속에서 지양될*aufgehoben* 때, 그것은 "대자"가 된다. 나는 내가 가졌던 것, 내가 상실한 것을 사후적으로 자각하게 된다. 내가 상실한 것에 대한 이러한 자각은 존재와 앎의 불가능한 접속을 낳는다("내가 얼마나 행복했던가를 알 수만 있었어도……"). 하지만 헤겔적 "즉자대자"(*An-und-Für-sich*)는 실로 그와 같은 불가능한 접속이며, 내가 행복하며 또한 그것을 알고 있는 순간에 대한 환상인가? 오히려 그것은 "대자"에 아직 속해 있는 "외적 반성"의 환영, 과거에 내가 알지는 못했지만 실제로 행복했

31) 칸트 자신이 이미 실존과 자기관련 사이의 이러한 연계를 예감했다는 것을 입증해주는 것은 『순수이성비판』에서 그가 역학적 종합(이는 술어들만이 아닌 실존에도 관련되어 있다)에 규제적 성격을 부여한 사실이다.

었다는 환영을 벗겨내는 것 아닌가? 즉 어떻게 "행복"이 정의상 사후적으로, 그것의 상실에 대한 경험을 통해서 존재하게 되는지에 대한 통찰 아닌가?

이러한 외적 반성의 환영을 보여주는 또 다른 예시로는 E. L. 닥터로우의 소설을 기초로 한 영화 <빌리 배스게이트>가 있다. 영화는 기본적으로 실패했으며, 우리가 훨씬 우월한 문학적 원본의 창백하고도 왜곡된 반영을 보고 있다는 인상을 불러일으킨다. 그렇지만 영화를 보고 나서 소설을 읽기 시작하는 사람들에게는 유쾌하지 않은 놀라움이 준비되어 있다. 소설은 김빠진 행복한 결말에 훨씬 더 가깝다(소설에서 빌리는 더치 슐츠의 숨겨진 재산을 챙긴다). 그리고 소설을 읽지 않은 관객이 영화로 치환되는 형편없는 과정 속에서 다행히 상실되지 않은 파편들, 난파를 당했어도 기적적으로 살아남은 파편들로서 경험하는 수많은 디테일들이 실제로는 각본 작가에 의해 첨가된 것이다. 요컨대 영화의 실패로 인해 환기된 그 "우월한" 소설은 영화의 기초가 된 앞서 존재하는 현실적 소설이 아니라 영화 자체에 의해 야기된 사후적 키마이라인 것이다.32)

---

32) 도착증과 신경증에서의 환상의 역할은 정신분석 임상에서 작동하는 즉자에서 대자로의 이러한 이행의 예시적 사례를 제공한다. 도착증자는 자신의 환상을 직접적으로 "살며", 무대화하는데, 바로 그렇기 때문에 그는 환상에 대해서 "반성된" 관계를 유지하지 않으며, 그것에 대해 환상으로서 관계하지 않는다. 헤겔적 용어로: 환상은 그 자체로서 "정립되지" 않는다, 그것은 단순히 그의 즉자이다. 다른 한편 히스테리자의 환상 역시 도착적 환상이다. 하지만 차이는 히스테리자가 반성되고 "매개된" 방식으로 그것에 관계한다는 사실에만—통속어로 말해서, 그는 "도착증자가 실제로 하는 그 무엇에 대해 단지 환상만을 할 뿐이다"는 사실에만—있지 않다. 핵심적 요점은 오히려 히스테리적 경제 내에서 환상은 어떤 다른 기능을 획득한다는, 미묘한 상호주체적 게임의 일부가 된다는 것이다. 환상을 통해서 히스테리자는 자신의 불안을 은폐하며, 동시에 그것을 타자에게, 히스테리적 연극이 그를 위해 무대에 올려지는 그 타자에게

근거 대 조건

이러한 개념적 배경을 통해서 우리는 근거와 조건의 악순환을 재공식화할 수 있다. 인종주의의 분출을 설명하는 통상적 설명 방식을 생각해보자. 이러한 설명은 근거와 조건-상황이라는 범주적 쌍을 이용한다. 즉 인종주의(혹은 좀더 일반적으로는, 이른바 "비합리적인 집단 사디즘의 분출")를 잠재된 심적 소질로, 즉 일정한 조건들(사회적 불안정과 위기 등등) 하에서 출현하는 일종의 융적인 원형으로 파악한다. 이러한 관점에서 인종주의적 소질은 "근거"이며, 현재의 정치투쟁들은 "상황들", 인종주의적 소질이 발효되는 조건들이다. 그렇지만 근거로 간주되는 것과 조건들로 간주되는 것은 궁극적으로 우연적이며 교환가능하다. 따라서 우리는 앞서 언급된 심리학적 관점에 대한 마르크스주의적 반전을 손쉽게 성취할 수 있으며 현재의 정치투쟁들을 유일하게 참된 결정 근거로서 파악할 수 있다. 예컨대 구 유고슬라비아의 현 내전에서, 세르비아인의 침공의 "근거"는 원시적인 발칸 전사戰士의 원형 같은 것에서 찾아야 하는 것이 아니라 후-공산주의 세르비아에서의 권력 투쟁(옛 공산주의 국가기구의 생존)에서 찾아야 한다. 결국 세르비아인의 호전적 기질이나 여타 유사한 원형들("크로아티아인의 민족말살 성향", "발칸에서의 영속적인 인종적 증오의 전통")의 지위는, 정확히, 권력 투쟁이 그 안에서 스스로를 실현하는 조건들/상황들의 지위이다. "호전적 기질"은 바로 그것

유혹물로서 제공한다.

이다. 즉 그것의 결정 근거인 최근의 정치적 투쟁에 의해 현실화되고 그림자 같은 절반의 존재에서 끌어내어진 잠재적 기질이다. 따라서 "유고슬라비아 내전에 걸려 있는 것은 낡은 인종적 갈등이 아니다. 이 영속적 증오들은 오로지 최근의 정치투쟁 속에서 그것들의 기능 때문에 불타오르는 것이다"라고 말하는 것은 전적으로 정당하다.33)

그렇다면 어떻게 우리는 이러한 어수선함을, 근거와 상황의 이러한 교환가능성을 피할 것인가? 또 다른 사례를 들어보자. 르네상스, 즉 15세기에 중세적 삶의 방식과 단절하는 데 결정적 영향을 발휘한 고대의 재발견("재탄생"). 명백한 첫 설명은 새롭게 발견된 고대 전통의 영향이 중세적 "패러다임"의 해체를 초래했다는 것이다. 그렇지만 여기서 한 가지 물음이 즉각 떠오른다. 왜 고대는 더 먼저나 더 나중이 아니라 바로 그 순간 그 영향력을 발휘했는가? 물론 여기서 나오는 답변은 중세의 사회적 결속들이 해체되어 새로운 시대정신이 출현하였고 이 새로운 시대정신이 우리로 하여금 고대에 감응하게 만들었다는 것이다. 즉 "우리" 안에서 무언가가 틀림없이 변했으며 그 결과 우리는 고대를 이교도적인 죄악의 왕국으로서가 아니라 받아들여야 할 모델로서 지각할 수 있게 되었다는 것이다. 다 좋다. 하지만 우리는 여전히 악순환에 갇혀 있는데, 왜냐하면 이 새로운 시대정신 자체는 바로 고전적 건축이

33) 이러한 교환가능성은 정신분석 이론에서 외상의 정확한 인과적 지위의 애매성을 통해서 추가로 예시될 수 있을 것이다. 한편으로 "기원적 외상"을 병리적 형성물(증상)이라는 최종 결과에 이르는 연쇄 반응을 격발했던 궁극적 근거로서 분리해내는 것은 전적으로 정당하다. 다른 한편, 사건 X가 애초에 "외상적"으로 기능하기 위해서 주체의 상징적 우주는 이미 일정한 방식으로 구조화되어 있어야 했다.

나 조각의 파편과 고대 텍스트의 발견을 통해서 형성되었기 때문이다. 어떤 면에서 모든 것은 이미 거기에, 외적 상황 속에 있었다. 새로운 시대정신은 르네상스 사유가 중세의 사슬을 떨쳐버릴 수 있게 해주었던 고대의 영향력을 통해 형성되었다. 하지만 이러한 고대의 영향력이 느껴지기 위해서는 새로운 시대정신이 이미 작동하고 있었어야 한다. 따라서 이러한 곤궁에서 빠져나갈 유일한 길은 어떤 지점에서 동어반복적 제스처의 개입이다. 새로운 시대정신은 말 그대로 **그것의 외부성 속에서**, 그것의 외적 조건들 속에서(고대 속에서) **스스로를 전제함으로써**, 스스로를 구성해야만 했다. 다시 말해서, 새로운 시대정신이 이러한 외적 조건들(고대 전통)을 "그 자신의 것"으로서 사후적으로 정립하는 것으로는 충분치 않았다. 그것은 그 자신을 이러한 조건들 속에 이미 현존하는 것으로서 전제해야만, 그러한 포즈를 취해야만 했다. **외적 조건들로의(고대로의) 복귀는 근거로의, "사물 자체"로의, 토대로의 복귀와 일치해야만 했다.** (르네상스는 스스로를 바로 그렇게 파악했다. 즉 서구 문명의 그리스, 로마적 근거들로의 복귀로서 말이다.) 따라서 어떤 내적 근거가 있어서 그것의 현실화가 외적 상황들에 의존하고 있는 것이 아니다. 전제하기의 외적 관계(근거는 조건들을 전제하고 그 역으로도 그렇다)는 순수한 동어반복적 제스처 속에서 극복되는데, 이를 통해 사물은 **스스로를 전제한다.** 이 동어반복적 제스처는 그 어떤 새로운 것도 기여하지 않는다는 정확한 의미에서 "텅 빈" 것이다. 즉 그것은 문제의 사물이 **그것의 조건들 속에 이미 현존한다**는 것을, 이 조건들의 총체가 그 사물의 현실성이다는 것을 사후적으로 확인할 뿐이다. 이러한 텅 빈 제스처는 **상징적**

행위에 대한 가장 기본적인 정의를 제공한다.

여기서 우리는 민족적 동일성의 구성에서 작동하는 "전통의 재발견"이라는 근본적 역설을 본다. 민족은 그와 같은 동어반복적 제스처를 통해서, 즉 그 자신이 이미 그것의 전통 속에 현존한다는 것을 발견함으로써 자기동일성의 감각을 찾는다. 결과적으로 "민족적 전통의 재발견"의 메커니즘은 조건들을 "우리의 것"으로서 사후적으로 정립한다는 의미에서의 "전제들의 정립"으로 환원될 수 없다. 오히려 요점은 자신의 (외적) 조건들로 회귀하는 바로 그 행위 속에서 (민족적) 사물은 그 자신에게로 회귀한다는 것이다. 조건들로의 회귀는 "우리 자신의 뿌리로의 회귀"로서 경험된다.

동어반복적인, "사물의 자기 자신으로의 회귀"

이미 "현실 사회주의"는 후근대적인 상실된 대상의 회향적 마법을 그것에 부여해주는 저 먼 곳으로 물러났지만, 사회주의가 무엇인지에 대한 유명한 농담을 기억하는 사람도 있을 것이다. 이전의 모든 역사의 변증법적 종합인 사회 체계. 선사시대의 무계급 사회로부터는 원시성을 취했으며, 고대로부터는 노예 노동을 취했으며, 중세 봉건주의로부터는 잔혹한 지배를 취했으며, 자본주의로부터는 착취를 취했으며, 그리고 사회주의로부터는 이름을 취했다는 것이다. "사물의 자기 자신으로의 회귀"라는 헤겔적인 동어반복적 제스처는 바로 이것에 관한 것이다. 즉 우리는 대상에 대한 정의와 나란히 그것의 이름을 포함시켜야 한다. 다시 말해서,

어떤 대상을 그것의 성분들로 분해하고 나서, 우리는 그것들 안에서 이 다양을 묶어주고 그로부터 하나의 유일무이한 자기동일적 사물을 만들어내는 어떤 특별한 특질을 헛되이 찾는다. 그것의 속성들이나 성분들과 관련해서, 사물은 전적으로 "자신 바깥에" 있는 것이며, 그것의 외적 조건들 속에 있는 것이다. 모든 실정적 특질은 이 사물이 아직 아닌 상황들 속에 이미 현존한다. 이 덩어리로부터 유일무이한 자기동일적 사물을 산출하는 보충적 작용은, 이 외적 조건들을 사물의 조건들-구성성분들로서 정립하는 동시에 이 조건들의 다양을 한 데 묶는 근거의 존재를 전제하는, 순수하게 상징적인 동어반복적 제스처이다.

그리고 우리의 라캉적 카드를 테이블에 던져보자면, 자기동일성의 구체적 구조를 내보여주는 이 동어반복적인 "사물의 자기 자신으로의 회귀"는 라캉이 "정박점", "누빔점"이라고 지칭하는 것이다. 이 지점에서 기표는 기의 안으로 "빠져든다"(앞서 언급한 사회주의에 대한 농담에서, 이름 자체는 지칭된 사물의 일부로서 기능한다). 대중문화에 나오는 한 가지 사례를 생각해보자. 스필버그의 <죠스>에 나오는 식인 상어. 상어의 이데올로기적 의미를 곧바로 찾으려고 하게 되면 오도된 물음 말고는 나오지 않는다. 상어는 전형적인 소도시로 축도된 미국에 대한 제3세계의 위협을 상징하는가? 그것은 자본주의 자체의 착취적 성격에 대한 상징인가(피델 카스트로의 해석)? 그것은 우리의 판에 박힌 일상생활을 혼란케 하는 길들여지지 않은 자연을 상징하는가? 이러한 미혹에서 벗어나기 위해서 우리는 관점을 근본적으로 바꾸어야 한다. 보통 사람의 일상생활은 비일관적인 다양한 두려움들로 지배된다(그는 대기업의 조작의 희생양이 될 수 있다. 제3세계 이민자들은 그의 작은 정돈된 우주에 침입하는 것처럼 보인다. 사나운 자연이 그의 집을 파괴할 수 있다. 기타 등등). 그리고 <죠스>의 성취는 순수하게 형식적인 역전의 행위에 있는 것인데, 이 행위는 이 모든 자유롭게 부유하는 비일관적인 두려움들을 상어라는 형상 속에 정박시킴으로써, "물화"시킴으로써 그것들 모두를 위한 공통의 "그릇"을 제공한다.[34] 따라서 상어의 매혹적 현존의 기능은, 정확히, 보통 사람에게 두려움을 불러일으키는 저 현상들의 사회적 의미(사회적 매개)에 대한 더 이상의 탐문을 봉쇄하는 것이다. 식인 상어가 앞서 언급된 일련의 두려움들을 "상징한다"고 말하는 것은 너무 많은 것을 말하는 동시에 충분치 않게 말하는 것이다. 그것은 그것들을 상징하지 않는데, 왜냐하면 그것은 스스로 두려움의 대상의 자리를 차지함으로써 그것들을 말 그대로 무화시키기 때문이다. 따라서 그것은 상징 "이상"이다. 그것은 두려운 "사물 자체"가 된다. 하지만 상어는 결정적으로 상징 이하인데, 왜냐하면 그것은 상징된 내용을 가리키는 것이 아니라 오히려 그것에 대한 접근을 봉쇄하고 그것을 비가시적으로 만들기 때문이다. 이런 방식으로 그것은 반유대적 유대인 형상과 동형적이다. "유대인"은 사회적 결속들이 해체되는(인플레이션, 실업, 부패, 도덕적 타락) 시기에 "보통 사람"이 경험하는 다양한 두려움들에 대해 반유대주의가 제공하는 설명이다—이 모든 현상들 배후에

---

34) Fredric Jameson, "Reification and Utopia in Mass Culture", in Signatures of the Visible (New York: Routledge, 1991) 참조. [국역본: 프레드릭 제임슨, 「대중문화에서의 물화와 유토피아」, 『보이는 것의 날인』, 남인영 옮김, 한나래, 2003.]

"유대인의 음모"라는 보이지 않는 손이 있다. 여기서 핵심적 요점은 다시금, "유대인"이라는 명칭은 그 어떤 새로운 내용도 덧붙이지 않는다는 것이다. 내용 전체는 이미 외적 조건들(위기, 도덕적 타락 등등)에 현존한다. "유대인"이라는 이름은 일종의 실체변환을 해내는, 이 모든 요소들을 "유대인의 음모"라는 동일한 근거의 현시들로 바꾸어놓는 보충적 특질일 뿐이다. 사회주의에 대한 농담을 말바꿈해보면, 반유대주의는 경제로부터 실업과 인플레이션을, 정치로부터 의회의 부패와 음모를, 도덕성으로부터 도덕성 자체의 타락을, 예술로부터 "이해불가능한" 전위주의를, 그리고 유대인으로부터 이름을 취한다고 말할 수 있을 것이다. 이 이름은 다양한 외적 조건들 배후에서 동일한 근거의 활동을 인지할 수 있게 해준다.

여기서 우리는 또한 우연성과 필연성의 변증법이 작동하는 것을 발견한다. 내용에 관한 한 그것들은 완전히 일치한다(두 경우 모두 유일한 실정적 내용은 우리의 현실적 생활 경험의 일부를 형성하는 일련의 조건들이다: 경제위기, 정치적 무질서, 윤리적 결속들의 해체……). 우연성에서 필연성으로의 이행은 순수하게 형식적인 전환의 행위이며, 우연적 계열에 필연성의 표식을 부여하여 그것을 어떤 숨겨진 근거("유대인의 음모")의 표현으로 변형시키는 어떤 이름을 덧붙이는 제스처이다. 바로 이와 같은 방식으로 나중에—"본질의 논리학"의 바로 그 끝에서—우리는 절대적 필연성에서 자유로 이행한다. 이러한 이행을 온당하게 이해하기 위해서 우리는 "개념파악된 필연성으로서의 자유"(자유의지의 환영을 제거한 이후에 우리는 원인과 결과의 그물망 내에서의 자신의 위치를 인지하고 자유롭게 받아들일 수 있다)라는 표준적 개념을 전적으로 포기해야 한다. 오히려 헤겔의 요점은 다음과 같은 것이다. 즉 오로지 주체의 (자유로운) "i에 점찍기"만이 사후적으로 필연성을 들어앉히며, 따라서 주체가 필연성을 인지하게(따라서 그것을 구성하게) 하는 바로 그 행위는 자유의 최고 행위이며 그러한 것으로서 필연성의 자기억제이다. *Voilà pourquoi Hegel n'est pas spinoziste*(헤겔이 스피노자주의자가 아닌 것은 그 때문이다): 사후적 수행성의 이 동어반복적 제스처 때문에. 따라서 "수행성"은 결코 지칭되는 내용을 자유롭게 "창조하는"("말은 우리가 그것이 의미하기를 원하는 그 무엇을 의미한다" 등등) 힘을 지칭하지 않는다. "누빔"은 오로지 발견된, 외적으로 부과된 재료만을 구조화한다. 명명의 행위는, 오로지 그리고 정확히, 그것이 언제나-이미 의미된 내용의 정의를 이루는 일부인 한에서 "수행적"이다.[35]

바로 이렇게 헤겔은 정립하는 반성과 외적 반성의 곤궁을, 전제들을 정립하기와 정립된 내용의 전제들을 열거하기의 악순환을 해결한다. 즉 바로 그 외적 전제들 속에서 사물이 자기 자신에게로

---

35) 바로 이러한 의미에서 라캉은 주인기표를 "텅 빈" 기표로, 기의 없는 기표로—즉 앞서 주어진 내용을 재배열하는 텅 빈 용기로—파악한다. "유대인"이라는 기표는 그 어떤 새로운 기의도 덧붙이지 않는다(그것의 모든 실정적인 기의적 내용은 유대인 그 자체와는 아무런 상관도 없는 앞서 주어진 요소들로부터 끌어온 것이다). 그것은 단지 그것들을 근거로서의 유대성에 대한 표현으로 "전환"한다. 이로부터 이끌어낼 결론 가운데 하나는 "반유대 이데올로기에서 희생양의 역할로 왜 하필 유대인을 골라낸 것인가?"라는 물음에 대한 답을 제공하려고 하면서 우리가 반유대주의의 바로 그 덫에 손쉽게 굴복하여 그와 같은 역할로 이를테면 그들을 운명지은 어떤 불가사의한 특질을 그들에게서 찾아내려 할 수도 있다는 것이다. 유대인들이 "유대인"의 역할로 선택되었다는 사실은 우연적이다. 잘 알려진 반-반유대적 농담이 지적하고 있듯이, "유대인과 자전거를 타는 사람이 우리의 모든 곤란에 책임이 있다. 그런데 왜 자전거를 타는 사람일까? 왜 또 유대인일까?"

동어반복적으로 회귀하는 것을 통해서 말이다. 그리고 동일한 동어반복적 제스처가 이미 칸트의 순수이성의 분석에서 작동하고 있다. "현실"에 속하는 대상의 표상 속에서의 감각들의 다양의 종합은 텅 빈 잉여를—지각된 현상적 감각들의 미지의 기체로서의 X에 대한 정립을—함축한다. 핀들레이의 정확한 정식화를 인용하는 것으로 충분하다.

> 우리는 언제나 현상들을 초월적 대상, X와 연관짓는데, 그렇지만 그것에 대해서 우리는 아무것도 알지 못하며, 하지만 그럼에도 불구하고 그것은 사고하는 자기의식으로부터 분리불가능한 종합적 행위들의 객관적 상관물이다. 이렇게 파악된 초월적 대상은 예지체 혹은 사고사물(*Gedankending*)이라 불릴 수 있다. 하지만 그와 같은 사고사물에 대한 참조는 엄밀히 말해서 범주들을 사용하지 않으며 오히려 객관적인 그 어떤 것도 우리 앞에 실제로 놓여 있지 않은 텅 빈 종합적 제스처 같은 어떤 것이다.[36]

그리하여 초월적 대상은 사물 자체의 정반대이다. 그것은 그 어떤 "객관적" 내용도 결여되어 있는 한 "텅 빈" 것이다. 다시 말해서 그것의 개념을 얻기 위해서 우리는 감성적 대상으로부터 일체의 감성적 내용을, 즉 주체가 사물에 의해 촉발되게 하는 일체의 감각들을 추상해야만 한다. 그리고 남는 텅 빈 X는 **주체의 자율적-자발적 종합 활동의 순수 객관적 상관물/효과**이다. 이를 역설적으로 표

---

36) Findlay, *Kant and the Transcendental Object*, p. 187.

현하면: 초월적 대상은 주체에 대해서인 한에서, 주체에 의해 정립된 한에서 "즉자"이다. 그것은 비규정적 X의 순수 "정립됨"이다. 이 "텅 빈 종합적 제스처"—이는 사물에 실정적인 그 무엇도, 그 어떤 새로운 감성적 특질도 덧붙이지 않으며, 하지만 바로 그 텅 빈 제스처 속에서 그것을 구성하며, 그것을 대상으로 만든다—는 가장 순수한 형식에서의, 그 영층위에서의 상징화 행위이다. 핀들레이는 책 첫 페이지에서 초월적 대상이 "칸트에게는, 감각들에 나타나고 우리가 판단하고 인식할 수 있는 대상 혹은 대상들과 다르지 않다. 하지만 그것은 그 동일한 대상 혹은 대상들이 어떤 본래부터 불명료한 특질들의 측면에서 파악된 것이며 그러한 측면들에서 판단되거나 인식될 수 없는 것이다"라고 지적한다.[37]

이 X, 감성적 특질들의 계열에 스스로를 덧붙이는 이 표상불가능한 잉여는 바로 "사고사물"이다. 그것은 대상의 통일성이 대상 내부에 있지 않으며 주체의 종합적 활동의 결과라는 사실을 증언한다(또한 헤겔의 경우에도, 형식적 전환 행위는 조건들의 사슬을 자기 자신에 근거한 무조건적 사물로 역전시킨다). 반유대주의로, "통각의 종합적 행위"로 잠시 돌아가 보자. 그것은 유대인들의 (상상된) 특징들의 다양으로부터 반유대주의적 "유대인" 형상을 구성해낸다. 진정한 반유대주의자로 통하려면 유대인들이 착취적이고 탐욕스러운 음모꾼들이기 때문에 그들에게 반대한다고 주장하는 것으로는 충분치 않다. 즉 "유대인"이라는 기표가 일련의 특정한 실정적 특징들을 지칭하는 것으로는 충분치 않다. "그

37) 같은 책, p. 1.

들은 유대인이기 때문에 그와 같다(착취적이고 탐욕스럽고 기타 등등이다)"라고 말함으로써 결정적인 추가적 한 걸음을 내딛어야 한다. 유대성이라는 "초월적 대상"은 바로 "유대인을 유대인으로 만드는" 그리고 그의 실정적 속성들에서 우리가 헛되이 찾고 있는 저 난포착적 X이다. 이 순수 전환의 행위, 즉 실정적 특징들의 계열을 "유대인"이라는 기표로 통합하고 그로써 그것들을 은폐된 근거로서의 "유대성"을 드러내는 같은 수의 현시들로 변형시키는 "종합 행위"는 대상적 잉여의—"유대인 안에 있는 유대인보다 더 한" 어떤 불가사의한 X의, 즉 초월적 대상의—출현을 초래한다.[38] 칸트의 『순수이성비판』의 바로 그 텍스트에서 종합적 제스처의 이 공백은 구성적/규제적이라는 쌍의 사용에서의 한 예외를 통해서 지시된다.[39] 일반적으로 "구성적" 원칙들은 객관적 현실을 구성하는 데 이용되는 반면에 "규제적" 원칙들은 실정적 인식에의 접근을 제공하지 않으면서 이성을 인도하는 한낱 주관적 준칙들이다. 그렇지만 칸트는 현존*Dasein*에 대해서 말할 때 구성적/규제적이라는 쌍을 구성적인 것의 바로 그 영역 한가운데서 사용한다. 그것을 수학적/역학적이라는 쌍에 연계함으로써 말이다. "순수

38) 여기서 우리는 단순한 대칭적 역전이 어떻게 비대칭적이고 돌이킬 수 없는 비-거울반사적 결과를 초래하는가에 유의해야 한다. 다시 말해서 "유대인은 착취적이고 음모적이고 더럽고 음탕하고 기타 등등이다"라는 진술이 "유대인이기 때문에 그는 착취적이고 음모적이고 더럽고 음탕하고 기타 등등이다"로 역전될 때, 우리는 동일한 내용을 다른 방식으로 진술하는 것이 아니다. 그로써 새로운 무언가가, 대상 *a*가, "유대인 안에 있는 유대인 자신보다 더한" 그 무엇이, 유대인의 현상적 모습을 설명해주는 그 무엇이 산출된다. 헤겔적인 "사물의, 그 조건들 속에서의, 자기 자신으로의 회귀"는 바로 이것에 해당하는 것이다. 사물은 우리가 그것의 조건들(속성들) 속에서 어떤 초월적 근거의 효과를 인지할 때 자기 자신으로 회귀한다.

39) 이러한 예외에 대해서는 Monique David-Menard, *La folie dans la raison pure* (Paris: Vrin, 1991), pp. 154-155 참조.

지성개념들을 가능한 경험에 적용함에 있어서 그 종합의 사용은 수학적이거나 역학적이다. 왜냐하면 종합은 부분적으로는 순전히 직관에만 관여하고, 부분적으로는 현상 일반의 현존에 관여하기 때문이다"(*CPR*, B199).

그렇다면 정확히 어떤 의미에서 역학적 원칙들은 "단지 규제적인 원칙들로서 구성적인 수학적인 원칙들과는 구별된다"(*CPR*, B223)는 것인가? 범주들의 수학적 사용의 원칙들은 직관된 현상적 내용(사물의 현상적 속성들)과 관계한다. 역학적인 종합의 원칙들만이 우리 표상들의 내용이 지각하는 의식의 흐름과는 독립된 어떤 객관적 현존과 관계함을 보증한다. 그렇다면 우리는 객관적 현존을 "구성적" 원칙들이 아닌 "규제적" 원칙들에 의존케 하는 역설을 어떻게 설명할 것인가? 반유대주의적 유대인 형상으로 마지막으로 돌아가 보자. 수학적 종합은 유대인에게 귀속된 현상적 속성들(탐욕, 음모적 기질 등등)을 한데 모을 수 있을 뿐이다. 그런 다음 역학적 종합은 역전을 성취하는데, 이 역전을 통해서 이 일련의 속성들은 어떤 접근불가능한 X의, "유대성"의, 즉 실재적이고 실제로 존재하는 어떤 것의 현시로서 정립된다. 여기서 작동하는 것은 규제적 원칙들인데 왜냐하면 역학적 종합은 현상적 특질들에만 제한되지 않으며 그것들을 기저에 놓인 미지의 기체와, 초월적 대상과 관련짓기 때문이다. 바로 이러한 의미에서, 술어들의 계열로 환원불가능한 바로서의 "유대인"의 현존은, 즉 현상적 술어들의 기체인 초월적 대상의 순수 정립*Setzung*으로서의 그의 현존은 역학적 종합에 달려 있다. 라캉적 용어로, 역학적 종합은 술어들 너머에 있는 초현상적인 "존재의 견고한 중핵"으로서의 X의 현존을 정립한다(그리고 바로 그렇기 때문에 유대인에 대한 증오는 그들의 현상적 속성들에 관련된 것이 아니라 그들의 숨겨진 "존재의 중핵"을 겨냥한다)—어떻게 "이성"이 "지성"의 바로 그 심장부에서, "실제로 존재하는" 바로서의 대상에 대한 가장 기본적인 정립 속에서 작동하는가에 대한 새로운 증명. 따라서 경험의 두 번째 유추를 다루는 부분에서 칸트가 시종일관 (단순한 현상적 존재자를 지칭하는) *Gegenstand*가 아니라 (지성적 존재자를 지칭하는) *Object*라는 단어를 일관되게 사용한다는 것은 매우 의미심장한 일이다. 역학적 규제적 원칙들의 종합적 사용을 통해 성취된 외적 객관적 현존은 경험적-직관적이지 않고 "지성적"이다. 즉 그것은 대상의 직관적-감성적 특질들에 어떤 지성적, 비감성적 X를 덧붙이며 그리하여 그로부터 하나의 대상을 만들어낸다.

바로 이러한 의미에서 헤겔은 칸트의 근본적 틀구조 내부에 머문다. 다시 말해서, 칸트의 초월주의의 근본적 역설은 어디에 있는가? 칸트의 시초적 문제는 다음과 같은 것이다. 나의 감각들이 혼돈된 표상들의 다양을 나에게 퍼부을 때 어떻게 나는 이 흐름 속에서 한낱 "주관적" 표상들과 표상들의 흐름과는 독립해 존재하는 대상들을 구별할 것인가? 답: 나의 표상들은 그것들을 경험의 대상으로 변화시키는 초월적 종합을 통해 "객관적 지위"를 획득한다. 그리하여 내가 "객관적" 현존으로서 경험하는 그 무엇은, 항상 변화하는 현상적 변동 밑에 있으며 나의 의식의 흐름과는 독립된 대상의 바로 그 "견고한 중핵"은 나(주체) 자신의 "자발적" 종합 활동으로부터 결과한다. 그리고 필요한 변경을 가한다면, 헤겔도 같은 것을 말한다. 절대적 필연성의 확립은 그것의 자기취소와 같다. 즉 그것은 어떤 것을 필연적인 것으로 사후적으로 "정립하는" 자유의 행위를 지칭한다.

"생성의 절대적 불안정성"

우연성의 문제는 그 불확실한 지위에 있다. 그것은 존재론적인가, 즉 사물들은 그 자체로 우연적인가, 아니면 인식론적인가, 즉 "우연적"이라고 하는 현상들을 초래하는 원인들의 완전한 사슬을 알 수 없다는 사실의 표현에 불과한 것인가? 헤겔은 이 양자택일의 공동 가정을, 즉 존재와 인식의 외적 관계성을 침식한다. 그는 단순히 주어진 어떤 것으로서의 "현실", 인식 과정에 앞서 인식 과정에 외적으로 "저기 바깥에" 존재하는 "현실"이라는 개념을 침식한다. 존재론적 판본과 인식론적 판본의 차이는 단지, 첫째 경우에 우연성이 이 현실 자체의 일부인 반면에 둘째 경우에 현실이 필연성에 의해 전적으로 규정된다는 것이다. 이 두 판본과는 대조적으로 헤겔은 사변적 관념론의 기본 테제를 단언한다. 인식 과정, 즉 우리가 대상을 파악하는 과정은 대상 외적인 어떤 것이 아니라 대상의 지위를 내속적으로 규정한다(칸트의 말처럼, 우리의 경험의 가능성의 조건들은 또한 경험의 대상들의 가능성의 조건들이기도 하다). 다시 말해서, 우연성은 우리의 인식의 불완전성을 실로 표현하지만, 이 불완전성은 또한 인식 대상 그 자체를 존재론적으로 한정한다. 그것은 대상 자체가 아직 존재론적으로 "실현되지" 않았다는, 완전하게 현실적이지 않다는 사실을 증언한다. 그리하여 우연성의 한낱 인식론적 지위는, 우리가 다시금 존재론적 소박성으로 추락하지 않으면서도, 무효화된다. 우연성의 외양 배후에 그 어떤 숨겨진, 아직 알려지지 않은 필연성도 없으며, 단지 표면적 우연성 배후에 기저의 실체적 필연성이 있다는 바로 그 외양의 필연성만 있을 뿐이다. 반유대주의의 경우가 그러한데, 여기서 궁극적 외양은 기저의 필연성의 바로 그 외양, 즉 일련의 현실적 특징들(실업, 도덕적 붕괴 등등) 배후에 "유대인의 음모"라는 숨겨진 필연성이 있다는 외양이다. "외적" 반성에서 "절대적" 반성으로의 헤겔적 역전이 바로 여기 있다. 외적 반성에서 외양은 그 숨겨진 필연성을 은폐하고 있는 난포착적 표면인 반면에, 절대적 반성에서 외양은 우연성 배후의 바로 이 (알려지지 않은) 필연성의 외양이다. 혹은, 한층 더 "헤겔적인" 사변적 정식화를 이용해보면: 우연성이 어떤 숨겨진 필연성을 은폐하는 외양이라면, 이 필연성은 엄밀한 의미에서 그 자체의 외양이다.

우연성과 필연성의 관계의 이 내속적 적대는 헤겔적 삼항조의 예시적 사례를 제공한다. 첫째, 차이를 사물들 자체에 위치시키는 "소박한" 존재론적 생각(어떤 사건들은 그 자체로 우연적이며, 또 어떤 사건들은 필연적이다), 그러고 나서 이 차이를 순수하게 인식론적인, 즉 우리 인식의 불완전성에 의존적인 것으로 파악하는 "외적 반성"의 태도(우리는 어떤 사건을 산출하는 완전한 인과적 사슬이 우리의 파악 능력 너머에 남아 있을 때 그 사건을 "우연적인" 것으로 경험한다), 그리고 끝으로—무엇인가? 다른 여지가 없어 보이는 존재론과 인식론 사이에서의 선택 말고 무엇이 셋째 항인가? (현실성의 주체적 파악으로서의) 가능성과 (개념적 파악의 대상으로서의) 현실성의 바로 그 관계. 우연과 필연성 모두 현실적인 것과 가능적인 것의 변증법적 통일을 표현하는 범주들이다. 그것들이 구분되는 것은 오직 다음과 같은 한에서이다. 즉 우연성은 이 통일이 주체성의 양태로, 생성의 "절대적 불안정성"의 양태로, 주체와 대상의 분열의 양태로 파악된 것을 지칭하며, "필연성"은 동일한 내용이 객관성의 양태로, 규정적 존재의 양태로, 주체와 대상의 동일성의 양태로, 결과의 안정성의 양태로 파악된 것을 지칭한다.[40] 요컨대, 우리는 다시금 순수한 형식적 전환이라는 범주에 있는 것이다. 변화는 단지 형식의 양상에만 관계한다. "이 두 규정들의 이와 같은 생성의 절대적 불안정성은 우연성이다. 하지만 각각은 직접적으로 그 대립물로 화하기 때문에, 이 타자 속에서도 똑같이 그것은 단순히 그 자신과 통일된다. 그리고 둘 모두의 이 동일성은, 타자 안에서의 각각의 동일성은 필연성이다."[41]

여기서 헤겔의 대치는 키르케고르에 의해 채택되었다. 하나의 과정을 관찰하는 두 상이한 양태라는 그의 개념에서 말이다. "생성"의 관점에서 보는 것과 "존재"의 관점에서 보는 것으로 말이다.[42] "사실 이후에" 역사는 언제나 법칙들에 의해 지배되는 과정

40) 존재와 생성의 이 환원불가능한 적대는 또한 사물 자체라는 칸트적 수수께끼에 대한 헤겔의 해결을 위한 매트릭스를 제공한다. "생성"의 양상에서 주체인 그 무엇이 "존재"의 양상에서 사물 자체이다.

41) *Hegel's Science of Logic*, p. 545. 그리하여 현실성-가능성-우연성-필연성이라는 사항조에서 우리가 조우하는 것은 존재-무-생성-규정적 존재라는 시초의 사항조의 좀더 높고 좀더 구체적인 층위에서의 반복이다. 우연성은 가능성에서 현실성으로의 "이행"인 반면에 필연성은 그것들의 안정적 통일을 가리킨다.

42) Slavoj Žižek, *For They Know Not What They Do* (London: Verso, 1991) 5장과 Slavoj Žižek, *Enjoy Your Symptom!* (New York: Routledge, 1992) 3장 참조. [국역본: 지젝, 『그들은 자기가 하는 일을 알지 못하나이다』, 인간사랑.]

으로, 즉 단계들의 유의미한 연속으로서 읽혀질 수 있다. 그렇지만 우리가 역사의 작인인 한에서, 그 과정에 들어가 있고 사로잡혀 있는 한에서, 상황은—적어도 "무언가가 발생하고 있는" 전환점에서는—열린 것으로, 결정불가능한 것으로, 기저에 있는 필연성의 현시와는 거리가 먼 것으로 나타난다. 여기서 우리는 주체적 태도를 객관성을 가지고 매개하는 것에 관한 교훈을 염두에 두고 있어야 한다. 우리는, 예컨대 "진정한" 그림은 "소급적 바라봄"에 의해 발견되는 필연성의 그림이며 자유는 자신들의 활동이 거대한 인과적 메커니즘 안에 있는 작은 바퀴라는 것을 간과하는 직접적 행위자들의 환영에 불과하다고 주장하거나 아니면 반대로 일종의 사르트르적인 실존주의적 관점을 껴안으면서 주체의 궁극적 자율과 자유를 단언하고 결정론의 외양을 주체의 자발적 실천에 대한 나중의 "실천타성적" 객관화로 파악함으로써, 하나의 관점을 또 다른 관점으로 환원할 수 없다. 두 경우 모두 우주의 존재론적 통일은 구출된다. 주체의 등 뒤에서 줄을 조종하는 실체적 필연성의 형식으로건, 아니면 실체적 통일성 속에 스스로를 "객관화"하는 주체의 자율적 활동의 형식으로건 말이다. 여기서 잃게 되는 것은 그 두 선택 사이에서의 궁극적인 **결정불가능성**이라는 존재론적 추문이다. 여기서 헤겔은 키르케고르보다 훨씬 더 전복적이다. 키르케고르는 현실성보다는 가능성에 우선권을 부여함으로써 곤궁을 피하며, 그리하여 삶-과정의 기계적 동결로서의 현실성이라는 베르그송적 개념을 공언한다.[43]

43) "생성"과 "존재"라는 키르케고르적 대립은 아마도 존재론적 차이와 관련하여 하이데거에게서 되풀이되는 어법의 배경에 잠복되어 있을 것이다. 즉 실사의 동어반복적 동사화: "세계의

이와 같은 결정불가능성에 헤겔 철학의 궁극적 애매성이 있다. 그것은 헤겔의 철학이 어떤 불가능성을 통해서 "실재를 건드리는" 것을 보여주는 표시이다. 즉 우리는 변증법적 회상re-collection을 어떻게 파악할 것인가?[44] 그것은 사건들 속에 몰입된 견해로는 단지 사태들의 상호작용만 지각할 수 있는 곳에서 내적 필연성의 윤곽을 식별할 수 있도록 해주는, 즉 사태들의 이러한 상호작용을 기저에 놓인 논리적 필연성 속에서 "지양"하는 사후적 일별인가? 아니면 그것은 반대로 차후에 객관적 거리에서 볼 때 필연적인

세계화worlding of the world", 등등. "세계의 세계화"는 정확히 "생성 속에서의 세계"를, 가능성 속에서의 세계를 지칭하는데, 이는 현실성의 결핍적 양태로서 간주되어서는 안 될 것이다. 즉 존재론적 차이는 (존재적) 현실성과 그것의 (존재론적) 가능성, 즉 가능성이 실현되는 순간 상실되는 저 가능성의 잉여 사이의 차이이다. 또 다른 층위에서, "[정치적] 질서의 질서화 ordering of the [political] order"는 (루마니아의 경우, 이전에는 공산주의의 상징인 붉은 별로 점유되어 있었던, 국기 중앙에 뚫린 구멍에 의해 축도되는) 새로운 질서의 형성의 "열린" 과정을, "생성의 불안정성"을 지칭하는 것이라고 말해볼 수 있을 것인데, 이는 새로운 질서가 새로운 주인기표의 출현을 통해 확립되는 순간 사라지며 비가시적이 된다.

44) 이러한 결정불가능성은 또한 헤겔의 『정신현상학』에도 들어있다. 그것의 종결인 절대지가 『논리학』—전제들이 없는 지점, 절대적 비-인식의 지점, 즉 그 안에서 표현할 수 있는 전부는 텅 빈 존재, 무의 형식뿐인 지점—과 일치한다는 것을 염두에 두기만 하면 된다. 그리하여 『현상학』의 경로는 본연의 상태로 나타난다. 즉 정신의 전 역사의 점진적 "기억하기"의 정반대인 잊기의 과정으로서 말이다. 『현상학』은 주체가 그것을 통해, 무(인 존재)로부터 마침내 시작하기 위해서, 비-개념적(표상적) 내용의 거짓 충만성을, 일체의 비-반성적 전제들을 지우는 법을 배워야만 하는 한에서 "체계" 본연에 대한 "서론"으로서 기능한다. 바로 이러한 것을 배경으로 우리는 『현상학』의 마지막 페이지에서 "두개골"이라는 용어가 재출현하는 것을 파악해야 한다. 거기서 헤겔은 그것의 여정을 "절대정신의 골고다언덕the Calvary of absolute Spirit"이라고 지칭한다(*Hegel's Phenomenology of Spirit* (Oxford: Oxford University Press, 1977), p. 493). 골고다언덕에 대한 독일어 *Schädelstätte*의 축자적 의미는 "두개골의 자리"이다. 이로써 "정신은 뼈(두개골)다"라는 무한 판단은 다소 예기치 못한 차원을 획득한다. 정신의 *Er-Innerung*(내향적 기억)의 역응시 속에서 정신에게 계시되는 것은 지나간 "의식의 형상들"의 흩어진 두개골들이다. 결과는 그것에 이르는 행로를 추상할 때 시체에 불과하다는 닳아빠진 헤겔적 공식은 다시 한 번 역전되어야 한다. 이 "경로" 자체는 흩어진 두개골들에 의해 구두점이 찍히는 것이다.

객관적 과정으로서 나타나는 그 무엇 속에서 상황의 열림을, 그것의 "가능성"을, 그것의 환원불가능한 우연성을 소생시킬 수 있도록 해주는 일별인가? 그리고 이러한 결정불가능성은 우리의 출발점으로 우리를 되돌려놓지 않는가? 이러한 애매성은 다시금 성적 차이가 헤겔의 논리의 바로 그 중핵에 기입되는 방식이지 않은가?

우연성과 필연성의 관계가 생성과 존재의 관계인 한에서, 대상 *a*를, 이 순수 유사물을 일종의 생성의 관점에서의 존재의 "예기"로서 파악하는 것은 적법하다. 다시 말해서 헤겔은 질료를 불완전한 형식에 상관적인 것으로서, 즉 여전히 "한낱 형식"인 형식에 상관적인 것으로서, 완전한 형식으로서의 자기 자신에 대한 한낱 예기로서 파악한다. 바로 이러한 의미에서, 대상 *a*는 형식이 스스로를 완전하게 실현하지 못했다는, 형식이 대상의 구체적 규정으로서 현실화되지 못했다는, 형식이 자기 자신의 한낱 예기로서 남아 있다는 사실을 증언하는 질료의 잔여물을 지칭한다고 말할 수 있을 것이다. 여기서 공간적 왜상은 시간적 왜상에 의해 보충되어야 한다(예기라는 것은, 성급한 추월하는 일별을 통해 왜곡된 대상의 이미지를 산출하는 시간적 왜상이 아니라면 무엇이겠는가?). 공간적으로 *a*는 비스듬히 일별할 때에만 그 고유의 윤곽을 식별할 수 있는 대상이다. 그것은 똑바로 바라볼 경우 영원히 식별불가능하다.[45] 시간적으로 그것은, 결코 분열되지 않은 순수한 현재의 "지금"으로서는 존재하지 않으며, 오직 예기된 혹은 상실된 것으로서만, 아직-아닌이나 더 이상-아닌의 양상으로서만 존

45) Slavoj Žižek, *Looking Awry* (Cambridge: MIT Press, 1991) 제1장 참조. [국역본: 지젝, 『삐딱하게 보기』.]

재하는 대상이다. 따라서 칸트의 초월적 대상(a에 대한 칸트의 용어)은, 형식을 초과하는 질료 자체의 잉여에 대한 표지가 아니라, 형식이 자기 자신과 부동함에 몸체를 제공하는 일종의 신기루이다.

여기서 우리가 다시금 조우하는 것은 헤겔의 궁극적 애매성이다. 표준적 의견에 따르면 변증법적 과정의 결말telos은 여하한 질료적 잉여를 폐기하는 절대적 형식이다. 그렇지만 헤겔의 경우가 정말로 그러한 것이라면, 결과가 사실상 우리를 다시금 소용돌이 속으로 되던져놓는다는 사실을, 그것은 결과에 도달하기 위해 우리가 여행해야 했던 경로의 총체에 다름 아니라는 사실을 어떻게 설명할 것인가? 다시 말해서, "아직-아닌"에서 "언제나-이미"로의 일종의 도약이 헤겔적 변증법을 구성하고 있지 않은가? 우리는 목표(여하한 질료도 없는 절대적 형식)에 도달하기 위해 노력하던 도중 갑자기 우리가 내내 이미 거기에 있었다는 것을 갑자기 확인하게 되는 것이다. 변증법적 과정에서의 결정적인 전환은 예기에서—성취로의 역전이 아닌—소급으로의 역전이지 않은가? 따라서 성취가 결코 현재에 발생하지 않는다면, 이는 대상 a의 환원불가능한 지위를 증언하지 않는가?

가능한 것의 현실성

"아직-아닌"에서 "언제나-이미"로의 이러한 도약의 존재론적 배경은 가능성과 현실성 사이의 일종의 "자리의 거래"이다. 가능성 그 자체는 현실성에 대한 바로 그 대립을 통해 그 자신의 현실성을 소유한다—정확히 어떤 의미에서? 헤겔은 언제나 현실성의 절대적 우월성을 주장한다. 물론, "가능성의 조건들"에 대한 탐색은, 현실적인 것을 합리적 토대 위에 (재)구성하기 위해서, 현실적인 것으로부터 추상을 하며, 현실적인 것을 의문시한다. 하지만 이 모든 반추 속에서도 현실성은 주어진 어떤 것으로서 전제된다. 다시 말해서, 다양한 가능한 세계들이 있어서 그 가운데 조물주가 최선의 것을 고른다는 라이프니츠적 사변보다 헤겔에게 더 낯선 것도 없다. 즉 가능한 우주들에 대한 사변은, 언제나, 현실적 존재라는 견고한 사실을 배경으로 해서만 발생한다. 다른 한편으로, 우리가 "현실적인" 것으로서 조우하는 그 무엇의 날 사실성에는 언제나 외상적인 무언가가 있다. 현실성은 "불가능한" (것으로서의 실재적인) 것의 지울 수 없는 낙인으로 언제나 표식되어 있다. 따라서 현실성에서 가능성으로의 이행은, 현실성의 가능성에 관한 탐구를 통한 현실성의 중지는 궁극적으로 실재의 외상을 피하기 위한 시도이다. 즉 실재를 유의미한 어떤 것으로서 파악함으로써 우리의 상징적 우주 안에 실재를 통합하려는 시도이다.46)

물론 가능한 것과 현실적인 것의 원을 이처럼 네모로 만드는 것(즉, 우선은 현실성의 중지, 그리고 그 다음으로는 개념적 가능성으로부터의 현실성의 도출)은 결코 해결을 보지 못한다. 우연성이라는 바로 그 범주에 의해 증명되는 것처럼 말이다. "우연성"은 현실적 내용이 가능성의 개념적 조건들에 전적으로 근거지어질

46) 컴퓨터로 생성된 가상현실은 가상화라는 우회를 통해서 파악된 현실의, 즉 그 가능성의 조건들로부터 전적으로 생성된 현실의 예시적 사례이지 않은가?

수 없는 한에서 현실적 내용을 지칭한다. 철학적 공통감에 따르면, 우연성과 필연성은 현실성의 두 양태이다. 현실적인 어떤 것은 그것의 반대가 가능하지 않는 한에서 필연적이며, 그것의 반대 또한 가능한 한에서(사물들이 다른 식으로 판명났을 수도 있었던 한에서) 우연적이다. 그렇지만 문제는 가능성 개념에 들어 있는 내속적 적대에 있다. 가능성은 현실적인 것에 대립되는 한에서의 "한낱 가능한" 어떤 것을 지칭할 뿐만 아니라, 스스로를 현실화할 수 있다는 의미에서 "가능한" 어떤 것을 지칭한다. 이 내적 분열은 아마도 도덕적 논변에서 가능성 개념이 하는 정반대 역할에서 가장 분명하게 표현된다. 한편으로 "공허한 가능성", 약한 자의 외적인 변명이 있다: "내가 정말로 원하기만 했어도 나는 (금연 등등을) 할 수 있었을 것이다." 이러한 주장을 반박하면서 헤겔은 어떻게 가능성의 진정한 본성(그것은 진정한 가능성인가 아니면 한낱 가정인가?)이 그것의 현실화를 통해서만 확증되는지를 몇 번이고 지적한다. 당신이 어떤 것을 정말로 할 수 있다는 것을 보여줄 유일하게 유효한 증명은 단지 그것을 하는 것이다. 다른 한편, 달리 행할 수 있을 가능성은 "양심의 목소리"라는 형태로 우리에게 압력을 행사한다. 즉 내가 통상적 변명을 댈 때("나는 가능한 모든 것을 다했다. 선택의 여지가 없었다"), 초자아 목소리는 계속해서 나를 괴롭히면서 이렇게 말한다. "아니, 너는 좀더 할 수 있었다!" 자유는 이미 가능성으로서 현실적이라고 주장하면서 칸트가 염두에 두고 있는 것은 바로 이것이다. 내가 정념적 충동에 굴복하여 나의 의무를 이행하지 않았을 때, 나의 자유의 현실성은 어떻게 내가 달리 행위할 수도 있었는가에 대한 나의 자각에 의해 입증된다.[47] 그리고 이는 또한 헤겔이 현실적인 것(*das Wirkliche*)은 단순히 존재하는 것(*das Bestehende*)과 동일하지 않다는 주장을 할 때 겨냥하고 있는 그 무엇이다. 나의 양심은 (정념적 충동에 굴복하는) 나의 행위가 "현실적"이지 않았을 때, 나의 진정한 도덕적 본성을 표현하지 않았을 때 나를 찌른다. 이러한 차이는 "양심"이라는 형태로 나에게 압력을 행사한다.

동일한 논리를 최근에 부활한 음모론(올리버 스톤의 <JFK>)의 배후에서 식별할 수 있다: 케네디 암살의 배후에 누가 있었나? 이러한 부활의 이데올로기적 리비도투여는 분명하다. 케네디 암살은 사후적으로—즉 베트남전이나 닉슨 행정부의 냉소적 부패나 기성세대와 주류세력의 간극을 낳은 1960년대 반란에 대한 이후의 경험에서—그와 같은 외상적 차원을 획득했던 것이다. 이 이후의 경험은 케네디를 살아 있었다면 베트남전이나 1960년대 세대를 기성세대와 분리시킨 간극 등이 생기지 않도록 해주었을 인물로 변형시켰다. (물론 음모론이 "억압"하는 것은 케네디의 무능이라는 고통스러운 사실이다. 케네디 자신은 이러한 간극의 출현을 막을 수 없었을 것이다.) 따라서 음모론은, 1970년대와 1980년대에 알게 된 미국과는 다른 또 다른 미국에 대한 꿈을 살아 있게 해준다.[48]

---

47) 여기서 프랑스 혁명의 의미에 대한 칸트의 반성들을 상기하는 것으로 족하다. 프랑스 혁명에 대한 계몽된 공중의 열광적 반응에 의해 입증되는바 자유로운 이성적 사회질서의 가능성에 대한 바로 그 믿음은 자유의, 즉 인간학적 사실로서의 자유를 향한 경향성의 현실성을 증언한다. Immanuel Kant, *The Conflict of the Faculties* (Lincoln: University of Nebraska Press, 1992), p. 153 참조.

48) 물론 이것은 케네디 암살 음모론의 좌파적 독해이다. 그것의 이면은 케네디의 죽음이라는 외상이 사기가 아닌 권위에 대한 보수적 갈망을 표현한다는 것이다. 혹은 베트남전 기념일에 대한 논평 가운데 하나를 인용하자면: "지금 권력을 잡고 있는 세대 내부의 어디인가에 베트남

그리하여 가능성과 현실성의 관계에 대한 헤겔의 입장은 매우 정제되고 정확한 것이다. 가능성은 그것의 개념이 함축하는 것 이하인 동시에 이상이다. 현실성과의 추상적 대립에서 파악될 때 그것은 "한낱 가능성"이며, 그러한 것으로서 그것은 그 정반대와, 불가능성과 일치한다. 그렇지만 또 다른 층위에서, 가능성은 이미 어떤 현실성을 바로 그 가능성의 능력 속에서 소유하고 있으며, 그렇기 때문에 그것의 현실화에 대한 그 어떤 추가적인 요구도 불필요한 것이다. 이러한 의미에서 헤겔은 자유라는 관념이 일련의 실패들을 통해서 스스로를 실현한다는 적을 지적한다. 자유를 실현하려는 모든 특수한 시도는 실패할 수 있다. 그것의 관점에서 볼 때 자유는 공허한 가능성으로 남아 있다. 하지만 스스로를 실현하려는 자유의 바로 그 지속적인 분투는 그것의 "현실성"을, 자유가 "한낱 개념"인 것이 아니라 현실의 바로 그 본질에 속하는 어떤 경향을 현시한다는 사실을 증언한다. 다른 한편으로 "한낱 가능성"의 최고 사례는 헤겔적인 "추상적 보편성"이다. 여기서 내가 염두에 두고 있는 것은 고전적인 아리스토텔레스적 삼단논법에서 전칭판단과 특칭판단의 관계의 그 유명한 역설이다. 특칭판단은 주어의 존재를 함축한다. 반면에 전칭판단은 주어가 존재하지 않더라도 참일 수 있는데, 왜냐하면 전칭판단은 단지 주어의 개념

은 지도력과 권위가 사기라는 의혹을 심어놓았다. 그러한 견해는 도덕적 성장을 저해하는 미세한 효과를 낳았을지도 모른다. 아들이 아버지 되기를 배우지 않는다면, 국가는 성숙한 지도자라기보다는 부적절한 동기간이나 나름의 문제를 안고 있는 이복형제들 같이 행동하는 정치인들을 낳을 수도 있다." 이러한 것을 배경으로, 케네디 신화에서 그가 최후의 "성숙한 지도자"였다는, 사기가 아닌 권위의 마지막 형상이었다는 믿음을 식별하는 것은 손쉬운 일이다.

에만 관련이 있기 때문이다. 예를 들어 "적어도 한 명의 사람은(혹은: 어떤 사람은) 사멸적이다"라고 말하면, 이 판단은 적어도 한 명의 사람이 있어야만 참이다. 반면에 "유니콘은 한 개의 뿔만을 가졌다"라고 말하면 이 판단은 유니콘이 없더라도 참인데, 왜냐하면 그 판단은 "유니콘"이라는 개념의 내재적 규정에만 관련이 있기 때문이다. 보편적인 것과 특수한 것의 이러한 간극은, 결코 그 유관성이 순수한 이론적 반추에만 제한되는 것이 아니며, (예컨대 정치에서의) 분명한 실질적 효과를 가진다. 1991년 가을 부시와 지정되지 않은 민주당 후보 가운데 누구를 선택할 것인지를 묻는 여론조사 결과에 따르면 지정되지 않은 민주당 후보가 손쉽게 이기는 것으로 나왔다. 하지만 부시와 얼굴과 이름이 제공된 어떤 구체적인 개별 민주당 후보(케리, 쿠오모 등등)를 선택하는 경우에서는 부시가 손쉽게 이기는 것으로 나왔다. 요컨대 민주당 후보 일반은 부시에게 이기지만, 부시는 그 어떤 구체적인 민주당 후보에게도 이긴다. 민주당에게는 불운한 것이었지만, 그 어떤 "민주당 후보 일반"도 없었다.49)

그리하여, 가능성의 지위는, 현실성의 지위와는 다른 것이지만, 현실성과 관련하여 단순히 결함적인 것만은 아니다. **가능성 그 자체는, 가능성이 스스로를 "현실화"하는 순간 사라지는, 어떤 현행적 효과들을 발휘한다.** 가능성과 현실성의 이와 같은 "단락"은 라캉의 "상징적 거세"라는 개념에서 작동한다. 이른바 "거세불안"은 여자

49) 가능한 것과 현실적인 것의 관계의 이러한 역설적 성격을 보여주는 또 다른 예시적 사례는 1980년에 에드워드 케네디 상원의원이 대통령 경선에 입후보한 일이다. 그의 입후보가 아직 결정되지 않았을 때 모든 여론조사는 그가 다른 민주당 경쟁자에게 쉽게 승리하는 것으로 나왔다. 하지만 그가 입후보한다는 결정을 공표하자 그의 인기는 급락했다.

에게 음경이 없음을 지각할 때 남자는 "그 또한 그것을 잃을지도 모른다"는 두려움을 갖게 된다는 심리적 사실로 환원될 수 없다.[50] "거세불안"은 오히려 거세의 가능성이 그것의 현실성보다 우선하는 정확한 순간을, 즉 거세의 바로 그 가능성이, 한낱 그것의 위협이 우리의 심적 경제에 현실적 효과를 낳는 순간을 지칭한다. 이 위협은, 우리에게 돌이킬 수 없는 상실의 낙인을 찍으면서, 말하자면 우리를 "거세"한다. 그리고 가능성과 현실성의 바로 이와 같은 "단락"이 권력이라는 개념 그 자체를 규정한다. 권력은 잠재적 위협이라는 형태로만—즉 그것이 완전한 일격을 가하지 않고 "스스로를 유보하는" 한에서만—현실적으로 발휘된다.[51] 부성적 권위의 논리를 생각해보는 것으로 족하다. 아버지가 통제를 잃고 완전한 권력을 과시하는(소리를 지르고, 아이를 때리는) 순

50) 이 여성적 거세 개념은 궁극적으로 악명높은 고대 그리스의 궤변 "당신이 가지지 않은 것은, 당신이 잃어버린 것이다. 당신은 뿔을 가지지 않았다. 따라서 당신은 뿔을 잃어버린 것이다."에 대한 한 가지 변주에 해당한다. 이 궤변이 불합리한 거짓 추리로서 기각될 수 있다는 생각을 피하기 위해서는, 즉 그것의 논리에 들어 있는 실존적 불안의 예감을 식별하기 위해서는 프로이트의 러시아인 분석자 늑대인간을 떠올려보는 것으로 족하다. 그는 히포콘드리증적 고정관념 때문에 괴로워했다. 즉 그는 자신이 전해電解 때문에 코에 생긴 상해의 희생양이라고 불평했다. 하지만 철저한 피부과적 검진을 통해 그의 코에 아무런 이상도 없다는 것이 입증되었을 때, 이는 그에게 참을 수 없는 불안을 격발했다. "그의 코에는 아무런 이상도 없으므로 코에 아무것도 해줄 일이 없다는 말을 들었을 때 그는 돌이킬 수 없는 불구의 상태라고 스스로 간주했던 그 상태로는 더 이상 살아갈 수 없다고 느꼈다"(Muriel Gardiner, *The Wolf-Man and Sigmund Freud* (Harmondsworth: Penguin, 1973), p. 287). 여기서의 논리는 "당신이 뿔을 가지고 있지 않다면, 당신은 뿔을 잃어버린 것이다"와 정확히 동일하다. 아무것도 해줄 일이 없다면, 상실은 돌이킬 수 없는 것이다. 물론 라캉적 관점에서 이러한 궤변은 구조적/차이적 질서의 근본 특징을 향하고 있다. 참을 수 없는 절대적 결여는 결여 자체가 결여하는 바로 그 지점에서 출현한다.

51) 권력의 바로 그 현실성에 들어 있는 이러한 잠재력에 대해서는 Žižek, *For They Know Not What They Do*의 제5장 참조. [국역본: 지젝, 『그들은 자기가 하는 일을 알지 못하나이다』, 인간사랑.]

간, 우리는 필연적으로 이러한 과시를 무능한 격노로, 그것의 정반대의 지표로서 지각한다. 바로 이러한 의미에서 상징적 권위는 언제나, 정의상, 환원불가능한 잠재성-가능성에, 가능성으로서의 가능성에 속하는 현실성-유효성에 달려 있다. 가능성이 그 자체의 현실성을 획득하는 순간 우리는 "날 상태의" 선상징적 실재를 뒤로 하고는 상징적 우주에 진입한다. (이 역설은 (미래의) 주인과 노예의 헤겔적 인정 투쟁에서 작동한다. 그것의 투쟁의 곤궁은 주인의 **상징적** 승리와 노예의 **상징적** 죽음을 통해서 해소된다고 말하는 것은 승리의 한낱 **가능성**이면 충분하다고 말하는 것과 같다. 그들의 투쟁에서 작동하는 상징적 협약은 그들이 현실적인 물리적 파괴 전에 멈추고 승리의 가능성을 승리의 현실성으로 받아들일 수 있도록 해준다.) 주인의 잠재적 위협은 주인의 현실적인 권력 과시보다 훨씬 더 나쁘다. 벤섬이 판옵티콘이라는 환상-매트릭스에서 의지하고 있는 것은 바로 이것이다. 즉 **타자**—중앙 감시탑 안의 응시—가 나를 지켜볼 **수 있다**는 사실. 내가 어느 정확한 순간 감시당하고 있는지 아닌지에 대한 나의 근본적 불확실성은 내가 현실적으로 감시당하고 있음을 알고 있는 것보다 훨씬 더 큰 불안을 야기한다. "가능성 안에 있는 한낱 가능성보다 더한" 그리고 그것이 현실화될 때 상실되는 이 잉여는 **불가능한 것으로서의 실재**이다.[52]

---

52) 가능성과 현실성의 이 변증법적 긴장의 또 다른 일면은 개념과 그것의 현실화의 긴장이다. 개념의 내용은 개념의 실패라는 형식으로만 현실화될 수 있다. 최근 로버트 해리스Robert Harris의 대안역사 베스트셀러인 *Fatherland* (London: Hutchinson, 1992)를 생각해보자. 배경은 1964년이고, 히틀러가 2차대전에서 승리하여 제국을 라인에서 우랄산맥으로 확장한다. 이 소설의 속임수는 오늘날 현실적으로 발생하고 있는 그 무엇을 히틀러의 승리의 결과로서

주인이 언제나 정의상 사기꾼인 것은, 즉 **타자**(상징적 **타자**) 속의 결여의 자리를 불법적으로 차지하는 사람인 것은 바로 그의 힘의 이 잠재적 성격 때문이다. 다시 말해서, 주인 형상의 출현은 엄밀히 **환유적** 성격의 것이다. 주인은 결코 완전하게 "그 개념에 부합하지" 않으며, "절대 주인"으로서의 죽음(헤겔)에 부합하지 않는다. 그는 영원히 "죽음의 환유"로 머문다. 그의 전 일관성은 그가 소유하고 있다고 거짓으로 주장하는 권력의 지연, 유보에 달려 있다.[53] 그렇지만 (주인의 자리를 차지하는 그 누구건 사기꾼이고 어릿광대라는 사실로부터) 주인의 지각된 불완전함이 주인의 권위를 전복한다는 결론을 이끌어내는 것은 잘못일 것이다. "주인 역할을 하는" 술책 일체는 바로 이 틈새(주인의 "개념"과 그것의 경험적 담지자 사이의 틈새)를 어떻게 우리에게 유리하게 이용하느냐를 아는 데 있다. 주인이 자신의 권위를 강화할 방법은 정확히 그 자신을 소소한 약점들로 가득한 "우리 나머지 사람들과 같은 인간"으로서, 불가피하게 권위의 목소리를 내야 할 때가 아니면 같이 "평범하게 이야기하는" 것이 가능한 어떤 사람으로서

무대화하는 것이다. 승리 이후에 히틀러는 서유럽을 "유럽공동체"로, 12개의 통화가 독일 마르크의 지배하에 있는 경제적 통합체로 조직했으며, 그것의 깃발은 파란색 배경에 노란색 별들이 그려진 것이다(1940년대 초반부터의 독일 문건들은 실제로 그러한 계획을 포함하고 있다!). 따라서 소설의 교훈은 나치 유럽의 "개념"이 나치즘의 바로 그 "경험적" 실패라는 가장 속에서 스스로를 실현했다는 것이다.

53) 여기서 핵심적 물음은 죽음의 환유로서의 주인이라는 이러한 문제틀이 어떻게 라캉이 후기에 향유로 이동한 것에 의해 영향을 받는가 하는 것인데, 이러한 이동은 부성적 형상이 아버지의 이름, 향유 너머의 순수한 상징적 권위(큰타자는 정의상 향유 너머에 있다. 말하자면 "큰타자는 냄새나지 않는다")와 아버지-향유(*le Pere–jouissance*)로 분열됨을 함축한다. 향유의 주인으로서의 외설적 아버지는 여전히 "죽음의 환유"로서 기능하는가, 아니면 그는 오히려 "죽음 너머의 삶"을, 불멸적이고 파괴불가능한 향유의 실체를 축도하는가?

제시하는 것이다. 또 다른 층위에서, 이러한 변증법은 가톨릭교회에서 널리 이용되었다. 가톨릭교회는 사소한 위반들은 그것들이 법의 지배를 안정화시켜준다면 용서해줄 준비가 언제나 되어 있었다. 매춘이나 포르노 등은 죄악이다. 하지만 그것들은 용서될 수 있을 뿐 아니라, 결혼을 지키는 데 도움이 된다면 권고될 수도 있다. 이혼보다는 사창가를 정기적으로 찾는 것이 낫다.[54]

현실성에 대한 이와 같은 가능성의 우월은 또한 남근적 기표와 물신의 차이를 표명할 수 있게 해준다. 이 차이는 난포착적인 것으로 보일 수도 있는데, 왜냐하면 두 경우 모두 우리는 원초적 결여를 보충하는 "반성적" 요소를 다루고 있기 때문이다(물신은 누락된 모성적 남근의 공백을 메운다. 남근은 기표의 바로 그 결여의 기표이다). 그렇지만 순수 가능성의 기표로서 남근은 결코 완전하게 현실화되지 않는다(즉 그것은, 그 어떤 규정적 실정적 의미도 없음에도 불구하고 여하한 가능한 미래의 의미의 잠재성을 나타내는 텅 빈 기표이다). 반면에 물신은 언제나 현실적 지위를 주장한다(즉 그것은 현실적으로 모성적 남근에 대한 대체물임을 자처

54) 바로 이러한 것을 배경으로 우리는 라캉을 알았던 사람들이 주목한 라캉의 개인적 특성의 전복적 효과를 평가할 수 있다. 잘 알려져 있듯이 그는 자신의 이미지를 잔인한 정도로까지 요구하는 참을 수 없는 사람의 이미지로 신중하게 만들어냈다. 하지만 동시에 그는 재치 있고 괴짜인 것처럼 보였다. 그를 알았던 사람들은 이 공적 가면 배후에 있는 "진정한 인격"을 꿰뚫어보려고 노력했다. 가면 배후에서 라캉은 "나머지 우리와 같은 인간"이라는 안도감을 주는 보증을 얻어내려는 욕망에 추동되어서 말이다. 그렇지만 그들은 경악스러운 일을 당하게 되었다. "가면 배후에서" 그들을 기다린 것은 결코 "보통의 따뜻한 인간"이 아니었다. 사적으로도 라캉은 자신의 공적인 이미지를 고수했던 것이다. 그는 정확히 동일한 방식으로 행위했으며, 정중함과 가혹한 잔인함의 동일한 뒤섞임을 보여주었다. 공적인 가면과 사적인 인간의 이러한 섬뜩한 일치의 효과는 우리가 기대할 수 있는 것(모든 사적인 "정념적" 특징들의 말소, 공적인 상징적 역할과의 완벽한 동일화)의 정반대였다. 공적인 상징적 역할 그 자체는 이를테면 정념적인 개인특이성으로 붕괴되었으며, 우연적인 개인적 틱으로 화하였다.

한다). 다시 말해서, 물신이 (모성적) 남근의 결여를 메우는 요소인 한에서, 남근적 기표에 대한 가장 간명한 정의는 그것이 그 자체의 물신이라는 것이다. “거세의 기표”로서의 남근은 말하자면 그 자체의 결여를 체현한다.

3부

숨: 향유의 원환고리

5. "상처는 당신을 찌른 그 창에 의해서만 치유된다"

오페라는 1600년경에 하나의 음악 형식으로 모양을 갖추었으며(오늘날 "아직 살아 있는" 최초의 오페라 몬테베르디의 <오르페오>는 1603년에 작곡되었다), 1900년 이후 어딘가에서 끝났다("최후의 진정한 오페라"라는 타이틀을 위한 수많은 후보들 가운데는 푸치니의 <투란도트>, 리차드 슈트라우스의 오페라 중 몇 편, 베르크의 <보체크> 등이 있다). 오페라가 생겨날 때 (몬테베르디의 위대한 발명품인) 레치타티보, 즉 아직-아리아가-아닌-것이 있으며, 오페라가 끝날 때 "말노래"(*Sprachgesang*), 즉 더-이상-아리아가-아닌-것이 있다. 그 사이에—근대기 주체성[1]의 시대와 대

1) [지젝은 "근대기 주체성modern-age subjectivity"이라고 부르는 것을 바로 뒤에서 "고전적 주체성"이라고 부르고 있다.]

체로 일치하는 시대에—어떤 극적 사건을 상연하는 일부로서 무대 위에서 노래하는 것이 가능했다. 따라서 우리는 오페라의 역사에서 주체성의 역사를 구성하는 추세들과 변동들의 발자취를 찾아보고 싶은 것이다.

물론 고전적 주체성의 이 종말은 근대적 히스테리적 주체가 출현하는 바로 그 지점이다. 정확히 이러한 의미에서 오페라의 역사는 정신분석의 전사前史에 속한다고 할 수 있다. 오페라의 종말이 정신분석의 출현과 일치하는 것은 결코 우연이 아니다. 쇤베르크를 무조성 혁명으로 추동한 지배적 모티브는, 고전적인 조성 오페라 아리아에서는 더 이상 표현할 수 없는 그 내용은 바로 여성적 히스테리였다(쇤베르크의 첫 무조성 걸작인 <기대>는 한 외로운 여자의 히스테리적 갈망을 묘사한다). 그리고 잘 알려져 있듯이 최초의 분석자는 여성 히스테리자들이었다. 다시 말해서 정신분석은 원래 여성 히스테리의 해석이었다.

실재의 응답

오페라의 기원에는 정확하게 정의된 상호주체적 배치가 있다. 즉 주체subject(이 용어의 두 가지 의미 모두에서, 즉 자율적 행위자를 의미하기도 하고, 또한 법적 권력의 신민을 의미하기도 하는 주체)가 그의 주인(왕이나 신)과 맺는 관계는 주인공의 레치타티보(코러스에 체현된 집단성에 대한 대위점)를 통해 드러나는데, 이는 기본적으로 주인에게 청하는 탄원이며, 자비를 보여달라는,

예외를 허용해달라는, 혹은 영웅의 침범을 용서해달라는 요청이다.[2] 주체성의 첫 초보적 형식은 주인에게 주인 자신의 법을 잠시 중지해 달라고 간청하는 주체의 이 목소리이다. (주인이 주체의 탄원에 응답하는 은총의 제스처에 들어 있는) 권능과 무능의 애매성에서, 주체성 내의 어떤 극적 긴장이 생겨난다. 공식 이데올로기에서 은총은 주인이 지닌 최고의 권능을, 자기 자신의 법을 넘어설 수 있는 권능을 표현한다. 진정으로 힘있는 주인만이 자비를 베풀 여유가 있는 것이다. 이는 인간 주체와 그의 신성한 주인 사이에서 이루어지는 일종의 상징적 교환이다. 주체가, 유한한 인간이, 자기 희생의 제공을 통해 유한성을 극복하고 신성한 경지에 도달할 때, 주인은 그의 인간성의 궁극적 증거인 숭고한 은총의 제스처로 응답한다.[3] 하지만 동시에 이러한 은총의 행위에는 강제된 공허한 제스처라는 돌이킬 수 없는 낙인이 찍혀 있다. 궁극적으로 주인은 부득이한 일을 해놓고는 덕행을 했다고 하는 것이다. 즉 자신이 여하간 하지 않을 수 없는 어떤 일을 자유로운 행위로 승격시키는 것이다. 자비를 베풀기를 거절할 경우 주인은 주체의 간청이 공공연한 반란으로 바뀔지도 모르는 위험을 무릅쓰는 것이 된다. 바로 여기서 이미 우리는 헤겔이 나중에 세공한 주인과 노예의 변증법에서 볼 수 있는 뒤엉킴과 조우한다. 즉 주인은, 타자의 인정에 의존하는 한, 사실상 자신의 노예의 노예이지 않은가?

---

2) 여기서 나는 모차르트의 오페라에 대한 이반 나겔Ivan Nagel의 개척적인 연구인 *Autonomy and Mercy* (Cambridge: Haverad University Press, 1991)를 따르고 있다.

3) 이러한 상징적 교환에 대해서는 Mladen Dolar, "Filozofija v operi", *Razpol* 7 (Ljubljana, 1992) 참조. 나의 글은 몇 군데 돌라르의 글에서 부추김을 받은 것이다.

바로 그렇기 때문에 오페라의 출현이 데카르트가 코기토를 정식화한 것과 시간적으로 근접해 있다는 사실은 우연의 일치에 불과하지 않다. 더 나아가 몬테베르디의 <오르페오>에서 글룩의 <오르페우스와 에우리디체>로의 이동은 데카르트에서 칸트로의 이동에 상응한다고 말하고 싶기조차 하다. 형식적 층위에서, 이러한 이동은 레치타티보에서 아리아로의 변동을 함축한다. 극적 내용의 층위에서, 글룩이 기여한 것은 주체성의 새로운 형식이었다. 몬테베르디의 경우 우리는 가장 순수한 차원에서의 승화를 본다. 오르페우스가 에우리디체를 보기 위해 돌아서고 그 때문에 그녀를 잃을 때, 신성은 그를 위로한다. 물론 그는 살과 피가 있는 인간으로서의 그녀를 잃어버렸다. 하지만 이제부터 그는 그녀의 아름다운 특징들을 모든 곳에서 식별할 수 있을 것이다. 하늘에 있는 별들에서도, 아침이슬의 반짝임 속에서도 말이다. 오르페우스는 이러한 반전의 나르시스적 이득을 재빨리 받아들인다. 그는 그 앞에 놓인 에우리디체에 대한 시적 찬미에 도취된다. (이는 물론 왜 그가 뒤를 돌아보아 일을 망쳤는지에 대한 영원한 물음에 또 다른 빛을 던져준다. 여기서 우리가 조우하는 것은 단순히 죽음 충동과 창조적 승화 사이의 연계이다. 오르페우스의 뒤돌아보는 응시는 엄밀한 의미에서 도착적 행위이다. 그는 그녀를 숭고한 시적 영감의 대상으로서 되얻기 위해서 의도적으로 그녀를 잃는다.)[4] 글룩의 경우 결말이 완전히 달라진다. 뒤를 돌아보아 에우리

4) 오르페우스 신화에 대한 이러한 독해는 이미 클라우스 테벨라이트Klaus Theweleit가 *Buch der Könige*, vol. 1, *Orpheus und Eurydike* (Frankfurt: Strömfeld and Roter Stern, 1992)에서 제안한 바 있다.

디체를 잃은 연후에 오르페우스는 그의 유명한 아리아 "Che faro senza Euridice(에우리디체 없이 어떻게 사나)"를 부르면서 자살하려는 의도를 드러낸다. 전적인 자포자기의 바로 이 순간에 사랑의 신이 끼어들어 에우리디체를 되돌려준다.[5] 주체화의 이 특별한 형식—주체의 간청에 대한 단순한 응답으로서가 아니라, 주체가 자기 생명을 걸려고 결심하는 바로 그 순간 그 응답으로서의 은총의 개입—은 글룩이 첨가한 뒤틀림이다.[6]

따라서 오페라의 발달은 그 최초의 완전한 원에 이른다. 즉 모차르트를 위한 모든 요소들은 글룩에게 있다. 다시 말해서, 모차르트의 "기본 매트릭스"는 바로 그와 같은 주체화의 제스처로 이루어진다. 즉 주체의 자율성(우리 자신을 희생할, 끝까지 갈, 죽을, 모든 것을 잃을 준비가 되어 있음)에 대한 단언은 **타자**에게서 자비의 제스처를 낳게 한다. 이 매트릭스는 그의 첫 두 걸작인 오페라세리아 <이도메네오>와 징슈필 <후궁으로부터의 탈출>에서 가장 순수하게 작동한다. <후궁>에서 밧사 셀림에게 붙잡혀 있는 두 연인이 두려움 없이 죽을 준비가 되어 있음을 표현할 때, 밧사 셀림은 자비를 베풀고 그들을 풀어준다. 이후의 모든 모차르트 오페라들은 모두 이 매트릭스의 변이나 치환으로 읽을 수 있다. 예컨대 <피가로의 결혼>에서 관계는 역전된다. 주인—알마비바 백작—은 자기 아내와 피가로가 불륜을 저지르고 있다고 생각할

---

5) 이 아리아의 바로 그 가사는 실재의 응답을 이끌어내려는 목적을 보여주고 있다. "O Dio, rispondi!"(오 신이여, 응답하소서!)

6) 두 오르페우스의 이러한 관계에 대해서는 조지프 커먼Joseph Kerman의 *Opera as Drama* (Berkeley and Los Angeles: University of California Press, 1988)의 제2장 참조.

때 그들에게 자비를 베풀 준비가 되어 있지 않다. 하지만 자신의 속임수가 폭로되게 꾸며진 덫에 빠질 때 그 자신이 자비를 구하지 않을 수 없는 처지가 되며, 주체/신민들의 공동체는 그를 진정으로 용서한다. 그리하여 유일무이한 유토피아적 화해의 순간이 발생한다. 즉 주인이 동등자들의 공동체로 통합되는 순간이 발생한다. 또한 <돈 지오반니>는 이 자비의 논리를 그것의 내속적 부정으로 이끌고 간다. 거기서 우리는 간청도 자비도 발견하지 못한다. 돈 지오반니는 회개하라는 석상 손님의 요청을 거만하게 거절하며 그런 연후에 자비 대신에 그에게 닥치는 일은 가장 잔혹한 처벌이다. 즉 지옥불이 그를 삼켜버린다.[7] 자율과 자비의 이상적 균형은 여기서 어떤 근본적 자율의 출현을 통해 교란된다. 이 자율은 너무나도 근본적이어서 자비를 위한 그 어떤 공간도 열어놓지 않는다. 우리는 이러한 자율에서 칸트가 "근본악"이라 불렀던 것의 윤곽을 어렵지 않게 식별할 수 있다. 자비의 전 경제가 중지되는 이와 같은 전적인 절망의 계기 이후에, 등록소는 기적처럼 변경되며, <마술피리>와 더불어 우리는 동화 같은 행복의 영역에 들어선다. 여기서도 우리는 죽을 준비가 되어 있음을 통한 주체화의 제스처를

---

7) 돈 지오반니의 표준적인 "탈구축주의적" 판본은 "말에 얽매이지 않는" 주체, 즉 자신의 말의 수행적(발화내적) 차원이 자신에게 부과하는 언질을 체계적으로 위반하는 주체의 판본이다(예컨대 Shoshana Felman, *Le scandale du corps parlant* [Paris: Seuil, 1978] 참조). 그렇지만 그 이면을 본다면, 돈 지오반니는 상징적 언질의 떠맡음을 통해서 자신이 청한 것보다 더한 것을 얻게 되었음이 명백해진 이후에도 예절의 규칙을 따른다. 예컨대 돈 지오반니가 묘지의 석상에게 저녁 식사 초대를 한 것은 물론 공허한 제스처로서, 불경한 반항의 행위로서 의도된 것이었다. 하지만 "실재가 응답할" 때, 죽은 자가 초대를 승락하고 실제로 석상 손님으로서 돈 지오반니의 집에 나타날 때, 돈 지오반니는 놀라는 모습이 역력했지만 형식을 지키며 손님에게 식탁의 자리에 앉으라고 청한다.

두 번 조우한다(파미나도 파파게노도 자살을 하려는 데까지 간다). 하지만 개입하여 행위의 성취를 가로막는 작인은 위압적인 주인이나 신성이 아니라 세 명의 불가사의 소년들(*Wunderknaben*)이다.

여기서 우리는 자율과 자비의 이 모차르트적인 상호의존을 타협 형성물로 파악하려는—즉 주인의 은총에 여전히 의지하는 아직은-아닌-주체(군주와의 관계에 있는 계몽절대주의의 주체)와 자기 자신의 운명의 주인인 완전히 자율적인 주체 사이의 환영적인 평형점으로 파악하려는—유혹을 피해야 한다. 이러한 유혹에 굴복하면, 자율 그 자체가 바로 그 자기단언 속에서 "자비"에, 타자의 손짓에, "실재의 응답"에 의존한다는 근본적인 역설을 잃어버리게 된다. "경험적 정신은 자비의 응답을 외래적인 변덕으로, 혹은 한낱 우연의 일치로 본다. 운명의 속박은, 참으로 터무니없게도, 운명의 호의를 통해서만 깨뜨릴 수 있다. 개인은 괴테의 말처럼 '외부에서 온 전혀 예기치 못한 일들이 그를 도울' 때에만 자신의 실존을 하나의 전체로 마무를 수 있다. 이를 경건하게 믿고 쓰라리게 받아들이면서 괴테는 그의 생에서 자기실현을 '악마'에게, 그의 중요 작품에서 악령에게 위임했다."[8] 물론 모차르트의 작품에서 실리적이고 도구적인 간교한 수완을 갖춘 부르주아 주체는 애초부터 열심히 일한다(오페라부파의 요소). "하늘은 스스로 돕는 자를 돕는다"는 좌우명은 여기서 완전한 가치를 얻는다. 주체

8) Nagel, *Autonomy and Mercy*, p. 26. 주체의 자율과 **타자**의 은총의 이 상호의존은 잘 알려진 예정의 역설에서 한 번 더 예시된다. 모든 것이 신의 불가사의한 은총에 의해 미리 결정되어 있다는 바로 그 믿음은, 우리의 구원이 우리의 선행에 달려 있다는 가톨릭의 확신보다 훨씬 더, 주체를 끊임없이 열심히 활동하도록 만든다. Slavoj Žižek, *The Sublime Object of Ideology* (London: Verso, 1989), 제6장을 볼 것. [국역본: 『이데올로기라는 숭고한 대상』, 인간사랑.]

는 결코 한낱 지원자에 불과하지 않다. 자신의 계략을 통해서 그는 근거를 사전에 준비하고 음모를 꾸미며, 그래서 신-주인에게 남아 있는 일이라고는 헤겔적 군주처럼 사후에 동의의 표시로 고개를 끄덕이는 것이다. 하지만 내용의 층위에서 주체의 계략이 그 최종 결과물을 이미 유의하고 있다는 것이 명백해지면 질수록, 형식의 진정한 수수께끼가 더더욱 뚜렷해진다. 왜 주체는 여전히 자비를 필요로 하는가, 왜 그는 결정의 형식적 행위 또한 떠맡지 않는가, 왜 그는 여전히 **타자**에게 의존하는가?

간교한 솜씨와는 분명 모순되는 또 하나의 특징은 이렇다. 즉 자살적인 포기 행위 속에서 주체가 반항적 포기의 제스처로 모든 것을 내걸 준비가 되어 있음을 표현하는 바로 그 순간, 따라서 도구적 이성의 싸구려 재주들을 일절 부인하는 바로 그 순간, **타자**가 개입한다. 내가 흥정을 하려고 하는 한, 내가 나의 자기희생을 행운을 빌면서 제안하고 마지막 순간에 은총이 개입하길 기대하는 한, **타자**는 응답하지 않을 것이다. 은총은 존 엘스터가 "본질적으로 부산물인 상태"라고 불렀던 어떤 것의 사례이다.[9] 그것은 우리가 모든 희망을 버리고 희망에 의지하기를 멈추는 바로 그 순간 발생한다. 여기서 상황은 궁극적으로 아브라함이 아들을 희생하라는 신의 명령을 받아들이는 상황과 동일하다. 그는 그것을 받아들였기 때문에 그것을 이행할 필요가 없었다. 하지만 그는 그것을 사전에 알 수는 없었다. 그리고 동일한 역설이 또한 이른바 "성숙한 사랑"을 정의하지 않는가? 우리의 파트너는 우리가 그에

9) Jon Elster, *Sour Grapes* (Cambridge: Cambridge University Press, 1982) 참조.

게 유치하게 의존하지 않다는 것을, 그 없이 살아갈 수 있다는 것을 여하간 알도록 해줄 때에만 우리의 사랑을 실제로 인정할 것이다. 바로 여기에 진정한 사랑의 시련이 있는 것이다. 나는 당신을 떠나려는 척한다. 그리고 당신은 나의 상실을 견딜 수 있음을 입증해야만, 그리고 입증할 때, 나의 사랑을 받을 만한 사람이 된다. 클로드 르포르가 지적했듯이,[10] 실재의 응답에 대한 유사한 확신이 민주주의에서도 작동하는데, 민주주의는 사회적 결속들의 상징적 분해를 함축한다(선거 행위에서 사회의 미래 운명은 수적 우연성의 놀음에 의존하는 상태가 된다). 결과가—적어도 장기적으로는—사회에 최선의 이익이 될 것이라는 기저의 가설은 결코 직접적으로 증명될 수 없다. 그것은 언제나 최소한의 기적적인 우연의 일치에 의존한다. 즉 칸트적 용어를 참조하자면, 이 가설의 지위는 칸트에게 목적론의 지위가 그러하듯 구성적이지 않으며, 엄밀히 규제적이다. ("사회에 최선의 이익이 될" 해결책을 직접 부과하려는 전체주의적 유혹을 위한 공간을 열어놓는 것은 바로 이와 같은 틈새이다.)

가장 흔한 "후근대적" 신화 가운데 하나는 이른바 "주체성의 데카르트적 패러다임"이라는 환영과 관련된 것이다. 이 신화에 따르면, 이제 그 막바지에 이르게 된 근대성의 시대를 표시했던 것은 절대적이고 자기투명한 **주체**라는, 모든 것을 집어삼키는 괴물이었다. 그것은 모든 **타자성**을 "매개"되어야 할, "내부화"되어야 할, 기술적 조작을 통해 지배해야 할 대상으로 환원시키며,

10) Claude Lefort, *Democracy and Political Theory* (Minneapolis: University of Minnesota Press, 1988) 참조.

이로 인한 궁극적 결과는 현재의 생태위기이다. 여기서 오페라의 역사에 대한 참조는 이러한 신화를 기각할 수 있도록 해준다. 칸트에서 헤겔에 이르는 철학이, "근대기 주체성"의 이 정점이, "절대적 주체"를 가정하기는커녕, 자율과 은총의 역설적 접속을—즉 주체의 자율에 대한 바로 그 단언이 **타자**의 공감적 반응에 의존하고 있음을—보여주기 위해 필사적으로 분투했다는 사실을 입증하는 작업을 경유해서 말이다.[11]

주체성과 은총

우리가 의존하는 이 "실재의 응답"은, 그 응답의 제스처를 통해 순수 주체의 심연을 "주체화"해주는 큰타자 속의 이 지탱물은, 헤겔이 "이성의 간지"에 대해 말할 때 염두에 두고 있는 것이다. 주체가 "모든 것을 희생할" 준비가 되어 있다는 것을 헤겔은 이렇게 파악한다. "의식은 자아의 밤=자아의 심연 속으로 되돌려지는데, 이는 자기 말고는 아무것도 구별할 수 없고 아무것도 아는 것이 없다. 따라서 이 감정은 사실상 실체의 상실과 함께 실체와 의식의 대립의 상실을 나타내고 있다."[12] 헤겔에 대한 진부한 비

11) 나중에 보겠지만, 타자에 대한 의존의 구성적 성격을 보여주는 궁극적 증거는 바로 "전체주의"라 불리는 것이다. 그 철학적 토대에서 볼 때 "전체주의"는 은총의 수행적 행위를 스스로 떠맡음으로써 이러한 의존을 극복하려는 주체 편에서의 시도를 지칭한다. 하지만 이에 대해 지불해야 할 대가는 주체의 도착적 자기-대상화이다. 즉 그는 타자의 헤아릴 길 없는 의지의 대상-도구로 변질된다.

12) G. W. F. Hegel, *Phenomenology of Spirit* (Oxford: Oxford University Press, 1977), p. 476. [국역본: 헤겔, 『정신현상학2』, 임석진 옮김, 한길사, 2005, 335쪽.]

판은 그의 관념론의 "닫힌 경제" 속에서 이 상실이 자기동일적인 주체-실체라는 새로운 긍정성으로 자동적으로 복귀한다는 비판이다. 하지만 우리는 이 반전의 역설을 놓치지 않도록 특별히 유의해야 한다. 한편으로 희생은 결코 꾸민 것이 아니다. 즉 그것은 행복한 결말에 대한 절대자의 보증에 의지할 수 있는 게임의 일부가 아니다. 헤겔은 여기서 아주 분명하며, 애매하지 않다. 이와 같은 자아의 밤=자아로의 되돌려짐의 경험 속에서 죽는 것은 궁극적으로 실체 자체, 즉 무대 뒤에서 끈을 조종하는 초재적 작인으로서의 신이다. 따라서 죽는 것은, 정확히, 자신의 "간지"를 통해 역사 과정의 행복한 결말을 보증해주는 이성으로서의 신—요컨대, 으레 헤겔에게 귀속되는 개념인바, 절대적 주체-이성—이다. 여기서 헤겔의 기독교 해석은 보기보다 훨씬 더 전복적이다. 헤겔은 신의 인간-되기라는 기독교적 개념을 어떻게 파악하는가? 그는 신과 인간의 동등함의 기호를 어떤 층위에 놓는가? 인간 안의 "신성"을 인간 안에 있는 영원하고 고상한 어떤 것으로 보는 통상적인 견해와는 근본적으로 대립되는 층위에 놓는다. 신이 인간이 될 때, 신은 고통을 겪는 죄 많은 사멸자로서의 인간과 동일화한다. 이런 의미에서 "신의 죽음"은 주체가 실체적 이성 속의, 큰타자 속의 그 어떤 보증물도 없이 홀로인 자기 자신을 진실로 발견한다는 것을 의미한다.

그렇지만 다른 한편으로—그리고 바로 여기에 역설이 있는 것인데—이것은 여하한 종류의 실존적 절망과, 근본적 위험의 "개방성"("모든 것이 위태롭게 걸려 있을 때 은총은 개입할 수도 하지 않을 수도 있다")과 전혀 무관한 것이다. 즉 자비로의 반전은 자동적으로 뒤따른다. 그것은 우리가 진정으로 모든 것을 위태로운 내기에 걸어놓는 순간 발생한다. 왜인가? 좀 더 정확히 말해서: 왜 표준적인 데리다적 물음("반전이 찾아오지 않는다면, 근본적 상실 뒤에 그 어떤 '실재의 응답'도 따르지 않는다면 어찌할 것인가?")은 여기서 전적으로 부적절한가? 한 가지 설명만 가능하다. 은총을 통한 상실에서 구원으로의 반전은 순수하게 형식적인 전환 행위다. 즉 은총의 개입은 선행하는 상실과는 구별되는 어떤 것이 아니라, 바로 이 상실, 바로 이 동일한 자기포기의 행위가 다른 관점에서 파악되어진 것이다. 기독교와 관련하여 이는 예수의 죽음이 비탄의 날인 동시에 기쁨의 날임을 의미한다. 신-예수는 신자들의 공동체("성령")라는 형태로 다시금 소생할 수 있기 위해서 죽어야만 했다. 신-주인으로서의 "실체" 대신에, 피안에서 군림하는 불가사의한 운명 대신에, 우리는 신자들의 공동체로서의 "실체"를 얻는다. 바로 이러한 의미에서 "상처는 당신을 찌른 그 창에 의해서만 치유된다." 신의 죽음은 신의 부활이다. 예수를 죽인 무기는 성령이라는 기독교적 공동체를 창조한 도구이다.

그리하여 주체성은 일종의 원환고리를, 악순환을, 어떤 경제적 역설을 내포하는바, 이는 다양한 방식들로, 헤겔의 방식, 바그너의 방식, 라캉의 방식으로 묘사될 수 있다. 라캉: 거세는 **사물**-향유가 욕망의 사다리에서 재획득되기 위해서 상실되어야만 한다는 것을, 즉 상징적 질서가 자기 자신의 구성적 빚을 되찾는다는 것을 의미한다. <파르지팔>의 바그너: 상처는 당신을 찌른 그 창에 의해서만 치유된다. 헤겔: 실체의 직접적 동일성은 주체적 매개 작업을 통해 재획득되기 위해서 상실되어야만 한다. 우리가 "주체"라고 부르는 것은 궁극적으로 이 경제적 역설—혹은 좀더 정확히, 단락—에 대한 이름인데, 그로써 **가능성의 조건들은 불가능성의 조건들과 일치한다.** 주체를 구성하는 이 이중구속은 칸트에 의해 최초로 명시적으로 표현되었다. 초월적 통각의 "나"는 "생각하는 **사물**"로서 스스로에게 접근불가능한 바로 그 정도까지 "자기의식적"이라 할 수 있으며, 스스로를 자유롭고 자발적인 행위자로서 경험할 수 있다. 실천이성의 주체는 최고선에의 그 어떤 직접적 접근도 그에게 금지되어 있는 바로 그 정도까지 도덕적으로(의무에서) 행위할 수 있다. 기타 등등. 이러한 역설들의 요점은 우리가 "주체화"라 부르는 것(호명 속에서 자기 자신을 인지하는 것, 부과된 상징적 위임을 떠맡는 것)이 주체"인" 심연/간극에 대항한 일종의 방어 기제라는 것이다. 알튀세르적인 이론은 주체를 이데올로기적 (몰)인지의 효과로 파악한다. 이에 따르면 주체는 그 자신의 인과성을 비가시적으로 만드는 행위 속에서 출현한다. 오페라에 대한 참조는 주체성의 차원을 규정하되 알튀세르적인 호명의 순환은 아닌 어떤 악순환의 윤곽을 식별할 수 있게 해준다. 순환의 폐쇄라는, 호명 속에서의 (몰)인지라는 알튀세르적인 계기는 "주체 없는 과정"의 직접적 결과가 아니라, 주체성의 바로 그 상처를 치유하기 위한 시도이다.

우리는 주체와 주체성의 이러한 적대를 칸트의 세 비판 모두에서 만난다. "순수이성"의 영역에서 순수 통각의 주체—$, 텅 빈 "나는 생각한다"—는 필연적으로 초월적 가상에 빠져들게 되며, 스스로를 "생각하는 **실체**"로 오인한다. 즉 자기의식을 통해 사물 자체로서의 자기 자신에 접근한다고 잘못 가정한다. "실천이성"

의 영역에서 도덕적 주체—정언명령의 보편적 형식에 종속되어 있고 그것에 의해 구성되는 주체—는 필연적으로 최고선이라는 가상*Schein*의 먹잇감이 되고, 어떤 "정념적" 내용을 도덕적 활동의 목적이자 추동력으로 고양시킨다. "판단력"의 영역에서 반성하는 주체는 목적론적 판단의 순전히 규제적인 본성을—즉 이 판단이 현실 그 자체가 아니라 단지 현실에 대한 주체의 반성적 관계에만 관여한다는 사실을—필연적으로 놓치며, 목적론을 현실 그 자체에 속하는 어떤 것으로서, 그것의 구성적인 규정으로서 오독한다. 세 경우 모두에서 핵심적인 특징은 주체의 환원불가능한 분열이다. 순수이성에서 $ 와 실체적 "인격" 사이의 분열, 실천이성에서 의무를 위해 의무를 이행하는 것과 어떤 최고선에 봉사하는 것 사이의 분열, 그리고 판단력에서 현상을 초감성적 이념과 분리시키는 틈새의 숭고한 경험과 이 틈새를 미와 목적론을 경유하여 "상류화gentrification"하는 것 사이의 분열. 세 경우 모두에서 "빠져들기lapse"는 주체에서 주체화로의 이동을 지칭한다. 인식하는 주체로서의 나의 능력에서 나는 나 자신을 그 내용적 충만함에서의 "인격"으로서 인지함으로써 나 자신을 "주체화한다". 도덕적 주체로서의 나의 능력에서 나는 나 자신을 어떤 실체적 최고선에 종속시킴으로써 나 자신을 "주체화한다". 반성하는, 판단하는 주체로서의 나의 능력에서 나는 우주의 목적론적이고 조화로운 구조 속에서 나의 자리를 확인함으로써 나 자신을 "주체화한다". 세 경우 모두에서 이 "빠져들기"의 논리는 환영의 논리이다. 그 메커니즘이 폭로될 때조차도 계속해서 작용하는 환영의 논리. 나는 목적론적 판단이 현실에 대한 진정한 인식이 아닌 한낱 주체적 반성의 지위라는 것을 (어쩌면) 알고 있다, 하지만 그럼에도 불구하고 나는 목적론적 관찰을 그만둘 수가 없다. 따라서 세 경우 모두 칸트적 주체는 일종의 이중구속에 붙잡혀 있다. 실천이성에서 칸트적인 "Du kannst, denn du sollst!"("당신은 해야만 하므로 할 수 있다!")의 진정한 초자아적 역전이 "당신은, 당신이 할 수 없다는 것을, 그것이 가능하지 않다는 것을 알고 있음에도 불구하고 해야만 한다!"라는 것은 분명하다. 즉 결코 만족될 수 없으며 그러한 것으로서 주체에게 영원한 분열을 선고하는 불가능한 요구. 반대로 목적론에서 "당신은 그것을 하지 말아야 한다는 것을 안다, 하지만 당신은 그렇게 할 수가 없다."

이를 다른 방식으로 표현하자면, (목적론으로의, 최고선이라는 실체적 개념으로의) "빠져들기"는 $로서의 주체의 상처를 치료하려는, 사물을 접근불가능하게 만드는 틈새를 메우려는 시도이다. 그것은 주체를 "존재의 대사슬" 속에 다시 들어앉힌다. 그리고 바로 이 이중구속은 걸림돌로 작용하기는커녕, 철학적 문제틀이 더욱 전개되기 위한 지레로 기능했다. 다시 말해서 칸트의 장점은 칸트의 비판가들의 통상적 표적인 바로 그 특징으로 이루어진다. 한 번의 동일한 제스처로 그의 철학은 사물을 위한 공간(가능성, 필요)을 열어놓는 동시에 이 사물을 접근불가능하고/거나 성취불가능한 것으로 만든다. 그 열림이 동시에 취소라는 대가를 치러야만 가능한 것인 양 말이다.[13] 칸트의 동시대인이었던 마이몬은 칸트

13) 정립하기와 보류하기의 이 동시성은 미적인 것에 대한 칸트의 이론에서 어쩌면 가장 순수하게 표현되고 있는지도 모른다. 거기서 처음에는 근본적 특징으로서 정립되었던 것이 잇따라 네 차례 취소된다. 목적 없는 합목적성, 등등.

의 이성과 감성의 이원론이 (흄의 회의주의에서 벗어나기 위한) 초월적 전회의 필요를 만들어내는 동시에 이를 불가능하게 한다는 점을 지적한 최초의 인물이었다. 동일한 방식으로, 칸트는 통상 사물 자체를 우리 인식의 필수적 전제(초월적 격자에 의해 형식이 부여될 "재료"를 제공하는)로 파악하는 동시에 우리 인식으로는 접근불가능한 것으로 만든 것 때문에 비판받는다. 또 다른 층위에서 보면, 순수한 윤리적 행위는 도덕적 명령에 의해 무조건적으로 부과되는 동시에 그 실천적 목적에도 불구하고 우리의 그 어떤 행위에서도 "정념적" 고려사항들의 전적인 부재를 결코 확신할 수 없기 때문에 성취불가능한 것으로 남아 있는 어떤 것이다. 필요하기도 하고 동시에 불가능하기도 한 이 존재자는 라캉적 실재이다.[14] 그리고 칸트를 헤겔과 분리시키는 선은 여기서 겉보기보다 훨씬 더 가늘다. 헤겔이 했던 전부는 가능성의 조건들과 불가능성의 조건들의 이와 같은 일치를 그 결론으로까지 가지고 가는 것이었다. 정립하기와 금지하기가 절대적으로 일치한다면, 사물 자체

---

14) 야콥 로고진스키는 ("Kant et le régicide", *Rue Descartes* 4 [Paris: Albin Michel, 1992], pp. 99-120에서) 어떻게 칸트의 정치 철학에서 대상을 정립하기와 취소하기의 이러한 동시성이 "정치적 이성의 이율배반"이라는 형식을 취하는가를 지적했다. 한편으로 권력은 국민(권력의 신민들의 총체)에 속한다. 아무도 국민을 착취할 수 없으며, 권력의 자리에 대한 그 어떤 참칭자(예컨대, 왕)도 정의상 폭군이다. 다른 한편, 국민의 편에서 스스로를 현실적이고 긍정적으로 주어진 주권자로서 직접적으로 단언하려는 일체의 시도는 필연적으로 그 반대로 역전되어서 공포라는 근본악으로 끝나고 만다. 이는 프랑스 혁명에 대한 칸트의 애매한 관계의 이유이다. 즉 그에게 그것은 숭고한 열정의 대상인 동시에(국민의 주권을 권력의 유일하게 적법한 담지자로서 긍정하는 것), 사유할 수 없는 악마적인 악(자코뱅파의 공포 통치)의 지점이었다. 따라서 칸트와 민주주의의 친밀한 연계는 재확증된다. 이 "정치적 이성의 이율배반"의 해결책은 단순히 권력의 텅 빈 자리라고 하는 민주주의적 개념에 해당하는 것이다. 민주주의는 국민을 유일하게 적합한 주권으로서 보는 동시에 여하한 실정적 행위자가 주권의 이 자리를 차지하는 것을 막는다.

에 대한 그 어떤 필요도 없다. 즉 그럴 경우 **즉자**의 신기루는 금지의 바로 그 행위에 의해 창조되는 것이다.

그리고 정립하기와 금지하기의 바로 이 동일한 절대적 동시성이 라캉적 대상 *a*, 욕망의 대상-원인을 정의하지 않는가? 바로 이러한 의미에서 라캉은 칸트의 비판적 기획을 완수한다고 말할 수 있겠다. 앞 세 비판의 토대인 네 번째 비판, "순수 욕망 비판"으로 그것을 보충함으로써 말이다.[15] 욕망은 "정념적인"(실정적으로 주어진) 대상에 대한 욕망으로 파악되기를 멈추는 순간—출현이 물러남과 일치하는 대상, 즉 자기 자신의 퇴각의 흔적에 다름 아닌 대상에 대한 욕망으로서 정립되는 순간—"순수"해진다. 여기서 명심해야 하는 것은 이 칸트적 입장과 전통적인 "정신주의적" 입장의 차이이다. 후자는 감성적 특수성에 대한 일체의 애착에서 자유로운 상태에서 무한성을 추구하는 입장(어떤 개인에 대한 사랑에서 미 자체의 이데아에 대한 사랑으로 스스로를 고양시키는 플라톤적 사랑 모델)이다. 칸트적인 "순수 욕망"은, 그와 같은 영화靈化된 천상의 욕망의 또 다른 판본에 해당하기는커녕, 주체의 유한성의 역설에 갇혀있다. 주체가 자신의 유한성의 한계를 침범하여 예지적 영역 속으로 발을 들여놓는 일을 성취할 수 있다면, 그의 욕망을 "순수한" 것으로서 구성한 바로 그 숭고한 대상은 상실되고 말 것이다(우리는 칸트의 실천 철학에서도 동일한 역설과 조우한다. 우리가 도덕적 행위를 할 수 있도록 만드는 것은 사물의 바로 그 접근불가능성이다).

15) Bernard Bass, "Le désir pur", in *Ornicar?* 38 (Paris, 1985) 참조.

모차르트에서 바그너로

하지만 이야기는 이 지점에서 결코 끝난 것이 아니다. 모차르트 오페라의—그것의 기본 매트릭스에서 시작해서 그것의 변이들을 거쳐서 <마술피리>의 행복으로의 최종적 반전에까지 이르는—노선은 바그너 오페라에서 어떤 다른 층위에서 반복된다. 모차르트와 바그너 사이의 잃어버린 고리를 제공하는 것은 베토벤의 <피델리오>이다. 한편으로 가장 순수한 자기희생의 제스처에 뒤따르는 자비의 개입이 있다. 사악한 형무소장이 고귀한 플로레스탄을 죽이려고 할 때, 남자로 분장을 하고는 "피델리오"라는 거짓 이름으로 간수의 사환으로 고용된 플로레스탄의 충실한 아내 레오노레는 그 둘 사이에 끼어들어가 자신의 몸을 던져 플로레스탄의 방패가 되며 진짜 정체를 드러낸다. 피자로가 그녀를 죽이려는 바로 그 순간 나팔 소리가 들리면서 플로레스탄을 풀어주러 온 선한 왕의 사자인 장관이 도착했음을 알린다. 다른 한편 우리는 여기서 이미 바그너의 기본 매트릭스의 핵심적 계기와 조우한다. 즉 여자의 자발적인 자기희생을 통한 남자의 구원.[16] 부르주아 커플이 고양되는 정점인 <피델리오> 전체가 여자의 구원적 희생의 숭고한 순간을 향하고 있다고 말하고 싶기조차 한데, 그 결과는 이중적이다. 이 고양된 윤리적 열광 때문에 <피델리오>는 언제나 일종의 마법적 아우라에 둘러싸여 있었다(<피델리오> 공연이

---

16) <피델리오>의 이 매개적 역할은 전기적 차원에서도 확인될 수 있다. 잘 알려진 이야기지만, 베토벤의 피델로 역을 맡은 위대한 소프라노 빌헬미네 슈레더-데프리엔트가 젊은 바그너에게 미쳤던 깊은 인상은 그로 하여금 극장을 위한 작곡가가 되겠다는 결심을 하게 했다. <네덜란드인>의 젠타 역은 슈레더-데프리엔트를 위해 일부러 씌어졌다.

쇄신된 비엔나 오페라의 개시를 알렸던 1955년, 비엔나에는 유언비어가 돌기 시작했는데, 이는 다시 걸을 수 있게 된 절름발이와 시력을 되찾은 맹인에 관한 것이었다). 하지만 윤리적 제스처에 대한 이와 같은 바로 그 강박은 일종의 "심미적인 것의 윤리적 중지"를 함축하고 있다. 결정적 순간에 막이 내려가고 본연의 오페라 대신에 교향악 간주곡이 연주된다. 이 후자만이 숭고한 고양의 강렬함을 묘사할 수 있는 것이다(장관이 도착하는 결말부와 환호에 찬 피날레 사이에 통상 연주되는 서곡 「레오노레」 3번). 마치 이러한 고양은 "재현가능성의 고려"를 충족시키는 데 실패하는 양, 마치 그러한 고양 속의 무언가가 연출에 저항하는 양 말이다.17)

바그너의 우주로의 이동이 발생하기 위해서는 단지 남자와 여자 모두를 어떤 "정념성"으로 얼룩지게 하기만 하며 된다. 구원되어야 할 남자는 더 이상 무구한 영웅이 아니며 고통당하는 죄인, 죽음이 허락되지 않은 일종의 방황하는 유대인인데, 왜냐하면 그는 어떤 말 못할 과거의 위반 때문에 두 죽음 사이의 영역에서 끝없이 유랑하도록 저주받았기 때문이다. (레오노레의 환영이 나타나기 전 <피델리오>의 제2막을 여는 유명한 아리아에서 "자신의 의무를 다했다"(*ich habe meine Pflicht getan*)는 것을 거의 강박적으로 되풀이하는 플로레스탄과는 대조적으로, 바그너적인 영웅은

---

17) 이중창 "말할 수 없는 기쁨"과 피날레 사이에 있는, 관현악으로 메워지는 그 중간에, 내려진 장막 뒤에서 발생하는 일은 "빅뱅"이라고 짐작하는 것이 안전할 것이다. 즉 그것은 플로레스탄과 레오노레이 오랫동안 미루어두었던 성행위이다. 사적인 것과 공적인 것의 변증법적 긴장과 관련하여 <피델리오>는 부부간의 "사적인" 사랑에 대한 단언이 정치적 자유에 대한 신의를 공언하는 공적 행위의 무게를 지니는 유토피아적 순간을 표시한다.

자신의 의무에 일치해서, 자신의 윤리적 위임에 일치해서 행위하는 데 실패했다.) 이 실패한 호명에 대한 대위점은 영웅의 구원자인 여자가 틀림없는 히스테리의 특징을 획득한다는 것이며, 따라서 우리는 일종의 이중화된, 거울반영된 환상을 갖게 된다. 한편으로 <방황하는 네덜란드인>은 "젠타가, [<로엔그린>에서] 엘자가 기사를 불러냈듯이 네덜란드인을 불러내어, 그의 눈을 응시하면서 서있을 때, 네덜란드인이 자신의 그림 밑으로—혹은 어쩌면 그림 바깥으로—발걸음을 내딛는 순간으로 환원될 수 있을 것이다. 오페라 전체는 이러한 순간을 시간 속에 전개하려는 시도 이상의 그 어떤 것도 아니다."[18] (그리고 <트리스탄과 이졸데>의 위대한 마지막 막은 이러한 환영의 역이지 않은가? 이졸데의 출현은 죽어가는 트리스탄이 불러내는 것 아닌가? 바로 그렇기 때문에, 최근의 두 바그너 공연에서 그 부분을 무대 위의 인물들 중 한 명의 환영으로 전치시킨 것은 참으로 정당한 것이다. 즉 하리 쿠퍼는 네덜란드인을 젠타의 히스테리적 환영으로 해석했으며, 피에르 포넬은 이졸데의 도착과 무아경의 죽음을 죽어가는 트리스탄의 환영으로 해석한다.)[19] 다른 한편, 자신을 희생할 준비가 되어

---

18) Theodor W. Adorno, *In Search of Wagner* (London: Verso Books, 1991), p. 88. 환영은 또한 <로엔그린>의 종결부에서도 작동하고 있다는 점을 염두에 두자. 죽었다고 여겨진 엘자의 동생이 로엔그린의 애타는 기도에 대한 "실재의 응답"으로서 나타난다.

19) 이러한 환영의 논리를 <피델리아>에서, 제2막을 여는 플로레스탄의 유명한 아리아에서 발견하지 않는가? 거기서 레오노레는 플로레스탄의 환영으로서 나타난다. 따라서 나중에 그녀가 "현실에서" 출현하는 것은 그의 환영적 욕망에 대한 일종의 "실재의 응답"이지 않은가? 바그너의 경우 탁월한 환영의 자리는 물론, <탄호이저>의 베누스베르크와 <파르지팔>의 클링조르의 정원 같은, 근친상간적 향유의 장소이다. 두 경우 모두 (남성) 영웅이 "자신의 욕망을 정화"하고 그에 대해 거리를 두는 순간 환영의 주문은 깨지고 그 장소는 허물어진다.

있는 이러한 여자 형상은 분명 보란 듯한 남성적 환영이며, 이 경우는 바그너 그 자신의 환영이다. 마틸데 베젠동크와의 연애와 관련하여 리스트에게 보낸 편지에 나오는 다음 구절을 인용하는 것으로 충분하다. “연약한 여인과의 사랑은 나를 행복하게 만듭니다. 그녀는 나에게 ‘당신을 사랑합니다!’라고 말하기 위해서 고통과 괴로움의 바다로 과감하게 자신을 내던졌습니다. 그녀의 연약함을 알지 못하는 사람은 얼마나 그녀가 고통을 겪어야 했는지 알지 못할 것입니다. 우리가 겪지 않을 수 없었던 것은 없지요. 하지만 그 결과 나는 구원을 받았고, 그녀는 그것을 알기에 행복했습니다.”[20] 그리고 바로 그렇기 때문에 <방황하는 네덜란드인>을 최초의 “진정한” 바그너적 오페라로 보는 것이 정당한 것이다. “두 죽음 사이의” 영역에서 방황하도록 저주받은 고통받는 남자는 여자의 자기희생을 통해 구원받는다. 바로 여기서 우리는 가장 순수한 기본 매트릭스와 만나는 것이며, 이후의 모든 바그너 오페라들은 일련의 변이들을 통해 이로부터 생성될 수 있다.[21] 여기서

---

20) Robert Donington, *Wagner's "Ring" and Its Symbols* (London: Faber and Faber, 1990), p. 265에서 인용.

21) 예컨대 <탄호이저>에서 여자는 자기희생적 여구원자(엘리자베트)와 영웅의 파멸을 야기하는 치명적인 유혹자(비너스)로 분열되어 있다. 여기에 은폐된 진리는 그들이 궁극적으로 동일한 한 명이라는 점이다. 즉 “상처는 당신을 찌른 그 창에 의해서만 치유된다”(이 진리는 <파르지팔>에서 궁극적으로 실현된다. <파르지팔>은 그 두 측면을 쿤드리에서 재결합시킨다). 다른 한편 <로엔그린>은 영원한 고통으로 저주받은 주체의 대립물을 초래한다. 즉 **타자**의 의지의 순수한 대상-도구인, 신이 세상에 개입하는 데 이용하는 도구인 주체. 이러한 등치들은 성적 차이를 위반한다. <마이스터징어>에 나오는 한스 작스가 <트리스탄>에 나오는 마르케 왕의 새로운 판본일 뿐 아니라, 쿤드리는 방황하는 네덜란드인, 이 방황하는 유대인 형상의 마지막 판본이다. 이러한 변형 계열에서 결정적인 전환은 물론 <반지>와 <파르지팔> 사이에서 발생한다. 무지한-능동적인 영웅 지그프리트는 파르지팔, 즉 알고있는-수동적인 영웅으로 바뀌며, 황금의 반지는 성배로 바뀌며, 기타 등등이다.

도 노래의 기본 형식은 한탄. 즉 남자의 불평인데, 이것의 첫 범형적 사례는 방황하는 네덜란드인의 독백이며, 이 독백을 통해 우리는 영원히 유령선을 타고 항해하는 그의 슬픈 운명에 대해 알게 된다. 바그너의 마지막 오페라인 <파르지팔>의 가장 강력한 순간들 또한 어부왕 암포르타스의 두 탄원이다. 네덜란드인의 경우에서처럼 여기서도 한탄의 내용은 오페라의 역사를 여는 한탄과는 거의 정반대이다. 바그너에서 영웅은 죽음에서 평화를 찾을 수 없음을, 즉 영원한 고통의 운명을 한탄한다.[22] <파르지팔>을 마감하는 은총의 제스처, "실재의 응답"은 파르지팔 자신의 행위이다. 그는 마지막 순간 개입하여, 기사들이 암포르타스를 도살하는 것을 막으며, 창으로 그의 고통을 치유해준다. 이야기 줄거리는 이렇다.

그리스도의 피를 담았던 그릇인 성배는 몬살바트 성에 보관되어 있다. 하지만 그 성의 통치자인 어부왕 암포르타스는 상처를 입었다. 그는 쿤드리의 유혹에 저항하지 못하여 성배의 신성함을 배반했는데, 쿤드리는 사악한 마법사 클린그조르의 노예이다. 클린그조르는 성적 충동에 저항하기 위해서 스스로를 거세한 인물이다. 암포르타스가 쿤드리를 껴안고 있는 동안 클린그조르는 그에게서 신성한 창(롱기누스가 십자가 위에 있는 예수를 찌른 창)을 낚아채어 넓적다리에 상처를 입힌다. 이 상처로 인해 암포르타스는 영원한 고통의 삶으로 저주를 받는다. 젊은 파르지팔이 몬살

22) 죽음에 대한 욕망("Lasciate mi morir")은 물론 애초부터 오페라적 주체의 한탄에서 작동하고 있다. 하지만 바그너 이전에 그것은 삶의 비운의 절망이라는 단순한 논리("이 비참함을 견디느니 죽는 편이 낫다")를 따른다. 반면에 바그너적 주체는 이미 "두 죽음 사이의" 영역에 거주한다.

바트 영역으로 들어와서는, 잘못인지를 모르고 백조를 죽인다. 늙고 현명한 구르네만츠는 그를 예언에서처럼 암포르타스를 구원해줄 순진한 바보라고 생각한다. 그는 파르지팔을 성배의 사원으로 데리고 들어간다. 거기서 파르지팔은 암포르타스가 고통스럽게 거행하고 있는 성배 공개 의식을 목격한다. 파르지팔이 이 의식에서 아무것도 이해하지 못하는 데 실망한 구르네만츠는 파르지팔을 내쫓는다. 제2막에서 파르지팔은 클링조르의 마법의 성에 들어간다. 거기서 쿤드리는 그를 유혹하려고 노력한다. 그녀가 키스를 하는 순간 파르지팔은 갑자기 고통을 겪는 암포르타스에 대한 동정심을 느끼고는 그녀를 밀어낸다. 클링조르가 성스러운 창을 그에게 던질 때 그는 손을 들어 창을 멈추게 한다. 그가 쿤드리의 유혹에 저항했으므로 클링조르는 그에게 아무런 힘도 행사할 수 없는 것이다. 파르지팔이 창으로 십자가 기호를 그려서 클링조르의 마법을 물리치자 성은 황야로 변한다. 제3막에서 파르지팔은 수년간 떠돌다가 성 금요일에 몬살바트로 돌아와서 구르네만츠에게 빼앗긴 창을 되찾았음을 알린다. 구르네만츠는 그를 새로운 왕으로 임명한다. 파르지팔은 참회하는 쿤드리에게 세례를 베풀며, 성 금요일의 내적 평화와 고양을 경험한다. 그러고 나서 다시 성배의 사원에 들어가는데, 거기서 덫에 걸려 상처를 입은 동물처럼 격분한 기사들에 에워싸인 암포르타스를 발견한다. 기사들은 그가 성배 의식을 거행하도록 강요하려고 한다. 그렇게 할 수 없는 그는 그들에게 그를 죽여서 고통을 덜어달라고 애원한다. 하지만 마지막 순간 파르지팔이 들어와서 창을 대어 상처를 치유해준다("상처는 당신을 찌른 그 창에 의해서만 치유된다").

그리고는 스스로를 새로운 왕으로 선언하며, 성배를 영원히 공개하도록 명한다. 그러는 동안 쿤드리는 조용히 쓰러져 숨을 거둔다. 그처럼 이상한 중심인물 집합을 보면서 어떻게 최초의 자연발생적 반응으로 (예컨대) 토마스 만처럼 경악을 표현하지 않을 수 있겠는가? "심각한 지경의 불쾌한 타락자들이 연이어진다. 스스로를 거세한 마법사. 키르케와 참회한 막달레나로 이루어진, 강직성 이행 단계를 거치는 필사적인 이중인격자. 순결한 청년의 인격을 통해 도래할 구원을 기다리는, 상사병에 걸린 대사제. '순진한' 바보이며 구원자인 청년 그 자신."[23)]

겉보기에 명백한 이 혼란 덩어리에 어떤 질서를 도입할 방법은 단순히 라캉적 담화 매트릭스의 네 요소들을 참조하는 것이다. S_1, 즉 주인으로서의 상처를 입은 왕 암포르타스. 지식 S_2의 가상으로서의 마법사 클링조르(클링조르의 지위에 속하는 그 가상은 그의 마법의 성의 환영적 성격에 의해 입증된다. 파르지팔이 십자가 기호를 그리자 성은 무너진다).[24)] $\$$, 분열된 히스테리 여자로서의 쿤드리(그녀가 타자에게 요구하는 것은 바로 그녀의 요구를 거절하라는, 즉 그녀의 유혹에 저항하라는 것이다). 대상 *a*, 쿤드리의 욕망의 대상-원인이지만 여성적 매력에 전적으로 무감각한 "순진한 바보" 파르지팔.[25)] 추가적인 섬뜩한 특징은 오페라에서 그

---

23) Lucy Beckett, *Parsifal* (Cambridge: Cambridge University Press, 1981), p. 119에서 인용.

24) 클링조르의 또 하나의 본질적 특징은 그의 자기거세이다. 이는 그가 성적 충동을 지배할 수 없음을 증거한다. 자신의 성욕에 대한 이러한 폭력적인 포기는 셸링의 테제를 확증해준다. 이 테제에 따르면 진정한 악마적인 악은 선보다도 훨씬 더 "정신적"이며, 성욕에 적대적이다. 쿤드리에 대한 클링조르의 정신적 지배는, 그녀의 매력에 대한 그의 무감각은 그의 궁극적 악성에 대한 바로 그 증거이다.

25) 동일한 매트릭스가 모차르트의 <돈 지오반니>의 결정적인 전환점이라고 할 수 있을 제2막의

어떤 본연의 활동도 결여되어 있다는 점이다. 실제로 일어나는 일은 일련의 부정적인/공허한 순전히 상징적인 제스처들이다. 파르지팔은 의식을 이해하는 데 실패한다. 그는 쿤드리의 구애를 거절한다. 그는 창으로 십자가 기호를 그린다. 그는 스스로를 왕으로 선언한다. <파르지팔>의 가장 숭고한 차원은 바로 여기에 있다. 그것은 통상적인(적극적으로 "무언가를 행함"이 동반된) "활동"이 전혀 없이 포기/거절의 행위와 공허한 상징적 제스처 사이의 가장 초보적인 대립에 국한된다.[26] 파르지팔은 두 번의 결정적 제스처를 취한다. 제2막에서 그는 쿤드리의 구애를 거절한다. 제3막에서, 어쩌면 오페라의 핵심적 전환점인 곳에서, 그는 4비트 드럼 연주가 동반되는 가운데 스스로를 왕으로 선언한다("……오늘 나를 왕으로 맞이하라"). 첫 번째 경우는 반복으로서의 행위인데, 이 행위를 통해 파르지팔은 암포르타스의 고통과 동일화하면

6중창이 시작될 때의 그 섬뜩한 변동을 설명할 수 있게 해준다. 무대에 잇따라서 등장하는 네 명의 인물들(엘비라, 레포렐로, 돈 오타비오, 돈나 안나)은 라캉적 담화의 네 위치를 차지하고 있다. 돈나 엘비라는 분열된 주체이며, 자신의 욕망에서 혼동스럽고 자기모순적이다($). 비록 비일관적이기는 하지만 그럼에도 불구하고 그녀의 말은 바로 그 혼동 속에서 깊은 진정성을 지니고 있다—요컨대 히스테리적이다. 레포렐로 또한 모순에 사로잡혀 있다. 하지만 진정성이 없는, 강박적 방식에서 그러하다. 그것은 하인의 거짓된 앎(S_2)을 표현하며, 다시 말해서 교묘한 술수를 통해 모든 궁지에서 빠져나오려는 그의 노력을 표현한다. 나머지 두 위치는 자기일관적이다. 돈 오타비오는 자기확신에 찬 주인(S_1)의 위치이다. 그는 절망적인 돈나 안나를 위로하려고 노력한다. 하지만 그의 위로들은 거만하고 피상적이다. 즉 진정성이 없다. 그의 말은, 레포렐로의 말에 못지않게, 협잡꾼의 말이다. 끝으로, 자기일관적인 동시에 진정성이 있는 주체적 위치. 이는 오직 죽음충동의, "주체적 궁핍"의 위치일 수 있을 뿐이다. 그것은 대상(*a*)의 자리를 자유롭게 떠맡는 위치이다. 장엄한 바로크식 응답을 통해 돈나 안나는 오타비오에게 "죽음만이(*sol'la morte*)" 자신을 달래줄 수 있다고 대답한다.

26) 이에 대한 두 가지 예외(파르지팔이 백조를 죽인 일, 그가 클링조르의 성을 지키는 기사들을 죽인 일)가 있다. 하지만 의미심장하게도 둘 모두 무대 밖에서 일어나며, 우리는 단지 그 결과를 볼 수 있을 뿐이다(무대에 떨어지는 죽은 백조, 전투에 대한 클링조르의 묘사).

서 그 고통을 스스로에게 떠맡는다. 두 번째 경우는 수행으로서의 행위인데, 이 행위를 통해 파르지팔은 성배의 수호자라는 왕의 상징적 위임을 떠맡는다.[27] 따라서 이와 같은 편심적인 것들과 그것들의 (비)행동들의 집합은 우리에게 무엇을 말해줄 수 있는가?

"나는 여러분에게 라멜르에 대해 말할 것입니다……"

암포르타스가 죽음에서 평화를 찾을 수 없게 하는 그 불가사의한 상처를 좀더 면밀히 들여다보는 데서 시작해보자. 이 상처는 물론 그것의 대립물에 대한, 향유의 어떤 잉여에 대한 또 다른

27) 바로 이 순간 파르지팔은 죄에서 벗어난 자연의 무구한 아름다움을 새삼 깨닫게 된다("성금요일의 기적"). 이 "무구한" 자연은 결코 단순히 자연 "그 자체"인 것이 아니다. 주체가 그것에 적합한 태도를 취할 때에만 그것은 "무구한" 것으로 보인다. 혹은, 좀더 예리하게 말해보자면: 자연은 파르지팔이 왕이라는 상징적 위임을 떠맡을 때에만 무구해진다. 파르지팔의 수행적 행위는 주체가 마침내 자연을 그 무구함 속에서 지각할 수 있게 해주는 주체의 "내적 정화"를 등록하고 있는 것이 결코 아니다. 그 행위는 자연 그 자체를 죄에서 사해주는 행위이다. 여기서 <파르지팔>과 <뉘른베르크의 마이스터징어>를 나란히 비교해보는 것도 흥미로울 것이다. 두 경우 모두 결정적인 전환은 제3막 1장에서, "사적인" 장소에서 일어난다. 그리고 그 막의 제2장에 나오는 공적 의식은 단지 형식적인 동의만을 제공하는 것처럼 보이며, 이미 일어난 일에 주목하는 것에 불과한 것처럼 보인다. <파르지팔>에서 이러한 전환은 파르지팔이 새로운 성배의 왕이라는 상징적 위임을 떠맡는 데 있다. <마이스터징어>에서 그것은—다소 놀랍게도—한스 작스와 에바 사이에 있는 긴장이 해소되는 때이다(오랫동안 억압된 유사-근친상간적 열정을 절망적으로 폭발한 연후에 작스는 그녀를 단념하게 되고, 그녀를 발터에게 건네준다). "내적 평화와 화해"의 장면(<파르지팔>의 "성금요일의 기적", <마이스터징어>의 5중창 "아침은 장미빛으로 빛나고")은 결정적인 내적 변화와 공적인 시험(파르지팔의 성배왕위 계승 과정, <마이스터징어>에서 노래 경연) 사이에 나온다. 그것의 기능은 영웅으로 하여금 다가오는 시련을 준비토록 하는 것이라고 말할 수도 있겠다. 하지만 그럼에도 그것은 모든 것이 이미 결정되었음을, 공식 개시 이전에 이미 전투에서 승리했음을 가리킨다.

이름이다. 그것의 윤곽을 좀더 정확하게 그려보기 위해서 라캉에 대한 새로운 책인 리처드 부스비의 『죽음과 욕망』[28]을 우리의 출발점으로 삼아보자. 이 책의 중심 논제는, 궁극적으로 잘못된 논제이지만, 대칭에 대한 요구의 의미에서 매우 만족스러운 것이다. 그것은 마치 퍼즐의 빠진 요소를 제공하는 듯하다. 상상적-실재적-상징적이라는 삼항조는 라캉의 이론적 공간의 기본 좌표들을 나타낸다. 하지만 이 세 차원은 결코 동시적으로, 순수한 공시성에서 파악될 수 없다. 즉 우리는 (미적-윤리적-종교적이라는 키르케고르적 삼항조에서처럼) 언제나 한 번에 한 쌍을 선택하지 않을 수 없다. 상징적 대 상상적, 실재적 대 상징적. 지금까지 지배적이었던 라캉 해석들은 상상적-상징적이라는 축을 강조하거나 (1950년대 라캉에게서, 상상적 자기기만에 대립되는 상징화, 상징적 실현) 아니면 상징적-실재적이라는 축을 강조하는(후기 라캉에게서, 상징화가 실패하는 지점으로서의 실재와의 외상적 조우) 경향이 있었다. 부스비가 라캉의 이론적 건축물 전체에 대한 열쇠로 제시하는 것은, 단순히, 아직 이용되지 않은 세 번째 축이다. 상상적 대 실재적. 다시 말해서, 부스비에 따르면, 거울단계 이론은 연대기적으로 정신분석에 대한 라캉의 첫 공헌일 뿐 아니라 인간의 지위를 정의하는 기원적 사실을 지칭하고 있기도 하다. 인간의 때 이른 탄생과 태어난 후 몇 년 동안의 무력함에 기인한 거울 이미지 속에서의 소외, 이마고에 대한 이러한 고착은 유연한 생의 흐름을 가로막으며, 상상적 자아(온전하지만 부동인 거울

28) Richard Boothby, *Death and Desire* (New York: Routledge, 1991).

이미지, 일종의 정지된 영화화면)를 신체적 충동들의 다형적이고 혼돈된 발아發芽(실재적 이드)로부터 영원히 분리시키는 환원불가능한 간극, 틈새를 초래한다. 이러한 관점에서 볼 때 상징적인 것은 상상적인 것과 실재적인 것 사이의 본래적 긴장과 관련하여 엄밀히 이차적인 것이다. 그것의 자리는 신체적 충동들의 다형적 풍부함의 배제를 통해 열리게 된 공백이다. 상징화는 상상적 동일화로 인해 배제된 신체적 충동들의 실재를 상징적 대리물들을 통해 비추려는, 언제나 파편적이며 궁극적으로 실패할 수밖에 없는, 주체의 시도이다. 따라서 그것은 주체가 추방된 실재의 파편들을 통합하려고 하는 일종의 타협-형성물이다.

이런 의미에서 부스비는 죽음충동을 자아가 상상적 동일화를 통해 스스로를 구성했을 때 추방된 그 무엇의 재출현으로 해석한다. 다형적 충동들의 복귀는 치명적 위협으로 자아에게 경험되는데, 왜냐하면 그것은 실제로 자아의 상상적 동일성의 해체를 함축하기 때문이다. 그리하여 배척된 실재는 두 개의 양태로 복귀한다. 즉 야생적이고 파괴적인 상징화되지 않은 격정으로서 복귀하거나, 혹은 상징적 매개의 형식, 즉 상징적 매체 속에서 "지양된" 형식으로 복귀한다. 부스비 이론의 우아함은 죽음충동을 그것의 정반대로 해석하는 데 있다. 즉 그는 그것을 삶의 힘의 복귀로 해석하며, 자아의 석화된 가면이 부과되었을 때 배제된 이드의 부분이 복귀한 것으로 해석한다. 그리하여 "죽음충동"에서 재출현하는 것은 궁극적으로 삶 그 자체이다. 그리고 자아가 이 복귀를 죽음의 위협으로 지각한다는 사실은, 정확히, 자아의 도착된 "억압적" 성격을 보여준다. "죽음충동"은 삶 그 자체가 자아에 대항하여 반란을 일으킨다는 것을 의미한다. 죽음의 진정한 대리물은 삶의 흐름을 중단시키는 석화된 이마고로서의 자아 그 자체이다.

이러한 것을 배경으로 하여 또한 부스비는 두 개의 죽음에 대한 라캉의 구분을 재해석한다. 첫 번째 죽음은 자아의 죽음이며, 자아의 상상적 동일화들의 해체인 반면에, 두 번째 죽음은 선-상징적인 삶의 흐름 그 자체의 중단을 가리킨다. 그렇지만 여기서, 다른 점에서라면 단순하고 우아한 이 구성물에서 문제가 시작된다. 치러야 할 대가는 이렇다. 즉 라캉의 이론적 건축물은 결국 생철학 *Lebensphilosophie*의 장을 특징짓는 대립으로 환원되고야 만다. 즉 기원적 다형적 생의 힘과 그것이 이후에 응고된 것, 그것이 이마고라는 프로크루스테스의 침대에 억류된 것 사이의 대립으로 환원되고야 만다. 그리고 바로 그렇기 때문에 부스비의 도식에는 근본적인 라캉적 통찰을 위한 자리가 없다. 라캉에 따르면 상징적 질서는, 신체의 실재를 "죽이며mortifying", 그것을 외래적 자동작용에 종속시키고, 그것의 "자연적" 본능적 리듬을 교란시키고, 그로써 욕망의 잉여를, 즉 잉여"로서의" 욕망을 산출한다는 정확한 의미에서 "죽음을 나타낸다". 즉 살아 있는 신체를 "죽이는" 바로 그 상징적 기계가 같은 이유에서 죽임의 대립물을, 불멸의 욕망을, 상징화를 피해가는 "순수한 삶"의 실재를 산출한다.

이점을 분명히 하기 위해, 첫 눈에는 부스비의 논제를 확증하는 것처럼 보일 수도 있는 한 가지 사례를 살펴보자. 바그너의 <트리스탄과 이졸데>. 이졸데의 충실한 하녀 브란게네가 준 미약媚藥은 미래의 연인들에게 정확히 어떠한 효과를 미치는가? "바그너는 트리스탄과 이졸데의 사랑이 미약의 물리적 결과라는 것을 암시하려는 것이 결코 아니다. 그는 단지, 죽음의 독약이라고 상상하는 무언가를 마시고는 땅과 바다와 하늘을 이제 마지막으로 보았다고 믿고 있는 그 둘이 약이 내부에서 작용하기 시작할 때 그들이 오랫동안 느껴왔으나 서로에게 숨겨왔으며 자신들에게도 숨겨온 그 사랑을 자유로운 느낌으로 고백한다는 것을 암시하려는 것이다."[29] 따라서 요점은, 미약을 마신 이후에 트리스탄과 이졸데가 "두 죽음 사이의" 영역에 있게 된다는 것이다. 살아 있으나, 일체의 상징적 속박에서 풀려난 영역에 말이다. 그와 같은 수체적 위치에서만 그들은 그들의 사랑을 고백할 수 있다. 다시 말해서, 미약의 "마술적 효과"는 단순히 "큰타자"를, 사회적 의무들(명예, 서약 등등)의 상징적 현실을 중지시키는 것이다. 이러한 논제는 부스비의 견해와 완전히 일치하지 않는가? 즉 "두 죽음 사이의" 영역을 상상적 동일화 및 그에 부속된 상징적 동일성들이 모두 무효화되고 그리하여 배제된 실재(순수한 삶-충동)가 비록 죽음충동이라는 정반대의 형태로이긴 하지만 그 일체의 힘과 더불어 출현할 수 있는 공간으로 보는 그의 견해와 말이다. 바그너 자신에 따르면, 트리스탄과 이졸데의 열정은 죽음의 "영원한 평화"에 대한 갈망을 표현한다. 그렇지만 여기서 피해야 할 덫은 이 순수한 삶-충동을 상징적 그물망에 붙잡히기 이전에 존재하는 어떤 실체적 존재자로서 보는 것이다. 이 "광학적 환영"으로 인해 우리는 유기체적 "본능"을 죽음에서만 위안을 찾을 수 있는 소멸시킬 수 없는 갈망으로 변형시키는 것이 바로 상징적 질서의 매개 그 자체라는

29) Ernest Newman, *Wagner Nights* (London: The Bodley Head, 1988), p. 221.

사실을 볼 수 없게 된다. 다시 말해서 죽음 너머의 이 "순수한 삶", 생성과 퇴락의 순환 너머에 이르는 이 갈망—바로 그것은 상징화의 산물이며 따라서 상징화 그 자체가 상징화를 피해가는 잉여를 낳는 것 아닌가? 상징적 질서를 거울-동일화에 의해 열리는 상상적인 것과 실재적인 것 사이의 틈새를 메우는 작인으로 파악함으로써 부스비는 그것의 구성적 역설을 회피한다. 상징적인 것 그 자체가 그것이 치유하겠다고 공언하는 그 상처를 열어놓는다는 역설을 말이다.

여기서, 좀더 상세한 이론적 세공의 공간에서 우리가 해야 하는 일은 라캉과 하이데거의 관계에 새로운 방식으로 접근해보는 것이다. 1950년대에 라캉은 하이데거의 "죽음을 향한 존재"(*Sein-zum-Tode*)를 배경으로 해서 "죽음충동"을 읽어내려 했으며, 죽음을 상징화의 내속적이고 궁극적인 한계로서 보았는데, 이는 그것의 환원불가능한 시간적 성격을 설명해준다. 1960년대부터 라캉이 실재를 향해 이동하면서, 궁극적인 전율의 대상으로 출현하는 것은 다름 아닌 "두 죽음 사이의" 영역에서 싹트는 파괴불가능한 삶이다. 라캉은 『정신분석의 네 가지 근본개념들』 제15장 끝에서 그것의 윤곽을 그리고 있다. 거기서 그는 플라톤의 『향연』에 나오는 아리스토파네스의 우화를 모델로 해서 구성된 자기 자신의 신화를 제안한다. 즉 *l'hommelette*(작은 여성적-인간—오믈렛[30])의 신화를 말이다.

30) 물론 라캉은 여기서 "알을 깨지 않고는 오믈렛을 만들 수 없다"는 속담을 암시하고 있다.

신생아가 되는 길에 있는 태아가 출현하는 알의 막이 깨어질 때마다, 잠시 상상해보길 바랍니다. 무언가가 빠져나옵니다. 그리고 우리는 그것을 알을 가지고 할 수 있는 것만큼이나 손쉽게 사람을 가지고도 할 수 있습니다. 즉 *hommelette* 혹은 라멜르.

라멜르는 특별히 평평한 것입니다. 그것은 아메바처럼 움직입니다. 그것은 단지 조금 더 복잡할 뿐입니다. 하지만 그것은 어디에나 갑니다. 그리고 그것은 유성적 존재가 그 유성성 속에서 상실하는 그 무엇과 연관된 어떤 것이므로, 유성적 존재들과의 관계에서의 아메바처럼 불멸적입니다. 왜냐하면 그것은 그 어떤 분할이나 분열 생식적 간섭 이후에도 살아남기 때문입니다. 그리고 그것은 돌아다닐 수 있습니다.

자! 이것은 그렇게 위안을 주지 않습니다. 하지만 당신이 조용히 잠자고 있는 동안 그것이 다가와서 당신 얼굴을 덮는다고 가정해봅시다.

어떻게 우리가 이러한 속성들을 지닐 수 있는 존재와의 싸움에 참가하지 않을 수 있을지를 나는 알지 못합니다. 하지만 그렇게 형편 좋은 싸움은 아닐 것입니다. 존재하지 않은 것을 특징으로 하는 하지만 그럼에도 불구하고 하나의 기관인 이 라멜르, 이 기관은…… 리비도입니다.

그것은 순수한 삶 본능으로서의 리비도입니다. 다시 말해서 불멸적 삶으로서의, 혹은 억압할 수 없는 삶으로서의, 그 어떤 기관도 필요로 하지 않는 삶, 단순화되고 파괴불가능한 삶으로서의 리비도입니다. 그것은 정확히 살아 있는 존재가 유성적 재생산 주기에 종속된다는 사실로 인해서 그 살아 있는 존재로부터 감해지는 그 무엇입니다. 그리고 열거될 수 있는 대상 *a*의 모든 형태들은 바로 이것의 대리물, 이것의 등가물입니다. 대상 *a*들은 단지 그것의 대리물, 그것의 형상입니다. 가슴은—애매한 것으로서, 포유류 유기체의 한 요소로서, 예컨대 태반으로서—개인이 태어날 때 상실하는, 그리고 가장 심오한 상실된 대상을 상징하는 데 이바지할 수도 있는, 개인 자신의 저 부분을 대리합니다.[31]

여기서 우리가 발견하는 것은 상호주체성 이전의 **타자성**이다. 주체가 이 아메바 같은 피조물과 맺고 있는 "불가능한" 관계는 라캉이 $\$\diamond a$라는 공식으로 궁극적으로 겨냥하고 있는 것이다.[32] 이점을 분명히 할 가장 좋은 방법은 아마도 라캉의 기술이 틀림없이 환기시킬 대중문화에서의 연상들을 이용해보는 것이다. 리들리 스콧의 <에일리언>에 나오는 에일리언은 가장 순수한 "라멜르" 아닌가? 라캉의 신화의 모든 핵심적 요소들이 그 영화의 실로 끔찍한 첫 장면에 포함되어 있지 않은가? 미지의 행성의 자궁 같은 동굴 속에서 "에일리언"이 알 모양의 구체를 뚫고 튀어나와 존 허트의 얼굴에 달라붙는다. 주체의 얼굴을 덮는 이 아메바 같은 납작한 피조물은 그것의 한낱 대리물, 그것의 형상들에 불과한 일체의 유한한 형태들(영화에서 나중에 "에일리언"은 다양한 상이한 형태를 취할 수 있다) 너머의 억압불가능한 삶을, 불멸적이고

31) Jacques Lacan, *The Four Fundamental Concepts of Psycho-Analysis* (New York: Norton, 1979), pp. 197-198.
32) 여기서 라멜르와 관련해서 우리는 그것을 성급하게 모체와 동일시하는 덫에 빠지지 말아야 한다. 프로이트 자신이 한 편지에서 지적했듯이, 분신(과 라멜르)의 모델은 어머니가 아니라 오히려 태반—태어나는 순간 신생아와 어머니가 동시에 상실하는 아이의 신체의 저 부분—이다.

파괴불가능한 삶을(한 과학자가 허트의 얼굴을 덮은 피조물의 다리를 메스로 절개하는 순간의 불쾌한 전율을 상기하는 것으로 족하다. 거기서 나오는 액체는 금속성 바닥 위로 떨어지고 즉각 바닥을 부식시킨다. 그 무엇도 그것에 저항할 수 없다).[33]

우리를 다시 바그너로 돌아가게 하는 두 번째 연상은 지버베르크의 <파르지팔> 영화 판본에 나오는 어떤 디테일이다. 지버베르크는 암포르타스의 상처를 외화된 것으로, 하인들이 그 앞에 있는 베개 위에 가져다놓는 것으로, 피가 계속해서 떨어지는 질 모양의 부분 대상 형태로(속되게 말하자면, 끝없이 벌렁거리는 질로서) 묘사한다. 이 맥동하는 열림—기관이면서 동시에 완전한 유기체이기도 한 어떤 것(공상과학 소설 시리즈에 나오는, 독자적으로 살아가는 거대한 눈 같은 모티브를 생각해보기만 해도 좋을 것이다)—은 파괴불가능한 것으로서의 삶을 축도하고 있다. 암포르타스의 고통은 죽을 수 없다는, 영원한 괴로움의 삶을 선고받았다는 바로 그 사실에 있다. 마지막에 파르지팔이 그의 상처를 "상처를 낸 창"으로 치유할 때 암포르타스는 마침내 죽어서 쉴 수 있게 된다. 암포르타스 자신 바깥에서 죽지-않은 사물로서 존속하

33) <에일리언>의 2편에서 상실되는 것은 바로 이러한 "라멜르"의 물리적이고 구체적인 충격 효과이다. 그리고 바로 그렇기 때문에 이 후속편은 원래의 <에일리언>에 비해 무한하게 열등하다. <에일리언3>은 두 개의 핵심 특징들 때문에 훨씬 더 흥미롭다. 첫째, "에일리언" 모티브의 이중화(그녀 자신이 남성 유형지의 에일리언인 리플리는 그녀의 몸 안에서 "에일리언"을 운반한다). 둘째, 영화를 종결짓는 자살적 제스처(<에일리언> 1편에서 존 허트의 몸에서 튀어나온 방식으로 자신의 가슴에서 조만간 튀어나오게 되어 있는 "에일리언"을 이미 임신하고 있다는 사실을 알게 되었을 때 리플리는 뜨거운 쇳물 속에 자신을 내던진다. 이는 "그녀 안에 있는 그녀 자신보다 더한" 그 무엇, 대상 *a*, 그녀 안에 있는 잉여-대상을 파괴할 수 있는 유일한 길이었다).

는 그의 이 상처는 "정신분석의 대상"이다.[34]

바그너적 수행문

그렇다면 <방황하는 네덜란드인>이 바그너적 우주의 기본 매트릭스—여자의 자기희생을 통한 남자의 구원—를 제시한다면, 그의 마지막 오페라 <파르지팔>은 일련의 변이들의 결론 지점으로서 볼 수 있을 것이다. 모차르트의 <마술피리> 같은 더 없이 행복한 예외의 지점으로서 말이다.[35] <마술피리>와 <파르지팔>의 평행관계는 상식이다. 베르히만의 <마술피리> 영화 판본에 나오는 멋진 디테일을 떠올려보는 것은 족하다. 1막과 2막 사이에서 잠깐 쉬는 시간에, 사라스트로 역으로 노래하는 배우는 <파르지팔>의 악보를 공부한다. 두 경우 모두 처음에는 아무것도 모르는 젊은 영웅이 시험을 성공적으로 통과한 후에 늙은 사원의

---

34) 지버베르크의 <파르지팔>에서 좀더 일반적으로 관심을 끄는 것은 **동일화 없는 호명**이라 불릴 수 있을 그 특별한 이데올로기 전복 양태에 있다(동일한 역설은 또한 프란츠 카프카의 소설들에서도 작동한다. 지젝, 『이데올로기의 숭고한 대상』 제5장 참조). 주체는 자신이 무엇으로 호명되었는지를 알지 못하면서, 그 어떤 동일화의, 자기인지의 지점도 제공받지 못한 채 호명당한 것을 발견한다. 그리고 바로 이러한 "텅 빈" 호명은, **타자**가 실제로 우리에게서 무엇을 원하는지에 대한 아무런 명백한 표시도 결여된 채로 우리가 호명되고 호출되었다는 이 불분명한 관념은 강렬한 죄책감을 발생시킨다. 그리하여 **타자**로부터 나오는 "Che vuoi?"는 충족되지 않은 채 남는다. 혹은, 이를 달리 표현하자면, 지버베르크의 <파르지팔>은 바로크적인 상징들의 풍부함을 통해 우리를 압도하는데, 그 속에서 우리 관람자들은 일관된 메시지를 헛되이 찾는다. 이러한 과잉풍부는 역설적이게도 의미의 효과를 가로막으며 라캉이 *jouis-sense*, 즉 의미 속의 향유라고 불렀던 그 무엇을 초래한다.

35) 바그너의 <파르지팔>에 대한 일반적 입문서로는 Luch Beckett, *Parsifal* (Cambridge: Cambridge University Press, 1981) 참조.

지배자를 대신한다(사라스트로는 타미노에 의해 대체되며, 암포르타스는 파르지팔에 의해 대체된다). 심지어 자크 사이에는 적절한 변항을 삽입하기만 하면 <마술피리>나 <파르지팔> 어느 한 쪽의 이야기를 얻을 수 있도록 독특한 내러티브를 구성했다. "동쪽에서 온 왕자 (파르지팔/타미노)는 그의 (어머니/아버지)를 떠나 미지의 (기사들/왕국)을 찾는다", 등등.[36] 내러티브 내용상의 이러한 평행관계보다 한층 더 핵심적인 것은 두 오페라의 입문식적 특성이다. 처음에는 무의미한 사태 급변에 불과해 보이는 사건들(파르지팔이 백조를 쏘아 떨어뜨린 사건, 타미노가 용과 싸우고 이 대결에 뒤이어 잠시 의식을 잃는 것 등등)은 입문 의식으로 보는 순간 이해가능해진다. 따라서 <마술피리>와 <파르지팔> 모두에서, 행복으로의 반전에 대한 대가는 행동의 "실체변환"이다. 외적인 사건들은 해독되어야 할 불가사의한 기호들로 변한다. 대부분의 해석가들은 이와 같은 알레고리화의 덫에 빠져서 <파르지팔>의 독해를 위한 비밀 코드를 제공하려고 한다(사이에는 거기서 프리메이슨의 입문식의 무대화를 본다. 반면에 로버트 더닝턴은 융적인 해석을 제공한다. 즉 그에 따르면 <파르지팔>은 영웅의 심리의 변모에 관한 알레고리이며, 근친상간적 폐쇄를 입문식을 통해 깨고 나와서 "영원한 여성성"과 궁극적으로 화해하기에 이르는 그의 내적인 여행에 관한 알레고리이다. 기타 등등). 그렇지만 우리의 목적은 해독의 유혹에 저항하는 것이다. 그렇다면 어떻게 나아갈 것인가?

---

36) Jacques Chailley, *"Parsifal" de Richard Wagner: Opéra initiatique* (Paris: Editions Buchet/Chastel, 1986), pp. 44-45.

레비나스의 변별화 접근법이 한 가지 길을 제공해준다. 즉 우리는 <파르지팔>을 바그너의 이전 오페라들만이 아니라 성배 신화의 전통적 판본과도 변별시키는 저 특징들에 초점을 맞추어야 한다. <네덜란드인>과의 차이는 여기서 고통을 겪는 영웅—어부왕 암포르타스—이 여자가 아니라 "순진한 바보" 파르지팔을 통해 구원받는다는 데 있다. 그래서 그 차이는 여성차별적 반전에 있다는 것인가? 바그너의 <파르지팔>의 주된 수수께끼—그리고 동시에 그것에 대한 열쇠—는 바그너가 원래의 파르지팔 전설의 핵심적 요소를, 이른바 질문 시험을 이용하지 않았다는 사실이다. 원래 전설에 따르면 파르지팔은 성배 의식을 처음 목격할 때 자신이 보고 있는 광경—불구가 된 왕, 이상한 마법의 그릇의 전시—에 당혹스러워했으며, 존경심과 경외감 때문에 그 모든 것의 의미에 대한 질문을 삼간다. 나중에 그는 그 때문에 그가 치명적 잘못을 저지른 것임을 알게 된다. 그가 암포르타스에게 어떻게 상처를 입었으며 성배가 누구를 위한 것인지를 질문했다면, 암포르타스는 고통에서 구원되었을 것이다. 일련의 시련을 겪은 이후에 파르지팔은 어부왕을 다시 찾아와 적절한 질문을 하며, 그리하여 그는 구원을 받게 된다. 더 나아가 바그너는 성배 의식을 성배의 전시로 축소하여 단순화시킨다. 그는 원래 전설의 그 섬뜩한 꿈같은 장면을 빠뜨리는데, 이 장면은 한 젊은 친구가 저녁 만찬에 어부왕의 성에 있는 홀을 미친 듯이 반복적으로 뛰어다니고, 창끝에서 핏방울이 떨어지는 창을 과시하며, 그리하여 참석한 기사들에게서 의례주의적인 전율과 비탄의 외침을 이끌어내는 장면이다.

이것은 가장 순수한 강박신경증적 의식儀式이며, 프로이트가 언급한 서른 살의 결혼한 여자 사례와 유사하다. "그녀는 자기 방에서 나와 옆에 있는 다른 방으로 달려간 다음, 방 한가운데 놓인 탁자 옆에 어떤 특정한 자세로 기대서서 초인종으로 하녀를 불렀습니다. 그런 후에 사소한 심부름을 시키거나 아니면 아무 지시도 내리지 않은 채 하녀를 돌려보낸 다음, 다시 자기 방으로 되돌아가곤 했습니다."[37] 해석은 이렇다. 결혼 첫날밤에 남편은 성불구였다. 남편은 수도 없이 자기 방에서 나와 그녀의 방으로 달려 들어온 다음, 되풀이해 시도했다. 다음날 아침 하녀가 핏자국(그가 첫날밤을 성공적으로 치렀다는 표시)을 찾지 못하게 될 것이 수치스러웠던 그는 침대보 위에 붉은 잉크를 부었다. 이 의례주의적 증상에 대한 열쇠는 여자가 기대고 있는 그 탁자에 커다란 얼룩이 있었다는 점이다. 이 이상한 자세를 취함으로써 여자는 (하녀에 의해 응축된) **타자**의 응시를 향해 "얼룩이 거기 있다"는 것을 증명하기를 원했다. 즉 그녀의 목적은 말 그대로 **타자**의 응시를 어떤 얼룩으로, 남편의 성적 능력을 증명할 실재의 작은 파편으로 이끌려는 것이었다. (증상이 발생한 때에 그 여자는 남편과 이혼 과정에 있었다. 즉 그 증상의 목적은 이혼의 진짜 원인에 관한 악의적 수군거림으로부터 남편을 보호하려는 것이었으며, **타자**가 그의 불능을 등록하는 것을 막으려는 것이었다.) 그리고 아마도, 파르지팔 신화의 전통적 판본에서 피 흐르는 창의 강박적 과시는 동일한 논지를 따라서, 왕의 능력에 대한 증거로서 읽을 수 있을 것이

37) Sigmund Freud, *Introductory Lectures on Psychoanalysis* (Harmondsworth: Penguin Books, 1975), pp. 300-301 참조. [국역본: 프로이트, 『정신분석강의』, 열린책들, 2003, 356쪽.]

다(피 흐르는 창을 두 대립적 특징들—상처를 입히고 그리하여 왕의 마비를 야기하는 무기라는 것과, 창끝의 피가 보여주듯이 첫날밤의 작업을 성공적으로 수행한 남근이기도 하다는 것—의 응축물로 해석하는 것을 받아들인다면 말이다).

질문 시험 덕분에 <파르지팔>은 바그너의 <로엔그린>에 대한 보완적 대립물로서 기능한다. <로엔그린>은 금지된 질문이라는 주제에, 즉 자기파괴적인 여성적 호기심의 역설에 집중되어 있다. <로엔그린>에서 한 이름 없는 영웅이 엘자 폰 브라반트를 구해주고, 그녀와 결혼한다. 하지만 자신이 누구인지, 이름이 무엇인지를 묻지 말라고 요구하며, 그녀가 그 질문을 하는 순간 그는 그녀를 떠날 수밖에 없을 것이라고 말한다(제1막에 나오는 그 유명한 노래 "Nie sollst du mich befragen(나에 대해 절대로 묻지 마시오)"). 유혹을 못이긴 엘자는 그에게 그 치명적인 질문을 한다. 그래서 더욱 더 유명한 노래(제3막, "In fernem Land(먼 나라에)"에서 로엔그린은 그녀에게 자신이 성배의 기사라는 것과 몬살바트 성에서 온 파르지팔의 아들이라는 것을 말해주고 나서 백조를 타고 떠나고, 불운한 엘자는 쓰러져 숨을 거둔다.[38] 여기서 어떻게

38) 금지된 질문을 하는 호기심 많은 여자(혹은, 푸른 수염 사나이 신화에 따르면, 집에 있는 유일한 금지된 방에 들어가는 여자—히치콕의 <오명>과 프리츠 랑의 <문 너머의 비밀>에 이르는 그것의 다양한 판본들을 볼 수 있다)라는 이 신화는 통상 여자는 자기 자신의 (여성적) 성과 대면할 준비가 되어 있다는 것으로서 해석된다. "판도라의 상자"는 궁극적으로 여성 생식기를 나타낸다는 것이다. 관점을 역전시켜서 은폐되어 있어야 하는 불가사의를 주인의 무능과 사기로서 파악하는 것이 아마도 더 생산적일 것이다. 진정한 "(금지된) 문 너머의 비밀"은 남근이 유사물이라는 사실이다. 여자만이 아니라 남자 자신도 이미 "거세되어" 있다. 바그너에게서 굴욕당한 주인의 형상의 핵심적 역할을 지적하는 것은 거의 불필요하기까지 하다. 그의 <니벨룽의 반지>에 나오는 알베리히를 언급하는 것으로 족하다(반지를 보탄에게 빼앗긴 후의 알베리히의 저주만이 아니라, 심지어는 그 이전에, 그의 노예들인 니벨룽족들이

슈퍼맨이나 배트맨이 떠오르지 않을 수 있는가? 여기서도 똑같은 논리를 발견한다. 두 경우 모두 여자는 자신의 파트너(<슈퍼맨>에서는 우왕좌왕하는 기자, <배트맨>에서는 괴짜 백만장자)가 실제로 그 불가사의한 대중들의 영웅일지도 모른다는 예감을 갖는다. 하지만 파트너는 누설의 순간을 될 수 있는 한 연기시킨다. 여기서 우리가 보는 것은 거세의 차원을 증언하고 있는 일종의 강제된 선택이다. 남자는 성적 관계가 가능한 일상의 유약한 사내와 상징적 위임의 담지자, 공적인 영웅(성배의 기사, 슈퍼맨, 배트맨)으로 분열된다. 따라서 우리는 선택을 하지 않을 수 없다. 성적 관계의 가능성을 유지하려고 한다면 우리는 파트너의 "진짜 정체"에 대한 조사를 삼가해야만 한다. 성적 파트너가 자신의 상징적 정체성을 드러내도록 강제하는 순간 우리는 그를 잃게 되어 있다.[39] 여기서 <방황하는 네덜란드인>(결말부에서 화가 난 미지의 선장이 자신을 충실한 아내를 찾아 수백 년 동안 바다를 떠도는 "방황하는 네덜란드인"이라고 공공연히 선언할 때)에서 <파르지팔>(파르지팔이 왕의 역할을 넘겨받고 성배를 공개하고, 쿤드리가 쓰러져 숨을 거둘 때)에 이르는 "바그너적 수행문"에 대한 일반 이론을 표명하는 것도 가능할 것이다. 이 모두 경우들에

그가 그의 모든 황금을 앗아가는 신들에게 무력하게 잡혀 있는 것을 볼 때의 그의 전적인 굴욕).

39) "정신분석의 비밀"은 "성은 있지만, 성적 행위는 없다"는 사실에 있다고 말할 때, 행위는 정확히 주체가 자신의 상징적 위임을 수행적으로 떠맡는 것으로서 파악되어야 한다. 예컨대 <햄릿>의 한 구절에서 햄릿이 마침내—너무 늦게—행위할 수 있는 순간은 "난 덴마크 왕 햄릿이다"라는 표현에 의해 표시된다. 이것은 성의 심급에서는 가능하지 않은 그 무엇이다. 즉 남자가 자신의 위임을 "나는 [로엔그린, 배트맨, 슈퍼맨]이다"라고 말하면서 천명하는 순간 그는 성의 영역에서 스스로를 배제한다.

서, 영웅이 자신의 상징적 정체성을 드러내면서 상징적 위임을 공공연하게 떠맡는 그 수행적 제스처는 바로 그 여자의 존재와 양립불가능한 것임이 판명난다. 그렇지만 <파르지팔>의 역설은 <로엔그린>의 질문 시험을 역전시킨 것과 관련이 있다. 즉 요구된 질문을 하는 데 실패한 것의 치명적 결과와 말이다.[40] 이를 어떻게 해석할 것인가?

남근을 넘어

우리가 질문 시험에서 조우하는 것은 상징적 질서로서의 큰타자와의 관계에서 증상의 논리의 순수한 사례이다. 신체적 상처—증상—는 말로 옮겨짐으로써 치유될 수 있다. 즉 상징적 질서는 실재에 효과를 낳을 수 있다. 그리하여 파르지팔은 무구한 중립성에서의 큰타자를 나타낸다. 즉 벅스버니의 "무슨 일이야, 덕"처럼 단순히 "너 무슨 문제 있니?"라고 한 마디 던지는 것으로 상징화의 눈사태를 초래할 것이고, 왕의 상처는 상징적 우주 속에 통합됨으로써, 즉 그것의 상징적 실현을 통해서 치유될 것이다.[41] 아마도

40) 물론 여기서 첫눈에 인상적으로 들어오는 것은 어떻게 이 대립이 성적 차이와 일치하는가 하는 것이다. <로엔그린>에서 여자는 금지된 질문을 하는 반면에 <파르지팔>에서 남자는 요구된 질문을 하기를 주저한다.

41) 라캉에 따르면 증상은 언제나 그 수신인을 내포한다(분석자가 분석 시간동안 산출하는 모든 증상은 증상의 의미를 "안다고"—즉 붙들어놓는다고—가정된 주체로서의 분석가에 대한 전이적 관계를 내포한다). 파르지팔이 이상한 성배 의식을 목격할 때 파악하지 못하는 것은 바로 이것이다. 즉 이 의식이 바로 그의 응시를 위해 상연되고 있다는, 그가 수신인이라는 사실 말이다(마찬가지로 카프카의 『심판』에서 시골에서 온 남자는 법의 문이 오로지 그 자신을

증상은 가장 기본적인 정의에서 답 없는 질문이 아니라 오히려 질문 없는 답, 즉 고유의 상징적 맥락을 빼앗긴 답일 것이다. 이 질문은 기사들 자신들에 의해 제기될 수 없으며, 외부로부터 나와야만 한다. 즉 축복받은 무구함 속에서 큰타자를 응축하고 있는 누군가로부터 나와야만 한다. 일상적 경험을 떠올리고 싶기도 하다. 예컨대 어떤 폐쇄적 공동체의 숨 막히는 분위기를 생각해보자. 어떤 이방인이 무슨 일이 일어나고 있는 것인지 소박한 질문을 던지는 순간 긴장은 순식간에 깨지고 만다.[42)]

하지만 바그너는 이러한 노선을 이용하지 않고 내버려 두었다. 왜일까? 피상적이지만 상당히 정확한 첫 답은 이렇다: 제2막. 다시 말해서, 전통적인 신화를 두 개의 막으로 이루어진 오페라로 옮기는 것은 쉬운 일일 것이다. 모차르트와 바그너 사이에서 변하는 것은 단순히 제2막이다. 모차르트의 전통적인 두 개의 막(<피델리오>에서 베토벤 또한 따르고 있는 공식) 사이에 또 다른 막이 몰래 기어들어오며, 바로 여기서, 이 (<로엔그린>, <발퀴레>, <신들의 황혼>, <파르지팔> 등등의) 제2막에서 결정적 전환이

위해 있다는 사실을 알지 못한다).

42) 파르지팔의 "내적 발전"에 초점을 맞추는 융적인 해석의 불충분함이 분명해지는 것은 바로 여기서다. 요구된 질문을 할 수 있는 파르지팔의 능력을 그의 정신적 성숙(타자의 고통에 동정심을 느낄 수 있는 능력)의 표시로 간주함으로써 이러한 접근법은 진정한 수수께끼를 놓치고 만다. 이 수수께끼는 파르지팔이 아니라 다른 편, 즉 성배 공동체와 관련된 것이다. 즉 어떻게 질문을 하는 단순한 행위가 왕을 치유하고 그로써 왕의 신체와 한 데 붙들려 있는 전 공동체를 치유할 수 있는 엄청난 힘을 소유할 수 있는가? 파르지팔을 영웅의 "내면의 여행"에 대한 알레고리적 무대화로 독해하는 것은 파르지팔이 깊이가 없는, "심리"가 없는 "텅 빈" 완전체로서 기능한다는 핵심적 요점을 놓친다. 즉 파르지팔은 무지가 미증유의 기괴성과 일치하는 지점이며, 실제로 "인격체"인 것이 아니라 오히려 공동체의 치유를 가능하게 하는 일종의 논리적 연산자이다. "심리" 전체는 암포르타스와 쿤트리 편에, "두 죽음 사이의" 영역에서 길을 잃은 이 두 고통당하는 영혼들 편에 있다.

발생한다. 여기서 "히스테리화"로 발걸음을 내딛게 되고, 이는 행동에 "근대적" 특성을 부여한다.[43] 그리하여 우리는 <파르지팔>의 세 막의 내속적 논리를 라캉의 논리적 시간을 참조하여 정렬하고 싶기도 하다.[44] 제1막은 "응시의 순간"을 내포한다. 파르지팔은 성배 의식을 보며, 목격한다. 하지만 아무것도 이해하지 못한다. 제2막은 "이해의 시간"을 표시한다. 쿤드리와의 만남을 통해서 파르지팔은 암포르타스의 고통의 의미를 감지한다. 제3막은 "결론의 계기"를, 수행적 결단을 초래한다. 파르지팔은 암포르타스에게서 고통을 덜어주며 그의 자리를 떠맡는다.

보충적 막이 이처럼 중간 삽입되는 원인은 큰타자의 지위에서의 어떤 변화에 있다.[45] 바그너에게서 "순진한 바보" 파르지팔은 더 이상 큰타자의 대역이 아니다. 그렇다면 무엇의? 여기서 <파르지팔>과 <마술피리>를 비교해보는 것이 얼마간 도움이 될 것이다. <마술피리>에서 늙은 왕 사라스트로는 완전한 영광과 존엄을 유지하면서 물러나지만 <파르지팔>에서 암포르타스는 불구가 되어있으며 따라서 직무를 다할 수가, 자신의—이렇게 말해보자면—관료적 의무를 수행할 수가 없다. <마술피리>는 여러 가지 남성-쇼비니즘적 "지혜들"에도 불구하고 궁극적으로는 여자—파미나—가 불과 물의 시련에서 자기 남자를 인도하는 부르주

43) 예컨대 <로엔그린>은 제2막의 "심리적" 복잡성이 없다면 표준적인 낭만적 오페라로 머물 것이다.

44) Jacques Lacan, "Logical Time and the Assertion of Anticipated Certainty", in *Newsletter of the Freudian Field*, vol. 2. no. 2 (1988) 참조.

45) 이러한 변화는 또한 피 흐르는 창의 과시를 바그너가 빠뜨리는 것을 설명해준다. 이러한 과시는 다시금 그 수신인으로 큰타자를 전제한다.

아 커플에 대한 찬가이다. 반면에 <파르지팔>에서 여자는 거부된다. 그녀에게 저항할 수 있는 영웅의 능력이야말로 시련에 걸려 있는 것이다. (<마술피리>에서도 타미노가 통과해야 할 결정적 시험은 파미나의 필사적인 애원에 직면하여 침묵을 지키고 그녀의 상징적 상실을 견딜 수 있는 능력과 관련이 있다. 하지만 이 상실은 커플을 이루는 과정에서의 한 단계로서 기능한다.)[46] <파르지팔>에서 여자는 말 그대로 남자의 증상으로 환원된다. 그녀는 강식성 무감각에 사로잡혀 있으며, 주인의 목소리나 명령에 의해서만 자극을 받는다.

"여자는 남자의 증상이다"는 라캉의 가장 악명높은 "반여성주의적" 테제 가운데 하나이다. 하지만 근본적인 애매성이 이 테제로부터 생겨나는데, 이는 라캉 이론에서 증상 개념의 변동을 반영하고 있다. 증상을 암호화된 메시지로 본다면, 물론 여자-증상은 징후로서, 남자의 추락의 체현물로서 나타나며, 남자가 "자신의 욕망과 관련하여 양보했다"는 사실을 증명한다. 프로이트에게 증상은 타협-형성물이다. 즉 증상 속에서 주체는 암호화된 인정되지 않은 메시지라는 형태로 자신의 욕망에 관련한 진리를, 그가

---

46) <마술피리>와 <파르지팔>에서 여자에 대한 거절의 이러한 차이는 아주 정확한 방식으로 지적될 수 있다. <파르지팔> 2막에서 쿤드리는 처음에 파르지팔을 교묘하게 조종한다. 그녀는 그가 어머니를 떠난 뒤에 슬픔으로 죽은 어머니에 대한 그의 죄책감을 상기시킴으로써 그를 유혹하며, 그러고 나서 그녀의 사랑을 모성적인 동시에 성적인 것으로 제안한다("어머니의 축복의 마지막 징표, 사랑의 첫 입맞춤"). 그렇지만 파르지팔이 거절한 이후에 그녀의 교묘한 유혹은 진정한 사랑의 필사적 구애 노력으로 변한다. 이제서야 그녀는 정말로 그를 절실하게 느끼기 시작하고 저주에서 벗어날 수 있게 해줄 지지물을 그에게서 필사적으로 찾는다. <마술피리>의 차원에서 본다면 이 두 번째 시도면 족할 것이다. 파르지팔은 이제 상실을, 즉 그의 첫 거절을 끌어안은 쿤드리의 "성숙한" 사랑을 받아들여도 좋을 것이다. 하지만 파르지팔은 다시금 그녀의 "성숙한" 사랑마저도 거절한다.

배신했거나 대면할 수 없었던 진리를 되얻는다. 따라서 "여자는 남자의 증상이다"라는 테제를 이러한 것을 배경으로 읽는다면, 우리는 오토 바이닝거에 의해 가장 강력하게 표명된 입장에 불가피하게 접근하게 된다. 그는 프로이트와 동시대인이었으며, 세기의 전환기에 악명 높은 반여성주의자이자 반유대주의자였다. 그는 매우 영향력이 높았던 베스트셀러 『성과 성격』[47]을 집필했으며, 그러고 나서 24세의 나이에 자살을 했다. 바이닝거의 입장은 이렇다. 즉 여자는 바로 그 존재론적 지위에 따라서 남자의 죄의 구현물에 지나지 않는다. 여자는 그녀 자체로는 존재하지 않으며, 그렇기 때문에 여자를 제거하는 온당한 방법은 그녀와 적극적으로 싸우거나 그녀를 파괴하는 것이 아니다. 남자가 자신의 욕망을 정화하는 것으로, 순수한 정신성으로 고양되는 것으로 족하다. 그러면 자동적으로 여자는 발밑에서 근거를 잃게 되며, 허물어진다. 그렇다면 바그너의 <파르지팔>이 바이닝거의 기본적 참조물이었다는 것은, 바그너가 그에게는 예수 이후로 가장 위대한 남자였다는 것은 전혀 놀랍지 않다. 파르지팔이 자신의 욕망을 정화하고 쿤드리를 거부할 때 그녀는 자신의 말을 잃고 무언의 그림자로 변하며 결국 쓰러져 숨을 거둔다. 이는 그녀가 남성의 응시를 끄는 한에서만 존재했다는 증거이다.

터무니없고도 시대에 뒤떨어져 보이는 이러한 전통은 보다 최근에 필름 누아르에서 재출현했는데, 여기서 팜므파탈 역시 비정한 주인공이 그녀를 거절하는 순간, 즉 그에 대한 그녀의 주문을

47) Otto Weininger, *Geschlecht und Character* (Munich: Matthes und Seitz, 1980. 원래는 1903년에 빈에서 출간됨) 참조.

깨는 순간 고유의 존재론적 일관성을 상실한 무형의 점액질로 변한다. 해미트의 <몰타의 매>에 나오는, 샘 스페이드와 브리지드 오쇼네시의 마지막 대결을 보자. 그래서 우리는 순수한 정신성과 왜곡 없는 소통, 제약 없는 소통(하버마스적 어구를 사용해볼 수 있다면)의 남성적 세계, 이상적 상호주체성의 우주를 발견하며, **여자**는 남자를 추락으로 유혹하는 외적인 능동적 원인이 아니다. 그녀는 단지 **남자**의 추락의 결과, 구현물에 불과하다. 따라서 남자가 자신의 욕망에서 정념적 잔여물을 정화해낼 때 **여자**는 허물어진다. 성공적 해석 이후에, 증상의 억압된 의미를 상징화한 이후에 증상이 해소되는 것과 정확히 동일한 방식으로 말이다. 라캉의 다른 악명 높은 테제—"**여자**는 존재하지 않는다"는 주장—는 같은 방향을 가리키지 않는가? **여자**는 그 자체로, 온전한 존재론적 일관성을 지닌 긍정적 존재자로서 존재하지 않으며, 단지 **남자**의 증상으로서만 존재한다. 바이닝거는 **남자**가 한 여자의 먹잇감이 될 때 타협되거나 배반당하는 욕망에 관해서도 거리낌 없이 말했다. 즉 죽음충동에 대해서도 말이다. 여자에게는 접근불가능한 남자의 우월한 정신성에 대해 할 말을 다하고 나서 그는 『성과 성격』의 마지막 부분에서 인류에게 유일하게 열려 있는 구원의 길로 집단 자살을 제안한다.

그렇지만 우리가 증상을 라캉이 마지막 저술들과 세미나들에서 설명된 것처럼—예컨대 그가 "증상-조이스"에 대해 이야기할 때처럼, 즉 주체에게 바로 그 존재론적 일관성을 부여하면서 주체가 향유에 대한 기본적이고 구성적인 관계를 구조화할 수 있게 해주는 어떤 특수한 기표작용적 형성물로서—파악한다면, 증상과 주체의 전 관계는 역전된다. 즉 증상이 해소될 때 주체는 발밑에서 근거를 잃게 되며, 허물어진다. 이러한 의미에서 "**여자**는 남자의 증상이다"는 남자 그 자신이 오로지 그의 증상으로서의 여자를 통해서만 존재한다는 것을 의미한다. 그의 모든 존재론적 일관성은 그의 증상에 매달려 있으며, 그의 증상 속에서 "외화"된다. 다시 말해서, 남자는 말 그대로 탈-존한다*ex-sist*. 그의 전 존재는 "저기 바깥에", 여자 안에 놓여 있다. 다른 한편으로 여자는 존재하지 않고, 존속한다insist. 그리고 바로 그렇기 때문에 그녀는 남자를 통해서만 존재하게 되는 것이 아니다. 그녀 안의 무언가가 **남자**와의 관계를, 남근적 향유에 대한 관계를 벗어난다. 그리고 잘 알려져 있듯이, 라캉은 "비전체적인" 여성적 향유라는 개념으로 이러한 과잉을 포착하려고 했다.48) 그렇지만 이는 <파르지팔>에 대한 어떤 다른 독서의 가능성을 열어놓는다. 결정적인 전환의 순간 이후에(즉 파르지팔이 쿤드리의 키스를 거부한 이후에) 파르지팔 역의 남자 배우를 여자로 바꾼 지버베르크는 다시금 옳았다. 여자는 남자의 증상이며, 정확히 그녀가 남근적 향유에 종속되어 있는 정도까지 남자가 그녀의 요구를 거절할 것을 요구하는 게임에 사로잡혀 있다. 이로써 바그너의 기본 매트릭스는 다른 관점에서 나타나게 된다. 즉 여자는 남근적 향유를 포기함으로써 남자를 구원한다.49) (여기서 우리가 발견하는 것은 바이닝거의 정반대이

48) 이 "비전체적인" 여성적 향유 개념에 대해서는 Jacques Lacan, *Le séminaire*, book 20: *Encore* (Paris: Editions du Seuil, 1975) 참조. 핵심적인 두 장은 Jacques Lacan and the Ecole freudienne, *Feminine Sexuality* (London: Macmillan, 1982)에 번역[영역]되어 있다. [참고로, 라캉의 세미나 20 『앙코르』는 1998년 브루스 핑크에 의해 영어로 완역되어 출간되었다.]

49) 프랑크 베데킨트는 룰루를 주인공으로 하는 그의 드라마인 『지령地靈』과 『판도라의 상자』에

다. 바이닝거의 경우 남자는 자신의 남근성을 극복함으로써 여자를 구원-파괴한다.) 이는 바그너가 대면할 수 없는 그 무엇이다. 그리고 "남근 너머의" 영역에 들어간 이후에 파르지팔의 "여성화"를 온전히 떠맡는 것을 회피한 대가는 도착으로의 추락이었다.[50]

좀더 정확하게, 바그너가 대면할 수 없었던 것은 쿤드리와 키스를 하는 순간 파르지팔의 암포르타스에 대한 동일화가 지닌 "여성적" 성격이다. 이러한 "동정심"은 성공적인 (상징적) 소통의 사례로 환원될 수 있기는커녕, 암포르타스의 고통의 실재에 대한 동일화에 토대하고 있다. 그것은 키르케고르적 의미에서[51] 암포르타스의 고통의 반복을 내포한다. 그렇기 때문에 파르지팔 역으로

서 파르지팔 형상의 이러한 차원을 잘 알고 있었다. 이는 나중에, "마지막 오페라"라는 타이틀에 어쩌면 가장 부합하는 작품인 베르크의 미완성곡 <룰루>를 위한 토대로서 기여했다. 베데킨트가 그린 평행선은 우리의 기대와는 달리 룰루와 쿤드리 사이에 있는 것이 아니라 룰루와 파르지팔 사이에 있다. "정신은 뼈다"라는 헤겔적 무한 판단에 부합하는바, 파르지팔의 고양된 정신성과 룰루의 전적인 무감동 사이의 이 추문적 등치—여기서 궁극적 악은 히스테리의 여하한 흔적도 없는 무책임하고 유치한 무구함과 일치한다—는 룰루가 "고귀한 정신적 문제들"(신, 영혼, 사랑)에 관한 화가 슈바르츠의 물음에 답하는 장면에서 식별할 수 있다. 그녀는 "Ich weiss es nicht(나는 그것을 알지 못해요)"라고 답하는데, 이는 <파르지팔>에서 파르지팔이 신성한 백조를 죽인 후에 구르네만츠가 그에게 질문을 할 때 그 역시 "Das weiss ich nicht"라고 반복해서 답하는 장면을 분명하게 암시하고 있다. Constantin Floros, "Studien zur 'Parsifal'-Rezeption", in *Musik-Konzepte 25: Richard Wagner's "Parsifal"* (Munich: Edition text + kritik, 1982), pp. 53-57 참조.

50) 바그너의 이러한 회피는 또한 <파르지팔>에 나오는 **두 가지** 피—성배 안의 "순수한" 그리스도의 피와 암포르타스의 상처에서 흘러나오는 "더러운" 피—의 애매한 관계를 설명한다. 바그너가 인정하기를 거부하는 것은 그것들의 궁극적 **동일성**이다. 바그너의 오페라들 가운데 <파르지팔>의 앞서 언급된 예외적 지위를 설명해주는 것은 바로 이와 같은 뒷걸음질이다. 즉 동화 같은 행복으로의 갑작스런 반전과 이에 동반하는 입문식적 차원. 이러한 변동은 발전의 내속적 논리가 비히스테리화된 여자, 즉 남근적 향유 너머에 있는 여자의 형상을 초래하게 될 정확한 순간에 발생한다. 이 경계선에 접근할 때 바그너는 "등록소를 변경한다."

51) 이 의미가 정확히 무엇인지에 대해서는 Slavoj Žižek, *Enjoy Your Symptom!* (New York: Routledge, 1992) 참조. [국역본: 지젝, 『당신의 징후를 즐겨라!』, 주은우 옮김, 한나래, 1997.]

남자와 여자 두 배우가 번갈아 나오게 한 지버베르크의 결정이 우리를 음양동체라는 융적 이데올로기의 덫에 빠지게 해서는 안 된다. 이 이데올로기에 따르면 성숙한 파르지팔의 형상은 남성적 "원리"와 여성적 "원리" 간의 화해를 나타내는 것이다. 오히려 이 배역의 교대는 바그너를 겨냥한 뼈아픈 지적으로 기능하며, 파르지팔이 고유하고 심리적으로 "일관된" 인격으로서 적절하지 않다는 것을 상기시켜준다.[52] 그는 그 자신과 "그 안에 있는 그보다 더한 그 무엇", 그의 숭고한 그림자 분신 사이에서 분열되어 있다(파르지팔-여자는 처음에 파르지팔-남자의 영묘한 분신으로 배경에 나타나며, 그러고 나서 점차로 그의 자리를 넘겨받는다).[53] 이러한 변모의 과정에서 목소리는 동일하게 남는다(파르지팔은 계속해서 테너가 맡아 부른다). 그리하여 우리는 히치콕의 <사이코>에 나오는 노만-베이츠 부인의 일종의 음화陰畵를 얻는다: 남자의 목소리를 사용하는 냉정한 여자의 기괴한 환영(복장도착증자의, 여자처럼 옷을 입고 고음의 여자 목소리를 흉내내는 남자의 캐리커처 이미지의 진정한 대립물). 지버베르크의 파르지팔-여자는 허물을 벗은 뱀처럼 남근적 유사물을 던져버린 남자이다. 그로

---

52) 이러한 점은 이미 미셸 시옹이 그의 *La voix au cinéma* (Paris: Cahiers du Cinéma, 1982)에서 지적한 바 있다.

53) 불행히도 지버베르크 자신이 절충주의적 혼동의 덫에 빠져서 양성체의 이데올로기에 굴복하며, 이는 그의 전복적 제스처의 날을 무디게 만든다. 오페라 끝에서 최종적 화해를 따라서 (남성과 여성) 파르지팔들 양자는 얼굴을 마주보면서 서로의 눈을 들여다보게 되며, 그리하여 상보적이며 조화로운 커플을 이룬다. 그렇지만 이것은 결코 일어날 수 없는 일이다. 구조적 이유 때문에 주체는 결코 자신의 잉여-상관물과 얼굴을 마주하여 대면할 수 없는데, 왜냐하면 $로서의 그것의 바로 그 탈-존이 대상의 엄폐에 달려 있기 때문이다(위상학적 용어로, $는 대상의 이면이며, $와 *a*는 뫼비우스 띠에서 서로 반대편에 있다).

써 전복되는 것은 "가면으로서의 여성성"이라는 이데올로기이다. 이 이데올로기에 따르면 남자는 "남자 그 자체"이며, 인류의 체현물인 반면에, 여자는 무언가가 빠진("거세된") 남자이며 이 결여를 은폐하기 위해 가면에 의지한다. 하지만 오히려 반대로, 남근, 남근적 술어의 지위야말로 유사물의 지위이며, 따라서 우리가 그것의 가면을 던져버릴 때 여자가 나타난다.

다시금 여기서 열쇠를 제공하는 것은 오페라 역사와의 비교이다. 글룩에게서 오르페우스 역으로 노래하는 것은 여자이며, 이러한 성적 애매성은 모차르트를 통해서도 계속된다. <피가로의 결혼>에서 순수 성욕의 이 대리인인 백작의 주요 경쟁자이자 "반계몽주의자"인 케르비노 역으로 노래하는 것은 소프라노이다.[54] 아마도 우리는 암포르타스-파르지팔 커플을 백작-케르비노 커플의 마지막 치환물로 파악할 수 있을 것이다. <피가로의 결혼>에서 백작(이 무력하지만 결코 불구적이지 않고 오히려 반대로 우성적인 주인)의 대위점은 **여성적 목소리를 가진 남자**인 반면에, <파르지팔>에서 불구가 된 왕 암포르타스의 대위점은 **남성적 목소리를 가진 여자**이다. 이러한 변화는 18세기의 끝을 19세기의 끝과 구분시키는 역사적 변동을 측량할 수 있도록 해준다. 상호주체적 그물망으로부터 돌출하는 대상적 잉여는 더 이상 순수한 남근적 성욕의 난포착적 유사물이 아니라[55] 남근 너머에 있는 성스러운-

---

54) <피델리오>에서 성적 차이를 침범하는 가장도 있다는 것을 잊지 않도록 하자. 간수의 사환 "피델리오"로 변장하기 위해서 레오노레는 남장을 한다.

55) 브리지드 브로피Brigid Brophy는 (그녀의 *Mozart the Dramatist*, note to chapter II on "Who Is Cherubino, What Is He?" [London: Libris, 1988]에서) 제1막에 나오는 케르비노의 아리아 "더 이상 내가 누군지 모르겠어(Non so piu cosa son"에 대한 대담하지만 매력적으로 단순한 해석을

금욕적인 향유의 체현물이다.

신의 향유를 "간수하기"

따라서 <마술피리>와 <파르지팔>에서 영웅의 자살을 막는 은총의 제스처들 사이의 평행관계 때문에 핵심적인 차이에 눈이 멀게 되어서는 안 된다. <파르지팔>에서 주체화는 엄밀히 도착적이며, 그것의 정반대, 즉 자기-대상화와 같은 것이다. 즉 자기 자신을 큰타자의 향유의 도구로서 간주하는 것이다. 바로 여기서, 즉 바로 이 **타자**의 향유라는 개념에서 우리는 바그너의 반유대주의의 뿌리를 찾아야만 한다. 그가 저항했던 것은 형식적이고 텅 빈 법이라는 관념, 즉 신의 이름을 실정적 내용으로 채우지 말라는 유대교적 금지이다. 라캉의 말처럼, 선유대교적 이교도적 신들은 실재에 속한다. 즉 우리는 신성한 향유(주신제)를 통해서만 그 신들에 접근할 수 있다. 그들의 영역은 명명불가능한 것의 영역이다. 유대교가 성취한 것은 신성한 영역에서 향유를 철저하게 배출한 일이다. 그리고 그것의 결정적인 결과는 금지의 반성적 역전에 해당한다. 신성불가침의 실재를 명명하는 것의 금지는 신의 이름을 실정적 담지물로, 신의 이미지로 채우는 것의 금지로 역전된다.

통해서 케르비노의 이와 같은 남근적 성격을 입증한다. "더 이상 내가 누군지, 내가 무엇을 하는지 모르겠어. 지금은 불타오르고, 지금은 얼음처럼 차갑네. 모든 여자가 내 체온을 바꾸어 놓지. 모든 여자가 내 심장을 더 빨리 뛰게 하지……." 이 말들은 말 그대로 남근 자체의 (사고)불가능한 주체적 위치로부터 말해지고 있지 않은가? 발기 상태와 시든 상태 사이에서의 통제불능의 동요 속에서 자신의 목소리가 들리게 하는 것은 남근 자신이지 않은가?

요컨대 이제 금지되는 것은 명명불가능한 실재를 명명하는 일이 아니라, 이름에 여하한 실정적 현실성을 부착하는 일이다. 이름은 텅 비어 있어야 한다. 이 역전은 특히 민주주의라는 바로 그 개념과 관련이 있다. 클로드 르포르가 보여주었듯이, 민주주의는 권력의 텅 빈 상징적 자리와 한시적으로 권력을 행사하는 자들의 현실성 사이의 구분을 함축한다. 권력을 행사할 직접적이고도 자연적인 권리를 소유하고 있다고 자처하는 일은 누구에게도 허용되지 않는다.[56] 그리고 그리스도의 피를 담은 잔인 성배에 대한 관념은 이를 배경으로 읽혀져야 한다. 계속해서 빛을 내면서 생명을 주는 이 피—권력을 직접적으로 적법화하는, 즉 권력의 자리에 "자연적으로" 속하면서 그 자리를 규정하는 "실재의 작은 조각"이 아니라면 그것은 무엇이겠는가? 살아남은, 십자가 위에서 소멸되지 않은 그리스도의 이 부분은 신성한 향유의 잉여를, 큰타자의 영역에서 배출되지 않은 부분을 지칭한다. 요컨대, 이러한 견해의 신학적 결론들을 명확히 하면 이렇다. 바그너의 근본적으로 도착적인 생각은 "그리스도를 십자가에서 끌어내리는, 혹은 오히려 십자가에 매달리지 못하게 하는" 것이었다. "파르지팔은 '이제 통찰과 공감을 통해 스스로를 구원함으로써 죽을 필요가 없는 사는 그리스도를 상징한다'고 로베르트 라파엘이 말할 때 나는 그가 옳다는 데 아무런 의심도 없다. 죽을 필요가 없다는 것에서의 요점은 삼위일체의 첫째 위격이 인간을 천국에 받아들이기 위해서 둘째 위격이 죽는다는 생각에 바그너가 반발하고 있다는 것이다."[57] 바그너가

56) Lefort, *Democracy and Political Theory* 참조.

57) Michael Tanner, "The Total Work of Art", in *The Wagner Companion*, ed. P. Burbidge and R. Suton

"구원자의 구원"에서 염두에 두고 있는 것은 궁극적으로 이것이다. 본연의 기독교에서 그리스도는 십자가에서 죽음으로써 우리를 구원한다. 반면에 바그너에게 구원의 원천은 살아남은, 십자가 위에서 소멸되지 않은 바로 저 그리스도의 부분이다.

따라서 <파르지팔>은 삶과 죽음의 "정상적" 관계에서의 깊은 동요를 증언한다. 삶에의 의지의 부인, 하지만 동시에 죽음 너머에서의, 생성과 퇴락의 순환 너머에서의 삶의 환영. 바그너적 영웅이 향해 가는 죽음은 "두 번째 죽음"이며, "자연적" 생명 순환의 부인이 아니라 "라멜르"의, 파괴불가능한 리비도의 부인이다. 바그너를 기독교와 분리시키는 심연은 여기서 사실상 극복할 수 없는 것이다. 기독교에서 영원한 삶은 죽음 너머의 삶, 성령 속의 삶이며, 그러한 것으로 예찬의 대상이다. 반면에 바그너에게 이 파괴불가능한 삶은 끝없는 고통의 전망을 함축한다. 이제 우리는 왜 파르지팔이 성금요일의 마술에 도취되어 자연의 무구함을 지각할 수 있는지를 알 수 있다. 생성과 퇴락의 단순한 순환에 붙들려 있는 이 자연은 죽음 너머에서 존속하는 파괴불가능한 충동의 압력에서 벗어난다.[58] 이 겉보기에 추상적인 반추들의 정치적 결과들은 우리 모두에게 영향을 미친다. 암포르타스를 파르지팔이 대체한다는 것은 전통적 가부장적 권위를 **타자**의 향유의 전체주의적 대상-도구가, 즉 (성배에 의해 축도된) 신의 향유의 간수자가 대체

(London: Faber and Faber, 1979), p. 215.

58) 다시 말해서, 자연은 왕의 상처 때문에, 생성과 퇴락의 "정상적" 순환을 교란하는 파괴불가능한 생명의 이 잉여 때문에 죽어가고 있다(몬살바트 주변의 황폐한 풍경을 보여주는 제3막의 "생태론적" 기조를 보라).

한다는 것이다.

이러한 정치적 배경은 전통적 해석가들에게 그와 같은 문제를 제기하는 <파르지팔>의 바로 그 특징들에서 출현하는데, 왜냐하면 그러한 특징들은 일종의 섬뜩한 잉여로서, 두 왕국(성배의 밝은 왕국과 성배의 왕국 그 자체의 외설적인 어두운 이면을 증언하는 클링조르의 어둠의 왕국)의 겉보기에 명백한 대칭성을 교란시키는 잉여로서 삐져나오기 때문이다. 예컨대 루시 베케트에 따르면 <파르지팔>은 이해할 수 없고 부적절한 병적 상태로 두 번 돌아간다. 제3막 피날레에서 성배의 기사들이 암포르타스에게 행사하는 잔인하고 냉정한 압력이 그 하나인데(그들은 그를 상처받은 동물인 양 에워싼다), 이는 성배 공동체의 평화롭고 축복받은 성격에 역행한다. 다른 하나는 제1막의 피날레에 나오는 암포르타스와 그의 아버지 티투렐의 병적인 대화이다(티투렐은 암포르타스에게 요구된 의식을 거행하라고, 자신의 생존을 위해 성배의 덮개를 벗기라고 명령한다. 산주검으로서의 티투렐은 더 이상 세속의 음식에 의존해 살아가지 않으며 성배의 보는 향유에 의지해 살아갈 뿐이다. 암포르타스는 티투렐 자신이 의식을 거행하라고, 죽음을 허락해달라고 필사적으로 제안한다). 이 대화는 성배 왕국의 내속적으로 반-오이디푸스적인 성격을 증언한다.59) 아들이 아버지를

59) 전통적 권위가 오이디푸스적인 한에서, 즉 자신의 이름으로서 군림하는 죽은 아버지의 권위인 한에서, <파르지팔>은 반-오이디푸스적이라고 볼 수 있다. "De Chretien de Troyes à Richard Wagner" (*l'Avant-Scène Opéra 38-39: Parsifal* [Paris, 1982], pp. 8-15)에서 클로드 레비-스트로스는 <파르지팔>과 오이디푸스 신화의 대립에 대한 상세한 구조적 분석을 제안했다. <파르지팔>의 "오이디푸스적" 요소는 성배의 사원, 클링조르의 마법의 성(거세된 아버지 형상의 지배하에 있는 잠재적 근친상간의 장소)에 대한 반대극이다.

죽이고 그런 다음 그 아버지가 이름으로서, 죽은 아버지의 상징적 권위라는 모습으로 돌아오는(표준적인 오이디푸스 시나리오) 대신에, 아버지가 계속해서 자신의 향유에 몸을 담고 살아갈 수 있도록 아들은 자기 자신이 죽기를 원한다. 그리하여 티투렐에게서 우리는 초자아의 가장 순수한 화신을 본다. 그는 구세주의 피를 보면서 생을 유지하는, 즉 순수한 향유의 실체로 생을 유지하는, 관에 누워 있는 말 그대로의 산주검이다. 무대에서 결코 보여지는 법이 없는 그는 "너의 의무를 다해라! 의식을 거행하라!"라는 무조건적 명령으로 아들을 괴롭히는 청각적 목소리*la voix acousmatique*로서, 담지자 없는 자유 부유하는 목소리로서 현존한다.60) 자신의 향유를 조달하기 위해서 티투렐이 언명하는 명령. 그러므로 클링조르의 "검은 마법"의 외설성은 티투렐의 "하얀 마법"의 초자아-외설성에서 엄밀한 상관항을 갖는다. 티투렐은 틀림없이 <파르지팔>에 나오는 가장 외설적인 형상이며, 자기 아들에게 기생하는 일종의 산죽은 아버지이다.61) 성배의 사원의 이 병적이고 잔인한

---

60) 이 *voix acousmatique*에 대해서는 Chion, *La voix au cinéma* 참조. [시옹의 이 개념은 음원이 보이지 않는 상태에서 들려오는 소리를 가리킨다.]

61) 그러므로 우리는 성배의 왕국의 오점인 그 원죄를 저지른 것이 쿤드리의 매혹에 굴복하여 성스러운 창을 잃어버린 암포르타스가 아니라 성배를 자신의 향유를 위한 수단으로, 성배의 응시가 제공해주는 영생을 위한 수단으로 이용한 그의 아버지 티투렐이라는 사실을 염두에 두어야 한다. 성배 공동체의 정상적인 삶의 순환을 탈선시키는 것이 바로 이러한 "부자연적인" 고착이다! 그리고 『햄릿』의 경우도 마찬가지다. 라캉이 지적했듯이, 이 희곡의 불가사의 가운데 하나는 햄릿의 아버지가 천국에 있는 것이 아니라, 일종의 산주검처럼 더 이상 살아 있지 않지만 아직 죽음 속에서 아무런 평화도 발견하지 못한 채 "두 죽음 사이의" 중간 영역에 거주한다는 사실에 관한 것이다. 텍스트가 힌트를 주듯이, 그는 "한창 죄업을 쌓고 있는 중에" 살해되었다. 따라서 덴마크 땅에 썩은 무언가가 있다면, 그것은 햄릿의 아버지의, 다르게라면 이상적이고 모범이 되는 왕으로서 제시되는 이 형상의 외설적 이면에서 찾아야 할 것이지, 보잘 것 없는 사기꾼인 클라디우스에게서 찾아야 할 것은 아니다.

측면은 기독교 해석가들이 마땅히 경계를 풀지 않는 그 무엇인데, 왜냐하면 그것은 <파르지팔>의 진정한 본성을 현시하기 때문이다. 이 작품의 궁극적 성취는 기독교적 내용에 이교도적 의식의 형식을 부여하는 데 있다.[62]

영웅에 대한 새로운 개념—주체성에 대해 구성적인 분열을 피해가는 무구하고 무지하고 순수한 바보—과 더불어 어떤 면에서 원은 닫힌다. 우리는 무조건적 권위의 영역 속에 다시금 놓여 있게 된다. 파르지팔이 왕이 되는 것은 그의 영웅적 행동의 결과가 아니다. 그는 그 어떤 실정적 자질에서도 왕의 자격이 있지 않다. 오히려 반대로 그는 애초부터 그가 선택된 자라는 이유 때문에 그는 쿤드리의 유혹에 저항할 수 있었다. 그렇지만 이 새로운 권위는 법의 큰타자에 대한 관계에서 전통적 권위와 차이가 난다. 몬테베르디에서 모차르트에 이르기까지 영웅의 간청을 받는 전통적 권위는 사실상 자기 자신의 어깨를 밟고 올라가 자비의 행위 속에서 자기 자신의 법을 중지시킬 수 있었다. 그리하여 법의 작인은 법의 일시적 중지의 작인과 일치한다. 즉 **타자**는 동시에 **타자**의 **타자**이다. 반면에 이미 바그너의 <반지>의 경우, <라인의 황금>에

62) 그렇지만 요점을 전적으로 놓치지 않으려면, <파르지팔>에 나오는 의식의 개념을 신성한 향유의 의식적 실연(성배의 과시)을 훨씬 초과하는 상당히 폭넓은 방식으로 파악해야 한다. 의식을 적절하게 수행할 수 없는 바로 그 실패가 의식의 일부이다. 예컨대 암포르타스의 한탄은 결코 참을 수 없는 고통의 자연발생적 폭발이 아니며 철저하게 의식화된 "형식화된" 수행이다. 그것의 "비심리적" 성격에 대한 증거는 1막의 피날레이다. 티투렐의 초자아-목소리가 "성배를 현시하라!"라는 명령을 반복한 후에, 참을 수 없는 고통은 기적적으로 사라지고 암포르타스는 요구된 동작을 아무런 문제없이 수행할 수 있다. 실패한 의식에서 실패의 의식적 수행으로의 이러한 반성적 전회는, 예외이기는커녕, 의식이라는 바로 그 개념에 대한 열쇠를 제공한다. "의식"은 원래부터 구성적으로 형식화된 실패의 반복이다.

서 두 거인에 의해 사회적 계약의 보증자로서 호명되는 신(보탄)은 자기 자신의 비일관성에 너무나도 얽혀들어 있어서 그가 꾸며낼 수 있는 유일한 해결책은 신들의 영역과는 아무런 상관도 없을 전적으로 무지한 영웅에 의해 수행되는 구원의 행위이다. 바그너의 결정적 변동은 바로 여기에 있다. 근본적 의미에서 외부로부터 오는, 즉 상징적 체계 그 자체에 의해 발생되지 않은 자유로운 행위에 의해서만 "상처는 치유될 수 있다."

나겔은 모차르트의 <돈 지오반니>에 대한 키르케고르의 유명한 독해를 참조한다. 맹목적이고 무조건적인 권위에 대한 키르케고르의 재단언을 경유하여 근대적 전체주의로 곧바로 도약할 수 있도록 말이다.

> 키르케고르 이후에, 불구가 된 자기는 자율적 주체의 무화 이후에도 살아남는다. 그것은 공동의 운명에서 자신을(정치적 신학자 혹은 신호학자로서) 제외시킴으로써 이를 공언한다. 즉 무언의 지배에 대한 자기임명된 대변인이 되는 것이다. 그것은 새로운 희생의 세계를 전파한다. 그 세계의 살인적인 법은 침투불가능하며, 그것의 살인적인 침투불가능성이 법이라 불리게 될 것이다. 곧, 프란츠 카프카의 이야기와 칼 슈미트의 법률학은 분명하고 접근가능한 법에 대한 계몽된 요구를 자유주의적인 군소리라고 조롱할 것이다. 실로 개인의 그와 같은 불평어린 주장들은, 신화적인 완고함을 유지하는 법정에서, 그의 죄에 대한 증거를, 그의 유죄선고의 바로 그 이유를 구성할 것이다.[63]

그리하여 바그너의 <파르지팔>은 다음과 같은 물음에 대한 답을 제공한다: 주체가 모차르트와 베토벤에게서는 아직 큰타자에게 속했던 상징적 제스처를, "자비의 특전"을 스스로 떠맡을 때 무슨 일이 일어나는가? 이러한 제스처의 떠맡음은 "현실적" 권력의 상실로 그 대가를 치르게 된다. 주체에게 남게 되는 전부는 텅 빈 형식적 동의 행위이며, 그가 스스로를 "무언의 지배의 대변인"으로 임명하게 되는 동어반복적 수행문이다. 그리하여 나겔의 설명에서 누락된 것은 <마술피리>에 나오는 부르주아 커플의 신격화와 카프카와 슈미트의 저작들에서 식별가능한 전체주의적인 상징적 경제 사이의 간극을 메우는 그 무엇으로서의 바그너의 자리이다.

도착적 원환고리

리비도적 경제의 층위에서 전체주의는 주체의 도착적 자기대상화(자기도구화)로 정의된다. 하지만 그렇다면 도착을 가장 초보적인 이데올로기적 자기적법화 행위(여기서도 우리는 일종의 "구원자의 구원"과 조우하게 된다)와 구별해주는 차이는 무엇인가? 링컨의 게티스버그 연설은 이러한 자기적법화 행위를 예시적 방식으로 성취하므로 그토록 유명할 만도 하다. 그 연설은 우선 과제를 규정한다. 우리는 죽은 자들을 그들이 죽은 신성한 장소에서

63) Nagel, *Autonomy and Mercy*, pp. 147-148.

추모하기 위해 여기에 있다("우리는 이 나라를 살리기 위해 목숨을 바친 사람들에게 마지막 안식처가 될 수 있도록 그 싸움터의 땅 한 뙈기를 헌납하고자 여기 왔습니다"). 그러고 나서 계속해서 이 과제를 수행하는 것의 내속적 불가능성을 환기시킨다. 즉 "더 큰 의미에서" 우리는 이를 행할 수 없는데, 왜냐하면 여기서 죽은 자들이 우리가 한낱 말을 가지고서 할 수 있는 것보다 훨씬 더 우월한 방식으로 그들의 명예로운 행위로써 이미 그것을 행했기 때문이다. 우리가 그것을 헌납할 위치에 있다고 자처하는 것조차 오만한 일이 될 것이다("그러나 더 큰 의미에서, 우리는 이 땅을 봉헌하고 축성하며 신성하게 할 수 없습니다. 여기서 싸웠던 그 용감한 사람들, 전사자 혹은 생존자 들이, 이미 이곳을 신성한 땅으로 만들었기 때문에 우리의 보잘것없는 힘으로 더 보태거나 뺄 것이 없습니다.") 그러고 나서 뒤따르는 것은 주체와 대상의 결정적인 반성적 역전이다. "그들이 싸워서 그토록 고결하게 전진시킨, 그러나 미완으로 남긴 일을 수행하는 데 헌납되어야 하는 것은 오히려 우리들 살아 있는 자들입니다." 다시 말해서 그들이 "헛되이 죽은 것이 아니"게 하기 위해서 그들의 업적을 계승하는 과제에 우리 자신을 헌납해야 하는 것이다. (그렇기 때문에, "더 좁은 의미에서" 우리는 싸움터를 헌납하는 것이고 "더 큰 의미에서" 우리 자신을 헌납하는 것이라고 함으로써 두 개의 층위를 구분하는 것으로는 충분하지 않다. 이 "더 큰 의미"는 단지 수식 없이 그냥 "의미"인 것이다. 즉 이와 같은 반성적 역전 그 자체가 의미 효과를 낳는 것이다.) 이러한 역전의 결과는 그 두 극이 서로를 지탱하게 되는 헌납의 원환이다. 목숨을 희생한 자들의 과업을 끝까지 성공적으로 완수하는 과제에 우리 자신을 바침으로써 우리는 그들의 희생이 헛되지 않았음을, 그들이 우리의 기억 속에 계속 살아 있을 것임을 확실히 할 것이다. 이런 식으로 우리는 유효하게 그들을 기릴 것이다. 우리의 이 과제를 우리가 완수하지 않는다면 그들은 잊혀질 것이고, 헛되이 죽은 것이 될 것이다. 따라서 그 장소를 그들의 기억에 바침으로써 우리가 실제로 하는 것은 우리 자신을 그들의 과업의 계승자로서 적법화하는 것이다. 우리는 우리 자신의 역할을 적법화한다. 타자를 통한 이 자기적법화의 제스처는 가장 순수한 차원에서의 이데올로기다. 죽은 자는 우리의 구원자이며, 우리 자신을 그들의 과업을 계승하는 데 바침으로써 우리는 구원자들을 구원한다. 어떤 의미에서 링컨은 그 자신이 죽은 자들에게 보여지도록 만든다. 그들에게 보내는 그의 메시지는 "여기 우리가 있다, 계속 해서 나아갈 준비를 하고 있는……"이다. 바로 여기에 게티스버그 연설의 궁극적 의미가 있다.

하지만 그럼에도 불구하고 링컨은 도착증자인가? 그는 자신을 **타자**의, 즉 죽은 영웅들의 향유의 대상-도구로서 생각하는가? 아니다. 여기서 핵심적 요점은, 이와 같은 전통적인 이데올로기적 악순환과 도착적 희생의 원환고리 사이의 차이를 유지하는 것이다. 후자에 대한 우리의 첫 번째 사례를 상기해보자. 오르페우스는 뒤를 돌아다보고, 그리하여 의도적으로 에우리디케를 희생했다. 그녀를 시적 영감의 숭고한 대상으로서 되얻기 위해서 말이다. 그렇다면 이는 도착증의 논리이다. 사랑하는 여자에게 "당신이 주름이 지고 불구가 된다고 해도 나는 당신을 사랑할거야!"라고 말하는 것은 아주 평범한 것이다. 도착적인 사랑은 의도적으로 여자를 불구로 만들고 아름다운 얼굴을 훼손시킨다. 그런 연후에 그녀를 계속 사랑하고 그리하여 자신의 사랑의 숭고한 성격을 증명할 수 있도록 말이다. 이러한 단락을 보여주는 전형적 사례는 패트리샤 하이스미스의 초기 걸작인 「영웅」이라는 단편이다. 주인공인 젊은 가정교사는 어떤 가족의 아이를 돌보고 있다. 그녀는 그 가족에 대한 자신의 헌신을 입증하기를 극단적으로 열망한다. 그녀의 일상적 행위들이 주목받지 못하고 간과되므로 그녀는 끝내 집을 불태우고, 불길에서 아이를 구출할 기회를 갖게 된다. 이 폐쇄된 원환고리는 도착증을 정의하는 그 무엇이다.[64] 그리고 동일한 폐쇄된 원환고리가 스탈린주의적인 적들의 희생적 생산에서도 작동하지 않는가? 당은 우편향과 좌편향에 대항해 싸우면서 스스로를 강화시키기 때문에, 당의 통합을 강화하기 위해서 그러한 적들을 만들어내지 않을 수 없다.

칸트 자신도 『실천이성비판』에서 이러한 도착의 원환에 사로잡힌다. 제1편 끝에서 그는 왜 신은 사물 자체가 인간에게 알려질 수 없는 그러한 방식으로, 지고선이 인간본성에 속하는 근본악에의 성향으로 인하여 인간으로서는 획득할 수 없는 그러한 방식으로 세계를 창조했는지를 자문한다. 칸트의 답은 이러한 침투불가능성이 우리의 도덕적 행위의 긍정적 조건이라는 것이다. 인간이 만일 사물들을 그 자체로 알게 된다면, 동시에 도덕적 행위는 불가능하고 불필요해질 터인데, 왜냐하면 그럴 경우 우리는 의무로

64) 그리고 이와 동일한 원환고리가 충동을 정의하므로, 우리는 왜 라캉이 도착은 가장 순수한 차원에서의 충동의 구조를 배치한다고 주장했는지를 알 수 있다.

인해서가 아니라 사물들의 본성에 대한 단순한 통찰로 인해서 도덕적 명령을 따르게 될 것이기 때문이다. 따라서, 우주 창조의 궁극적 목적은 도덕이므로, 신은 하이스미스의 소설에 나오는 바로 그 여주인공처럼 행동해야만 했으며, 인간을 끝이 잘리고 분열된 존재로서, 사물들의 진정한 본성에 대한 통찰을 박탈당하고 악의 유혹에 노출된 존재로 창조해야만 했다.[65] 도착증은, 단순히, 선의 조건들을 확립하는 이와 같은 희생적 행위의 완수이다. 몬살바의 성배 공동체 같은 입회 집단들이 공유하는 비밀 또한 바로 여기에 있다. 기독교의 도착적 전도, 그리스도가 구원자의 역할을 할 수 있도록 그리스도를 의도적으로 죽이기.[66]

따라서 파르지팔의 "상처는 당신을 찌른 그 창에 의해서만 치유된다"는 칸트와 헤겔의 지평 내부에서 바로 그 문구가 의미했을 수도 있는 그 무엇과는 상당히 다른 어떤 것에 해당한다. 칸트에게서 "상처"는 사물의 접근불가능성일 수밖에 없으며 또한 그것의 "치유"는 목적론적인 가상*Schein*일 수밖에 없는 한에서, 여기서의 요점은 "상처"처럼 보이는 것이 사실상 "치유"의 긍정적 조건이라는 것이다. 즉 사물의 접근불가능성은 우리의 자유와 도덕적 존엄의 긍정적 조건이다. 하지만 바로 그렇기 때문에 칸트는 선의 실현

---

65) 따라서 이러한 측면에서 칸트의 신은 실로 데카르트의 악령처럼 행위한다. 그는 인간 주체를 의도적으로, 즉 자신의 도덕적 행동을 가능하게 하기 위해서 속인다. 『순수이성비판』의 "인간의 실천적 사명에 현명하게 부합하는 인간 인식 능력들의 조화"라는 절을 볼 것.

66) 또 다른 층위에서, 마틴 스콜세즈의 <그리스도 최후의 유혹>은 동일한 테제를 제안한다. 즉 예수 자신이 구원자로서의 자신의 운명을 완수하기 위해서 유다에게 자신을 배반하라고 명했다. 따라서 유다는 스탈린주의적 반역자의 선구자인 셈이다. 스탈린주의적 반역자는 대의를 위해서 대의에 대항한 최고의 범죄를 저지른다. 이에 대한 독해는 지젝, 『이데올로기의 숭고한 대상』 제3장 참조.

을 가능케 하기 위해서 "당신을 찌르는" 도구의 역할을 유한한 주체가 떠맡는 것을 결코 허용하지 않는다. 그렇지만 바로 이것이 바그너에게서 일어나는 것이다. 거기서 우리는 "상처의 거래"를 기꺼이 떠맡고 선을 위한 길을 닦는 도착적 주체의 출현을 목격한다.

그리고—결론적으로—도착증의 이 논리에 대한 바로 그 참조는 라캉 이론의 가장 모호한 지점들 가운데 하나를 조명할 수 있도록 해준다. 즉 욕망에 대립되는 바로서의 충동에서, 즉 시각 충동에서 대상 *a*의 역할은 정확히 무엇인가? 열쇠를 제공하는 것은 『네 가지 근본 개념들』에 나오는 라캉의 설명이다. 그에 따르면 시각 충동의 본질적 특징은 "자기 자신을 보여지도록 만들기(*se faire voir*)"이다.[67] 그렇지만, 라캉이 곧바로 지적하듯이, 충동의 순환성, 충동의 구성적 원환고리를 특성짓는 이 "자기 자신을 보여지도록 만들기"는 나르시스적인 "타자를 통해 자기 자신을 바라보기"와 혼동되지 말아야 한다. 후자는 큰타자의 눈을 통해서, **타자** 안의 자아이상의 지점을 통해서 자신을 바라보는 것이며, 내가 나 자신에게 사랑할 만한 가치가 있어 보이는 그러한 형식 속에서 자신을 바라보는 것이다. 내가 "나 자신을 타자를 통해서 바라볼" 때 상실되는 것은 응시로서의 대상, 즉 내가 "자신을 보여지도록 만들" 때 나 자신을 그것에 노출시키게 되는 그 응시로서의 대상이다. 본연의 이데올로기적 공간에서, "타자를 통해 자기 자신을 바라보기"(자아이상)를 통해 제공되는 이 나르시스적 만족을 보여주는 전형적인 사례는 외국의 응시를 통해서 보여진 자기 나라에

67) Lacan, *The Four Fundamental Concepts of Psycho-Analysis*, p. 195.

관한 기사이다(예컨대 미국이 **타자**에 의해, 일본인이나 러시아인 등등에 의해 어떻게 지각되는가—숭배받는가 아니면 경멸받는가—에 대한 오늘날 미국 미디어의 강박적 집착). 첫 예시적 사례는 물론 아이스킬로스의 『페르시아인』이다. 여기서 페르시아의 패배는 페르시아 왕궁의 눈을 통해 보여지는 것으로 묘사된다. 그리스인들이 얼마나 대단한 민족인가 하는 등등에 대한 다리우스 왕의 놀람은 그리스 관객들에게 깊은 나르시스적 만족을 제공한다. 하지만—다시금—이것은 "자기 자신을 보여지도록 만들기"가 아니다. 그렇다면 무엇이 그것을 실로 구성하는가?

히치콕의 <이창>을 떠올려보자. 이 영화는 시각 충동을 무대에 올린 전형적 사례로서 종종 인용된다. 영화 대부분에 걸쳐서 욕망의 논리가 지배한다. 이 욕망은 그것의 대상-원인—주체를 되응시하는 맞은 편 안뜰에 있는 어두운 창—에 의해 매혹당하고 추동된다. 영화에서 언제 "화살은 주체에게 되돌아오는가?" 물론 제임스 스튜어트의 뒷창 맞은편에 있는 집에 있는 살인자가 스튜어트의 응시를 되돌려주고 그의 훔쳐보기 행위를 하고 있는 그를 이를테면 현장에서 붙잡는 그 순간에. 제임스 스튜어트가 "자기가 자기 자신을 보는 것을 보는" 것이 아니라, 그가 보고 있는 대상에게(즉 그의 응시를 안뜰을 가로질러 그 어두운 방으로 이끌었던 그 얼룩에게) 자기 자신을 보여지도록 만드는 이 정확한 순간, 우리는 욕망의 등록소에서 충동의 등록소로 이행한다. 다시 말해서, 우리가 단지 호기심 많은 관음증자의 태도를 취하면서 매혹적인 X를, "커튼 배후에" 숨겨진 그 무엇의 어떤 흔적을 찾고 있는 한 우리는 욕망의 등록소에 머물고 있는 것이다. 우리는 그림 안에 있는 얼룩에게, 틀 안에 있는 이 침투불가능한 외래적 신체에게, 우리의 응시를 끌어당긴 이 지점에게 우리 자신을 보여지도록 만드는 순간 충동으로 "기어를 바꾸는" 것이다. 이러한 역전은 충동을 정의하는 그 무엇이다. 내가 나 자신이 응시당하고 있는 타자 안의 지점을 볼 수 없는 한, 내가 할 수 있는 유일한 일이라고는 나 자신을 그 지점에게 가시적이게 만드는 것이다. 이 응시와 자신을 자아이상의 지점으로부터 나르시스적으로 바라보는 것 사이의 차이는 분명하다. 응시의 경우, 주체가 그 자신을 어떤 지점에게 보여지도록 만들 때의 그 지점은 그 외상적 이종성과 불투명성을 보유하고 있다. 그것은, 상징적 특질이 아니라, 엄밀히 라캉적 의미에서의 대상으로 남아 있다. 내가 나의 바로 그 바라봄의 능력 속에서 나 자신을 어떤 지점에게 가시적이 되게 만들 때의 그 지점은 충동의 대상이다. 그리고 이런 식으로 우리는 욕망에서의 대상 *a*의 지위와 충동에서의 대상 *a*의 지위의 차이를 얼마간 분명히 할 수 있다(우리 모두가 알고 있듯이, 자크 알랭-밀레가 『네 가지 근본 개념들』에서 라캉에게 이에 대해서 질문을 할 때 그가 듣는 답은 기껏해야 명암을 얻을 뿐이다[68]).

이 핵심적 구분을 한층 더 명확히 해줄 것은 <이창>에 나오는 마지막 장면의 또 다른 특징이다. 이 장면은 욕망에서 충동으로의 이 변화를 가장 순수하게 무대화한다. 여러 개의 섬광 전구를 터뜨림으로써 살인자가 다가오는 것을 막으려고 시도하는 제임스 스

68) [세미나 11의 14장 끝부분에 있는 라캉과의 문답에서 밀레의 물음에 답한 후에 라캉이 "네가 당신의 질문에 어떤 빛을 던져주었나요?"라고 묻자 밀레는 "어떤 빛과 어떤 어둠을 주었습니다"라고 답한다.]

튜어트의 필사적인 방어. 겉보기에 무의미한 이러한 제스처는 정확히 충동에 대항한 방어로서, "자기 자신을 보여지도록 만들기"에 대항한 방어로서 읽혀야 한다. 스튜어트는 타자의 응시를 눈멀게 하기 위해서 미친 듯이 노력한다.[69] (이 대결 장면에서 핵심적 열쇠는 살인자가 타자로부터 나오는 물음—"Che vuoi?", 당신은 나에게서 무엇을 원하지?—을 체현하고 있다는 점이다. 스튜어트에게 무엇을 원하는지를, 이 일에서 무엇이 그에게 걸려 있는 것이고 그의 관심사인지를 반복해서 물어봄으로써 살인자는 스튜어트로 하여금 그 자신의 승인되지 않은 욕망과 대면하도록 만든다. 그러므로 스튜어트의 방어는 자기 자신의 욕망의 진리를 회피하려는 필사적인 노력이다.)[70] 살인자가 스튜어트를 창문을 통해 내던질 때 그에게 닥치는 일은 정확히 충동을 정의하는 바로 그 역전이다. 창문을 통해 떨어짐으로써 그는 근본적 의미에서 그 자신의 그림 속으로 떨어진다. 즉 그 자신의 가시성의 장 속으로 떨어진다. 라캉적 용어로, 그는 그 자신의 그림 속에 있는 얼룩으로

---

69) 충동에 대항한 동일한 방어는 히치콕의 <젊음과 순수>에 나오는 유명한 트래킹 숏에서도 작동한다. 드럼 연주자의 신경증적 눈깜박임은 궁극적으로 보여짐에 대한 방어-반응이며, 보여짐을 회피하려는 시도이며, 그림 속으로 끌려들어가는 것에 대한 저항이다. 물론 역설은 바로 이 방어-반응에 의해 그가 무심코 그에 대한 관심을 이끌어내고 그리하여 자신을 노출시킨다는, 그의 죄책감을 누설하고 말 그대로 "드럼 소리로 공공연하게 드러낸다"는 것이다. 그는 타자의(카메라의) 응시를 견딜 수 없다.

70) 이 대결 장면의 또 다른 핵심적 성분은 나중에 <마니>에서 반복되는 형식적 특징이다. 스튜어트가 플래시를 터뜨릴 때 스크린 전 화면은 붉은 색으로 넘쳐나게 된다. 동일한 효과가 <마니>에서도 나온다. 마니가 억압된 외상을 일깨우는 어떤 붉은 얼룩을 보는 순간, 붉은 색은 이를테면 끓어넘치고 전 화면을 뒤덮는다. 두 경우 모두 이 얼룩이 주체가 의식을 잃는 것과 연결된다는 것이 핵심적이다. 여기서 우리가 조우하는 것은 정확히 *aphanisis*(소멸)라는 라캉적 개념이다. 이 개념은 주체가 자신의 욕망의 진리, 자신의 존재의 억압된 중핵과 대면하지 않을 수 없게 되었을 때 발생하는 주체의 사라짐, 자기-말소이다.

화한다. 그는 그 안에서, 즉 그 자신의 시각장으로서 규정된 공간 내부에서 그 자신을 보여지도록 만든다.[71]

<누가 로저 래빗을 모함했나>의 종결부의 저 장엄한 장면들은 동일한 모티브의 또 다른 변종이다. 거기서 비정한 탐정은 만화 세계 속으로 떨어진다. 그 속에는 그 어떤 본연의 죽음도 없으며, 단지 끝없는 집어삼킴과/이나 파괴가 있을 뿐이다. 하지만 이 주제의 또 다른 좌파-편집증적 변종을 <드림스케이프>에서 발견할 수 있다. 이 영화는 자신이 격발할 수도 있는 핵 재앙에 관한 악몽 때문에 괴로워하는 미국 대통령을 다룬 공상과학 영화다. 어둠의 군사주의 음모가들은 다른 사람의 꿈에 들어가 그 안에서 행위할 수 있는 한 범죄자를 이용하여 대통령의 평화주의적 계획을 방해하려고 한다. 꿈속에서 대통령을 겁주어서 대통령이 심장발작으로 사망하게 하려는 것이다.

채플린의 <라임라이트>의 마지막 장면에서도 우리는 욕망에서 충동으로의 반전을 발견한다. 이 장면의 겉보기에 분명한 멜로드라마적 단순함 때문에 속아서는 안 된다. 그것은 무대 뒤에서 죽어 있는 광대 칼베로의 클로즈업에서 칼베로의 위대한 사랑이

---

71) 이에 대한 힌트를 영화의 첫 장면에서도 발견한다. 거기서 우리는 스튜어트가 사고 직전에 마지막으로 찍은, 그의 다리가 부러지게 된 원인을 보여주는 스냅사진을 잠시 보게 된다. 이 사진은 홀바인의 「대사들」에 대한 진정한 히치콕적 대응물이다. 가운데 있는 비스듬한 얼룩은 카메라 쪽으로 날아오는 경주용 자동차의 바퀴가 스튜어트가 그것에 맞기 몇 분의 1초 전에 포착된 것이다. 사진이 보여주는 그 순간은 그가 거리를 상실하고 말하자면 그 자신의 사진 속으로 붙잡혀 들어간 바로 그 순간이다. Miran Božovič, "The Man behind His Own Retina", in Slavoj Žižek, *Everything You Always Wanted to Know about Lacan* (But Were Afraid to Ask Hitchcock) (London: Verso Books, 1992) 참조. [국역본: 미란 보조비치, 「그 자신의 망막 뒤의 남자」, 슬라보예 지젝 편, 『항상 라캉에 대해 알고 싶었지만 감히 히치콕에게 물어보지 못한 모든 것』, 김소연 옮김, 새물결, 2001.]

며 이제 발레리나로 성공한 젊은 여자가 공연을 하는 무대 전체의 설정 숏으로의 장엄한 후방 트래킹 숏에 집중되어 있다. 이 장면 직전에 죽어가는 칼베로는 주치의에게 그의 사랑이 춤추는 것을 보고 싶다는 욕망을 표현한다. 의사는 그의 어깨를 부드럽게 두드리면서 이렇게 그를 위안한다. "그녀를 보게 될 겁니다!" 그리고 그는 죽는다. 그의 몸은 흰 시트로 덮인다. 그리고 카메라는 뒤로 물러난다. 이제 화면에는 무대에서 춤추는 여자가 들어오고, 반면에 칼베로는 배경에 있는 간신히 볼 수 있는 작은 흰 얼룩으로 환원된다. 여기서 특별히 중요한 것은 발레리나가 화면에 들어오는 방식이다. 즉 히치콕의 <새>에 나오는 보데가 만의 그 유명한 "신의 시점"에서의 새들처럼 카메라 배후로부터 들어온다—하지만 관객을 스크린의 디에게시스적 현실과 분리시키는 불가사의한 중간적 공간으로부터 물질화되는 또 하나의 흰 얼룩. 여기서 우리는 가장 순수한 대상-얼룩으로서의 응시의 기능과 조우한다. 의사의 예언은 실현된다. 정확히 칼베로가 죽은 한에서, 즉 그가 그 젊은 여자를 더 이상 볼*see* 수 없는 한에서, 그는 그녀를 바라본다*looks at her*. 그렇기 때문에 이 후방 트래킹 숏의 논리는 철저하게 히치콕적이다. 이를 통해서 현실의 한 조각은 왜상적 얼룩(배경의 흰 오점)으로 변형되는데, 하지만 이 얼룩은 그것을 중심으로 시각장 전체가 돌아가는 얼룩이며, 장 전체로 "번지는" 얼룩이다(<프렌지>에 나오는 후방 트래킹 숏에서처럼). 다시 말해서, 이 장면에 멜로드라마적 아름다움을 부여하는 것은, 칼베로가 이미 죽은 것을 모른 채 발레리나가 그를 위해, 얼룩이 되어버린 그를 위해 춤추고 있다는 사실에 대한 관객들의 자각이다(멜로드라마적 효과는 언제나 행위자의 그와 같은 무지에 달려 있다). 장면의 의미를 보증해주는 것은 바로 이 얼룩, 배경의 이 흰 오점이다. 정확히 어디서 욕망은 충동으로 변하는가? 자신의 사랑이 춤추는 모습을 마지막으로 보고자 하는 칼베로의 욕망에 의해 시각장이 조직화되고 지탱되는 한 우리는 욕망의 등록소에 남아 있다. 칼베로가 그 자신의 그림 안에 있는 얼룩-대상으로 환원되는 순간 우리는 충동의 등록소로 들어간다. 그렇기 때문에 단순히 그녀가, 그의 사랑인 발레리나가 자기 자신을 그에게 보여지도록 만드는 것이라고 말하는 것으로는 충분하지 않다. 오히려 요점은, 그와 동시에 그가 얼룩의 현존을 획득하며 그리하여 둘 모두가 동일한 시각장 내에 나타난다는 것이다.[72)]

시각 충동은 내가 바라보고 있는 그림 속에 내가 붙잡히게 되는, 그것에 대한 거리를 잃게 되는 원환고리의 그와 같은 닫힘을 지칭한다. 그러한 것으로서 그것은 보려는 욕망에서 수동적 양태로의 단순한 반전이 결코 아니다. "자기 자신을 보여지도록 만들기"는 보기의 행위 그 자체에 내속적이다. 충동은 그것들을 연계시키는 원환고리이다. 따라서 충동의 궁극적 예시는 무의미하고 "불가능한" 악순환을 구현하는 시각적이고 시간적인 역설들이다. 서로를

---

72) 여기서 우리가 조우하는 것은 다시금 동일한 숏 내에서의 화면과 대응화면의 응축이다. 욕망은 우리가 서로를 마주보는 보통의 상호주체성의 장을 윤곽짓는다. 반면에 우리가 우리의 그림자 분신과 더불어 동일한 쪽에서 우리 자신을 발견할 때, 우리의 그 둘 모두가 동일한 제3의 지점을 응시할 때, 충동의 등록소로 들어가게 된다. 여기서 충동에 대해 구성적인 "자기 자신을 보여지도록 만들기"는 어디에서 있는가? 우리는 정확히 이 제3의 지점—화면과 대응화면을 포용할 수 있는 응시, 즉 내 안에서 나의 그림자 분신, 내 안에 있는 나 자신보다 더한 그 무엇, 대상 *a* 또한 지각할 수 있는 응시—에 우리 자신을 보여지도록 만든다. (이 책의 제3장 참조.)

그리는 에셔의 두 손, 폐쇄된 영구운동체에서 흐르는 폭포, 내가 (나의 부모를 맺어주어) 나 자신을 창조하기 위해서 과거로 찾아가는 시간여행 원환고리.

이 "외부로 나갔다고 돌아오는 충동의 운동에 의해 형성된 원환고리"는, 어쩌면 라캉이 이용한 화살보다는, 이 정식화가 소생시키는 최초의 자유연상—즉 "과녁 맞히기"가 "자기 자신이 맞게 만들기"로 바뀌는 부메랑—에 의해 더 잘 예시될 수 있을 것이다. 다시 말해서, 내가 부메랑을 던질 때, 그것의 "목표"는 물론 과녁(동물)을 맞히는 것이다. 하지만 던지기의 진정한 기술은 과녁을 놓치고 부메랑이 되날아올 때 그 부메랑을 잡을 수 있는가에 달려 있다. 진정한 목적은 목표를 놓치고 그리하여 부메랑이 우리에게 되돌아오게 하는 것이다(따라서 부메랑을 다루는 방법을 배울 때의 가장 어려운 부분은 그것을 올바로 잡는, 즉 그것에 맞는 것을 피하는, 그것을 던지는 것의 잠재적으로 자살적인 차원을 막는 기술을 숙달하는 것이다). 부메랑 다루기는 기본적인 히스테리적 분열을 무대화한다. 주체가 부메랑을 잡게 되면 그것을 던지는 진정한 목적—죽음충동의 현시로서의 "자기 자신이 맞게 만들기"—의 실현을 막는 것이다. 그리하여 부메랑은 "문명"의 출현의 바로 그 순간을, 본능이 충동으로 변형되는 순간을 지칭한다. 즉 목표와 목적이 분열되는 순간, 진정한 목적이 더 이상 목표를 맞히는 것이 아니라 그것을 반복해서 놓치는 바로 그 순환 운동을 유지하는 것이 되는 순간을 지칭한다.

6. 당신의 민족을 당신 자신처럼 즐겨라!

서유럽은 동유럽 공산주의의 붕괴에 왜 그토록 매료되었는가? 대답은 분명해 보인다. 서유럽의 응시를 매료한 것은 민주주의의 재창안이었다. 서유럽에서 갈수록 쇠퇴와 위기의 징후를 보여주는, 틀에 박힌 관료주의와 광고식 선거운동에서 상실되어버린 민주주의가 마치 동유럽에서 그 일체의 신선함과 진기함 속에서 재발견되고 있는 것인 양 말이다. 그리하여 이러한 매혹의 기능은 순전히 이데올로기적이다. 서유럽은 동유럽에서 자신의 잃어버린 기원들을, 자신의 잃어버린 "민주주의적 창안"의 기원적 경험을 찾고 있다. 다시 말해서 동유럽은 서유럽에게 자아이상(*Ich-Ideal*)으로서 기능한다. 즉 바로 그 지점으로부터 서유럽은 스스로를 호감가는 이상화된 형태로 보며, 스스로를 사랑받을 만한 존재로 본다.

따라서 서유럽에게 매혹의 실재적 대상은 응시, 즉 동유럽이 서유럽의 민주주의에 매혹되어 서유럽을 향해 되보내는 소박하다고 가정된 응시이다. 동유럽의 응시는 아직 자신의 아갈마를—민주주의적 열정을 불러일으키는, 하지만 서유럽은 오래 전에 취미를 상실한 보물을—서유럽 사회에서 지각할 수 있는 것인 양 말이다.

그렇지만 지금 동유럽에서 출현하고 있는 현실은 서로 간에 매혹된 그 두 응시에 대한 이와 같은 목가적 그림의 어지러운 왜곡이다. 외국인 혐오에서 반유대주의까지 그 일체의 통상적 요소들을 포함하는 협조적 민족 포퓰리즘의 성장에 직면한, 자유민주주의적 경향의 점진적 후퇴. 이 예기치 않은 전환을 설명하기 위해서는 민족적 동일화에 관한 가장 기본적인 개념들을 재고해야 한다. 그리고 여기서 정신분석이 도움이 될 수 있다.

"향유의 도둑질"

어떤 주어진 공동체를 묶는 요소는 상징적 동일화의 지점으로 환원될 수 없다. 그 구성원들을 한 데 연결하는 끈은 언제나 어떤 사물을 향한, 체화된 향유를 향한 공유된 관계를 함축한다.[1] 환상

1) 이 사물 개념에 대한 상세한 설명은 *The Ethics of Psychoanalysis, 1959–1960, The Seminar of Jacques Lacan*, book 7, ed. Jacques-Alain Miller (London: Routledge/Tavistock, 1992) 참조. 여기서 지적되어야 할 것은 향유(*jouissance*, *Genuss*)가 쾌락(*Lust*)과 등치되지 말아야 한다는 것이다. 향유는 정확히 "Lust im Unlust(불쾌 속의 쾌락)"이다. 그것은 "쾌락원칙"의 평형상태를 교란하는 사물과의 고통스러운 조우에 의해 초래되는 역설적 만족을 지칭한다. 다시 말해서 향유는 "쾌락원칙 너머에" 위치하고 있다.

을 통해 구조화되는바 사물을 향한 이와 같은 관계는 타자가 우리의 "생활 방식"에 가하는 위협에 관해 이야기할 때 걸려 있는 그 무엇이다. 예컨대 백인 영국인이 점점 늘어나는 "외래인들aliens" 때문에 당혹해 할 때 위협받고 있는 것이 바로 그것이다. 그가 어떤 대가를 치르고라도 보호하고자 하는 그것은 민족적 동일성에 지탱물을 제공하는 가치들의 집합이라고 하는 것으로 환원가능하지 않다. 민족적 동일화는 정의상 사물로서의 민족을 향한 관계에 의해 지탱된다. 이 민족-사물은 일련의 모순적 속성들에 의해 규정된다. 그것은 우리에게 "우리 것"(어쩌면 코사 노스트라[2]라고 할 수도 있는 것)으로서, 우리에게만 접근가능한 어떤 것으로서 나타난다. 즉 "그들"은, 다른 사람들은 이해할 수 없는 어떤 것으로서 말이다. 하지만 그럼에도 불구하고 그것은 "그들"에 의해 끊임없이 위협받는 어떤 것이다. 그것은 우리의 삶에 충만과 활기를 불어넣는 그 무엇으로서 나타나지만, 우리가 그것을 규정할 수 있는 유일한 길은 매한가지인 공허한 동어반복의 다양한 판본들에 의지하는 것뿐이다. 그것에 대해 궁극적으로 다음과 같이 말할 수 있을 뿐이다. 그것은 "그것 자체"이다, "진짜"다, "정말로 문제인 것"이다, 등등. 이 사물의 존재를 어떻게 알아볼 수 있는지에 대한 질문을 받을 때 유일하게 일관적인 대답은, 그 사물은 "우리의 생활 방식"이라 불리는 난포착적 실체 속에 있다고 말하는 것이다. 우리가 할 수 있는 일이라고는 우리 공동체가

---

2) [이탈리아계 미국인의 범죄 조직 이름이기도 한 코사 노스트라(cosa nostra)는 "우리의 것"을 뜻한다. 이 집단의 경우라면 "이 왕국에서 우리끼리 치고받고, 죽이거나 살리고, 뺏거나 빼앗기고 하는 거니까 너희들은 참견마라"를 뜻할 것이다.]

축제, 짝짓기 의식, 입문식 등을 조직하는 방식의 분리된 조각들을, 즉 공동체가 그것의 향유를 조직하는 특유의 방식이 가시화되는 모든 세부 항목들을 열거하는 것이다. 물론 여기서 떠오르는 최초의 "자동적" 연상은 반동적이고 감상적인 "혈통과 땅"[3]이지만, "생활 방식"에 대한 그와 같은 참조가 변별적인 "좌파적" 함축을 가질 수도 있음을 잊지 말아야 한다. 전시에 씌어진 조지 오웰의 글들을 보자. 거기서 그는 공식적이고 고루한 판본에 대립되는 영국 애국심의 윤곽을 그리고자 노력했다. 그의 참조점은 바로 노동계급의 "생활 방식"(저녁에 동네 주점에 모이는 등등)을 특징짓는 세부 항목들이었다.[4]

그렇지만 민족적 사물을 어떤 특유의 "생활 방식"을 구성하는 특징들로 단순히 환원한다면 잘못일 것이다. 사물은 곧바로 이러한 특징들의 집합인 것이 아니다. 그 안에는 "그 이상의 어떤 것"이, 이 특징들 속에 현존하는, 그것들을 통해 외양하는 어떤 것이 있다. 어떤 주어진 "생활 방식"에 참여하는 공동체 구성원들은 그들의 사물을 믿는다, 그리고 거기서 이 믿음은 상호주체적 공간에 고유한 반성적 구조를 갖는다. "나는 (민족적) 사물을 믿는다"는 "나는 다른 사람들(내 공동체의 구성원들)이 사물을 믿는다고 믿는다"와 같다. 사물의 동어반복적 성격—우리가 사물에 대해

3) [아리안계 게르만인의 우월성을 찬양하는 나치의 선전문구.]

4) 이 조각들이 종족적 장벽을 가로질러 존속하는 방식은 때로 상당히 감동적이기도 하다. 예를 들어 한 기자가 로버트 무가베에게 영국 식민주의가 짐바브웨에 남긴 가장 귀중한 유산이 무엇이었는지를 질문했을 때 그는 주저 없이 "크리켓"이라고 답했다. 그것은 대륙인들이 거의 납득할 수 없는 터무니없게 의례화된 게임으로서, 지정된 몸동작들(혹은 불문의 전통에 의해 확립된 몸동작들)은, 예컨대 공을 던지는 동작은, 괴상할 정도로 "기능장애적인" 것으로 보인다.

이야기할 수 있는 것을 "그것은 진짜다" 등으로 제약하는 의미론적 공백—은 바로 이와 같은 역설적인 반성적 구조 속에서 발견된다. 민족적 사물은 공동체 구성원이 그것을 믿는 한에서만 존재한다. 그것은 말 그대로 그것 자체에 대한 이 믿음의 "효과"이다. 여기서 그 구조는 기독교에서 성령의 구조와 동일하다. 성령은 그리스도가 자신의 죽음 이후에 살아 있는 신자들의 공동체이다. 그리스도를 믿는 것은 믿음 그 자체를 믿는 것과 같다. 즉 나는 혼자가 아니라는 것을, 나는 신자들의 공동체의 구성원이라는 것을 믿는 것과 같다. 나는 내 믿음의 진리에 대한 어떠한 외적 증거나 확증도 필요로 하지 않는다. 다른 사람들의 믿음에 대한 나의 믿음이라는 행위만으로 성령은 이곳에 있다. 다시 말해서 사물의 의미 일체는, 사람들에게 "그것은 무언가를 의미한다"는 사실에 달려 있다.

주체가 그 존재를 (다른 사람들이 믿고 있다는 것을) 믿는 한에서만 "있는" 존재자의 이 역설적 실존은 이데올로기적 원인/대의들causes 고유의 존재 양태이다. "정상적인" 인과적 질서는 여기서 역전되는데, 왜냐하면 원인 그 자체가 그것의 효과들(그것이 고무시키는 이데올로기적 실천들)에 의해 산출되기 때문이다. 의미심장하게도 바로 이 지점에서 라캉과 "담화적 관념론"의 차이는 가장 강력하게 출현한다. 라캉은 (민족적, 등등의) 원인을 그것을 지칭하는 담화적 실천들의 수행적 효과로 환원하지 않는다. 순수한 담화적 효과는 원인 고유의 유인력을 강제할 만한 충분한 "실체"를 갖지 않는다. 원인이 그 실정적 존재론적 일관성을 획득하기 위해서 추가되어야 하는 그 이상한 "실체"에 대한, 정신분석이 인정하는 그 유일한 실체에 대한 라캉적 용어는 물론 향유이다(라캉은 이를 『앙코르』에서 명시적으로 진술한다[5]). 민족은 민족 특유의 향유가 일단의 사회적 관행들 속에서 계속해서 구현되고 또한 이 관행들을 구조화하는 민족적 신화들을 통해 계속해서 전수되는 한에서만 실존한다. 따라서 "탈구축주의적" 방식으로, 민족은 생물학적이거나 초역사적인 사실이 아니라 우연적인 담화적 구성물이며 텍스트적 관행들의 과잉결정된 결과물임을 강조하는 것은 오도직이다. 그와 같은 강조는 담화적 존재자-효과로서의 민족이 그 존재론적 일관성을 획득하기 위해서는 현존해야만 하는 향유의 어떤 실재적, 비담화적 중핵의 잔여를 간과한다.[6]

그리하여 민족주의는 향유가 사회적 장 속으로 분출하는 특권화된 영역을 제시한다. 민족적 원인은, 궁극적으로, 어떤 주어진 종족 공동체의 주체들이 자신들의 향유를 민족적 신화를 통해 조직하는 방식에 다름 아니다. 따라서 종족 긴장에 걸려 있는 것은 언제나 민족적 사물의 소유이다. 우리는 언제나 "타자"에게 과잉 향유를 전가한다. 즉 그는 (우리의 생활 방식을 망쳐놓음으로써) 우리의 향유를 도둑질하기를 원하고/거나 어떤 은밀한 도착적 향

5) Jacques Lacan, *Le séminaire, book 20: Encore* (Paris: Editions du Seuil, 1966) 제6장 참조.

6) 주체는 향유를 통해서만 "실존한다"는 사실, 즉 "실존"과 "향유"의 궁극적 일치는 이미 라캉의 초기 세미나들에서 애매하게 외상적인 실존의 지위를 통해 지시되었다. "정의상 모든 실존에는 너무나도 비개연적인 무언가가 있어서, 우리는 사실상 그것의 실재성에 관하여 끊임없이 자문하게 됩니다"(*The Seminar of Jacques Lacan*, book 2 [Cambridge: Cambridge University Press, 1988], p. 226). 이 진술은 단순히 "실존"을 "향유"로 단순히 대체할 경우 훨씬 더 분명해진다. "정의상 모든 향유에는 너무나도 비개연적인 무언가가 있어서, 우리는 사실상 그것의 실재성에 관하여 끊임없이 자문하게 됩니다." 히스테리자의 근본적인 주체적 위치는 자신의 향유로서의 실존에 관하여 바로 그와 같은 물음을 제기하는 것을 내포한다. 반면에 도착증자는 "실존의 고통"을 타자(그의 희생양)에게 이항함으로써 이 물음을 회피한다.

유에 접근한다. 요컨대 "타자"에게 있어 실제로 우리를 성가시게 하는 그 무엇은 그가 자신의 향유를 조직하는 그 특유의 방식이며, 이 방식에 들어 있는 바로 그 잉여, "과도함"이다. 예컨대 "그들의" 음식 냄새, "그들의" 요란한 노래와 춤, "그들의" 이상한 습관, "그들의" 일하는 태도. 인종주의자에게 "타자"는 우리 일자리를 훔쳐가는 일벌레이거나, 우리의 노동으로 살아가는 게으름뱅이다. 그 타자를 일하지 않으려 한다고 비난하다가 일을 도둑질해 간다고 비난하는 것으로 성급하게 넘어가는 모습을 보는 것은 참으로 우스운 일이다. 기본적인 역설은 우리의 사물이 타자에게 접근불가능한 어떤 것으로서 간주되는 동시에 타자에 의해 위협당하는 어떤 것으로서 간주된다는 것이다. 프로이트에 따르면, 이와 동일한 역설이 거세 경험을 규정하고 있다. 주체의 심적 경제 속에서 거세는 "실제로 일어날 수 없지만" 그럼에도 불구하고 일어날지도 모른다는 가망성 때문에 우리에게 공포감을 주는 어떤 것으로서 나타난다. 그리하여 상이한 종족적 주체 위치들의 양립불가능성의 근거는 그들의 상징적 동일화 구조가 다르다는 데 있는 것만은 아니다. 보편화에 무조건적으로 저항하는 것은 오히려 그들이 향유에 대해 맺고 있는 관계의 그 특수한 구조이다.

> 왜 **타자**는 **타자**로 남아 있는가? 그에 대한 우리의 증오, 그의 바로 그 존재에서 그에 대한 우리의 증오의 원인은 무엇인가? 그것은 **타자** 속의 향유에 대한 증오이다. 이는 오늘날 우리가 목격하고 있는 근대적 인종주의의 가장 일반적 공식일 것이다. **타자**가 즐기는 그 특수한 방식에 대한 증오. (……) 관용이나 불관용의 문제는

과학의 주체와 그 주체의 인권과는 아무 상관도 없다. 그것은 **타자**의 향유에 대한, 본질적으로 내 자신의 향유를 훔쳐가는 자로서의 **타자**의 향유에 대한 관용이나 불관용의 층위에 위치한다. 물론 우리는 대상의 근본적 지위가 언제나 이미 **타자**에 의해 강탈당할 어떤 것의 지위임을 알고 있다. 우리가 속기로 마이너스 파이라고 쓰는 거세의 수학소는 바로 이러한 향유의 도둑질이다. **타자**는 나의 내부의 **타자**이므로, 문제는 분명 해결불가능하다. 그리하여 인종주의의 뿌리는 나 자신의 향유에 대한 증오이다. 나 자신의 것 말고는 다른 어떠한 향유도 없다. **타자**가 내 안에 있으면서 외밀성의 자리를 점유한다면, 증오 역시 나 자신의 것이다.[7)]

타자에게 향유의 도둑질을 전가함으로써 우리가 은폐하고 있는 것은 우리에게서 도둑질해간 것이라고 하는 그것을 우리가 결코 소유한 적이 없다는 외상적 사실이다. 결여("거세")는 기원적이며, 향유는 "도난당한" 것으로서 스스로를 구성한다. 혹은 『논리학』에 나오는 헤겔의 정확한 정식화를 인용하자면, 그것은 "뒤에 남겨짐을 통해서만 존재하게 된다".[8)] 구 유고슬라비아는 이와 같은 역

---

7) Jacques-Alain Miller, "Extimité", Paris, November 27, 1985 (미출간 강연). "향유의 도둑질"이라는 동일한 논리는 또한 인민들이 국가의 지도자와 맺고 있는 관계를 결정한다. 지도자의 수중에 있는 부의 집중과 소비가 언제 "도둑질"로 경험되는가? 지도자가 "우리 안에 있는 우리 자신보다 더한 그 무엇"으로서 지각되는 한, 즉 우리가 그에게 전이적 관계를 유지하는 한, 그의 부와 호사는 "우리 자신의 것"이다. 지도자가 카리스마를 잃고 민족의 실체의 구현자에서 민족의 몸에 기생하는 자로 바뀔 때, 전이는 끝난다. 예컨대 전후 유고슬라비아에서 티토는 자신의 호사를 "인민이 나에게서 그것을 기대한다"는, 그것이 "그들에게 자긍심을 준다"는 사실을 가지고서 정당화했다. 말년에 카리스마를 잃자 동일한 그 호사는 민족의 자산에 대한 과도한 낭비로서 지각되었다.

8) *Hegel's Science of Logic* (London: Allen and Unwin, 1969). p. 402.

설의 사례 연구를 제공한다. 여기서 우리는 향유의 "옮겨 붓기"와 "도둑질"의 세부적인 그물망을 목격한다. 모든 민족은 어떻게 다른 민족들이 향유의 중추적인 부분을, 즉 그 부분을 소유한다면 온전한 삶을 누릴 수 있게 되는 그 부분을 빼앗아 가는가를 이야기하는 자신만의 신화를 구축해 왔다. 이 모든 신화들을 함께 읽는다면, 우리는 에셔의 그 유명한 물그릇 그물망의 시각적 역설을 얻게 된다. 영구운동의 원리에 따라서, 물이 하나의 그릇에서 또 다른 그릇으로 원이 닫힐 때까지 옮겨 부어지고, 그리하여 아래로 전 경로를 이동하다보면 출발점에 돌아오게 된다. 슬로베니아인들은 "남부인들"(세르비아인, 보스니아인……)에게서 자신들의 향유를 빼앗기고 있다. 그들의 소문난 게으름과 발칸의 타락과 더럽고 요란한 향유 때문에, 그리고 그들만 없었어도 이미 슬로베니아인들이 서유럽을 따라잡게 해주었을 그 귀중한 부의 축적을 끝도 없는 경제적 지원을 요구하면서 훔쳐가고 있기 때문에 말이다. 다른 한편으로 다름 아닌 슬로베니아인들이 세르비아인들을 약탈하고 있다고 추정된다. 그들의 지나친 부지런함과 빽빽함과 이기적 계산 때문에 말이다. 슬로베니아인들은, 삶의 단순한 쾌락들을 따르지 않고, 상업적 폭리나 세르비아에서 싸게 산 물건을 되파는 방식으로 세르비아인들의 고된 노동의 결과를 가로채는 수단들을 끊임없이 고안해내는 일을 도착적으로 즐기고 있는 것이다. 슬로베니아인들은 세르비아인들이 "넘쳐나서" 자신들의 민족적 동일성을 잃게 되지 않을까 두려워한다. 그러는 동안 세르비아인들은 슬로베니아인들의 "분리주의"를 비난하는데, 이는 단지 슬로베니아인들이 스스로를 세르비아의 하위종으로서 인정하기를 거부한다는 것을 의미할 뿐이다. "남부인들"과는 다른 슬로베니아적 차이를 표시하기 위해서 최근의 슬로베니아 대중 역사서는 슬로베니아인의 기원이 실제로 슬라브족이 아니라 에투루리아족이라는 것을 증명하는 데 열심이다. 다른 한편 세르비아인들은 어떻게 세르비아가 "바티칸-코민테른 음모"의 희생양이었는지를 보여주는 데 탁월함을 보여준다. 즉 그들의 고정관념은 가톨릭과 공산주의자들의 비밀 결사체가 세르비아의 국가성을 파괴하려 하고 있다는 것이다. 두 경우 모두 이러한 환상들은 명백히 자기 자신의 향유에 대한 증오에 뿌리를 두고 있다. 예컨대 슬로베니아인들은 자신들의 향유를 강박적 활동을 통해 억압한다. 그리고 더럽고 게으른 "남부인들"이라는 형상으로 실재 속에서 회귀하는 것은 바로 이 향유이다.[9)]

그렇지만 이러한 논리는 "퇴행적인" 발칸 상황에만 한정되는 것이 결코 아니다. 어떻게 "향유의 도둑질"(혹은 라캉의 전문적 용어를 사용하자면, 상상적 거세)이 오늘날의 이데올로기적 과정들을 분석하는 데 극히 유용한 도구로서 기능하는가는 1980년대 미국 이데올로기의 특징을 통해 추가로 예시될 수 있다. 자기 나라에서 잊혀진 채 비참한 상태로 베트남에 살아 있는 미국인 포로가 아직 있을지도 모른다는 강박 관념 말이다. 이 강박은 한 명의

---

9) 여기서 작동하는 메커니즘은 물론 **편집증**의 메커니즘이다. 가장 기본적인 차원에서 편집증은 거세 기능을 "향유의 도둑"으로 외양하는 어떤 실정적 작인 속에 바로 이처럼 외화하는 데 있다. 아버지의 이름의 배척(라캉에 따르면, 편집증의 기본적 구조)에 대한 다소 위험한 일반화이긴 하지만 우리는 다음과 같은 테제를, 즉 동유럽의 민족적 편집증은 동유럽의 민족들이 "진정한 국가들"로 아직 완전하게 구성되지 않았다는 바로 그 사실로부터 결과하는 것이라는 테제를 지지할 수도 있을 것이다. 마치 실패한, 배척된 국가의 상징적 권위가 **타자**의, "향유의 도둑"의 형상으로 "실재 속에서 회귀하는" 것과도 같은 것이다.

영웅이 홀로 구출 임무에 뛰어든다는 마초-모험 시리즈(<람보2>, <대특명>)를 통해 표현되었다. 기저에 있는 환상-시나리오는 훨씬 더 흥미롭다. 마치 저 멀리 떨어진 베트남 정글에서 미국은 자신의 귀중한 일부를 상실하고 자신의 바로 그 삶 실체의 본질적 부분을, 자신의 능력의 본질을 박탈당한 것도 같으며, 또한 마치 이러한 상실이 베트남전 이후의 카터 시절 미국의 쇠락과 무능의 궁극적 원인이 되었기 때문에 이 도난당한 잊혀진 부분을 되찾는 것이 강력한 미국에 대한 레이건주의적 재단언의 한 요소가 된 것도 같다.[10)]

자본주의 없는 자본주의

이 "향유의 도둑질" 논리를 작동시키는 것은 물론 직접적인 사회적 현실—상이한 종족 공동체들이 가깝게 한 데 살고 있는 현실—이 아니라, 이 공동체들에 내속하는 내적인 적대이다. (펜실베이니아의 아미시와 그 이웃 공동체들처럼) 다양한 종족 공동체들이

---

10) 이러한 생각은 1989년 버팔로 뉴욕주립대학에서 있었던 "정신분석, 정치, 그리고 이미지"를 주제로 한 콜로퀴엄에서 제출된 윌리엄 워너William Warner의 논문 「스펙타클 액션: 람보, 레이건주의, 그리고 영웅의 문화적 표명(Spectacular Action: Rambo, Reaganism, and the Cultural Articulation of the Hero)」에 신세를 지고 있다. 첨언하자면, 이러한 측면에서 <람보2>는 <람보1>보다 훨씬 떨어지는 영화다. <람보1>은 극히 흥미로운 이데올로기적 재표명을 성취한다. 그것은 잔인한 치안관에 의해 구현된 지방 도시에서 위협을 받고 있는 외로운 히피 방랑자의 "좌파적" 이미지와 법을 자기 손으로 떠맡아서 부패한 관료기구를 제거하는 외로운 복수자의 "우파적" 이미지를 단일 인물 속에 응축한다. 이러한 응축은 물론 후자 형상의 헤게모니를 함축하고 있으며, 따라서 <람보1>은 미국의 "좌파적" 정치 이미지의 핵심 요소 가운데 하나를 "우파적" 표명 속에 집어넣는다.

인종적 긴장 없이 옆에서 사는 것은 가능하다. 다른 한편으로 우리는 우리를 위협하는 어떤 불가사의한 향유를 귀속시키기 위해 다수의 "실제" 유대인들이 필요한 것도 아니다(나치 독일에서 반유대주의가 유대인들이 거의 없었던 지역에서 가장 지독했다는 것은 잘 알려진 사실이다. 또한 오늘날의 구동독 지역에서 반유대 스킨헤드의 수는 유대인의 수보다 열배는 더 많다). "실제" 유대인에 대한 우리의 지각은, 언제나, 사회적 적대에 대처하려고 하는 상징적-이데올로기적 구조에 의해 매개된다. 유대인의 진짜 "비밀"은 우리 자신의 적대이다. 예컨대 오늘날 미국에서 점차로 유대인의 역할과 유사한 역할을 하는 것은 일본인이다. 일본인들은 즐길 줄을 모른다는 생각에 강박적으로 사로잡힌 미국의 미디어를 보라. 일본이 점점 더 미국보다 경제적 우월성을 보이고 있는 이유는 일본인들이 충분히 소비하지 않는다는, 그들이 너무 많은 부를 축적한다는 다소 불가사의한 사실에 놓여진다. 이러한 비난의 논리를 면밀하게 살펴본다면, 미국의 "자발적" 이데올로기가 실제로 일본인들을 비난하는 이유는 단지 그들이 쾌락을 누릴 줄 모른다는 데 있는 것이 아니라 오히려 그들에게서 일과 향유의 관계 자체가 이상하게도 왜곡되어 있다는 사실에 있는 것이 곧 분명해진다. 마치 그들은 쾌락의 바로 그 포기에서 향유를 발견하는 것처럼 보이는 것이다. 즉 열의를 다하는 속에서, "느긋하게" 긴장을 풀고 즐길 수가 없는 바로 그 속에서 말이다. 그리고 바로 이러한 태도가 미국인의 우월성에 대한 위협으로 지각되는 것이다. 그렇기 때문에 미국의 미디어는 어떻게 일본인들이 마침내 소비하는 법을 배우고 있는가를 그토록 분명한 안도감을 가지고서 보도하는 것이며, 미국의 TV는 미국의 쾌락 산업의 경이로움을 바라보는 일본인 관광객들을 그토록 자기만족감에 사로잡혀 묘사하는 것이다. 마침내 그들은 우리가 즐기는 방식을 배우면서 "우리 같이 행동한다."

여기서 우리가 발견하는 것은 단지 오늘날의 자본주의의 실질적인 사회경제적 적대들의 치환이며 이데올로기적 전치에 불과하다는 사실을 지적하는 것으로 이러한 문제들을 처분해버리는 것은 너무나도 손쉬운 일이다. 문제는 그것이 분명 참이지만 바로 그와 같은 전치를 통해 욕망이 구성된다는 것이다. 내속적인 사회적 적대들에 대한 지각을 **타자**(유대인, 일본인……)에 대한 매혹됨으로 치환함으로써 우리가 얻는 것은 욕망의 환상-조직화이다. 향유는 언제나 **타자**의 향유, 즉 **타자**에게 가정되고 귀속되는 향유라는, 그리고 역으로 **타자**의 향유에 대한 증오는 언제나 자기 자신의 향유에 대한 증오라는 라캉의 테제는 이 "향유의 도둑질" 논리에 의해 완벽하게 예증된다.[11] **타자**의 특별하고 과도한 향유에 관한—흑인의 월등한 성적 능력과 식욕에 관한, 유대인이나 일본인이 돈과 일에 대해 맺고 있는 특별한 관계에 관한—환상들은, 바로 우리가 우리 자신의 향유를 조직화하는 같은 수의 방식들이 아니라면 무엇이겠는가? 우리는 **타자**의 향유에 관해 환상을 품는

11) 여기에 또한 헤겔에 대한, 주인과 노예의 변증법에 대한 라캉의 비판이 있다. 주인에게 예속됨으로써 노예는 향유를 포기하며 그리하여 향유는 주인을 위한 것으로 남게 된다는 헤겔의 테제와는 달리 라캉은 노예를 예속의 상태에 있게 하는 것이 바로 향유라고(그리고 죽음에 대한 두려움이 아니라고) 주장한다. 즉 (가설적인, 전제된) 주인의 향유에 대한 관계를 통해, 주인이 죽는 순간 우리를 기다리고 있을 향유에 대한 예기를 통해 조달되는 향유 말이다. 그리하여 향유는 결코 직접적이지 않으며, 언제나 **타자**에게 귀속되는 전제된 향유를 통해 매개된다. 그것은 언제나 향유의 예기를 통해, 향유의 포기를 통해 조달되는 향유이다.

속에서, 그것에 대한 이 양가적 태도 속에서 향유를 발견하지 않는가? 우리는 **타자**가 우리로서는 접근불가능한 방식으로 즐긴다는 바로 그 가정을 통해서 만족을 얻지 않는가? **타자**의 향유가 그와 같은 강력한 매혹을 발휘하는 것은 그 안에서 우리가, 우리 자신이 향유에 대해 맺고 있는 최심중의 관계를 우리 자신에게 표상해주기 때문 아닌가? 그리고 역으로, 반유대적 자본가들의 유대인에 대한 증오는 자본주의 그 자체에 속하는 과잉에 대한, 즉 자본주의의 내속적인 적대적 본성에 의해 산출되는 과잉에 대한 증오 아닌가? 자본주의의 유대인에 대한 증오는 자본주의 자체의 최심중의 본질적 특징에 대한 증오 아닌가? 바로 그렇기 때문에 어떻게 인종주의자의 **타자**가 우리의 동일성/정체성에 위협을 가하는지를 지적하는 것으로는 충분치 않다. 오히려 우리는 이러한 명제를 역전시켜야 한다. 즉 **타자**의 매혹적인 이미지는 우리 자신의 최심중의 분열, "우리 안에 있는 우리 자신보다 더한" 그 무엇을 체현하며, 그리하여 우리가 우리 자신과의 완전한 동일성에 도달하는 것을 막는다. 타자에 대한 증오는 우리 자신의 향유의 과잉에 대한 증오이다.

그리하여 민족적 사물은 보편화에 저항하는 일종의 "특수한 절대자"로서 기능하며, 그것의 특별한 "색조"를 모든 중립적 보편적 개념에 부여한다. 그리고 바로 그렇기 때문에 민족적 사물의 격렬한 분출은 국제적 연대에 헌신하는 자들을 언제나 불시에 경악케 만드는 것이다. 아마도 가장 외상적인 사례는 제1차 세계대전이 터지고 "애국적" 도취에 직면하게 된 노동자 운동의 국제적 연대의 붕괴였을 것이다. (러시아 볼셰비키와 세르비아 사회민주당을 제외한) 모든 나라의 사회민주당들이 쇼비니즘적 폭발에 굴복하여 "국적 없는" 노동계급의 연대라고 선언했던 것은 아랑곳없이 각기 "그들의" 정부를 "애국적으로" 후원했을 때, 그것이 에두아르트 베른슈타인에서 레닌에 이르는 사회민주주의의 모든 경향의 지도자들에게 얼마나 외상적인 충격이었는가를 오늘날 상상하기는 어렵다. 이 충격은, 참여자들이 느낀 그 무력한 매혹됨은 향유의 실재와의 조우를 증언한다. 다시 말해서, 기본적인 역설은 "애국심"의 이 쇼비니즘적 폭발이 예상치 못한 일이 결코 아니었다는 사실이다. 전쟁이 실제로 발발하기 몇 년 전에 사회민주당은 노동자들에게 어떻게 제국주의 세력이 새로운 세계 전쟁을 준비하고 있는지 방심하지 말 것을 경고했고, "애국적" 쇼비니즘에 굴복하지 말 것을 경고했다. 심지어 전쟁이 발발하던 바로 그 시점에도, 즉 사라예보 암살에 뒤이은 며칠 동안에도, 독일 사회민주주의자들은 노동자들에게 지배계급이 그 암살을 전쟁 선포의 구실로 이용할 것이라고 경고했다. 더 나아가 사회주의 인터내셔널은 전쟁이 일어날 경우 투표에서 전쟁채권에 반대할 것을 모든 구성원에게 강제하는 공식 결정을 채택했다. 전쟁이 발발하자 국제적 연대는 자취도 없이 사라졌다. 이 하룻밤 사이의 역전이 어떻게 레닌을 경악케 했는가에 관한 일화는 의미심장하다. 독일 사회민주당 일간지가 1면에서 사회민주당 대의원들이 전쟁채권에 찬성표를 던졌음을 공표하자 레닌은 처음에 이 신문이 노동자들을 현혹시키려는 독일 경찰에 의해 날조되었다고 확신했다!

그리고 오늘날의 동유럽에서도 이는 마찬가지다. "자발적" 전제는 다음과 같았다: 거기서 "억압되어" 있는 것은, "전체주의"의

뚜껑이 일단 열리게 되면 터져나올 것은 정치적 복수주의와 번창하는 시장경제를 비롯하여 그 온갖 형태에서의 민주주의적 욕망일 것이다. 뚜껑이 실제로 제거된 지금 그 대신 우리가 발견하는 것은 상이한 "향유의 도둑질들"의 구성들에 근거한 더욱 더 많은 종족 분쟁들이다. 마치 공산주의적 표면 밑에서 다량의 "정념적" 환상들이 자신들의 순간이 도래하기를 기다리면서 어렴풋이 빛나고 있었던 것인 양 말이다. 이는 라캉적 소통 개념의 완벽한 예시이다. 즉 화자는 수신인으로부터 자기 자신의 메시지를 신정한 도치된 형식으로 돌려받게 된다. 종족적 원인들의 출현은 동유럽에서 자기 자신의 가치들을 흐뭇하게 인지하는 서유럽의 나르시스적 주문을 깨뜨린다. 동유럽은 서유럽에게 민주주의적 욕망의 "억압된" 진리를 되돌려주고 있다. 그리고 다시금 지적해야 하는 것은 이러한 민족적 향유의 분출에 직면한 (아직 남아 있는) 비판적 좌파 지식인들의 무력한 매혹됨이다. 그들은 물론 민족적 원인을 완전히 감싸안기를 꺼린다. 그들은 그것에 대한 일종의 거리를 유지하려고 필사적으로 노력하고 있다. 그렇지만 이러한 거리는 거짓이며, 자신들의 욕망이 이미 그 원인 속에 함축되어 있으며 붙잡혀 있다는 사실에 대한 부인이다.

민족적 원인에 대한 강박적 고수는, 오늘날 동유럽에서 발생하고 있는 근본적 파열에 의해 산출된 것은커녕, 이 과정에서 시종일관 동일하게 남아 있는 바로 그 무엇—예컨대, 차우셰스쿠와 루마니아에서 세력을 얻고 있는 급진 우익민족주의 경향들이 공유하고 있는 그 무엇—이다. 여기서 우리는 실재와, "언제나 자기 자리로 회귀하는"(라캉) 것과, 사회의 상징적 동일성에서의 근본적 격동의 와중에서도 변하지 않고 존속하는 중핵과 조우한다. 따라서 (공산주의 권력은 사회의 전통적 직조물 일체를 찢어놓았기 때문에 재편성을 위해 남아 있는 유일한 참조점은 민족적 동일성이라는 데 착안하여) 민족주의의 이러한 부흥을 민족적 뿌리에 대한 공산주의적 배반이라고 하는 것에 대한 일종의 "반작용"으로 파악하는 것은 잘못이다. 다름 아닌 공산주의 권력 자체가 이미 민족적 원인에 대한 강박적 애착을 산출했다. 이러한 애착은 권력 구조가 "전체주의적"일수록 더욱더 배타적이었다. 그 극단적 사례들을 우리는 차우셰스쿠의 루마니아, 캄보디아의 크메르 루즈, 북한, 알바니아에서 발견한다.[12] 따라서 종족적 원인은 공산주의의 이데올로기적 직조물이 붕괴되더라도 존속하는 잔여물이다. 우리는 이러한 원인을 예컨대 오늘날의 루마니아에서 어떻게 적의 형상이 구성되는가를 보면서 발견할 수 있다. 공산주의는 외래적 유기체로서 취급되며, 민족의 건강한 신체를 해치고 부패시킨 침입자로서 취급되며, 실제로 그 기원이 민족 자체의 전통에 있을 수가 없었고 그렇기 때문에 민족의 신체가 건강을 회복하기 위해서는 잘라내야만 하는 어떤 것으로서 취급되었다. 여기서 반유대주의적 함축은 틀림없다. 소련에서 러시아 민족주의 조직 팜야트는 유대인의 "비러시아적" 성격을 증명하기 위해서 레닌의 정치국의 유대인 숫자를 세는 일을 즐긴다. 동유럽에서 대중적인 심심풀이는 더 이상 단순히 모든 비난을 공산주의자들에게 돌리는

12) 이러한 애착은 희극적 부수효과가 없지 않다. 약물 과잉투여로 사망한 할리우드 "데카당스"의 바로 그 체현물인 존 벨루시는 알바니아계라는 이유로 오늘날 알바니아에서 숭배 대상의 지위를 누리고 있다. 공식 매체들은 그를 "인류의 정당하고 진보적인 대의들을 언제나 껴안을 준비가 되어" 있었던 "위대한 애국자이자 휴머니스트"로서 칭송한다.

것이 아니며, "공신주의자 배후에 누가 있었나?" 게임을 하는 것이다(러시아인들의 경우는 유대인, 크로아티아인들의 경우는 루마니아인, 세르비아인들의 경우는 슬로베니아인, 등등). 이와 같은 적의 구성은 후기 공산주의의 민족주의-전체주의적 체제들에서 적이 구성되었던 방식을 순수한—말하자면 증류된—형식으로 재생산한다. 공산주의의 상징적 형식을 일단 전복하자, 우리가 얻는 것은 이 형식이 벗겨진, 종족적 원인에 대한 기저의 관계이다.

그래서 왜 이 예기치 못한 실망인가? 왜 권위주의적 민족주의는 민주주의적 복수주의에 그림자를 드리우는가? 왜 종족 다양성에 대한 개방성이 아니라 "향유의 도둑질"에 대한 쇼비니즘적 강박인가? 왜냐하면, 이 지점에서, "진정한 사회주의" 나라들에서의 종족 긴장의 원인에 대해 좌파가 제안한 표준적 분석들이 잘못된 것으로 판명되었기 때문이다. 좌파의 테제는 종족 긴장이 집권당의 권력 장악을 적법화할 수단으로서 집권당 관료에 의해 선동되고 조종되었다는 것이었다. 예컨대 루마니아에서 민족주의적 강박, 위대한 루마니아의 꿈, 헝가리 및 여타 소수민족의 강압적 흡수는 차우셰스쿠의 권력 장악을 적법화하는 항상적 긴장을 만들어냈다. 또한 유고슬라비아에서 세르비아인과 알바니아인, 크로아티아인과 세르비아인, 슬로베니아인과 세르비아인 사이의 긴장은 어떻게 부패한 지역 관료들이 민족의 이익에 대한 유일한 수호자로 자처하면서 자신들의 권력을 연장할 수 있는가를 보여주는 전시장처럼 보였다. 그렇지만 이러한 가설은 최근의 사건들을 통해 매우 스펙터클한 방식으로 논박되었다. 일단 공산주의 관료지배가 무너지고 나자, 종족 긴장은 한층 더 강력하게 출현했다. 그래서 왜 종족적 원인에 대한 이러한 애착은 그것을 낳은 권력 구조가 붕괴한 이후에도 존속하는가? 여기서 자본주의에 대한 고전적 마르크스주의 이론과 라캉적 정신분석을 함께 참조하는 것이 얼마간 도움이 될 것이다.

자본주의의 기본적 특징은 내속적인 구조적 불균형, 그 최심중의 적대적 성격으로 이루어진다: 항상적 위기, 자신의 존재조건에 대한 항상적 혁신. 자본주의에는 그 어떤 "정상적인" 균형잡힌 상태도 없다. 자본주의의 "정상적" 상태는 과잉의 영구 생산이다. 자본주의가 살아남을 유일한 길은 확장하는 것이다. 그리하여 자본주의는 마르크스에 의해 이미 분명하게 지칭된 일종의 원환에, 악순환에 붙잡혀 있다. 인간의 필요들을 만족시키기 위해 그 어떤 다른 사회경제적 구성체보다 더 많은 것을 생산하는 자본주의는 그럼에도 불구하고 만족되어야 할 한층 더 많은 필요들도 산출한다. 부가 커지면 커질수록 더 많은 부를 생산해야 할 필요도 커진다. 따라서 왜 라캉이 자본주의를 히스테리자 담화의 지배로 지칭했는지가 분명하다.[13] 욕망의 분명한 만족이 다만 욕망의 불만족의 틈새를 넓혀놓을 뿐인 이 욕망의 악순환은 히스테리를 정의하는 그 무엇이다. 자본주의와 프로이트의 초자아 개념 간에는 일종의 구조적 상동성이 존재한다. 초자아의 기본적 역설 또한 어떤 구조적 불균형과 관련이 있다. 초자아의 명령에 복종하면 할수록 우리는 더더욱 죄책감을 느끼며, 따라서 포기는 단지 더 많은 포기

13) Jacques Lacan, *Le séminaire*, book 17: *L'envers de la psychanalyse* (Paris: Editions du Seuil, 1991) 참조.

에 대한 요구를, 회개는 더 많은 죄를 함축할 뿐이다. 결여를 메우려는 생산의 증가가 다만 결여를 넓혀놓을 뿐인 자본주의에서처럼 말이다.

바로 이러한 것을 배경으로 우리는 라캉이 주인(의 담화)이라 부르는 것의 논리를 파악해야 한다. 그것의 역할은 정확히 균형을 도입하는 것이며, 과잉을 규제하는 것이다. 전자본주의적 사회들은 지배적인 담화가 주인의 담화였던 한에서 초자아에 고유한 구조적 불균형을 아직은 지배할 수 있었다. 미셸 푸코는 마지막 저작들에서 어떻게 고대 주인이 자제와 "적절한 조치"의 윤리를 체현했는지를 보여주었다. 즉 전자본주의적 윤리 전체는 인간 리비도 경제 고유의 과잉이 폭발하는 것을 막는 것을 목표로 했다. 그렇지만 자본주의와 더불어 주인의 이 기능은 중지되며, 초자아의 악순환이 자유롭게 회전한다.

이제 또한 협조주의적 유혹이 어디서 오는지가, 즉 왜 이 유혹이 자본주의의 필연적 이면인지가 분명하다. 파시즘적 협조주의의 이데올로기 체계를 보자. 파시스트의 꿈은 단순히 "과잉" 없는, 구조적 불균형을 야기하는 적대가 없는 자본주의를 갖는 것이다. 바로 그렇기 때문에 파시즘에서 한편으로 사회적 직조의 안정과 균형을 보증하는, 즉 사회의 구조적 불균형에서 다시금 우리를 구해주는 주인—지도자—의 형상이 복귀하는 것이고, 반면에 다른 한편으로 이 불균형에 대한 이유가 "과도한" 축적과 탐욕으로 사회적 적대를 야기하는 유대인이라는 형상에 귀속되는 것이다. 그리하여 그 꿈은 다음과 같은 것이다. 즉 과잉이 외부로부터 왔으므로, 즉 과잉은 외래적 침입자의 소행이므로, 그것을 제거하면 우리는 다시금 각 부분들이 하나의 조화로운 협조적 몸체를 형성하는 안정된 사회적 유기체를 얻을 수 있을 것이며, 그곳에서는 자본주의의 항상적인 사회적 전치와는 달리 모든 사람이 다시금 자신의 자리를 차지하게 될 것이다. 주인의 기능은 과잉의 원인을 분명하게 한정된 사회적 작인에 위치시킴으로써 과잉을 통제하는 것이다: "그들이 우리의 향유를 도둑질해간다. 그들의 과도한 태도 때문에 불균형과 적대가 생겨난다." 주인의 형상과 더불어 사회적 구조에 내속적인 적대는 권력의 관계로, 우리와 그들, 적대적 불균형을 야기하는 저들 사이의 지배 투쟁으로 변형된다.

아마도 이러한 매트릭스는 동유럽에서 자본주의적 개방성과 불균형에 갑자기 노출된 것에 대항한 일종의 "완충제"로 민족주의적 쇼비니즘이 재출현한 것을 파악하는 데도 도움이 될 것이다. 자본주의의, 즉 과잉의 탈규제된 생산의 자유로운 발전을 가로막는 속박과 사슬이 깨지는 바로 그 순간, 그에 대한 대응으로 그것에 고삐를 매달 새로운 주인에 대한 요구가 생겨난 것처럼 보인다. 사람들이 요구하는 것은 "과도한" 요소를 잘라냄으로써 자본주의의 파괴적 잠재력을 제약할 안정적이고 분명하게 규정된 사회적 몸체의 확립이다. 그리고 이러한 사회적 몸체는 민족의 몸체로서 경험되기 때문에, 여하한 불균형이건 그것의 원인은 "자발적으로", "민족의 적"이라는 형식을 취하게 된다.

민주주의적 반대파가 아직 공산주의 권력에 대항해 싸우고 있을 때 그것은 교회에서 좌파지식인들에 이르는 일체의 "반전체주의적" 요소들을 "시민사회"라는 기호 하에 통일시켰다. 이 투쟁의 통일성에 대한 "자발적" 경험 내부에서 결정적 사실이 간과되었다. 즉 모든 참여자들이 사용한 동일한 단어들은 두 개의 근본적으로 다른 언어를, 두 개의 다른 세계를 지칭했다. 반대파가 승리를 거둔 지금, 이 승리는 필연적으로 분열의 모습을 띤다. 공산주의 권력에 대항한 투쟁의 열정적인 연대는 동원의 잠재력을 상실했으며 그 두 정치적 세계를 분리시키는 균열은 더 이상 은폐될 수 없다. 물론 이 균열은 게마인샤프트/게젤샤프트라는 잘 알려진 쌍의 균열이다. 전통적이고 유기적으로 연계된 공동체 대 모든 유기적 연계를 해체하는 "소외된" 사회. 동유럽의 민족주의적 포퓰리즘의 문제는 공산주의의 "위협"을 게마인샤프트의 관점에서, 민족공동체의 유기적 직조물을 좀먹는 외래적 신체로서 지각한다는 데 있다. 이런 방식으로 실로 민족주의적 포퓰리즘은 자본주의 자체의 핵심적 특징을 공산주의에 전가한다. 공산주의적 "부패"에 도덕주의적으로 반대하면서 민족주의-포퓰리즘적 도덕적 다수파는 유기적 공동체로서의 국가를 향한 이전 공산주의 체제의 추동을 연장한다. 자본주의를 공산주의로 이처럼 증상적으로 대체할 때 작용하고 있는 욕망은 게마인샤프트가 딸린 자본주의에 대한 욕망이며, "소외된" 시민사회가 없는 자본주의, 형식적-외면적 개인 관계가 없는 자본주의에 대한 욕망이다. "향유의 도둑질"에 관한 환상들이나 반유대주의의 재출현 등은 이 불가능한 욕망을 위해 치러야 할 대가이다.

자유주의의 맹점

역설적으로 우리는 동유럽이 지금 가장 필요로 하는 것은 더 많은 소외라고 말할 수도 있을 것이다. 즉 시민사회와 거리를 유지하고 "형식적"이고 "텅 빈", 즉 그 어떤 특수한 종족 공동체의 꿈도 체현하지 않을(그리하여 그 모두를 위한 공간을 열어놓을) "소외된" 국가의 확립. 그렇다면, 동유럽의 현재의 불행에 대한 해결책은 단지 더 많은 자유민주주의인 것인가? 우리가 제시한 그림은 이러한 방향을 가리키는 것처럼 보인다. 즉 동유럽은 민족주의의 유령 때문에, 즉 공산주의의 붕괴가 민족주의적 강박, 지역주의, 반유대주의, 외국에서 오는 모든 것에 대한 증오, 민족에 대한 위협이라는 이데올로기, 반여성주의, 낙태 반대 운동을 포함한 탈사회주의적 도덕적 다수파—요컨대 그 일체의 "비합리성"에서의 향유—의 출현을 위한 공간을 열어놓았기 때문에, 진정한 복수주의적 민주주의를 누리면서 평화롭게 살게 될 수가 없다. 하지만 이러한 태도, 반민족주의적 자유주의적 동유럽 지식인의 태도에서 몹시도 의심스러운 것은 민족주의가 그에게 행사하는 이미 언급된 그 명백한 매혹이다. 자유주의 지식인은 그것을 논박하고 조롱하고 비웃는다. 하지만 동시에 무력한 매혹됨으로 그것을 응시한다. 민족주의에 대한 비난을 통해 얻는 지적 쾌락은 자기 자신의 무능과 실패를 성공적으로 설명하는 것(이는 언제나 어떤 종류의 마르크스주의의 상표였다)의 만족과 섬뜩하게 가깝다. 또 다른 차원에서 서구 자유주의 지식인들은 종종 유사한 덫에 사로잡힌다. 그들에게서 그들 자신들의 토착적 전통에 대한 긍정은

레드넥 호러이며, 포퓰리즘적 원파시즘의 현장이다(예컨대 미국의 경우, 폴란드 공동체나 이탈리아 공동체 등의 "퇴행성"이라든가, 이른바 "권위주의적 성격"의 인간들이라든가, 이와 유사한 자유주의적 엄포들). 반면에 이러한 지식인들은 타자의(아프리카계 미국인, 푸에르토리코인 등의) 토착적 종족 공동체에 대해서는 즉시 환영할 준비가 되어 있다. 향유는, 우리에게 너무 가까이 있지 않다는 조건 하에서, 타자의 향유로 남아있다는 조건 한에서 좋은 것이나.

이 "계몽된" "사회적으로 의식적인" 비판적 분석의 궁극적 무효성에 대해서는, 클린트 이스트우드의 <더티 해리> 시리즈를 상기하는 것으로 족하다. 시리즈의 첫 영화는 우익 포퓰리즘적 환상("일이 되도록 하기" 위해서 부패하고 무능한 법을 깨부수는 고독한 보복자, 마조히즘적이며 성적으로 애매한 범죄자 등등)을 뻔뻔스럽게 무대에 올리고 그로써 그것을 승인한다. 반면에 후속작들에서 이스트우드는 첫 영화에 대한 자유주의 비판가의 반성을 여하간 병합한 것처럼 보인다. 이미 첫 후속편 <이것이 법이다>는 "고독한 보복자"의 논리를 비판하면서 법의 문구에 대한 무조건적 존중을 강조한다. <써든 임팩트>는 고독한 보복자의 논리에 거의 여성주의적 색깔을 입히고 있다. 여기서 해리는 강간희생자인 여성 살인범을 놓아주는데, 왜냐하면 그녀는 남성 쇼비니즘적 법체계에서 정의를 기대할 수 없기 때문이다. <연쇄 살인>은 살인자와 법을 집행하는 형사 사이에 어두운 병행 관계가 있음을 암시한다. 하지만 자유주의적이고 "사회적으로 의식적인" 요소들의 이와 같은 자기반성적 병합에도 불구하고 환상은 철저하게 동일하게 남아 있으며, 우리의 욕망의 공간을 구조화함에 있어서 그것의 유효성은 손대지 않은 채로 남아 있다. 그러므로 이데올로기에 대한 진정으로 근본적인 비판이라면 비판의 대상을 지탱하고 있는 환상 속에 계속 참여하고 있는 자화자찬적 "사회분석들" 너머로 나아가야 하며, 이 기저에 놓인 환상틀 자체의 힘을 무너뜨릴 방법을 찾아야만—요컨대 라캉적인 "환상을 통과하기"와 유사한 무언가를 수행해야만—한다.[14] 이데올로기가 어떻게 작동하는가와 관련하여 이로부터 이끌어낼 일반적 교훈은 담화적 형성물로서의 이데올로기를 그것의 환상-지탱물과 분리시키는 간극에 관한 것이다. 이데올로기적 건축물은 물론 끊임없이 사후적으로 재구조화되며, 그 요소들의 상징적-변별적 가치는 항상 변동한다. 하지만 환상은 상징적 "철저작업perlaboration"에 저항하는, 즉 이데올로기를 어떤 "실체적" 지점에 이를테면 정박시키고 그리하여 상징적 상호작용을 위한 항구적 틀을 제공하는 견고한 중핵을 지칭한다. 다시 말해서 이데올로기를 상징적 구조 속에서의 각자의 변별적 위치에 따라 그 가치가 전적으로 규정되는 요소들의 그물망으로 환원할 수 없는 것은 바로 환상 때문인

14) "환상을 통과"하고자 한다면 우선적으로 할 일은 물론 욕망의 충족을 무대화하기라는 소박한 환상 개념을 제거하는 것이다. 우디 알렌의 <부부일기>는 이 소박한 개념을 반어적으로 돌려놓는다. 일반적으로 알려져 있듯이 알렌은 "실생활"에서 서른 살 연하의 입양한 딸과 정말로 잤지만, 영화에서 어린 학생(줄리엣 루이스)과의 성관계는 이루어지지 않는다. 예술가는 현실의 삶에서 비참하게도 실현하는 데 실패한 성적 욕망들을 자신의 환상 세계에서 성취한다는 표준적인 테제를 조롱하는 반전. 그렇지만 어떻게 이 사례에서 프로이트의 환상 모델이 여전히 전적으로 유효한지를 입증하는 것은 손쉬운 일이다. 성적 절제의 환상에 의해 획득되는 나르시스적 이득을 고려해보는 것으로 족하다. 영화에서 알렌은 자신의 열정을 절제하는 법을 알고 성숙하고 현명한 거리를 유지할 줄 아는 성숙한 인간으로 스스로를 그리고 있다.

것이다.

타자의 환상적 향유를 향한 이 양가성의 적극적 표현은 통상 "PC"(정치적 올바름)라고 지칭되는 것에서 손쉽게 식별할 수 있는 강박적 태도이다. 인종적이고/이거나 성적인 폭력의 더욱더 새로운, 더욱더 정제된 형식들을 적발해내려는 강박적 노력(대통령이 "평화의 담뱃대를 물었다"고 말하는 것은 정치적으로 올바르지 않은데, 왜냐하면 그것은 아메리카 원주민에 대한 생색내는 비꼬기를 내포하기 때문이나, 등등). 여기서 문제는 단순히 "어떻게 백인 이성애자 남성이면서 여전히 깨끗한 양심을 유지할 수 있는가?"하는 것이다. 다른 모든 입장들은 각자의 특이성을, 각자의 특이한 향유 양태를 긍정할 수 있다. 오로지 백인 남성 이성애자의 위치만은 텅 빈 것으로 남아 있어야 하며, 자신의 향유를 희생해야 한다. 그리하여 PC적 태도의 약점은 강박신경증의 약점이다. 문제는 그것이 너무 엄격하다는, 너무 광신적이라는 것이 아니라 오히려 충분히 엄격하지 않다는 것이다. 다시 말해서 처음 보기에 PC적 태도는 극단적인 자기희생을, 성차별적이거나 인종주의적으로 들리는 모든 것의 포기를, 성차별과 인종주의의 흔적들을 자기 자신 안에서 파헤치려는 끊임없는 노력을, 자신 안에서 좀더 새로운 죄의 층위를 발견해내기 위해서 자신의 생을 바친 초기 기독교 성자에 못지않은 노력을 내포하는 것 같다.[15] 하지만 이 모든 노력들에 속아 넘어가서는 안 된다. 궁극적으로 그것은 PC 유형의 사

15) PC적 태도의 기독교적 배경은 "성희롱"의 한 형태로서의 표정이라고 하는 되풀이되는 모티브에 의해 추가로 확인된다. "도발적" 표정 때문에 죄가 있을 수 있는 것이라면, 죄는 주체의 실제 행동이 아니라 주체의 욕망에 위치하고 있는 것이다. 이는 마음속에서 죄를 짓는 사람은 실제로 죄를 짓는 사람보다 결코 죄가 덜한 것이 아니라는 기독교적 좌우명과 일치한다.

람들이 정말로 중요한 것을 포기할 준비가 되어 있지 않다는 사실을 감추는 데 이바지하는 책략이다. "나는 그것을 제외하면 모든 것을 희생할 준비가 되어 있다"—무엇을 제외하면? 자기희생의 바로 그 제스처를 제외하면. 다시 말해서 PC적 태도는, 헤겔이 금욕주의적 자기굴욕과 관련하여 비난했던 언표된 내용과 언표 행위 위치 간의 적대와 동일한 것을 함축한다. 그것은 차별로 인한 상처를 보상받고 있다고 가정되는 사람들 위로 생색을 내면서 올라서고 있음을 은폐한다. 백인 남성 이성애적 위치에서 일체의 실정적 내용을 비워내는 바로 그 행위 속에서 PC적 태도는 그 위치를 주체성의 보편적 형식으로서 유지한다. 그러한 것으로서 PC적 태도는 사르트르가 말하는 지식인의 자기기만(*mauvaise foi*)의 예시적 사례이다. 그것은 문제를 살아 있게 하기 위해서 자꾸만 새로운 답을 내놓는다. 이러한 태도가 정말로 두려워하는 것은 문제가 사라지는, 즉 백인 남성 이성애적 주체성 형식이 헤게모니를 행사하기를 사실상 멈추게 되는 것이다. 따라서 PC적 태도가 드러내는 죄책감은, "올바르지 않은" 요소들을 제거하려는 그 분명한 욕망은 그 정반대의 외양 형식이다. 그것은 백인 남성 이성애적 주체성 형식을 고집하려는 불굴의 의지를 증언한다. 혹은 구식의 분명한 정치적 용어로 말해보자면: PC적 태도는, 극단적 좌파의 위장된 표현이기는커녕, 진정한 좌파적 대안에 대항한 부르주아 자유주의의 주요한 이데올로기적 방패이다.

따라서 자유주의자들을 정말로 혼란케 하는 것은 자기충족적 종족 공동체의 형식 속에 조직화된 향유이다. 바로 이러한 것을 배경으로 해서 우리는 예컨대 미국의 강제버스통학 정책의 애매한 결과를 고려해야 한다. 물론 이 정책의 주요 목적은 인종주의 장벽을 극복하는 것이었다. 흑인 공동체에 사는 아이들은 백인의 생활 방식에 참여함으로써 문화적 지평을 넓히게 되고 백인 공동체에 사는 아이들은 흑인들과의 접촉을 통해서 인종적 편견의 무효성을 경험하게 된다는 것이다. 하지만 또 다른 논리가, 특히 강제버스통학이 "계몽된" 주정부 관료에 의해 외적으로 부과된 곳에서, 이 기획 속에 뒤엉켜들었다. 즉 경계를 폐지함으로써 폐쇄된 종족 공동체들의 향유를 파괴한다는 논리. 그리고 그 때문에 강제버스통학은—관련 공동체들이 그것을 외부에서 부과된 것으로 경험하는 한에서—전에는 폐쇄된 생활 방식을 유지하려는 종족 공동체의 욕망, (자유주의자들이 타자들의 이국적 "생활 방식"에 매혹됨을 통해 자인하듯) 그 자체로 "인종주의적"이지 않은 욕망이 있었던 곳에서 인종주의를 강화했으며 심지어 어느 정도는 생성하기까지 했다.16) 여기서 우리는 이러한 자유주의적 태도를 지탱해주는 일체의 이론적 장치를 의문시해야 한다. 프랑크푸르트학파의 정신분석적 주요리인 이른바 "권위주의적 성격" 이론을 포함해서 말이다. 궁극적으로 "권위주의적 성격"은 자신들 특

16) 대부분의 내용이 아미쉬 공동체에서 발생하는 피터 위어의 스릴러 <위트니스>의 성공을 생각해보자. 아미쉬는 자신의 생활 방식을 고집하지만 "향유의 도둑질"의 편집증적 논리에 빠지지 않는 폐쇄된 공동체의 예시적 사례 아닌가? 다시 말해서 아미쉬의 역설은 그들이 도덕적 다수파의 최고 규준에 따라서 살고 있지만 정치-이데올로기적 운동으로서의 도덕적 다수파와는 전혀 아무런 관계도 없다는 것이다. 그들은 도덕적 다수파의 편집증적인 선망의 논리와는, 자신의 규준을 타자들에게 공격적으로 부과하는 것과는 아무런 상관도 없다. 그리고 첨언하자면, 영화의 가장 감동적이고 인상적인 장면이 새로운 헛간을 집단적으로 짓는 장면이라는 사실은 프레드릭 제임슨이 현대 대중 매체의 "유토피아적" 잠재력이라고 부르는 그 무엇을 다시금 입증한다.

유의 생활 방식을 "비합리적으로" 고집하는, 자기향유라는 이름으로 자신의 "진정한 이익"으로 가정된 것에 대한 자유주의적 증명들에 저항하는 저 주체성 형식을 지칭한다. "권위주의적 성격" 이론은 "계몽되지 않은" 노동계급이 자신들의 지도를 받아들일 준비가 되어 있지 않았다는 사실과 관련한 자유주의 좌파 지식계급의 원한의 표현에 다름 아니다. 즉 이러한 저항에 대한 긍정적 이론을 제공할 수 없는 지식계급의 무능의 표현인 것이다.

강제버스통학의 곤궁을 통해서 우리는 또한 존 롤스의 분배적 정의론에서 표명된 바로서의 자유주의적 정치윤리의 내속적 한계를 윤곽지을 수 있다.17) 다시 말해서, 강제버스통학은 분배적 정의의 조건들을 완전하게 만족시킨다(그것은 롤스가 "무지의 베일"이라고 부르는 것의 시험을 견뎌낸다). 그것은 사회적 재화의 좀더 공정한 분배를 마련해주며, 상이한 사회적 계층에 있는 개인들의 성공 기회를 평등하게 하며, 기타 등등이다. 하지만 역설적이게도 강제버스통학으로 가장 이득을 볼 것으로 간주된 사람들을 포함해서 모두가 여하간 기만당하고 부당한 취급을 받았다고 느꼈다. 왜인가? 침해된 차원은 정확히 **환상**의 차원이었다. 분배적 정의라는 롤스식의 자유민주주의적 관념은 자신들의 특수한 언표행위 위치를 추상할 수 있는, 자신들을 순수한 "메타언어"의 중립적 자리에서 바라볼 수 있고 따라서 자신들의 "진정한 이익"을 지각할 수 있는 "합리적" 개인들에 궁극적으로 의지하고 있다. 그러한 개인들은 정의의 좌표를 확립하는 사회적 계약의 가정된

17) John Rawls, *A Theory of Justice* (Cambridge: Harvard University Press, 1971) 참조. [국역본: 존 롤스, 『정의론』, 황경식 옮김, 이학사, 2003.]

주체들이다. 이로써 선험적으로 고려에서 누락되는 것은 공동체가 그 공동체의 "생활 방식"(향유 양태)을 조직화하는 환상-공간이다. 이 공간 안에서 "우리"가 욕망하는 것은 타자의 욕망(으로서 우리가 지각하는 것)과 뒤엉켜 있으며, 따라서 "우리"가 욕망하는 것은 우리의 욕망의 대상의 파괴 그 자체인 것으로 판명날 수도 있다(이런 식으로 우리가 타자의 욕망에 타격을 가하는 것이라면 말이다). 다시 말해서 인간의 욕망은, 언제나 이미 환상에 의해 매개되는 한에서, 결코 우리의 "진성한 이익"에 근거를 둘 수는(혹은 그것으로 되번역될 수는) 없다. 우리의 욕망에 대한 궁극적 단언은, 그리고 때로는 "자비로운" 타자 앞에서 그것의 자율성을 단언할 유일한 길은, 우리의 선에 반하여 행위하는 것이다.[18)]

"진정한 이익"에 대한 참조를 통해 적법화되는 모든 "계몽된" 정치적 행동은 조만간 어떤 특수한 환상-공간의 저항과 조우한다. 도덕적 다수파의 낙태 반대 운동 같은 뚜렷한 쟁점조차도 이러한 측면에서 겉보기보다 더 애매하다. 그것의 한 가지 측면은 또한 하층계급의 공동체 삶에 침투하려는 "계몽된" 중상층계급 이데올로기의 노력에 대한 반작용이다. 그리고 또 다른 차원에서, 1988년의 광부 대파업과 관련하여 광범위한 영국 자유주의 좌파 지식인들 사이에서의 불편함에서도 동일한 태도가 작동하지 않았는가?

18) 따라서 환상 개념은 분배적 정의의 내속적 한계를 지칭한다. 타자의 이익이 고려되더라도, 그의 환상은 부당하게 취급된다. 다시 말해서 "무지의 베일"에 의한 시험이 나에게 공동체에서 가장 낮은 자리를 차지하더라도 여전히 나의 윤리적 선택을 받아들일 것을 말할 때, 나는 나 자신의 환상-틀 내에서 움직이는 것이다. "타자"가 전적으로 양립불가능한 환상의 틀 내에서 판단한다면 어찌할 것인가? 롤스의 정의론에 대한 좀더 상세한 라캉주의적 비판은 Renata Salecl, *The Spoils of Freedom* (London: Routledge, 1993) 참조.

그들은 서둘러서 그 파업을 "비합리적인" 것이라고, "낡은 노동계급 원리주의의 표현" 등등이라고 하면서 내버렸다. 이 모두가 분명 참이지만, 이 파업이 또한 어떤 전통적인 노동계급 생활 방식에서 오는 필사의 저항 형식이었다는 사실은 남는다. 그러한 것으로서 그것은, 그것의 비판가들이 "퇴행적"이라고 지각하는 바로 그 특징들 때문에, 그것에 대한 통상적인 "계몽된" 자유주의 좌파적 비판보다 더 "후근대적인" 것이었을지도 모른다.19)

그러므로 "과잉" 동일화의 두려움은 후기자본주의 이데올로기의 근본적 특징이다. 적은 분산된 복수적인 주체-위치들에 대해 온당한 거리를 유지하는 대신 "과잉동일화"하는 "광신자"이다. 요컨대 "본질주의"와 "고정된 정체성들"에 초점을 맞춘 의기양양한 "탈구축주의적" 언쟁은 허수아비와 싸우고 있는 것이다. 후근대 이론이 환호했던 분산된 복수적인 구성된 주체(예컨대, 특수하고 비일관적인 향유 양태들을 보여주는 주체)는, 여하한 유형의 전복적 잠재력을 내포하기는커녕, 단지 후기 자본주의에 조응하는 주체성 형식을 지칭할 뿐이다. 자본은 일체의 고정된 사회적 정체

---

19) 이러한 저항의 이면은 "타자"를 그 "진정성"(으로서 우리의 응시가 지각하는 그 무엇)의 특정하고 제한된 형식 속에서 유지하려는 욕망이다. 최근의 페터 한트케 사례를 언급해보자. 그는 슬로베니아 독립에 대한 의심을 표현했으며, 독립 국가로서의 슬로베니아라는 개념이 외부로부터 슬로베니아인들에게 부과된 것이지 그들의 민족적 발전의 내속적 논리의 일부인 것은 아니라고 주장했다. 한트케의 어머니는 슬로베니아인이었고, 그의 예술적 우주에서 슬로베니아는 신화적 참조점으로서, 일종의 모성적 낙원으로서 기능했다. 그에게 그것은 단어들이 여전히 직접적으로 대상을 지칭하며 여하간 기적적으로 상품화를 피해가는 나라, 사람들이 여전히 유기적으로 자신들의 풍경 속에 뿌리를 내리고 있는 나라이다. (그의 『반복』(Wiederholung) 참조.) 따라서 궁극적으로 그를 성가시게 하는 것은, 단순히, 현실의 슬로베니아가 그의 사적인 신화에 따라 행동하지 않으며 그리하여 그의 예술적 우주의 균형을 교란한다는 사실이다.

성을 침식하는 궁극적인 "탈영토화"의 힘이라는 마르크스주의적 통찰을 소생시켜 "후기 자본주의"를 이데올로기적 위치들의 전통적 고정성(가부장적 권위, 고정된 성역할 등등)이 일상생활의 무제약적 상품화에 대한 장애물이 되는 시대로 파악해야 할 때가 온 것일지도 모른다.

스피노자주의, 혹은, 후기자본주의의 이데올로기

후기자본주의의 이러한 이데올로기적 매트릭스와 관련하여, 라캉의 『세미나11』의 마지막 몇 쪽을 재독서해보면 보답이 있을 것이다. 여기서 그는 스피노자의 입장에 대한 간명한 설명을 제공한다. "스피노자에게서 아주 잘못되게도 범신론으로 간주되어온 그 무엇은 단지 신의 장場을 기표의 보편성으로 환원한 것인데, 이는 인간적 욕망으로부터의 평온한 예외적 초탈을 낳는다. …… [스피노자는] 이 욕망을 신적 속성들의 보편성의 근본적 의존성 안에 설치하는데, 이는 기표의 기능을 통해서만 가능한 것이다."[20] 다시 말해서, 이와 같은 스피노자적인 "기표의 보편성"은 무엇으로 이루어지는가? 라캉의 용어로 말해서, 스피노자는 기표 사슬의 평준화 같은 것을 성취한다. 그는 앎의 사슬인 S_2를 명령의 기표, 금지의 기표, "아니!"의 기표인 S_1과 분리시키는 간극을 제거한다. 스피노자적 실체는 주인기표의 지지를 필요로 하지 않는 바로서

20) Jacques Lacan, *Four Fundamental Concepts of Psycho-Analysis* (New York: Norton, 1977), pp. 276-277.

의, 즉 부성적 은유의 부정화하는 절단이 개입하기에 앞선 "순수 긍정성"의 환유적 우주인 바로서의 보편적 앎을 지칭한다. 그러므로 스피노자적 "지혜"의 태도는 의무론을 존재론으로, 명령을 이성적 앎으로 환원하는 것, 그리고 화용론의 용어로 말하자면 수행적인 것을 진술적인 것으로 환원하는 것으로 정의된다. 전형적인 사례는 "선악과 열매를 따 먹지 마라!"고 하는 아담과 이부에게 내린 신의 경고를 스피노자가 취급하는 방식이다. 이러한 언명은 그것의 메시지 배후에 놓여 있는 원인들의 사슬을 파악할 수 없는 유한한 정신에게만 금지로서 나타난다. 명령과 금지는 이성적 통찰을 결여하고 있는 원시적 정신을 다루어야 하는 곳에서만 정당화된다. 이성적 진리에 접근하는 정신은 신의 언명을 금지로서가 아니라 사물들의 상태에 대한 통찰로서 이해한다: 이 사과는 건강에 해로운 성질을 가지고 있으며, 그렇기 때문에 그것을 먹는 것은 권장할 만하지 않다. 따라서 신의 메시지에 대한 스피노자적 독해의 현대적 판본은 다음과 같을 것이다. "경고! 이 사과는, 나무에 농약이 살포되었으므로, 당신의 건강에 해로울 수 있다."21)

그렇다면 현상들을 영원의 상 아래에서 관찰하는 것은 궁극적

---

21) 스피노자의 이와 같은 핵심적 요점은 들뢰즈에 의해 표현되었다. "신은 아담에게, 과일은 아담의 신체에 그것의 관계들을 해체하면서 작용할 것이기 때문에, 그것이 아담을 중독시키게 될 것이라고 계시한다. 그러나 아담은 미약한 지성을 갖고 있기 때문에, 그는 결과를 처벌로, 원인을 도덕 법칙으로 (……) 해석한다. 아담은 신이 자신에게 기호를 통해 알리고 있다고 생각한다. 이와 같이 도덕은 법칙에 대한 우리의 이해를 가로막으며, 보다 정확히 말하면 도덕 법칙은 원인(……)에 대한 올바른 이해를 왜곡한다. 그리고 정확히 말하자면 신학의 가장 심각한 오류는 복종과 인식 사이의 본성적 차이를 인식하지 못할 뿐만 아니라 그것을 은폐하고, 우리로 하여금 인식의 모델 대신에 복종의 원리를 선택하도록 만드는 것이다"(Gilles Deleuze, *Spinoza: Practical Philosophy* (San Francisco: City Lights Books, 1988), p. 106). [국역본: 질 들뢰즈, 『스피노자의 철학』, 박기순 옮김, 민음사, 2001, 158-159쪽.]

으로 바로 이러한 것에 해당하는 것이다. 우리의 유한성의 틈새 *béance*를 극복함으로써 우리는 현상들을 보편적인 상징적 그물망의 요소들로서 파악한다. 이 그물망은 라캉이 "주인기표"라는 세례명을 붙인 예외적 요소—최고선(신, 진리, 민족 등등)의 지칭을 통해 이데올로기적 장의 폐쇄를 초래하는 저 요소—를 전혀 필요로 하지 않는다는 정확한 의미에서 보편적이다. 스피노자에 따르면 이러한 예외적 요소는 인과적 연관들에 관한 그 어떤 긍정적 앎도 선날하지 않는다. 이러한 형상에 속하는 상상적 광채, 매혹의 힘은 우리의 무지의 공백을 체현하고 있을 뿐이다. 세계에 자기 목적을 부과하는 초재적 주권자로서 이해된 "신"은 세계를 그 내재적 필연성에서 파악할 수 없는 우리의 무능력을 증언한다. 반면에 칸트는 이성적 이성에 대한 실천적 이성의 우선성을 긍정하는데, 이는 명령의 사실은 환원불가능하다는 것을 의미한다. 유한한 주체로서 우리는 명령을 진술로 환원할 수 있게 해줄 관조적 위치를 결코 취할 수 없다.

스피노자와 칸트의 이러한 대립은, 물론, 주체의 지위에 있어 근본적 결과를 낳는다. 영원의 상 아래에서 우주를 스피노자적으로 관조한다는 것은 라캉이 첫 두 세미나에서 헤겔적 "절대지"에 잘못 귀속시키는 어떤 속성을 함축한다. 이 속성은 주체의 자기무화를 통해 성취되며, 이로써 우주는 더 없는 지복 가운데 관조될 수 있는 자기충족적 메커니즘으로 나타나는데, 이는 우리가 그것에 대한 모든 책임을 덜게 되기 때문이다. 그 어떤 것도 처벌될 수 없으며 단지 인과적 연계가 파악될 뿐인 이 순수 긍정성의 우주와는 대조적으로, 칸트는 주체의 근본적 책임을 도입한다.

나는 궁극적으로 모든 것에 책임이 있다. 나의 본래적 자연본성의 일부처럼 보이는 저 특질들조차도 무시간적인 초월적 행위 속에서 나에 의해 선택된 것이었다.22)

그리고 우리는 마치 오늘날 새로운 스피노자주의의 시대에 사는 것 같다. 후기자본주의의 이데올로기는, 적어도 몇몇 근본적 특성에 있어서, "스피노자주의적"이다. 처벌과 책임을 사회적으로 용납되지 않는 행동의 원인에 대한 조명으로 대체하는 지배적인 태도를 생각해보는 것으로 족하다("죄"는 나를 파괴적 행동으로 내몬 원인들에 대한 나의 무지를 가리키는 낡은 용어에 불과하다). 혹은 유사과학적 정보로 가득한 식료품 캔의 겉표지를 생각해보라. 이 수프에는 얼마만큼의 콜레스테롤이 들어 있고, 얼마만큼의 칼로리가 들어 있고, 얼마만큼의 지방이 들어 있고, 기타 등등. (물론 라캉이라면 직접적 명령을 중립적이라고 간주되는 정보로 이처럼 대체하는 것의 배후에서 "즐겨라!"라는 초자아-명령을 알아볼 것이다.)

오늘날의 스피노자주의자들(예컨대 들뢰즈)의 고무된 논변으로 인해 여기서 길을 잃지 않도록 해야 한다. 그들은 자기의식적인 단자적 개인들 간의 접촉이라는 데카르트적 문제틀과 전적으로

22) 스피노자에서 독일관념론으로의 이러한 변동을 가장 잘 예시해주는 것은 어떤 핵심적인 문체적 특징이다. 스피노자의 『윤리학』과 헤겔의 성숙한 저작들(『엔치클로페디』, 『법철학』)은 유사한 방식으로 구조화되어 있다. 그것들은 본문(적극적 교설에 대한 연역적이고 순전히 내재적인 해명)을 다양한 논평, 각주 등등과 분리시키는 선에 의해 횡단되고 있다. 이 후자는 당대의 이데올로기적 투쟁에 전적으로 참여하고 있는 누군가에 의해 변증법적이고 종종 논쟁적인 방식으로 씌어져 있다. 두 경우 모두 본문은 어떤 다른 담화의 형식을 모방하고 있다. 하지만 스피노자의 경우 이 다른 담화는 수학(공리 등등)의 담화인 반면에 헤겔의 경우 본문은 법적 담화(항 등등)를 모방한다.

단절을 이루는 소통 이론을 스피노자에게서 발굴하려고 노력한다. 즉 개인들은 자아와 그것의 **타자**의 상호 인정을 통해 공동체를 형성하는 것이 아니라, 정서적 동일화의 메커니즘을 통해서, 하나의 "열정"이 또 다른 열정을 반향하면서 그 강도가 강화되는 부분 정서들의 혼합을 통해서 공동체를 형성한다는 것이다. 이 과정을 스피노자는 정서의 모방이라고 불렀다. 주체는, 이 과정의 자율적 담지자이기는커녕, 오히려 부분적 측면적 연계들의 그물망을 위한 자리, 수동적 기반이다. 소통은 주체들 사이에서가 아니라 곧바로 정서들 사이에서 발생한다. "나"는 나를 규정하면서 나의 자기동일성의 경계를 횡단하는 이 부분적 대상적 동일화-모방들을 간과—몰인지—하는 한에서만 나 자신을 자율적이고 자기충족적인 **주체**로서 인지한다.[23] 이 모든 것은 "자율적 주체"라고 하는 고전적 이데올로기적 개념을 기준으로 가늠해볼 때 매우 "전복적인" 것처럼 보일 수도 있다. 하지만 바로 이 스피노자적 메커니즘은 "후산업적 소비사회"라고 불리는 어떤 것 속에서 작동하지 않는가? 즉 이른바 "후근대적 주체"라고 하는 것은 이 메커니즘에 대한 통제력을 발휘하지 못한 채 자신의 "열정들"을 규제하는 이미지들에 반응하면서 부분적 정서적 연결고리들에 의해 횡단되는 수동적 기반이지 않은가?

프란시스 퍼거슨은 「핵의 숭고」라는 논문에서[24] 우리의 일상

---

23) 스피노자와 흄의 철학적 대립에도 불구하고 주체의 자기-동일성의 이와 같은 분해는 흄이 성취한 것과 유사하다. 흄은 그 어떤 실체적 자기-동일성도 결여하는 지각들-관념들의 이종적 흐름 속에 **자기**를 분해한다. 그리고 바로 이러한 것을 배경으로 우리는 칸트적인 순수 통각의 "나"를 파악해야 한다. 칸트는 데카르트적 레스 코기탄스의 스피노자적인/이거나 흄적인 분해를 전적으로 고려에 넣는다. 따라서 그가 긍정하는 것은 자기의식의 비실체적인 텅 빈 점이다.

생활에서의 일련의 특징들을 통해 볼 수 있는 점증하는 밀실공포증을 기록했다. 흡연이 흡연자만이 아니라 같은 회사의 비흡연자도 위협한다는 자각, 아동학대에 대한 강박, 정신분석(에 대한 비판)에서의 유혹 이론의 부활(매슨의 『진리에 대한 공격』)[25] 등등. 이러한 특징들의 배후에 잠복해 있는 것은, 선주체적 층위에서 부지불식간에 우리가 타자들이 우리를 침해하게 되는 그물망 속에 얽혀들어가 있다는 스피노자주의적 생각이다. 궁극적으로 타자들의 현존 그 자체가 폭력으로 지각되는 것이다. 그렇지만, 타자들이 어떻게 우리를 위협하는지에 대한, 우리가 어떻게 그들에게 전적으로 "노출되어" 있는지에 대한 이러한 고조된 자각이 출현하기 위해서는, "후근대적" 주체를 규정하는 어떤 유아론적 변동이 발생해야만 했다. 이 주체는 이를테면 큰타자로부터 철수했으며, **타자**에 대한 원정신증적 거리를 유지한다. 즉 이 주체는 타자들과 공유하는 공통의 지반을 결여하는 법-외부자로서 스스로를 지각한다. 그리고 그렇기 때문에 타자들과의 모든 접촉은 폭력적 침해로서 지각되고 경험된다.

오늘날의 대중매체가 (사담 후세인이나 마약 카르텔 같은 자기파괴적 "근본악"의 모습으로) 탁월한 **적**의 역할을 점점 더 부여하

---

24) Frances Ferguson, "The Nuclear Sublime", *Diacritics* 7 (Summer 1984): 4-10 참조.

25) Jeffrey Masson, *The Assault on Truth: Freud's Suppression of the Seduction Theory* (New York: Farrar, Straus and Giroux, 1984) 참조. 도덕적 다수파의 낙태 반대 운동의 내속적 역설 가운데 하나는 그것이 그것의 (좌파-자유주의적) 적의 논리에 기생한다는 사실이다. "태아의 권리"라는 것은 권리의 잠재적으로 무한한 외연 확장에 대한 담화를 우리가 받아들이는 순간 출현하는 일련의 새로운 권리들(흡연의 위협을 받지 않을 권리, 아동의 학대를 당하지 않을 권리나 부모에게 "이혼"을 청구할 권리, 돌고래의 인간과 동일한 존엄을 보장받을 권리, 등등) 가운데 하나에 다름 아니다.

고 있는 이른바 "원리주의"는 지배적인 스피노자주의에 대한 반작용으로서, 그것의 내속적 **타자**로서 파악되어야 한다. 그 결과는, 이론적으로 가르쳐주는 바가 매우 크지만, 그럼에도 불구하고 상당히 슬픈 것이다. 마치 오늘날 불굴의 윤리적 태도로서의 선, 자신의 정의감을 타협하기보다는 모든 것을 내걸 준비가 되어 있는 자세로서의 선과 환경의 압력 때문에 기회주의적으로 양보하는 자세로서의 악이라는 통상적 대립이 역전되어서 그 숨겨진 진리에 도달하는 것과도 같다. 오늘날 "파시즘"은, 모든 것을 내걸 준비가 되어 있는 여하한 태도는 그 자체로 수상쩍은 것이며, 바로 그 때문에 본연의 윤리적 태도는 "근본악"이라는 모습으로만 살아남는다. 오늘날 유일하게 진정한 딜레마는 후기자본주의의 스피노자주의가 우리의 궁극적 지평인지의 여부이다. 이러한 스피노자주의에 저항하는 것처럼 보이는 모든 것은 한낱 "과거의 잔재들"이며, 자본-실체를 영원의 상 아래에서, 자기충족적 기계로서 관조할 수 없는 제한되고 "수동적인" 앎인 것인가, 아니면 우리는 이 스피노자주의를 유효하게 의문시할 수 있는 것인가?

근본악의 꿈에 의해 설명되는, 민족주의의 꿈들

그렇다면 후기자본주의적 스피노자주의의 이러한 악순환에서 빠져나갈 길을 어디서 찾을 것인가? 강조할 필요도 없지만, 우리는 원리주의적 과잉동일화를 "반자본주의적"이라고 옹호하는 것이 전혀 아니다. 요점은 "편집증적" 과잉동일화의 현대적 형태들이 자본의 보편주의의 내속적 이면이며, 그것에 대한 내속적 반작용이라는 것이다. 자본의 논리가 보편화되면 될수록 그것의 대립물은 "비합리적 원리주의"의 특질들을 띠게 될 것이다. 다시 말해서, 사회구성체의 보편적 차원이 자본에 의해 규정되는 한 그 어떤 탈출구도 없다. 이러한 악순환을 깨뜨릴 길은 "비합리적" 민족주의적 특수주의와 싸우는 것이 아니라 자본을 넘어서는 보편성의 차원을 내포하는 정치적 실천 형식들을 창안하는 것이다. 오늘날 그것의 예시적 사례는 물론 생태운동이다.

그리고 이로써 우리는 동유럽과 관련하여 어디에 놓여 있게 되는가? 자유민주주의적 "개방"을 민족주의적-유기체적 "폐쇄"에 대립시키는 자유주의적 관점—원파시즘적인 민족주의적 제약들을 제거하기만 하면 자유민주주의적 사회가 도래할 것이라는 희망에 의해 지탱되는 견해—은 "중립적"-민주적이라고 가정되는 틀구조가 그 내속적 대립물로서 민족주의적 "폐쇄"를 산출하는 방식을 고려하지 않기 때문에 어긋나고 만다.[26] 원파시즘적 민족주의 헤게모니의 출현을 막을 유일한 길은 "정상성"이라는 바로 그 기준을, 자유민주주의적 자본주의라는 보편적 틀구조를 의문시하는 것이다. 사회주의에서 자본주의로의 이행에서 "사라지는 매개자들"이 잠깐 동안 그렇게 했던 것처럼 말이다.

동유럽에서 출현하는 종족 긴장에서 동유럽에 대한 서유럽의 응시는 통상 "원리주의"로서 자격이 부여되는(그리고 같은 이유

26) 그로써 그것은 "개방적인" 자유주의적 성격과 "폐쇄적인" 권위주의적 성격이라는 고전적인 자유주의적 대립의 잘못을 되풀이한다. 여기서도 또한 자유주의적 관점은 권위주의적 성격이 "개방적" 관용적 자유주의적 성격에 대한 외적 대립물, 그것의 단순한 왜곡이 아니라 그것의 숨겨진 "진리"이며 전제라는 사실을 알아차리는 데 실패한다.

로, 자격이 박탈되는) 자기 자신의 섬뜩한 이면과 조우한다. 세계주의의 종말, 이 부족주의의 귀환에 직면한 자유민주주의의 무능. 바로 여기서 우리는 민주주의 그 자체를 위해서라도 힘을 모아서 프로이트의 예시적인 영웅적 제스처를 반복해야 한다. 그는 유대인들에게서 그들의 건국의 아버지를 박탈함으로써 파시스트의 반유대주의 위협에 응답했다. 즉 『인간 모세와 유일신교』는 나치즘에 대한 프로이트의 응답이다. 따라서 프로이트가 행한 일은 예컨대 쇤베르크의 정반대인데, 그는 나치 인종주의를 선택받은 민족이라는 유대인의 자기이해에 대한 창백한 모방으로 경멸적으로 비난했던 것이다. 거의 마조히즘적인 전도를 통해서 프로이트는 유대인 자신들을 겨냥했으며 그들의 건국의 아버지 모세가 이집트인임을 증명하려고 했다. 이러한 테제의 역사적 (부)정확성과는 상관없이, 실제로 문제가 되는 것은 그것의 담화적 전략이다. 즉 유대인이 이미 그들 자체로 "탈중심화"되어 있다는 것을, 그들의 "기원"이 잡종이라는 것을 입증하는 것. 어려움은 유대인에게 있는 것이 아니라 유대인이 "정말로 그것을 소유한다"고, 아갈마를, 그들의 힘의 비밀을 소유한다고 생각하는 반유대주의자의 전이에 있다. 반유대주의자는 "유대인을 믿는" 자이며, 따라서 반유대주의를 유효하게 와해시킬 유일한 길은 유대인은 "그것"을 소유하지 않는다고 주장하는 것이다.27)

---

27) Sigmund Freud, "Moses and Monotheism", in The Standard Edition of the Complete Psychological Works of Sigmund Freud (London: Hogarth Press, 1953-1974), vol. 23 참조. [국역본: 프로이트, 「인간 모세와 유일신교」, 『종교의 기원』, 열린책들, 2003.] 그리고 여자와 관련하여 라캉은 동일한 제스처를 취하지 않는가? "여자의 비밀"은 남자의 환상인데, 바로 그렇기 때문에 유일하게 온당한 여성주의적 제스처는 실재적인 바로서의 여자는 남자가 그녀에게 귀속시키는 신비

이와 유사하게 우리는 "원리주의"를 위한 공간을 열어놓는 자유민주주의의 결함을 식별해내야만 한다. 다시 말해서, 오늘날 정치철학이 직면하고 있는 궁극적으로 단 하나의 물음이 있다. 자유민주주의는 우리의 정치적 실천의 궁극적 지평인가, 아니면 그것의 내속적 한계를 유효하게 구성하는 것이 가능한가? 여기서 표준적인 신보수주의적 응답은 자유민주주의—윤리적 영웅주의를 위한 그 어떤 여지도 남아 있지 않으며 쾌락원칙에 의해 규제되는 일상생활의 백치 같은 일과에 점점 더 침잠하게 되는 니체적 "최후의 인간"의 이 왕국—의 특성으로 가정되는 "뿌리의 결여"를 한탄하는 것이다. 이러한 관점에서 "원리주의"는 이 "뿌리의 상실"에 대한 단순한 반작용이며, 유기적 공동체 속에서 새로운 뿌리를 찾으려는 도착적이지만 필사적인 노력이다. 하지만 신보수주의적 응답은 어떻게 그 철학적인 정초적 제스처에 있어서의 형식적 민주주의 기획 그 자체가 "원리주의"를 위한 공간을 열어놓는지를 입증하는 데 실패함으로서 그르치게 된다.

칸트적 형식주의와 형식적 민주주의의 구조적 상동성은 고전적 토포스다. 두 경우 모두 출발점, 정초적 제스처는 근본적인 비워내기와 배출의 행위로 이루어진다. 칸트의 경우 비워내어져서 텅 빈 것으로 남게 되는 것은 최고선의 자리이다. 이 자리를 차지할 것으로 예정된 모든 실정적 대상은 정의상 "정념적"이며, 경험적 우연성의 표식이 찍히게 되는데, 바로 그렇기 때문에 도덕법칙은 우리의 행위에 보편성의 특징을 수여하는 순수 형식으로

한 X를 소유하지 않는다고 단언하는 것이다. 요컨대, "**여자**는 존재하지 않는다."

환원되어야 한다. 이와 마찬가지로 민주주의의 기본 작용은 권력의 자리를 비워내는 것이다. 이 자리를 요구하는 자들은 모두가 정의상 "정념적" 찬탈자이다. 생쥐스트를 인용하자면, "그 누구도 결백하게 지배할 수 없다". 그리고 핵심적 요점은 이렇다. 즉 특별히 근대적, 후칸트적 현상으로서의 "민족주의"는 민족, 민족적 사물이 칸트의 "형식주의"에 의해, 그가 모든 "정념적" 내용을 환원한 것에 의해 열리게 된 사물의 텅 빈 자리를 찬탈하고 채우는 순간을 지칭한다. 물론 이러한 공백 채우기에 대한 칸트적 용어는 열광*Schwärmerei*의 광신이다. "민족주의"는 정치에서의 광신을 축도하지 않는가?

바로 이러한 의미에서 칸트의 "형식주의"야 말로, 부정 판단과 무한 판단의 구분을 경유하여 "산주검" 및 그와 유사한 어떤 기괴한 근본악의 구현물들을 위한 공간을 열어놓는다. 이미 "전비판기" 칸트는 형이상학적 꿈을 설명하기 위해 시령자의 꿈을 이용했다.[28] 그리고 오늘날 우리는 민족주의를 설명하기 위해 "산죽은" 괴물들의 꿈을 참조해야 한다. 사물의 텅 빈 자리를 민족으로 채우는 것은 아마도 근본악을 규정하는 역전의 전범적 사례일 것이다. 철학적 형식주의("정념적" 내용을 내워내기)와 민족주의 사이의 이 연계와 관련하여 칸트는 독특한 논점을 제시한다. 사물의 텅 빈 자리를 식별함으로써 그는 사실상 민족주의의 공간의 경계선을 그리며, 하지만 동시에 우리가 그것 안으로 결정적 한 걸음을 내딛는 것을 금지한다(이는 이후에, 예컨대 쉴러에게서, 칸트적

28) Immanuel Kant, *Dreams of a Spirit-Seer, Illustrated by Dreams of Metaphysics* (London: S. Sonnenschein, 1900) 참조.

윤리의 "미학화"를 경유하여 이루어졌다). 다시 말해서 민족주의의 지위는 궁극적으로 초월적 가상의 지위, 사물에 대한 직접적 접근이라는 환영의 지위이다. 그와 같은 것으로서 그것은 정치에서의 광신을 축도한다. 칸트는 "악마적인" 악, 윤리적 태도로서의 악의 가능성을 아직 받아들일 준비가 되어 있지 않는 한에서 "세계주의자"로 남아 있다. 최고선의 텅 빈 자리 채우기의 이 역설은 근대적 민족 개념을 규정한다. 근대 민족의 애매하고 모순적인 성격은 흡혈귀나 그 밖의 산주검들과 동일하다: 그것들은 "과거의 잔재"로서 잘못 지각된다. 그것들의 자리는 근대성의 바로 그 단절에 의해 구성된다.

이러한 정념적 "얼룩"은 또한 오늘날의 자유민주주의의 곤궁을 규정한다. 자유민주주의의 문제는 그것이 선험적으로, 구조적인 이유에서 보편화될 수 없다는 데 있다. 헤겔은 한 정치 세력의 승리의 계기는 그것의 분열의 계기라고 말했다. 승리를 거둔 자유민주주의적 "신세계 질서"는 점점 더 그것의 "내부"를 "외부"와 분리시키는 경계에 의해 표식된다. 즉 "내부에" 용케 남아 있는 자들("선진국민", 인권과 사회안전 등의 규칙이 적용되는 자들)과 타자들, 배제된 자들(이들과 관련하여 "선진국민"의 주된 관심사는 그들의 폭발적 잠재력을 봉쇄하는 것이다. 그러한 봉쇄의 대가로 기본적 민주주의 원칙을 소홀히 하게 된다고 해도 말이다) 사이의 경계에 의해 표식된다.[29] 자본주의와 사회주의 "블록" 사이의

29) 따라서 이러한 분열은 자유민주주의의 보편성의 바로 그 형식이다. 자유민주주의적 "신세계 질서"는 이러한 분열을 국제 및 국내 관계의 결정적 적대, 구조화 원리로서 부과하는 것을 통해서 그 보편적 영역을 긍정한다. 여기서 우리가 발견하는 것은 동일성과 차이의 변증법의 기본적 사례이다. 자유민주주의적 "질서"의 바로 그 동일성은 그것의 "내부"를 "외

대립이 아닌 바로 이러한 대립이 현대의 배치를 규정한다. "사회주의" 블록은 진정한 "제3의 길"이었으며, 자본주의의 제약 바깥에서의 근대화를 위한 필사적 시도였다. 후사회주의 국가들의 현 위기에서 사실상 걸려 있는 것은, 이제 "제3의 길"의 환영이 증발한 지금, 바로 자신의 자리를 위한 투쟁인 것이다. 누가 "내부"로 받아들여지고 선진 자본주의 질서 속으로 통합될 것이며, 누가 이로부터 배제된 채로 남게 될 것인가? 구 유고슬라비아는 아마도 예시적 사례일 것이다. 유고슬라비아의 해체라는 피비린내 나는 연극의 모든 배우들은 동양적 야만성에 직면하여 유럽 문명(자본주의적 "내부"에 대한 현재의 이데올로기적 지칭물)의 마지막 요새로 자처함으로써 "내부"에서의 자신의 자리를 적법화하려고 노력한다. 우익 민족주의 오스트리아인들에게 이 상상적 경계는 오스트리아와 슬로베니아 사이의 카라방켄 산맥이다. 그 너머에서 슬라브족 무리의 지배가 시작된다. 슬로베니아 민족주의자들에게 이 경계는 슬로베니아와 크로아티아를 분리시키는 콜파 강이다. 우리는 중부유럽(Mitteleuropa)이고, 이미 크로아티아인들은 우리와는 실제로 상관이 없는 비이성적인 종족 불화에 연루된 발칸인이다. 우리는 그들 편이고 그들을 동정하지만, 마찬가지로 사람들은 공격의 제3세계 희생자들을 동정한다. 크로아티아인들에게 결정적 경계는 물론 그들과 세르비아인들 사이의 경계, 즉 서방 가톨릭 문명과 서구적 개인주의의 가치를 이해할 수 없는 동방 정교회 집단정신 사이의 경계이다. 끝으로 세르비아인들은 스스

부"와 분리시키는 균열에 있다.

로를 무슬림 알바니아인들과 보스니아인들로 표상되는 원리주의의 위험에 대항한 기독교 유럽의 마지막 방어선으로 간주한다. (이제 누가 구 유고슬라비아의 공간 내부에서 사실상 문명화된 "유럽적" 방식으로 행동하는지는 분명할 것이다. 모두로부터 배제된, 이 사다리의 밑바닥에 있는 자들, 즉 알바니아인들과 무슬림 보스니아인들.) 따라서 "열린" 복수주의 사회와 타자의 배제에 기초한 "닫힌" 민족주의-협조주의적 사회라는 전통적인 자유주의적 대립은 자기지칭의 지점으로까지 가지고 가야 한다. 즉 자유주의적 응시 자체는, 원리주의적 민족주의 등이 귀속되어지는 타자의 배제에 기초하고 있는 한, 동일한 논리에 따라 기능하는 것이다. 그렇기 때문에 구 유고슬라비아에서의 사건들은 고유의 변증법적 반전을 완벽하게 예시한다. 처음에 주어진 정황들의 집합 속에서 가장 퇴행적인 요소로, 과거의 잔재로 보였던 어떤 것이 갑자기 일반적 틀구조의 변동과 더불어 현 맥락 속에 있는 미래의 요소로, 앞에 놓여 있는 그 무엇의 전조로서 출현한다. 발칸에서의 민족주의의 분출은 처음에는 새로운 민족주의적 옷으로 변장한 공산주의적 전체주의의 마지막 비명쯤으로, 오늘날의 다국적 세계 통합의 시기에 속하는 것이 아니라 19세기 민족국가에나 속하는 우스꽝스러운 시대착오로 취급되었다. 그렇지만 구 유고슬라비아의 종족 갈등이 21세기 최초의 분명한 취향을, 즉 탈냉전 시대의 군사 분쟁의 원형을 제공한다는 것이 갑자기 분명해졌다.

이러한 적대적 분열은 크메르 루즈, 센데로 루미노소 그리고 오늘날의 정치에서 "근본악"을 구현하는 것처럼 보이는 여타의 유사한 운동들을 위한 장을 열어놓는다. "원리주의"가 자유주의적 자본주의에 대한 일종의 "부정 판단"으로서, 자유주의적 자본주의의 보편주의적 주장의 내속적 부정으로서 기능한다면, 센데로 루미노소 같은 운동들은 그것에 대한 "무한 판단"을 실연한다. 헤겔은 『법철학』에서 "천민"(*Pöbel*)을 근대 사회의 필연적 산물로 파악한다. 법적 질서에 참가하지 못하며 그렇기 때문에 그에 대한 그 어떤 책임도 면제된 통합되지 않은 부분—사회 체계의 폐쇄회로에서 배제된 필연적인 구조적 잉여. 후기 자본주의가 도래한 오늘날에서야 이 "천민" 개념은, 가장 급진적인 현지주의적 반근대주의(근대성을 정의하는 모든 것—시장, 화폐, 개인주의 등등—의 거부)를 상징적 전통 일체를 말살하고 영점에서 시작하는 탁월하게 근대적인 기획(크메르 루즈의 경우 이는 전 교육 체계를 폐지하고 지식인들을 죽이는 것을 의미했다)과 역설적으로 결합하는 정치 세력들을 통해서, 사회 현실 속에서 그에 적합한 실현을 성취한 것처럼 보인다. 센데리스타스의 "빛나는 길"을 정확히 구성하는 것은 사회주의 구조를 고대 잉카 제국으로의 회귀라는 틀 내에 재기입한다는 관념이 아니라면 무엇이겠는가? 전통과 근대성의 적대를 극복하려는 이 필사적 노력의 결과는 이중부정이다. 즉 급진적으로 반자본주의적인 운동(세계시장으로의 병합에 대한 거부)이 가족에서 시작해서("미시권력"의 층위에서 크메르 루즈 체제는 가장 순수한 "반오이디푸스" 체제로서 기능했다. 즉 젊은이들로 하여금 부모를 비난하도록 부추기면서 "젊은이들의 독재"로서 기능했다) 일체의 전통적 위계적 사회적 결속들을 체계적으로 해체하는 것과 짝을 이룬다. 이 이중부정의 역설에서 표명되는 진리는 자본주의가 전자본주의적인 사회적 결속 형식들의 지탱 없이는 스스로를 재생산할 수 없다는 것이다. 다시 말해서, 크메르 루즈와 센데리스타스의 "근본악"은, 이국적 야만의 사례를 제시하기는커녕, 오늘날의 자본주의의 구성적 적대를 배경으로 해서만 파악할 수 있는 것이다. 두 경우 모두 운동의 지도자가 서구 문명의 섬세한 것들에도 능숙한 지식인이라는 사실에는 우연적 특이성 이상의 것이 있다. (혁명가가 되기 전에 폴 포트는 프놈펜의 프랑스 국립고등학교 교수였으며, 랭보와 말라르메에 대한 섬세한 독해로 알려져 있었다. 센데리스타스의 지도자 "곤잘로 대통령" 아비마엘 구즈만은 헤겔과 하이데거를 선호한 철학 교수였으며 박사 논문은 칸트의 공간론에 관한 것이었다.) 그렇기 때문에, 그 어떤 가능한 매개 형식들도 허용하지 않으면서 사회 공간을 "우리"와 "그들" 간의 배타적 적대로서 구조화하는 천년왕국적 급진주의의 마지막 체현물로서 이러한 운동들을 파악하는 것은 너무 단순하다. 오히려 이 운동들은 자본주의에 대해 구성적인 분균형을 제어할 수 있게 해준다고 가정된 어떤 이전의 전통에서 지지물을 찾지 않으면서(이 논리 내에 머무는 이슬람 원리주의는 그렇기 때문에 궁극적으로 근대화의 도착적 도구이다) 이러한 불균형을 피해가려는 필사적인 시도를 나타낸다. 다시 말해서, 전통 전체를 말소시키고 창조적 승화 행위를 통해 영점에서 시작하려는 센데로 루미노소의 시도 배후에는 근대성과 전통의 상보적 관계에 대한 정확한 통찰이 놓여 있다. 전통으로의 그 어떤 진정한 복귀도 오늘날 선험적으로 불가능하다. 그것의 역할은 단지 근대화 과정을 위한 완충장치로 기능하는 것이다.

따라서 크메르 루즈와 센데리스타스는 엄밀한 칸트적 의미에서 후기자본주의에 대한 일종의 "무한 판단"으로서 기능한다. 그들은 후기자본주의 동력학을 규정하는 내속적 적대(근대주의적 충동과 원리주의적 반격 간의 적대) 너머의 제3의 영역에 위치지어질 수 있는데, 왜냐하면 그들은 대립의 양 극을 모두 근본적으로 거부하기 때문이다. 그러한 것으로서 그들은—헤겔식으로 말해서—후기자본주의 개념의 필수적 부분이다. 세계체계로서의 자본주의를 구성하고자 한다면, 그것의 내속적 부정, 원리주의만이 아니라 그것의 절대적 부정, 그것에 대한 무한 판단을 고려에 넣어야 한다.

바로 이러한 것을 배경으로 우리는 유럽 선진국에서 "외국인들"에 가해지는 다시 살아난 (상징적이고 실재적인) 폭력의 의미를 판단해야 한다. 프랑스 혁명과 관련하여 칸트는 그것의 세계사적 의미는 파리 거리에서 실제로 발생한 것에서 찾을 것이 아니라 자유를 실현하려는 이러한 시도가 교육받은 계몽된 공중에게 불러일으킨 열광에서 찾아야 한다고 썼다. 파리에서 실제로 일어난 일은 참으로 끔찍한 일이었을 수 있으며, 가장 혐오스러운 열정들이 풀려난 것일 수 있다. 하지만 유럽 전역에서 계몽된 공중에게 불러일으킨 이 사건의 반향은 자유의 가능성만을 증언하는 것이 아니라 인류학적 사실로서의 자유를 향한 경향성의 바로 그 현실성을 증언하는 것이다.30) 동일한 단계—사건의 직접적 현실성에서 그것이 수동적 관찰자들로 축도되는 큰타자 속에 기입되는 양태로의 변동—가 1992년 독일(로스토크 및 구동독의 여타 도시

30) Immanuel Kant, The Conflict of the Faculties (Lincoln: University of Nebraska Press, 1992), p. 153 참조.

들)에서의 이민에 반대한 폭력적 분출과 관련해서 반복되어야 할 것이다. 이 사건들의 진정한 의미는 신나치 강령이 침묵하는 다수의 관찰자들로부터의 찬성이나 적어도 "이해"와 만났다는 사실에서 찾아야 한다—심지어 몇몇 사회민주당 고위 정치인들은 이 사건들을 독일의 자유주의적 이민 정책을 재고하기 위한 논거로서 이용했다. 시대정신에서의 이러한 변동은 실재적 위험이 잠복하고 있는 곳이다. 그것은 "외국인들"의 현존을 민족적 정체성에 대한 위협으로, 정치적 몸체를 분열시키는 적대들의 주요 원인으로 파악하는 이데올로기의 가능한 헤게모니를 위한 토대를 준비한다.

우리는 오늘날 유럽 여기저기서 창궐하는 이 "후근대적" 인종주의와 전통적 형식의 인종주의의 차이에 특히 유념해야만 한다. 과거의 인종주의는 직접적이고 원색적이었다. 즉 "그들"(유대인들, 흑인들, 아랍인들, 동유럽인들 등등)은 게으르고, 폭력적이고, 음흉하고, 우리의 민족적 실체를 좀먹고 있다는 식이다. 반면에 새로운 인종주의는 "반성된" 것이고, 말하자면 바로잡힌 인종주의라서, 그것의 대립물의 형식을, 인종주의에 대항한 싸움의 형식을 취할 수도 있다. 에티엔 발리바르는 그것을 "메타인종주의"라고 명명함으로써 과녁을 맞혔다.[31] "후근대적" 인종주의자는 로스토크에서의 폭동에 어떻게 반응하는가? 물론 그는 신나치의 폭력에 대한 자신의 전율과 혐오를 표현하는 것에서 시작한다. 하지만 그는 비록 통탄할 일이기는 하지만 이 사건들을 그 맥락 속에서

31) Etienne Balibar, "Is There a 'Neo-Racism'?", in Etienne Balibar and Emmanuel Wallerstein, *Race, Nation, Class* (London: Verso Books, 1991) 참조.

바라보아야 한다고 재빨리 덧붙인다. 그 사건들은 실제로 진정한 문제의 전도되고 왜곡된 표현이자 효과라는 것이다. 즉 현대의 바빌론에서 개인의 삶에 의무를 제공하는 명확한 종족공동체에 속해 있다는 경험은 근거를 잃어가고 있다는 것이며, 요컨대 진짜 범인은 "다문화주의"라는 이름으로 인종들을 섞고 그리하여 자연적인 자기방어 기제를 작동시키는 세계주의적 보편주의자들이라는 것이다.[32] 따라서 아파라트헤이트는 반인종주의의 궁극적 형식으로서, 인종적 긴장이나 갈등을 방지하려는 노력으로서 적법화된다. 여기서 우리가 발견하는 것은 라캉이 "메타언어는 없다"라고 주장할 때 염두에 두고 있는 것의 분명한 사례이다. 인종주의에 대한 메타인종주의의 거리두기는 공허하다. 메타인종주의는 순수하고 단순한 인종주의이며, 그 정반대인 듯한 자세를 취하면서 인종주의적 조치들을 인종주의와 싸우는 바로 그 형식으로서 옹호한다는 점에서 더더욱 위험하다.

동유럽의 "사라지는 매개자"

통상적 서구 자유주의 태도에 대한 이러한 비판은 동유럽에서 민족주의가 발휘하고 있는 매혹적인 힘을 설명할 어떤 다른 보충적 길을 열어놓는다. 즉 현실 사회주의에서 자본주의로의 "이행"

32) 혹은, 『뉴스위크』 지의 최근 독자편지를 인용하자면: "어쩌면 상이한 인종들이나 종족 집단들이 함께 사는 것은 근본적으로 부자연스러운 것일지도 모른다. (……) 독일에서의 외국인들에 대한 공격을 너그럽게 보아줄 수는 없지만, 독일인들은 자신들의 나라가 종족적으로 독일적인 상태로 남아 있어야 한다고 주장할 일체의 권리를 가지고 있다."

의 특이성 말이다. 슬로베니아의 경우를 보자. 슬로베니아에서 "진정한 사회주의"의 최근의 붕괴에서 "비극적"이라고 지칭될 만한 충분한 가치가 있는 역할을 수행한 정치적 작인이 있다면 이는 슬로베니아 공산주의자들이었다. 그들은 복수주의적 민주주의로의 평화로운 비폭력적 이행을 가능하게 하겠다는 자신들의 약속을 지켰다. 처음부터 그들은 프로이트적인 초자아의 역설에 사로잡혀 있었다. (당시의) 반대파의 요구에 더 많이 양보하면 할수록, 게임의 민주적 규칙을 더 많이 받아들이면 받아들일수록, 그들의 "전체주의"에 대한 반대파의 비난은 더욱더 난폭해졌으며, 단지 "말로만" 민주주의를 받아들이면서 실제로는 그것에 대항한 사악한 음모를 준비하고 있다는 의혹을 더욱더 받게 되었다. 공산주의자들의 민주주의적 약속들이 진지하게 취급되어서는 안 된다는 수많은 주장들이 있고 나서 마침내 공산주의자들이 "그럴 의도였다"는 것이 분명해졌을 때 이와 같은 비난의 역설은 가장 순수하게 출현했다. 당혹해하기는커녕 반대파는 단지 비난의 내용을 변경하여 공산주의자들의 "무원칙적 행동"을 비난했다. 예전의 혁명적 과거를 뻔뻔하게 배반하고 민주주의적 행동을 받아들인 누군가를 어떻게 여러분은 신뢰할 수 있겠는가? 이러한 역설에서 식별할 수 있는 반대파의 요구는 고발당한 자가 자신의 죄를 시인하고 스스로 최고의 처벌을 요구하도록 강제당했던 정치적 괴물-재판들에서 작동했던 좋았던 옛날의 스탈린주의적 요구의 반어법적 반복이다. 반공산주의 반대파에게 유일하게 선한 공산주의자란 우선은 자유로운 다당제 선거를 조직화하고 그런 다음에는 그러한 선거에서 희생양의 역할을, 패퇴되어야 하는 전체주의적 공포를 대표하는 역할을 자진해서 떠맡는 자일 것이리라. 요컨대 공산주의자들은 순수한 메타언어의 불가능한 자리를 떠맡고 "우리는 고백한다, 우리는 전체주의적이다, 우리는 선거에서 패배해야 마땅하다!"라고 말할 것으로 기대되었다. 죄를 시인하고 가능한 한 가장 가혹한 처벌을 요구하는 스탈린주의의 희생양처럼 말이다. 슬로베니아의 민주주의적 공산주의자들에 대한 공적인 지각에서의 이러한 변동은 진정 수수께끼였다. 민주주의로 가는 길에서 "더 이상 돌아갈 수 없는 지점"에 이를 때까지 공중은 그들의 안부를 염려했으며, 그들이 진정한 반민주주의적 세력들(유고슬라비아 군대, 세르비아 포퓰리즘, 낡은 강경론자들 등등)을 견뎌내면서 자유선거를 조직화하기를 기대했다. 하지만 자유선거가 이루어진다는 것이 일단 분명해지자, 이 동일한 공산주의자들은 갑자기 **적**이 되었다.

선거 이전의 "열린" 조건에서 선거 이후의 그것의 "폐쇄"로의 이러한 변동의 논리는 프레드릭 제임슨이 세공한 "사라지는 매개자"라는 개념을 통해 파악해볼 수 있을 것이다.[33] (헤겔식으로 말해서) 체계가 자신의 외적 전제들을 내속적 계기들로 "정립"하고 그리하여 자신의 외상적 기원들의 흔적들을 지워버릴 때, 체계는 평형상태에 도달한다, 즉 스스로를 하나의 공시적 총체로서 확립한다. 여기서 우리가 보는 것은 새로운 사회적 협약이 생성되는 "열린" 상황과 뒤이은 그것의 "폐쇄" 사이의 긴장이다. 키르케고르의 용어를 참조하자면, 가능성과 필연성 사이의 긴장. 새로운

33) Fredric Jameson, "The Vanishing Mediator; or, Max Weber as Storyteller", in *The Ideologies of Theory*, vol. 2 (Minneapolis: University of Minnesota Press, 1988) 참조.

사회적 협약이 그 필연성 속에서 확립되고 그 "가능성"을, 그것을 발생시킨 열린 미정의 과정을 비가시적으로 만들 때 원은 닫힌다.[34] 그 사이에서, 즉 사회주의 정권이 이미 붕괴하고 있지만 새로운 정권이 안정화될 수 있기 이전인 때에, 우리는 일종의 열림을 목격했다. 사태는 잠시 동안 가시적이었으며, 그러고 나서 곧바로 비가시적이 되었다. 거칠게 말해보자면, 민주화 과정을 격발했으며 가장 격렬하게 투쟁했던 자들은 오늘날 민주화의 보상을 향유하는 자들이 아니다. 오늘날의 승자 편에서의 여하한 강탈이나 기만 때문에가 아니라, 보다 깊은 역사적 논리 때문에 말이다. 민주화 과정이 일단 정점에 이르고 나면, 그것은 그것의 기폭제가 된 자들을 매장시킨다. 누가 사실상 이 과정을 격발시켰는가? 새로운 사회 운동들, 펑크, 신좌파. 민주주의의 승리 이후에, 이 모든 추진력들은 갑자기 불가해하게 근거를 상실했으며 더 많게든 적게든 장면에서 사라져버렸다. 문화 그 자체가, 문화적 선호들의 집합이 근본적으로 변해버렸다. (보편적인 미국-서구 문화가 본래적인 민족적 뿌리들을 그늘지게 한다는 통념과는 대조적으로) 펑크와 할리우드에서 민족적 시들과 유사-민속적 광고 음악으로 말이다. 민주주의의 진정한 "원시 축적"이 있었고, 펑크족과 연좌농성을 하는 학생들과 인권 위원회 등의 혼돈스러운 배열이 있었는데, 이는 새로운 체계가 확립되고 그와 더불어 그 자체의 기원의 신화가 들어서는 순간 말 그대로 비가시적이 되었다. 몇 년 전만

---

34) 이러한 문제틀에 대해서는 Slavoj Žižek, *For They Know Not What They Do* (London: Verso Books, 1991) 제5장 참조. 이 "사라지는 매개자"의 논리는 헤겔적 "지양"과 관련하여 결정적인 오해를 해명할 수 있게 해준다. 여기서

해도 당 강경론자의 입장에서 새로운 사회 운동들을 매도했던 동일한 사람들이 이제 지배적인 반공산주의 연합의 일원으로서 그 운동들의 대표자들을 "원-공산주의"라고 하면서 비난한다.

이와 같은 변증법은 그 이론적 측면에서 특히 흥미롭다. 대강 우리는 다음과 같이 말할 수 있을 것이다. 지난 이십년 동안 두 개의 철학적 정향이 슬로베니아에서 지성적 삶을 지배했다. 반대파들에서의 하이데거주의와 "공식적" 당 서클들에서의 프랑크푸르트학파 마르크스주의. 따라서 사람들은 주요한 이론적 싸움이 이 두 정향 사이에서 발생하고 제3의 진영—라캉주의자들과 알튀세르주의자들—은 무구한 방관자 역할을 했을 것이라고 기대할 수도 있었을 것이다. 하지만 논쟁이 터지자마자, 두 주요 정향들 모두는 동일한 특수한 제3의 저자—알튀세르—를 모질게 공격했다. (더 놀랍게도, 이 논쟁의 두 주요 발의자였던 한 하이데거주의자와 당시의 한 프랑크푸르트 마르크스주의자는 둘 다 나중에 지배적인 반공산주의 연합의 구성원이 되었다.) 1970년대에 알튀세르는 실제로 일종의 증상적 지점으로 기능했다. 즉 모든 "공식적" 적수들은, 슬로베니아의 하이데거주의자들과 프랑크푸르트 마르크스주의자들, 자그레브와 베오그라드의 실천-철학자들과 중앙위원회 이데올로그들은 알튀세르라는 이름과 관련해서 동일한 비난을 해대면서 갑자기 동일한 언어를 말하기 시작했다. 애초부터 슬로베니아 라캉주의자들의 출발점은 어떻게 "알튀세르"라는 이름이 모든 진영들에 수수께끼 같은 불편함을 격발했는가에 대한 이와 같은 목격이었다. 알튀세르의 사적인 삶에서의 불운한 사건(아내를 교살한 일)이 반가운 구실의 역할을, 즉 그의 이론적

적수들이 그의 이론에 의해 대리된 실재적 외상을 억압할 수 있도록 해주는 "현실의 작은 조각"의 역할을 했다고 말하고 싶기도 하다("아내를 교살한 사람의 이론을 어떻게 진지하게 취급할 수 있겠는가?"). 유고슬라비아에서 알튀세르주의자들(과 좀더 일반적으로는 "구조주의적" 혹은 "포스트구조주의적" 정향을 채택하고 있는 자들)이 민주주의를 위한 투쟁에서 "순수하게" 남아 있었던 유일한 자들이었다는 것은 한낱 호기심거리 이상일 수도 있다. 다른 모든 철학 학파들은 언제고 한 번은 체제에 자신들을 팔았다. 분석철학자들은 "그래, 우리는 마르크스주의자가 아니다. 하지만 우리는 또한 위험하지도 않다. 우리의 사유는 순수한 비정치적 전문적 장치이다. 따라서 당신은 우리에게서 두려워할 것이 아무것도 없을 뿐더러, 우리를 내버려둠으로써 당신의 정치권력 장악을 위태롭게 하지 않으면서도 비-마르크스주의를 허용한 것으로 인해 명성을 얻을 수도 있다"라는 메시지를 체제에 보내고 있었다. 메시지는 수신되었다. 즉 그들을 내버려두어졌다. 보스니아 공화국에서 프랑크푸르트학파는 1970년대에 반쯤은 공식적인 지위를 누렸던 반면에, 크로아티아와 부분적으로 세르비아에서는 "공식적인" 하이데거주의자들이 특히 군부 서클에서 번창했다. 그래서 대학 숙청 때 (사후의 정당화를 위한 말이었지만) 부정의 변증법의 세밀한 내용을 이해하지 못했다는 이유로 직업을 잃은 경우가 있는가 하면, 사회주의 군부가 가장 순수한 하이데거적 스타일로 씌어진 사과문("우리 사회의 자기방어의 본질은 우리 사회의 본질의 자기방어입니다", 등등)을 제출한 경우도 있었다. 알튀세르에 대한 저항은 어떻게—종종 원스탈린주의적인 것으로 비방된—바로 그 알튀세르적 이론이 공산주의의 전체주의 체제를 실질적으로 와해시키기 위한 일종의 "자발적인" 이론적 도구로서 이바지했는가를 확인해주었다. 그의 이데올로기적 국가장치 이론은 이데올로기의 재생산에서의 핵심적 역할을 "외적인" 의례들과 관행들에 부여했다. 그리고 이와 관련하여 "내적인" 믿음과 확신들은 엄밀히 부차적인 것이 되는 것이다. "진정한 사회주의"에서 그와 같은 의례들의 중심적 위치에 대한 주의를 환기시키는 것이 필요할까? 거기서 중요했던 것은 "내적인" 확신이 아니라 외적인 복종이었다. 복종은 복종의 유사물과 일치한다. 그리고 그렇기 때문에 진정으로 "전복적"이 되기 위한 길은 "순진하게" 행동하는 것이었으며, 체계가 "자기가 한 말을 씹도록" 만드는 것이었으며, 다시 말해서 그것의 이데올로기적 일관성의 외양을 와해시키는 것이었다.

"사라지는 매개자"의 이와 같은 소멸은 물론 슬로베니아만의 특이성이 아니다. 가장 스펙터클한 사례는 동독의 신포럼*Neues Forum*의 역할이지 않은가? 어떤 내속적으로 비극적인 윤리적 차원이 그것의 운명에 속한다. 그것은 이데올로기가 "스스로를 문자 그대로 취급하고", 기존의 권력 관계에 대한 "객관적으로 냉소적인"(마르크스) 적법화로서 기능하기를 멈추는 지점을 나타낸다. 신포럼은 "사회주의를 진지하게 취급한" 열정적인 지식인 그룹들로 이루어졌다. 그들은 타협으로 이루어진 체계를 파괴하기 위해서 그리고 그것을 자본주의와 "현실" 사회주의를 넘어선 유토피아적인 "제3의 길"로 대체하기 위해서 모든 것을 내기에 걸었다. 자신들이 서구 자본주의의 복구를 위해 일하고 있지 않다는 그들의 진지한 믿음과 주장은 물론 실체 없는 환영에 불과한 것으로 판명되었다. 그렇지만 우리는, 바로 그러한 것으로서(실체 없는 철저한 환영으로서) 그것은 엄밀한 의미에서 비이데올로기적이었다고 말할 수 있을 것이다. 즉 그것은 그 어떤 현실적 권력 관계도 전도된-이데올로기적인 형식 속에서 "반영"하지 않았다. 이 지점에서 우리는 마르크스주의적 통설을 교정해야 한다. 사회구성체의 "데카당스" 시기에 이데올로기는 "냉소적"이 된다는(이데올로기가 "말"과 "행위"의 간극을 받아들이고, 더 이상 "스스로를 믿지" 않으며, 더 이상 진리로 경험되지 않고 스스로를 권력을 정당화하는 순수한 도구적 수단으로서 취급한다는) 상투어와는 달리 바로 그 "데카당스"의 시기가 지배이데올로기에게 "스스로를 진지하게 취급하고" 사실상 그 자체의 사회적 기반에 반대할 수 있는 가능성을 열어준다고 말할 수 있을 것이다. (프로테스탄티즘과 더불어서 기독교가 그 사회적 기반으로서의 봉건주의에 반대했던 것과 마찬가지로, 신포럼은 "진정한 사회주의"의 이름으로 기존 사회주의에 반대했다). 이러한 방식으로 "사라지는 매개자들"은 부지불식간에 그들 자신의 종국적 파멸을 위한 세력을 풀어놓았다. 일단 그들이 할 일을 하자, 그들은 "역사에 의해 폐퇴되었다"(신포럼은 선거에서 3퍼센트를 득표했다). 그리고는, 공산주의 억압의 시기에 대부분 침묵했지만 이제는 신포럼을 "비밀 공산당원"이라고 비난하는 권력을 잡은 사람들과 더불어 새로운 "불한당 시대"가 들어선다.

이러한 사례들에서 이끌어낼 일반적인 이론적 교훈은 이데올로기라는 개념이 "재현주의적" 문제틀에서 풀려나야 한다는 것이다. 이데올로기는 "환영"과는 아무런 상관도 없다. 즉 그 사회적 내용에 대한 잘못된 왜곡된 재현과는 아무런 상관도 없다. 요컨대, 어떤 정치적 견지는 그 객관적 내용과 관련해서 아주 정확한("참된") 것이면서도 철저하게 이데올로기적일 수 있다. 그리고 그 역도 참이다. 즉 정치적 견지가 그 사회적 내용과 관련해 제공하는 관념은 전적으로 잘못된 것이면서도 그와 관련해 "이데올로기적인" 것이 아무것도 없을 수 있다. "사실적 진리"와 관련하여 신포럼의 입장은—공산주의 체제의 붕괴를 자본주의의 제약들 너머에 도달할 어떤 새로운 형태의 사회적 공간을 창안할 길을 열어놓은 것으로서 받아들였던바—분명 환영적이었다. 신포럼에 반대하여 서독으로의 가장 신속한 합병에, 즉 자신들의 나라가 세계 자본주의 체계로 포함된다는 것에 모든 것을 내기에 건 세력들이 있었다. 그들에게 신포럼 주변의 사람들은 한 무리의 영웅적 몽상가들에 지나지 않았다. 이러한 입장은 정확한 것으로 판명되었다. 하지만 그것은 그럼에도 불구하고 철저하게 이데올로기적이었다. 왜인가? 서독 모델에 대한 순응주의적 채택은 후기 자본주의 "사회국가"의 문제없는 비적대적 작동에 대한 이데올로기적 믿음을 함축하고 있었던 반면에 첫째 입장은 그 사실적 내용("언표된 것")에서 환영적이긴 했지만 그 "추문적"이고 터무니없는 언표행위 자리를 통해서 후기 자본주의에 속한 적대에 대한 자각을 보여주었다. 이는 진리는 허구의 구조를 가지고 있다는 라캉의 테제를 파악할 수 있는 방법 가운데 하나다. "현실 사회주의"에서 자본주의로의 저 몇 개월 동안의 혼돈스러운 이행기에 "제3의 길"의 허구는 사회적 적대가 말소되지 않은 유일한 지점이었다. "후근대적" 이데올로기 비판의 과제 가운데 하나가 여기 있다. 즉 기존의 사회질서 내에서—"허구"라는, 즉 가능하지만 실패한 대안적 역사들의 "유토피아적" 내러티브들이라는 형태로—체계의 적대적 성격을 가리키고 그리하여 그것의 확립된 동일성의 자명성으로부터 우리를 "소원화"시키는 요소들을 지칭하기.

"큰타자"의 붕괴

그렇다면 이 "사라지는 매개자"와 민족주의의 발흥 사이의 연결고리를 형성하는 것은 무엇인가? 민주주의적 공산주의자들과 새로운 사회운동들 일반은 "사라지는 매개자"의 계기를, 새로운 질서가 자기동일성을 확립하기 위해서는 사라져야만 하고 비가시적이 되어야만 하는 어떤 것의 계기를 나타낸다. 시초에 과정을 격발시킨 작인은 그 과정의 주요 장애물로 지각되게 되어야만 한다. 혹은 동화에 대한 프롭의 구조적 분석[35]의 용어들을 사용해 보자면, 기증자는 악인으로 보여야 한다. 예컨대 제인 오스틴의 『오만과 편견』에 나오는 캐서린 드 버그 부인처럼 말이다. 그녀는 다아시와 엘리자베스의 결혼에 대한 사악한 장애물의 모습을 하면서 사실상 운명의 손을 교묘하게 이끌며 그리하여 행복한 결말을 가능하게 한다. 다른 한편으로 실체적 지탱물로서의 "민족"은 새로운 지배 이데올로기가 "사라지는 매개자"를 보지 않기 위해

35) Vladmir Propp, *Theory and History of Folklore* (Minneapolis: University of Minnesota Press, 1984) 참조.

서, 그것을 간과하기 위해서 보는 그 무엇이다. "민족"은 사라지는 매개자의 공백을 메우는 환상이다. 따라서 역사주의적 덫을 피하고자 한다면 반진화론적 창조론의 유물론적 교훈을 배워야만 한다. 창조론은 성서의 축어적 의미(성서에 따르면 우주는 대략 5000년 전에 창조되었다)와 우주의 더욱 거대한 나이에 대한 논박할 수 없는 증거들(백만 년 된 화석들 등등) 사이의 모순을 성서에 대한 통상적인 알레고리적 독해("아담과 이브는 사실 최초의 쌍이 아니며, 인류의 초기 단계에 대한 은유이다……")에 탐닉함으로써 해결하는 것이 아니라 성서의 축어적 진리를 고수함으로써 해결한다. 즉 우주는 최근에, 단지 5000년 전에 창조되었다. 하지만 과거의 붙박이 허위 흔적들과 더불어 창조되었다(신이 화석들을 직접 창조했다).[36] 과거는 언제나 엄밀히 "공시적"이다. 과거는 공시적 우주가 자신의 적대를 사유하는 방식이다. "사회주의 건설"의 어려움을 설명하는 데 "과거의 잔재들"이 맡고 있는 악명 높은 역할을 상기해보는 것으로 족하다. 이러한 의미에서 인종적 뿌리에 관한 이야기는 애초부터 "기원들의 신화"이다. 지배 이데올로기가 자신의 현재의 적대를 흐려놓기 위해서 사후적으로 창조한 일종의 이데올로기적 화석이 아니라면 "민족 유산"이란 무엇이겠는가?

다시 말해서, 민족주의로의 이와 같은 반전의 충격적인 신속함 때문에 외상적 방향상실을 겪으면서 놀라는 대신에, 일종의 헤겔적 반전을 성취하여 이러한 충격을 "사물 자체"로 전환하는, 즉

---

36) Stephen Jay Gould, "Adam's Navel", in *The Flamingo's Smile* (Harmondsworth: Penguin Books, 1985) 참조.

이 외상적 방향상실을 문제라기보다는 오히려 해결의 열쇠로 보는 것이 더 적합할 것이리라. 민족주의에 대한 호소는, "현실 사회주의"의 붕괴가 초래한 외상적 방향상실로부터, 발밑에서 근거를 상실하는 것으로부터 우리를 보호하기 위해 출현한 것이다. 다시 말해서, 사회주의의 붕괴는—"현실 사회주의"를 어떤 본래적인 민족적 삶-힘을 억눌렀던 외적으로 부과된 체계로서 파악할 때 통상 그러는 것처럼—과소평가되지 말아야 한다. 물론 "현실 사회주의"는 궁극적으로 "순수 외양"의 사회였다. 체계는 아무도 "그것을 믿지 않는" 방식으로 작동했다. 하지만 바로 여기서 그것의 진정한 수수께끼가 출현한다. 이 외양은 헤겔이 "본질적 외양"이라고 불렀던 그 무엇이었다. 오늘날 여기서 우리는 라캉적 큰타자의 윤곽을 손쉽게 인지할 수 있다. 동유럽에서 붕괴한 것은 큰타자(*le grand Autre*), 사회적 협약의 궁극적 보증자였다.[37] 충분한 정보만 있다면 큰타자의 이 붕괴는 시공간의 어떤 정확한 지점으로 집어낼 수 있을 것이다. 리스자드 카푸친스키는 1979년 이란 혁명과 관련하여 모범적인 방식으로 이를 해냈다. 국왕 체제의 "종말의 시작"은 테헤란의 어느 교차로에서 발생했다. 어떤 평범한 시민이 물러나라는 경찰관의 명령에 따르기를 거부한 것이다. 그 소식은 불길처럼 번졌으며, 갑자기 사람들은 "큰타자를 믿기를" 멈추었다. 물론 이것은 사후적 재구성이다. 문제의 그 사건을 단순히 종말의 시작"이다"라고 말할 수는 없다. 오히려 그것은 이후의 사건들의 견지에서 그것"이었을 것일will have been" 어떤 것이다.

---

37) Žižek, *Enjoy Your Symptom!*[『당신의 징후를 즐겨라』] 2장 참조.

하지만 그럼에도 불구하고 그것은 눈사태를 일으키는 작은 눈뭉치인 것이다.

이제 가장 중요한 순간은, 나라와 국왕과 혁명의 운명을 결정하게 될 순간은 다음의 순간이다. 한 경찰관이 그의 자리에서 군중 가장자리에 있는 한 남자에게 걸어가 목소리를 높여서 집으로 돌아가라고 명령한다. 그 경찰관과 군중 가장자리에 있는 그 남자는 평범한 익명의 인물들이다. 하지만 그들의 만남은 역사적 의의를 지니고 있다. 그들은 둘 다 어른이며, 둘 다 어떤 사건들을 겪었으며, 둘 다 각자의 개인적 경험을 했다. 경찰관의 경험: 만일 내가 누군가에게 소리를 치고 곤봉을 추켜올리면, 그는 우선 공포로 꼼짝 못하게 될 것이고 그러고 나서 줄행랑을 칠 것이다. 군중 가장자리에 있던 남자의 경험: 다가오는 경찰관을 보고 나는 두려움에 사로잡히고 달아나기 시작한다. 이 경험들을 토대로 해서 우리는 시나리오를 꾸며볼 수 있다: 경찰관이 소리친다, 남자가 도망간다, 다른 사람들이 도망간다, 광장은 텅 비게 된다. 하지만 이번에는 모든 것이 다르게 돌아간다. 경찰관이 소리를 치지만 남자는 도망가지 않는다. 그는 경찰관을 쳐다보면서 그냥 거기 서있다. 아직 두려운 기색이 없지 않은 조심스러운 표정이지만 동시에 거칠고 무례한 표정이다. 일은 바로 그렇게 된 것이다! 군중 가장자리에 있는 남자는 제복 입은 권위를 무례하게 쳐다보고 있다. 그는 꼼짝도 하지 않는다. 그는 주위를 돌아보고 다른 사람들의 얼굴에서도 같은 표정을 본다. 그의 얼굴처럼 그들의 얼굴도 아직 약간 두려운 기색이 있고 조심스럽지만 이미 확고하고 가차 없는 표정이다. 경찰관이 계속

소리를 지르지만 아무도 도망가지 않는다. 침묵의 순간이 있다. 우리는 그 경찰관과 군중 가장자리의 남자가 무슨 일이 일어났는지를 이미 깨닫고 있는지 알지 못한다. 남자는 두려움을 멈추었다. 그리고 바로 이것이 혁명의 시작이다. 여기서 혁명은 시작된다. 지금까지 그들의 관계는 감정이 실린 관계였으며, 공격과 멸시와 분노와 공포가 뒤섞인 관계였다. 하지만 이제 두려움이 물러난 지금, 이 도착적이고 증오어린 결합은 갑자기 깨져버렸다. 무언가가 소멸되었다. 그 두 남자는 이제 무관심하게, 서로에게 쓸모없게 되었다. 그들은 각자 나름대로의 길을 갈 수 있다. 따라서 경찰관은 돌아서서 그의 자리로 무거운 발걸음을 옮기며, 군중의 가장자리에 있던 남자는 사라지는 그의 적을 쳐다보면서 그곳에 서 있다.[38]

그렇지만 이 가공할 묘사에서 바로잡아야 할, 혹은 그보다는 보충되어야 할 한 가지 점이 있다. 카푸친스키는 두려움이라는 개념을 너무 소박하게, 직접적으로 사용하고 있다. 우리 평범한 시민들과 경찰관 사이에 개입하는 "제3의 인물"은 곧바로 두려움인 것이 아니라 큰타자이다. 우리가 경찰관을 두려워하는 것은 그가 단지 그 자신, 우리 같은 사람이 아닌 한에서다. 그의 행위는 권력의 행위이니까 말이다. 다시 말해서 그가 큰타자의, 사회적 질서의 대리인으로 경험되는 한에서 우리는 그를 두려워하는 것이다. 이러한 분석을 밀고 나아가서 동유럽 구 공산주의 나라들 각각의 최근 역사에서 큰타자가 존재하기를 멈추는, "외양이 깨지

38) Ryszard Kapuscinski, *The Shah of Shahs* (London: Picador, 1986), pp. 109-110.

는" 순간의 정확한 좌표를 확인하는 것도 매우 흥미로울 것이다. 때때로 이러한 순간은 단지 몇 초 동안에 불과한 말 그대로의 순간이었다. 예컨대 루마니아에서 티미쇼아라에서 있었던 시위 이후에, 차우셰스쿠가 아직 대중적 지지를 받고 있음을 증명하기 위해 부쿠레슈티에 소집한 대중 집회에서 군중은 차우셰스쿠를 향해 야유를 보내기 시작했으며, 그러자 그는 손을 올리고는 무능한 부성적 사랑을 희비극적으로 당혹스러워하면서 보여주었다. 마치 그들 모두를 감싸 안으려고 하는 듯 말이다. 이 순간은 반대자들—우리 "보통" 사람들은, 물론 "권력을 믿지는" 않았지만, 그래도 여하간 같이 하기가 당혹스러웠던 천민, 무법자들—이 기적적으로 감탄과 동일화의 대상으로 변하는 역전을 가리킨다. 이 모든 큰타자의 붕괴의 순간들에 공통된 특징은 전적인 예측불가능성에 있다. 실제로 위대한 그 어떤 일도 발생하지 않았지만, 별안간 주문이 깨졌으며, "그 무엇도 전과 같지 않았으며", 조금 전까지만 해도 (권력에 대한 복종을) 찬성하는 이유로서 지각되었던 것들이 이제 반대하는 이유로 기능한다. 조금 전까지만 해도 두려움과 존경의 복합적 감정을 우리에게 불러일으켰던 것이 이제는 우스꽝스러운 속임수와 잔인하고 불법적인 힘의 행사라는 아주 상이한 복합물로서 경험된다. 따라서 이러한 변동이 순수하게 상징적인 성격의 변동이라는 것은 분명하다. 그것은 사회 현실에서의 변화를 지칭하지도 않으며(거기서, 권력 균형은 정확히 동일하게 남아 있다), 또한 "심리학적" 변화를 지칭하지도 않으며, 오히려 사회적 결속을 구성하는 상징적 직조물에서의 변동을 가리킨다.39)

드 라 보에티가 『자발적 복종』[40]이라는 논고에서 이미 주목한 역설을 설명할 수 있게 해주는 것은 바로 큰타자의 존재에 대한 이러한 믿음이다. 사람들이 자신들의 자유를 포기할 준비가 되어 있는 이유는 죽음에 대한 두려움이나 탐욕이나 물질적 재화에 대한 욕심 같은 "정념적" 동기들에서 찾을 수 없다. 왜냐하면—그들의 광적인 열의가 온전히 각성된다면—그들은 그들이 복종하는 독재자를 위해 목숨을 포함해서 모든 것을 희생할 준비가 되어 있기 때문이다. 그렇다면, 내가 독재자를 위해—적어도 어떤 조건 하에서—모든 것을 잃을 준비가 되어 있을 때, 왜 나는 독재자에 반대하는 싸움에서 나의 생명을 거는 것이 그토록 힘든 것인가? 그 두 희생의 차이는 정확히 무엇인가? 여기서 우리는 강박신경증을 특징짓는 악순환—X를 피하기 위해서라면, X(이 경우는 자기희생)를 포함해서 모든 것을 할 준비가 되어 있다—에 처해 있는

39) 이 순간의 전적인 예측불가능성과 관련하여—5년 전만 해도 공산주의의 급박한 붕괴를 예측할 경우 일반적으로 몽상가로 취급되었을 것이라는 사실을 제쳐놓더라도—다음과 같은 것을 상기해보는 것으로 족할 것이다. 즉 존 해킷은 1978년의 베스트셀러 『제3차 세계대전』에서, 즉 이란 혁명 바로 1년 전에, 상상의 시나리오를 통해 반서구 아랍 세계에서 서구의 이익을 위한 거점 역할을 이란에 부여했던 것이다. 지정학적 분석들은, 일반적으로, 헤겔이 "정신의 무언의 엮어내기"라고 불렀던 것—즉 공동체의 스펙터클한 공적 붕괴에 선행하면서 이를 위한 길을 닦는, 공동체의 정신적 실체의 저변에서의 해체—을 보지 못한다. 어떤 면에서 우리는 결정적인 일은 "무언가가 발생하기" 전에 일어난다고, 그 전에 두더지가 자기 일을 한다고 말할 수 있으며, 바로 그렇기 때문에 사회적 건축물의 붕괴는 통상 강력한 상대를 정복한 것으로 지각되지 않는 것이다. 일종의 내파 속에서 기존 질서는 여하간 간단히 붕괴되며, 마법처럼 자신의 응집성을 상실한다. 이러한 "시대의 징후"에 가장 눈멀어 있었던 자들이 바로 역사적 진보라는 이름으로 말한다고 자처했던 저 공산주의자들이었다는 사실은 조금도 역사의 아이러니가 아니다. 그들은, 하찮고 사소한 반란으로 인해 게임이 끝났음을 신호하는 조종 소리를 오인한 채, 이란에서는 왕을, 필리핀에서 마르코스를 끝까지 지지했다. ["정신의 무언의 엮어내기"에 대한 좀더 상세한 설명은 지젝, 『그들은 자기가 하는 일을 알지 못하나이다』 제2장 참조.]

40) Etienne De La Boétie, *Slaves by Choice* (New York: Runnymede Books, 1988) 참조.

것이 아닌가?[41] 독재자를 위해서 나 자신을 희생할 때 나는 큰타자 안에서 나의 자리를 유지하는 반면에, 독재자에 대항해서 생명을 무릅쓰는 것은 큰타자 속에서의 나의 지탱물의 상실을, 즉 공동체로부터, 독재자의 이름으로 축약되는 사회적 질서로부터 배제됨을 함축한다. 테헤란의 평범한 남자가 독재자에게 공공연히 반대할 용기를 발견한 것은 오로지 독재자 자신이 큰타자 속에서의 자신의 지탱물을 이미 상실해서 난폭한 사기꾼으로서 지각되었을 때였다. 따라서 자발적으로 예속에 은신하면서 내가 회피하고 있는 것은 큰타자의 궁극적 무능과 사기에 대한 외상적 대면이다.

동일한 역설이 "제3종의 조우"에 의해, 즉 외계의 지적 존재와의 조우에 의해 각성되는 매혹과 두려움의 혼합을 설명한다. 이른바 "UFO 음모 이론가들"에 따르면, 권력은 우주 침략자들에 대한 정보를 숨기고 있다. 그들이 추정하기를, 나사는 외계인의 지구 방문에 관한 논박할 수 없는 자료들을 소유하고 있을 뿐 아니라 그 잔여물(사체, 외계 우주선의 일부……) 증거를 가지고 있다. 하지만 나사는 이러한 것들에 대해 아는 바가 없다고 고집스럽게 부인한다. 왜? "에일리언"에 대한 두려움의 궁극적 근거는 그들이 으레 그 어떤 방어도 소용이 없는 힘으로서 간주된다는 데 있다. 그렇지만 여기서 우리는 좀더 정확해야 한다. "에일리언"과 맞서 무력한 자들은 우리가 아니라 권력에 있는 자들이다. "에일리언"과의 조우는 주인의 궁극적 사기를 폭로하게 될 것이다. 그것은

41) 여기서 우리가 발견하는 것은 다시금 뫼비우스 띠의 구조이다. 우리는 강박적으로 X를 회피하지만, 그러는 동안 우리는 우리의 삶 전체를 X의 회피로서 조직하며, 바로 이러한 회피는 어느 지점에서 우리로 하여금 우리가 회피하고 있었던 바로 그 X를 감싸안지 않을 수 없게 만든다.

권력의 전능에 대한 우리의 (무의식적) 믿음을 약화시킬 것이다. "왕좌가 비어 있다"(큰타자는 존재하지 않는다)는 이러한 경험은 공황을 격발하게 되어 있는데, 바로 그렇기 때문에 권력 낭국이 "제3종의 조우"를 결코 인정하지 않는 이유라고 통상 이야기되는 것은 그들이 "공황을 방지하기"를 원한다는 것이다. 정확히 "에일리언들"이 큰타자의 사기와 무능을 폭로하는 위협을 가하는 한에서, 그것들은 라캉적인 *Che vuoi?*의, "당신은 나에게서 무엇을 원하지?"의, 즉 **타자**의 욕망의 수수께끼와 침투불가능성의 가장 분명한 체현물을 제공한다. 에일리언들이 그토록 섬뜩한 것은 우리가 그것들의 목적에 대해서, 그것들이 우리 안에서 보는 것에 대해서, 그것들이 우리에게 원하는 것에 대해서 결코 확신할 수 없기 때문이다. "에일리언"에 대한 두려움의 궁극적 뿌리는 그것들의 물리적 위협이 아니라 그것들의 동기와 의도인 것인데, 이는 우리에게 전적으로 침투불가능한 미지의 것으로 남는다.

오늘날의 "계몽된" 세계에서, 권력의 전능함에 대한 그와 같은 믿음은, 완전히 우스꽝스러운 것이 아니라면, 시대에 뒤떨어진 것처럼 보인다. 그렇지만 권력은, 기능하고 있을 때, 바로 이러한 분열에 의지하고 있는 것이다. 권력의 무능에 대한 우리의 의식적인 앎, 그것에 대한 반어법적인 거리두기와 그것의 전능함에 대한 우리의 무의식적인 믿음 사이의 분열에 말이다. 즉 그것은 우리가 권력의 전능함에 대한 우리 자신의 무의식적 믿음을 믿지 않는다는 사실에 의지한다. 프로이트의 가장 유명한 분석자였던 "늑대인간" 자신이 이러한 덫으로 걸어 들어갔다. 1951년 여름, 오스트리아가 아직 연합군에 점령되어 있었을 때, 빈 근교에 있는 반쯤은 방치된 건물에 그림을 그리다가 그는 간첩 혐의로 러시아 병사에게 체포되었다(그 건물은 군 주둔지였다). 러시아군은 그를 심문했고, 철저하게 수색을 했고, (그의 성姓이 러시아 성이었으므로) 민족 반역자로 고발했다. 마침내 그들은 그를 보내주었지만, 21일 후에 다시 오라고 명령했다. 이 기간 내내 늑대인간은 죄책감과 학대받는 망상으로 시달렸다. 하지만 3주 후에 그가 러시아군 주둔지에 출두했을 때, 전에 그를 심문했던 담당 장교는 거기에 있지도 않았다. 그에 대해서 아무것도 모르는 다른 장교가 그 일을 맡았다. 그는 늑대인간의 그림에 관심을 보이기까지 했다. 그들은 얼마 동안 미술에 대해서 화기애애하게 담소를 나누었다. 그리고 그 러시아 장교는 그를 보내주었다.[42] 이 근본적인 동요—하나의 극단이 또 다른 극단으로 이처럼 이행하는 것, 즉 권력이 "비합리적" 잔인성을 드러내고 우리를 극단으로까지 몰고 간 이후에 별안간 "장단을 바꿔서" 우호적인 얼굴을 보여주고 우리의 공포를 의아해 하면서 우리를 편안하게 느끼게 해주려고 노력하는 것—는 권력에 의한 조작의 기본적인 초자아-매트릭스를 제공한다. 군복무를 해본 사람이라면 이러한 불가능한 선택의 논리를 완벽하게 알고 있다. 고참의 명령을 즉각 따르지 않을 때 당신은 그의 격노와 위협에 직면하지 않을 수 없게 된다. 하지만 요구된 명령을 정말로 이행하면 그는 너무 열심인 당신의 태도를, 즉 편안한 마음가짐으로 적당하게 거리를 두는 것이 좋을 곳에서 일을 진지하게 받아들이는 당신의 태도를 비웃는다.

42) Muriel Gardiner, *The Wolf-Man and Sigmund Freud* (Harmondsworth: Penguin, 1973), pp. 350-351 참조.

이 불가능한 선택의 역설은 수행문을 권력 메커니즘과, 권력 관계를 확립하는 메커니즘과 동일화하고 따라서 수행문의 반어적 자기파괴적 모방 전략을 지지하는 저 이론가들의 불충분성을 가리키고 있다. 불가능한 선택의 논리는 바로 "화용론적 역설"의 논리, 자기모순적인 수행문의 논리이다. 적절하게 기능하기 위해서 권력 담화는 내속적으로 분열되어 있어야만 하며, 수행적으로 "속여야" 하며, 그 자체의 기저에 있는 수행적 제스처를 부인해야 한다. 따라서 이따금씩 권력 담화와 대결할 때 진정으로 전복적인 유일한 행위는 단지 **그것을 말 그대로 받아들이는** 것이다.

다가오는 생태 위기의 여태까지 과소평가된 결정적인 이데올로기적 충격은 바로 "큰타자의 몰락"을 우리의 일상 경험의 일부로 만드는 데 있을 것이며, 권력의 "큰타자"에 대한 이 무의식적 믿음을 와해시키는 데 있을 것이다. 이미 체르노빌의 재앙은 "국가적 주권" 같은 개념들을 우스꽝스러운 폐물로 만들어버렸으며, 권력의 궁극적 무능력을 폭로했다. 물론 이에 대한 우리의 "자발적인" 이데올로기적 반응은 "큰타자"에 대한 전근대적 신뢰의 모조 형태들("뉴에이지 의식意識", 즉 자연의 균형잡힌 순환 등등)에 호소하는 것이다. 그렇지만 어쩌면 우리의 물리적 생존 그 자체가 "**타자**의 비존재"를 완전하게 떠맡는 행위, **부정적인 것과 함께 머물기**의 행위를 성취할 수 있는 우리의 능력에 달려 있을지도 모른다.

옮긴이 후기

라캉의 지연된 도래라고 불러야 할 것이 있다면, 동일한 방식으로 헤겔의 지연된 도래라고 불러야 할 것이 있다. 라캉의 지연된 도래란 단순히 라캉의 세미나와 저술이 (물론, 읽을 수 있는) 한국어로 번역되지 않았다는 사실만을 가리키지 않는다. 역설적이지만 그것은 또한 그 도래의 지연 그 자체를, 그것에 의해 "초래된" 어떤 공간을, 바로 그 "지연의 공간"을 가리키며, 오늘날 바로 그것이 어찌해 볼 수 없는 우리의 작업과 사유의 공간을 구성한다. 그곳에서 우리는 우리가 결코 원한 적이 없는 어떤 삶(과 죽음)의 긴장 속에 있다.

과거에 한국에서 헤겔이 유행한 적이 있었지만, 그러한 유행은 물론 오늘날 가용한 학문적/지성적 전통을 거의 남겨놓지 않았거나 간신히 남겨놓았다. 어떤 강력한 반헤겔주의로 인해, 들뢰즈라는 이름이 낙인찍힌 반헤겔주의로 인해 사라졌다는 것이 진상(의 전부)인가? 오늘날 우리는 한때 존재했던 그 무엇을 상실한 것인가? 나는 그렇지 않다는 데 내기를 걸 것이다. 김소영의 지적처럼

"이른바 속류 마르크스주의자들은 마르크스나 엥겔스가 헤겔의 관념성이나 체계성을 비판하면서 지니고 있었던 본래의 문제의식까지도 변질, 왜곡하여 훨씬 더 경직되고 협소한 시각으로 헤겔을 철저히 난도질하여 어떻게든 단물만 빼내고자 했다."[1] 오늘날 헤겔주의는 여전히 어떤 폐허를 가리킨다. 그리고 라캉과 헤겔의 지연의 공간에서 오늘날 우리가 맨 먼저 만나는 것은 "슬라보예 지젝"이라는 이름이다.

들뢰즈의 반헤겔주의와 들뢰즈의 스피노자주의는 어떤 착시현상의 원인이다. 즉 스피노자가 헤겔의 문제를 해결하고 있다는 착시현상. 이는 1960년대 이후 형성된 유럽에서의 좀더 광범위한 착시현상의 일부일지도 모르다. 지젝의 지적처럼 탁월한 스피노자 해설가인 마슈레는 스피노자가 이미 헤겔을 읽었고 그의 비난에 미리 답했다는 인상을 피할 수 없다는 주장을 하기도 했던 것이다. 이로써 우리는 헤겔이 스피노자적 문제와 씨름했다는 사실을 간과하게 된다. 스피노자적 사상의 고유한 존재 양태는 "문제제기적"이다. 이와 관련하여 발리바르는 「대중들의 공포」에서 스피노자 본연의 문제제기성을 드러냈다.

하지만 왜 스피노자는 들뢰즈를 통해 한 번 더 반복되어야만 했는가? 물론 우리는 아직 존재론적으로 모든 것이 "평평해지지" 않았기 때문이라고, 모든 것이 아직은 "자연적"이 되지 않았기 때문이라고, 권위와 깊이가 아직 완전히 사라지지 않았기 때문이라고 말할 수 있을 것이다. 68년을 통한 권위의 "완전한" 청산작업

---

1) 헤겔, 『논리학 서론 · 철학백과 사론』, 김소영 옮김, 책세상, 2002, 7쪽.

은 왜 스피노자가 들뢰즈를 통해 한 번 더 반복되어야 했는가를 설명한다. 하지만 바로 그렇기 때문에 헤겔 역시 한 번 더 반복되어야 했다고 말할 수 있지 않겠는가?

오늘날 스피노자주의는 이미 도래한 그 무엇이다. 이 책에서 지젝은 이점을 매우 요령 있게 다음과 같이 요약한다: "이성적 진리에 접근하는 정신은 신의 언명을 금지로서가 아니라 사물들의 상태에 대한 통찰로서 이해한다. 이 사과는 건강에 해로운 성질을 가지고 있으며, 그렇기 때문에 그것을 먹는 것은 권장할 만하지 않다. 따라서 신의 메시지에 대한 스피노자적 독해의 현대적 판본은 다음과 같을 것이다. '경고! 이 사과는, 나무에 농약이 살포되었으므로, 당신의 건강에 해로울 수 있다.'" 스피노자와 더불어 우리가 얻는 것은 라캉적 용어로 주인기표 없는 상징계이다. 이러한 상징계에서 "소통은 주체들 사이에서가 아니라 곧바로 정서들 사이에서 발생한다."

게다가 지젝의 지적처럼 들뢰즈와 가타리의 책을 읽고 있는 여피족의 얼굴에는 "그 어떤 곤혹스러운 표정도 없고 단지 열정만이 있"을 수도 있다.2) 이는 물론 글쓰기의 차원에서 변증법을 제거한 결과가 성공적이었음을 증언하는 것이다. 나는 예컨대 『천 개의 고원』을 어렵지 않게 열정적으로 읽어냈다고 말하는 사람보다는 어렵지만 읽어내는 데 성공했다는 사람을 의심할 것이다. 하지만 우리는 변증법의 제거와 주인기표의 제거를 동일한 것으로 볼 수 없다. 오늘날 우리는 주인기표 없는 상징계—혹은, 오늘날의

---

2) 지젝, 『신체 없는 기관』, 도서출판b, 2006, 346쪽.

주인기표는 앎의 기저에 놓인 "즐겨라!"라는 초자아적 명령의 바로 그 주인을 가리키므로, 오히려 모든 곳에서 주인기표가 발견되는 상징계—가 야기하는 일체의 문제들을 떠맡을 주체성의 근본적 심급을 탐구해야 하며, 바로 이것이 우리가 헤겔(과 그의 변증법)을 반복해야 하는 이유이다.

오늘날 정말로 어려운 것은 헤겔적 전통으로부터 단절하는 것이 아니라, 그러한 전통을 여하간 새롭게 시작하는 것이다. 스피노자가 자신의 『윤리학』을 "기하학적으로" 배치한 데는 물론 이유가 있을 것이다. 우리는 기하학적 순서를 따른 기술에서 그 어떤 변증법적 사유도 배제될 것이라고 말할 수 있을 것이다. 말하자면 그것은 새로운 공간적 구성을 기술하는(혹은 차라리 "묘사"하는) 문제다. 정말로 어려운 것은 이제 그렇게 기술이 완성된 새로운 존재론 속에서, 혹은 후기 자본주의라는 오늘날의 바로 그 조건 속에서 사유를 처음으로 시작하는 일이다. 지젝은 『신체 없는 기관』에서 "진정한 철학은 오로지 칸트와 더불어 시작된다"(95쪽)라고 쓰고 있는데, 아마도 이 진술이 배제하는/겨냥하는 것은 스피노자일 것이다. 어쩌면 우리는 독일관념론 일체를 스피노자적 존재론으로부터 주체성의 사유를 다시 새롭게 시작하려는 노력으로 볼 수 있을 것이다.

이와 관련하여 지젝은 무엇보다도 우선 헤겔을 다시 "읽기" 시작한다. 그는 핵심적인 매 구절들에서 헤겔에 대한 통념적 해석을 반박한다. 오로지 진정한 독서를 통해서 말이다. 그는 주석가가 해야 할 가장 사소한 문제들을 저버리지 않는다. 자의적 독서들이 판을 치고 있는 오늘날 이는 결코 폄하될 수 없는 덕목이다.

한 저명한 철학교수는 궁극적으로 매우 유창하게 어떤 난해한 철학자 X를 다루는 글을 쓸 수 있었음에도 불구하고 정작 그 철학자의 한 구절 한 구절을 읽는 작업에서는 언제나 난색을 표명한다. 따라서, 글쓰기의 그 기적적 도약은 도대체 어떻게 가능한 것일까? 이 학문적 회의에서 끝까지 가보자. "정말로 그들은 읽고 있을까?" 오늘날 너무나도 빤한 사실이 하나 있다면 그것은 라캉과 헤겔을 비판하는 사람들 가운데 라캉과 헤겔을 읽은 사람은 거의 존재하지 않는다는 사실일 것이다. "정말로 그들은 읽었을까?" 왜냐하면 그들의 그 오도된 비난들은 그들이 읽지 않았다는 것을 가정하지 않고서는 설명될 수 없기 때문이다. 또한 근래에 유행하는 번역에 대한 조사와 비판들은 오늘날 한국 사회에서의 학문과 지성의 밑바닥이 무엇인지를 잘 보여준다. 여기서도 질문은 동일하다. "그들은 그것을 읽었을까?" 세미나 시간에 그들이 의견을 개진한다는 것은 틀림없는 사실이다. 하지만 세미나에 오기 전에 그들은 그것을 정말로 읽었을까? 그것은 한두 마디가 오가면 묻지 않아도 금방 확인되는 어떤 것이다.

지젝은 어디에서 헤겔을 읽고 있는가? 지젝은 우선 『이데올로기의 숭고한 대상』의 제3부에서, "주체"라는 제목이 붙은 제3부에서 헤겔을 읽고 있다. 그 부는 온전히 주체의 문제에 바쳐진 부이다. 또한 지젝은 『이데올로기의 숭고한 대상』을 자기비판하면서 출간한 『그들은 자기가 하는 일을 알지 못하나이다』에서 시종일관 헤겔을 다시 읽고 있다. 지젝은 또한 『까다로운 주체』의 제1부에서 헤겔을 읽는다. 1부의 2장의 제목은 "헤겔의 까다로운 주체" 인데, 이로써 우리는 지젝이 주체의 문제를 근본적으로 다룰 때면 언제나 헤겔과 함께 그렇게 한다는 것을 알 수 있다. 『신체 없는 기관』에서 지젝은 스피노자를 다루기 시작하면서 헤겔을 끌어들인다. 그리고 곧바로 그는 들뢰즈를 헤겔과 더불어 읽기 시작한다. 끝으로 지젝은 『부정적인 것과 함께 머물기』 전반부에서 주체를 다루면서 헤겔을 읽고 있으며, 특히 제4장에서는 헤겔의 논리학을 상세하게 독서한다. 이 제4장에서 우리는 헤겔 변증법에 대한 탁월한 해설과 조우한다.

따라서 우리는 지젝이 헤겔을 다루는 세 가지 접근법을 식별해낼 수 있다. 첫째, 그는 헤겔의 변증법을 직접 다룸으로써 헤겔적 언어("논리학")를 갱신시킨다. 둘째, 그는 주체를 가장 근본적으로 다루는 지점에서 헤겔을 끌어들인다. 셋째, 그는 스피노자/들뢰즈를 헤겔과 함께 읽음으로써, 헤겔이 대결하고 있는 존재론을 해명한다. 이로써 우리는 지젝이 헤겔을 다루는 방식에서의 삼항조인 논리학, 주체론, 존재론을 식별해낼 수 있다. 라캉적 지평에서 우리는 이 삼항조를 다시금 욕망, 주체, 충동으로서 읽어낼 수 있을 것이다.

헤겔의 논리학을 다루면서 지젝은 헤겔의 논리학이 닫힌 체계가 아니라는 것을 강조한다. 물론 이러한 제스처는 욕망의 구조가 "구조주의적"이지만은 않다는 것을 강조하는 라캉의 제스처와 유사한 것이다. 욕망의 논리만이, 기표의 논리만이 해명되는 곳에서 충동의 작용을 직접적으로 식별해내는 것은 손쉬운 일이 아니지만, 그럼에도 불구하고 우리는 충동의 실재를 염두에 두지 않으면서 욕망의 작용을 온전히 이해할 수는 없다. 이와 관련하여 우리는 또한 헤겔이—어쩌면 칸트가 흄적인 문제를 염두에 두고 있었던 것과 동일한 방식으로—본연의 스피노자적 문제를 염두에 두고 있다는 사실을 다시 확인해두어야 한다.

지젝에게 헤겔은 양날의 칼과도 같다. 헤겔과 더불어 지젝은 알튀세르가 충분히 멀리까지 나아가지 않았다고 비판한다. 또한 헤겔과 더불어 지젝은 들뢰즈가 너무 성급했다고 비판한다. 이러한 비판은 근거가 없는 것이 아니다. 실로 알튀세르를 읽다보면 알튀세르가 엄밀한 라캉적 의미에서의 "주체"와 "향유" 개념을 사유했는가에 대해서 부정적으로 답할 수밖에 없다. 알튀세르는 분명 주체성의 문제를 그곳까지 가지고 가지 않았다. 또한 들뢰즈를 읽다보면 그가 충동의 문제에 너무 빨리 접근했으며, 그러는 동안 주체 본연의 차원(즉, 분열된 주체)을 놓쳤다는 느낌을 받지 않을 수 없다. 그렇다면 또한 오늘날 알튀세르주의자들과 들뢰즈주의자들이 스피노자를 공유하는 것도 놀랄 일은 아니다. 스피노자를 읽고 있으면 주체에 대해서 이야기하지 않아도 좋을 것만 같은 이상한 안도감이 든다(독자들은 스피노자가 「지성개선론」에서 욕망과 최고선의 문제를 얼마나 소박하게 다루면서 이야기를 시작하는가를 상기해도 좋을 것이다). 이렇게 이야기하고도 싶다. 즉 스피노자적 장 안에서 주체의 문제는 끝없이 지연된다고—혹은, 한 번만 더 노력하면 잡힐 것만 같다고—말이다. 더 나아가, 후기자본주의 그 자체가 탁월하게 스피노자적이라는 것을 염두에 둔다면, 이러한 안도감이 실로 후기자본주의 하에서 오늘날의 주체들이 느끼는 묘한 안도감을 닮아 있다고도 말할 수 있을 것이다. 그 안도감은 행위를 지연시킨 달콤한 대가이다.

2007년 2월

인 명 색 인

(ㅁ)

(ㅂ)

(ㅅ)

슬로베니아학파 총서 8

부정적인 것과 함께 머물기

—칸트, 헤겔, 그리고 이데올로기 비판

재판 1쇄 발행 • 2023년 7월 20일

지은이 • 슬라보예 지젝
옮긴이 • 이성민
펴낸이 • 조기조

펴낸곳 • 도서출판 b
등 록 • 2003년 2월 24일 (제2006-000054호)
주 소 • 08772 서울특별시 관악구 난곡로 288 남진빌딩 302호

전 화 • 02-6293-7070(대)
팩 시 • 02-6293-8080
누리집 • b-book.co.kr
이메일 • bbooks@naver.com

정가 • 25,000원
ISBN 979-11-92986-07-4 03160